大学语文与写作

主　编　李小菊
副主编　袁益梅　陈立恒　滕志朋
　　　　许小燕　陈贻琳　宋晓冬

清华大学出版社
北　京

内 容 简 介

本书在知识架构上涵盖了语言文学和应用写作两方面的内容,既注意语文知识教育,又注重写作能力培养,融审美性与实用性、人文性与工具性于一体。本书由语言文学篇、应用写作篇和附录三大模块构成。

语言文学篇按照历史的发展来编排,每一章都有文化与文学概述部分,力求较为客观地描述各个时段的精神风尚、文化思想特征及文学特色,使学生能够对古今中外尤其是中国文化、文学发展脉络有清晰、整体的认知,以增强文化自信,养成通达之人格。选文部分是在求真、求善、求美的原则下,力求与各时段文学及文化演变的主要特征相契合,同时尽量避免与中学语文课本篇目重复,精选各时段富含人文精神的经典作品。内容涵盖了从《诗经》《楚辞》、先秦散文到现当代的中外作家作品,包括诗、词、曲、赋、散文、小说等文体。每篇选文均附有题解、注释、阅读提示、思考与讨论,让学生多侧面、多角度、深入地亲近母语,了解中外文学概貌,培养思辨能力和创新意识,提升人文素养。应用写作篇在应用写作基本理论知识的基础上,着重介绍计划、总结、求职信、学术论文、申论、党政机关公关等几种常用文体,以例文导读和写作实训来切实提高学生的实用写作能力。附录是学生学习本书必备的基础知识,供学生学习时参考,以提高学习效率。

本书可作为普通高等院校大学语文与写作课程的通识课教材,也可供文学爱好者阅读欣赏和参考。

图书在版编目(CIP)数据

大学语文与写作/李小菊主编. —北京:清华大学出版社,2023.4 (2025.9重印)

ISBN 978-7-302-62473-8

Ⅰ.①大… Ⅱ.①李… Ⅲ.①大学语文课—高等学校—教材 ②汉语—写作—高等学校—教材 Ⅳ.①H193.9

中国国家版本馆 CIP 数据核字(2023)第 017012 号

责任编辑:王 定
封面设计:周晓亮
版式设计:孔祥峰
责任校对:马遥遥
责任印制:曹婉颖

出版发行:清华大学出版社
   网 址:https://www.tup.com.cn,https://www.wqxuetang.com
   地 址:北京清华大学学研大厦 A 座   邮 编:100084
   社 总 机:010-83470000   邮 购:010-62786544
   投稿与读者服务:010-62776969,c-service@tup.tsinghua.edu.cn
   质 量 反 馈:010-62772015,zhiliang@tup.tsinghua.edu.cn
印 装 者:北京鑫海金澳胶印有限公司
经 销:全国新华书店
开 本:185mm×260mm   印 张:19   字 数:499 千字
版 次:2023 年 4 月第 1 版   印 次:2025 年 9 月第 9 次印刷
定 价:59.80 元

产品编号:089052-01

前　言

中华优秀传统文化是中华民族的根和魂，习近平总书记在二十大报告中指出："中华优秀传统文化源远流长、博大精深，是中华文明的智慧结晶，其中蕴含的天下为公、民为邦本、为政以德、革故鼎新、任人唯贤、天人合一、自强不息、厚德载物、讲信修睦、亲仁善邻等，是中国人民在长期生产生活中积累的宇宙观、天下观、社会观、道德观的重要体现，同科学社会主义价值观主张具有高度契合性。"因此，我们必须坚定文化自信、推进文化自强、发挥文化铸魂作用，以社会主义核心价值观为引领，育新人、兴文化、展形象，为实现中华民族伟大复兴的中国梦聚力。

大学语文课程和应用写作课程，在全国许多高校都有开设，目的是对大学生进行中华优秀传统文化教育，以提高大学生的人文素养和实用写作能力，也有部分高校将这两门课程合成一门课程。在国家和全民日益重视"大学语文与写作"的时代背景下，为了满足我国高等院校非中文专业的学生学习大学语文与写作这门课程的需要，我们在以往编写大学语文教材和应用写作教材的基础之上，立足多年的教学实践，综合考虑多种因素，重新编写了大学语文与写作教材，以方便教学，提升教学质量。

大学语文与写作课程是面向高等院校非中文专业开设的一门公共基础文化课，它的教学目标应是：以重新发现和认识母语为出发点，培养起对母语深厚的感情，为优雅的汉语而沉醉，激发出民族文化的自信心和自豪感；能够把阅读变成一种生活方式，能够独立思考、理解、评价自己阅读过的作品，寻找到精神家园；能够创作结构严谨而有深度的文章，具有准确而精致地使用汉语语言的素养；接受人类优秀文化的熏陶，提高审美情趣和思想修养，养成良好的个性，形成健全的人格，促进学生的可持续发展，为学生的就业和创业打下坚实的基础。

本书在知识架构上涵盖了语言文学和应用写作两方面的内容，既注意语文知识教育，又注重写作能力培养，融审美性与实用性、人文性与工具性于一体。本书由语言文学篇、应用写作篇、附录三大板块构成。

- 语言文学篇：第一章至第五章为中国文化与文学，按照历史的发展来编排，每一章都有文化与文学概述，较为客观地描述各个时段的精神风尚、文化思想特征及文学特色，使学生能够对中国文化、文学发展脉络有清晰、整体的认知，培养历史思维、系统思维，增强文化自信自强。第六章为外国文化与文学。习近平总书记在二十大报告中指出："万物并育而不相害，道并行而不相悖。"坚持世界是丰富多彩的、文明是多样多元的，坚持和而不同、兼收并蓄，积极学习借鉴人类文明的一切有益成果。因此，第六章目的是拓展学生思维的广度和深度，养成博大通达的人格。选文部分是在求真、求善、求美的原则下，力求与各时段文学及文化演变的主要特征相契合，同时尽量避免与中学语文课本篇目重复，精选各时段富含人文精神的经典作品。内容涵盖了从《诗经》《楚辞》、先秦散文到现当代的中外作家作品。每篇选文均附有题解、注释、阅读提示、思考与讨论，让学生多侧面、多角度、深入地亲近母语，了解中外文化、文学概貌，培养思辨能力和创新意识，提升思想道德情操和人文素养。

- 应用写作篇：第七章至第十三章。本着精讲够用的原则，在第七章应用文概述部分对应用文写作的基本理论知识作了较为全面细致的介绍，力求让学生打下写作实践的基础。而在介绍各应用文文体时，仅围绕其基本内容简要地介绍必要的理论知识，将主要精力集中在例文导读上，以引导学生通过例文来了解各应用文文体的结构及写作要求，明确如何构思与表达，并通过写作实践掌握写作方法，切实提高实用写作能力。根据教学实际，我们选择了几种常用的应用文文体，即计划、总结、求职信、学术论文、申论、党政机关公文。每种文体后面均附有思考与练习，供学生实践。

- 附录：中国古代文化常识、中国古代诗词格律常识、中国历史朝代简表、党政机关公文处理工作条例和党政机关公文格式，都是学生学习大学语文与写作课程必须具备的基础知识，学生可扫描书中二维码获取相关内容。

在教学过程中，努力激发学生阅读优秀文学及文化作品的兴趣，鼓励他们养成经常动笔的习惯，是取得优良教学成绩的重要途径。

本书由李小菊主编，负责全书体例的设计和统稿。各章节编撰的具体分工如下：第一章、第二章，许小燕；第三章，陈贻琳；第四章，袁益梅；第五章、第六章，滕志朋；第七章至第十章，陈立恒；第十一章至第十三章，宋晓冬。附录一至附录三，袁益梅；附录四、附录五，陈立恒。

在编写过程中，本书参考、借鉴了有关专著、教材及一些佚名作者的材料，在此表示我们深深的谢意。由于编者水平有限，编写时间仓促，书中难免存在疏漏之处，敬请有关专家、学者和广大师生批评指正，以便不断修订完善。

本书配套课件下载地址如下：

课件

编　者

2023 年 2 月

目　录

语言文学篇

第一章

先秦文化与文学

先秦文化与文学概述

　　"先秦"是指秦统一六国(前221)以前的历史。中国文化的源头可追溯到旧石器时代，最早的史前先民是中国文化的初创者。古书里记载了许多关于远古的传说，如有巢氏"构木为巢，以避群害"，燧人氏"钻燧取火，以化腥臊"(《韩非子·五蠹》)，伏羲氏"作结绳而为网罟，以佃以渔"，神农氏"斫木为耜，揉木为耒"(《周易·系辞下》)等。距今4000年左右，关于黄帝、颛顼、帝喾、唐尧、虞舜的传说，反映了中国父系氏族社会的面貌。在已发现的远古文化中，最具代表性的是距今5000多年前母系氏族社会时期以彩陶为代表的"仰韶文化"和距今4000多年前父系氏族社会时期以黑陶为代表的"龙山文化"。

　　约公元前2070年，夏禹传位于启，夏朝建立，当时已大量铸造和使用青铜器，贵族世袭制取代民主禅让制，开始"家天下"的局面。约公元前1600年，成汤灭夏，商朝建立。安阳殷墟出土的甲骨卜辞，证实商代已经有了文字。约公元前1046年，武王伐纣，建立周朝，史称西周。传说周公制礼作乐，西周的礼乐典章制度相当完善，孔子说过："周监于二代，郁郁乎文哉！吾从周。"(《论语·八佾》)公元前770年，周平王东迁，周王室一落千丈。西周的许多制度遭到了破坏，出现了"礼崩乐坏"的局面。司马迁将东周的历史大势概括为"周室微而礼乐废"(《史记·孔子世家》)。中国古代的文化观念发生了根本性的转变，一方面，由原来的尊天事鬼变为重视人事，旧的天命神权思想被"社稷无常奉，君臣无常位"的社会现实所否定，天人关系、神民关系出现了天人相分，"吉凶由人"和重民轻神的进步思潮。另一方面，"士"阶层迅速发展，原本属于贵族最底层的"士"成为社会重组的焦点。他们畅谈古今，广收门生，聚徒讲学，对社会问题和历史问题发表见解，于是形成了不同的学术团体和门派，诸子蜂起，百家争鸣。学术文化冲破了贵族的狭小圈子和官府的禁锢而下移到民间。当时比较有影响、有代表性的学派，主要有儒家、墨家、道家、法家、阴阳家、名家、纵横家、农家、杂家及小说家等，标志着中国文化由神文向人文转向。战国时期列国的兼并促成了全国统一的趋势，树立了各民族共同的祖先黄帝，规划了各民族共同的地域九州，形成了以华夏为主体的各民族融合的理想。

原始人类创造的远古文化，包括了反映原始人类精神生活的文学，那就是流传至今散见于古代典籍中的少量原始歌谣和神话。原始歌谣由原始人类劳动的节奏升华而成，是诗歌的起源。原始神话以幻想的方式表达人类探索自然、征服自然的愿望，如女娲补天、精卫填海、羲和浴日、夸父逐日、后羿射日、鲧禹治水等。原始神话的想象力和故事性，对后世故事性文体如小说、寓言、戏剧等的产生和发展都起到了重大作用，对我国文学史上浪漫主义风格的产生，也有很大的启迪。书面文学产生于文字发明后，殷墟中的甲骨卜辞，《易经》的卦、爻辞，《尚书》中的殷商文告等，可以说是我国先秦书面文学萌芽时期的代表。

先秦文学的主要样式是诗歌和散文，表现为《诗经》和《楚辞》的诗歌双峰并立，以及历史散文和诸子散文的兴盛和繁茂。《诗经》是我国古代第一部诗歌总集，反映了西周初期到春秋中叶五百年间的社会生活，内容丰富，题材广泛，手法多样，语言生动优美，为现实主义文学奠定了基础。楚辞是以屈原为代表所创作的诗歌样式，是继《诗经》以后出现的一种浪漫主义新诗体，开启了诗人独立创作的新纪元。汉成帝时，刘向把屈原、宋玉的作品和汉代人仿写的作品汇编成集，称为《楚辞》。楚辞既是诗歌总集的名称，也是文学体制的名称。屈原是第一个以从事诗歌创作闻名的伟大诗人，是楚辞的奠基人。《离骚》是他的代表作，也是古代最长的政治抒情诗，结构精奇，想象丰富，辞藻华丽。历史散文主要由各国史官积累大量档案资料，经过整理加工编纂成书，记载各个时期政治、军事、外交等方面的事件，以及统治者和策士的言论，主要著作有《春秋左氏传》《国语》《战国策》等；诸子散文是各学派阐述各自的观点和主张的论说文，主要有《论语》《孟子》《墨子》《老子》《庄子》《荀子》《韩非子》等。历史散文以叙事为主，诸子散文以论说为主。

从中国古代文学发展的源流来看，先秦文学尚处于文学的奠基阶段，是我国文学史上的第一页，为我国两千多年古代文学的发展打下了坚实的基础。

【参考书目】

[1] 陈廷湘，敖依昌. 中国文化[M]. 重庆：重庆大学出版社，2007.

[2] 马积高，黄钧. 中国古代文学史(上)[M]. 北京：人民文学出版社，2017.

[3] 郑振铎. 文学大纲——原始卷[M]. 长春：时代文艺出版社，2010.

山 海 经

【题解】

《山海经》是我国现存最古老的图书之一。关于这部书的原创作者、成书经过、面世年代及流传与演变状况，历来众说纷纭，莫衷一是。比较有代表性的说法有两种：一种认为，《山海经》的原创时代最早可推至大禹之世；另一种则认为，《山海经》的创作与面世年代，当在战国至秦汉之际。《山海经》记载了五百余座名山的名称、地理位置，三百余条河流的名称、发源地及流向，四十多个方国的名称及远方异民的习俗、人情，一百多个历史神话人物，一百余种药用动植物，四百余种神怪异兽，并保存了大量著名的远古神话传说。《山海经》中有一些关于史前时期祖先和世系的传说，涉及的人物有炎帝、黄帝、西王母、西伯、雨师、祝融、耕父等，有的是原始宗族祭祀崇拜的对象，有的是远古传说中的人物，有的相传是汉民族的祖先。其中许多神话故事，不但情节完整，题材也积极向上，如精卫填海、刑天舞戚、夸父逐日、大禹治水等。这些故事集中体现了中华民族百折不挠的奋斗精神、追求真理的求实精神、守职敬业的奉献精神。《山海经》是中国古代的一部百科全书，它像一座知识的宝藏，储藏着历史、地理、文学、医学、宗教、民俗、绘画、神话、奇闻、杂论等多方面的宝贵知识。

【文献来源】

山海经[M]. 李润英，陈焕良，译注. 长沙：岳麓书社，2016：89-90.

北山经·发鸠山(节选)

又北二百里，曰发鸠之山，其上多柘木。有鸟焉，其状如乌，文首、白喙、赤足，名曰精卫，其鸣自詨。是炎帝之少女[1]，名曰女娃。女娃游于东海，溺而不返，故为精卫。常衔西山之木石，以堙于东海[2]。漳水出焉，东流注于河。

【注释】

[1] 炎帝：传说中的上古帝王，号称神农氏。少：通"小"。

[2] 堙(yīn)：填塞。

海外西经·形天与帝争神(节选)

形天与帝至此争神[1]，帝断其首，葬之常羊之山。乃以乳为目，以脐为口，操干戚[2]以舞。

【注释】

[1] 形天：即刑天，传说中的无头神。"形"通"刑"，割刈之意。"天"的本义就是头。或作"形夭"，误。

[2] 干戚：干，盾；戚，斧。

海外北经·夸父与日逐走(节选)

夸父与日逐走[1]，入日。渴欲得饮，饮于河、渭[2]，河、渭不足，北饮大泽。未至，道渴而死。弃其杖，化为邓林[3]。

【注释】

[1] 夸父：郝懿行按，"《山海经·大荒北经》云，'后土生信，信生夸父。'或说夸父善走。"

[2] 河、渭：黄河、渭水。

[3] 邓林：桃树。

海内经·鲧窃息壤(节选)

洪水滔天。鲧窃帝之息壤以堙洪水[1]，不待帝命。帝令祝融杀鲧于羽郊。鲧复生禹[2]。帝乃命禹卒布土以定九州。

【注释】

[1] 息壤：指土自长息，无限其极。

[2] 鲧(gǔn)复生禹：传说中鲧死三年而尸不腐，剖其腹则生禹。复，通"腹"。

【思考与讨论】

1. 阅读陶渊明《读<山海经>》十三首，谈谈你读《山海经》的体会。

2.《山海经》对后世文学有何影响？

诗　经

【题解】

《诗经》是我国文学史上最早的诗歌总集，收入自西周初年至春秋中叶五百多年的诗歌305篇，另外还有6篇有题目无内容，即有目无辞，称为笙诗。先秦时《诗经》称为《诗》，或取其整数称《诗三百》。西汉时被尊为儒家经典，始称《诗经》，并沿用至今。古人将风、雅、颂和赋、比、兴称为"诗之六义"。

【文献来源】

诗经：节选[M].李山，解读.北京：国家图书馆出版社，2017：39.

周南·芣苢

采采芣苢[1]，薄言采之[2]。采采芣苢，薄言有之[3]。

采采芣苢，薄言掇之[4]。采采芣苢，薄言捋之[5]。

采采芣苢，薄言袺之[6]。采采芣苢，薄言襭之[7]。

【注释】

[1] 采采：茂盛的样子。芣(fú)苢(yǐ)：草本植物，一名马舄，又名车前、车前草、蛤蟆衣、牛遗等；喜生路边，叶子肥大，叶身呈卵形，有柄，嫩叶可食；夏日叶间抽花茎，花细小，花后结黑色籽粒，即车前子。古人相信此籽粒可助女子怀孕，或治难产。

[2] 薄言：薄、言都是语气词，用于动词之前，《诗经》中常用。

[3] 有：藏。一说"有"是"若"字之误；若，择取。

[4] 掇(duō)：拾取。

[5] 捋(luō)：撸取籽粒。

[6] 袺(jié)：兜入衣襟。

[7] 襭(xié)：兜入衣襟并将衣襟系在腰间带子上。

【阅读提示】

《周南·芣苢》是一曲劳动的欢歌，是当时人们采芣苢时所唱的歌谣。全诗三章，每章四句，全是重章叠句，仅仅变换了少数几个动词，其余一概不变，反复地表达劳动的过程，充满了劳动的欢欣，洋溢着劳动的热情。在不断的单调重叠中，产生了简单明快、往复回环的音乐感。清人方玉润说，想必每到春天，就有成群的妇女，在那平原旷野之上，风和日丽之中，欢欢喜喜地采着芣苢的嫩叶，一边唱着那"采采芣苢"的歌儿，那真是令人心旷神怡的情景。生活虽是艰难的事情，却总有许多快乐在这艰难之中。

卫风·氓

氓之蚩蚩[1]，抱布贸丝[2]。匪来贸丝[3]，来即我谋[4]。送子涉淇，至于顿丘[5]。匪我愆期[6]，子无良媒。将子无怒[7]，秋以为期。

乘彼垝垣[8]，以望复关[9]。不见复关，泣涕涟涟。既见复关，载笑载言。尔卜尔筮[10]，体无咎言[11]。以尔车来，以我贿迁[12]。

桑之未落，其叶沃若[13]。于嗟鸠兮[14]，无食桑葚[15]。于嗟女兮，无与士耽[16]！士之耽兮，犹可说也[17]。女之耽兮，不可说也！

桑之落矣，其黄而陨[18]。自我徂尔[19]，三岁食贫[20]。淇水汤汤[21]，渐车帷裳[22]。女也不爽[23]，士贰其行[24]。士也罔极[25]，二三其德[26]。

三岁为妇，靡室劳矣[27]。夙兴夜寐[28]，靡有朝矣[29]。言既遂矣[30]，至于暴矣[31]。兄弟不知[32]，咥其笑矣[33]。静言思之[34]，躬自悼矣[35]。

及尔偕老[36]，老使我怨[37]。淇则有岸，隰则有泮[38]。总角之宴[39]，言笑晏晏[40]。信誓旦旦[41]，不思其反[42]。反是不思[43]，亦已焉哉[44]！

【注释】

[1] 氓：民、人，犹言那个人，不确定称呼，含厌恶之意。据《周礼》，野人称"甿"，"甿"即"氓"。可知诗篇所言婚姻男女，都是"野"中之民，身份较低。蚩(chī)蚩：傻乎乎、笑嘻嘻的样子。

[2] 布：布帛。贸：交换。丝：丝麻之物。由贸丝句，可知诗中女子以蚕桑为业。

[3] 匪：非。

[4] 谋：图谋婚姻之事。

[5] 顿丘：卫地名，在淇水之南。一说泛指土丘。

[6] 愆(qiān)期：错过婚期。

[7] 将(qiāng)：请。

[8] 垝垣(guǐ yuán)：即高墙。

[9] 复关：即回来的车，关为车厢板。一说复关为地名。王应麟《诗地理考》引《太平寰宇记》："澶州临河县，复关城在南，黄河北埠也。复关堤在南三百步。"

[10] 尔卜：为你而卜。卜：占卜。筮(shì)：用蓍(shī)草算卦。

[11] 体：占卜所得卦体，亦即吉凶之象。咎言：不吉利的话。

[12] 贿：财物，这里指嫁妆。

[13] 沃若：润泽肥美的样子。

[14] 于嗟：感叹词。鸠：鸟名，一名斑鸠，性情温和而有固定的配偶，所以《诗》常用以比喻女性。

[15] 桑葚：桑树的果实。据说鸠吃多了桑葚会醉，比喻女子不可过分耽溺于对男子的爱。

[16] 士：男子的通称。耽：沉溺。

[17] 说(tuō)：通"脱"，摆脱。

[18] 陨：飘落。

[19] 徂(cú)：往，嫁到。

[20] 三岁：多年。"三"字表多而已，不必坐实理解。食贫：吃苦，过苦日子。

[21] 汤(shāng)汤：水盛貌。

[22] 渐(jiān)：打湿，沾湿。帏裳：围车的幕布。

[23] 爽：差错、过失。爽即"忒"。

[24] 贰：改变。行：行事。

[25] 罔极：没定准、不忠贞。

[26] 二三：三心二意。

[27] 靡室劳矣：家中的事情没有不是我操劳的。

[28] 夙兴夜寐：早起晚睡的意思。

[29] 靡有朝矣：不是一天两天的意思。

[30] 言：语词。遂：顺心，指氓的心意达成了。

[31] 暴：暴虐。

[32] 兄弟不知：兄弟不明白自己的苦衷，表回家的遭遇。

[33] 咥(xì)：大笑，是男子暴虐表现。

[34] 静言：静而，静静地。

[35] 躬：自己。自悼：自己伤悼自己。

[36] 偕老：相伴到老，是当初男子发过的誓言。

[37] 老：年老。

[38] 隰(xí)：河流名，后世称漯河。这两句是说什么事情都要有个边际，这样不幸的关系也该结束了。

[39] 总角：女子正式嫁人前的发式，不加木笄，只将头发挽结起来。《毛传》："结发也。"结，即挽结。宴：快乐。此句女子言氓婚前对自己很好。

[40] 晏晏(yàn)：安乐貌。

[41] 信誓：互相亲信的誓言。旦旦：诚恳的样子。

[42] 不思：不料想。反：违反。

[43] 反是不思：是"不思其反"的颠倒说法。

[44] 亦已句：也就罢了的意思，表女子决绝之情。

【阅读提示】

《氓》是一首弃妇自诉婚姻悲剧的长诗。诗歌叙述了一个女子从恋爱、结婚到被弃的遭遇，感情悲愤，但并不徘徊留恋，抱着"亦已焉哉"的决绝态度，表现了女子性格的刚强和反抗的精神，反映了当时社会男女不平等的婚姻制度造成的女子的不幸命运。诗歌也指责了男子的负心，而且指出"二三其德"是男人固有的品性。诗篇既叙事又抒情，叙事简括而抒情浓郁，于三百篇中别具一格。

郑风·溱洧

溱与洧[1]，方涣涣兮[2]。士与女，方秉蕑兮[3]。女曰："观乎[4]?"士曰："既且[5]。""且往观乎[6]！洧之外，洵訏且乐[7]。"维士与女，伊其相谑[8]，赠之以勺药[9]。

溱与洧，浏其清矣[10]。士与女，殷其盈矣[11]。女曰："观乎？"士曰："既且。""且往观乎！洧之外，洵訏且乐。"维士与女，伊其相谑，赠之以勺药。

【注释】

[1] 溱(zhēn)、洧(wěi)：郑国都城附近的河流。

[2] 涣涣：春水荡漾貌。

[3] 秉：手执。蕑(jiān)：泽兰，多生泽旁，喜潮、阴凉，茎叶有香气，佩之可以避邪气。郑国人喜爱兰，誉之为国香。兰草而名之曰蕑，与坚谐音，秉蕑、赠蕑，坚定情意也。

[4] 观：看。

[5] 且(cú)：通"徂"，往，去。

[6] 此两句为男女对话，女子劝男子再次前往溱洧之地游观。

[7] 洵(xún)：实在，真的。訏(xū)：大，指场面大、热闹。

[8] 伊：他们。相谑：互相戏谑、调笑。

[9] 赠：互赠。勺药：即芍药花，又名将离、可离，多年生草本，根子粗壮。又，芍与妁、药与约谐音，所以诗言"赠芍药"是表达成约定情之意。

[10] 浏：水清澈貌。

[11] 殷：众多。

【阅读提示】

《溱洧》描写了郑国三月上巳节青年男女在溱水和洧水岸边游春的情景，描写了春光明媚、绿水荡漾的和畅光景，古老而人性化的淳朴风俗，以及男女青年适意的交往。通篇所写都是局外人的观察，记录一对男女相约对话，表现郑国特有的男女相悦的风俗。诗因记录对话，句子长短不齐，是汉乐府杂言诗的先声。

豳风·东山

我徂东山[1]，慆慆不归[2]。我来自东，零雨其濛[3]。我东曰归[4]，我心西悲[5]。制彼裳衣[6]，勿士行枚[7]。蜎蜎者蠋[8]，烝在桑野[9]。敦彼独宿[10]，亦在车下[11]。

我徂东山，慆慆不归。我来自东，零雨其濛。果臝之实[12]，亦施于宇[13]。伊威在室[14]，蟏蛸在户[15]。町畽鹿场[16]，熠耀宵行[17]。不可畏也，伊可怀也[18]。

我徂东山，慆慆不归。我来自东，零雨其濛。鹳鸣于垤[19]，妇叹于室。洒扫穹窒[20]，我征聿至[21]。有敦瓜苦[22]，烝在栗薪[23]。自我不见，于今三年[24]！

我徂东山，慆慆不归。我来自东，零雨其濛。仓庚于飞，熠耀其羽。之子于归[25]，皇驳其马[26]。亲结其缡[27]，九十其仪[28]。其新孔嘉[29]，其旧如之何[30]？

【注释】

[1] 徂：往。东山：即今天的泰沂山地，是山东一带的地标。

[2] 慆(tāo)慆：又作"滔滔"，义同"遥遥"，时间漫长。

[3] 零雨：落雨。濛：细雨貌。

[4] 我东曰归：与"我来自东"义同。曰，语助词。

[5] 西悲：西归的愁思。

[6] 裳衣：即常衣，家常衣服，"裳"通"常"。

[7] 士：事。勿士即不再从事。行(háng)枚：行军时含在嘴里的木条。

[8] 蜎(yuān)蜎：蠕动貌。蠋(zhú)：似蚕而不食桑叶的肉虫。

[9] 烝：同"蒸"，众多貌。一说即"乃"。

[10] 敦：蜷缩一团的样子。彼：指士卒。

[11] 车下：战车下。

[12] 果臝(luǒ)：又名栝楼，根茎蔓生，果实圆，籽可食，喜在房前屋后攀援生长。

[13] 施(yì)：蔓延。宇：房檐。

[14] 伊威：虫名，又名鼠妇，今北方人称之为潮虫，体型宽扁，多足，色如蚯蚓，背上有蹙起的横纹。

[15] 蠨蛸(xiāo shāo)：一种长脚的蜘蛛，结网而居，又名喜子。

[16] 町畽(tǐng tuǎn)：屋舍旁的空地。鹿场：鹿栖居的地方。

[17] 熠耀：萤火闪烁貌。宵行(háng)：萤火虫。

[18] 怀：恋。

[19] 鹳：鹳雀，一种水鸟，长长的尖嘴，形似鹤，比鹤大，喜食鱼，又名负釜、黑尻、背灶等，记载说此鸟好水，知晴雨，《禽经》曰："鹳仰鸣则晴，俯鸣则阴。"垤(dié)：小土堆。

[20] 穹窒：堵塞房屋内的漏洞。

[21] 我征：我的征人，是妇之口吻。聿(yù)：乃，语助词。

[22] 敦：圆貌。瓜苦：瓠瓜。"苦"通"瓠"。古代结婚时，夫妻有合卺之礼，用一个瓠瓜剖成的容器共饮。下文见瓠瓜而言三年不见，暗示夫妻离别。

[23] 栗薪：杂乱堆积的木柴。

[24] 三年：周公东征一说两年，清华简《金縢》作"三年"，与诗合。

[25] 于归：出嫁。

[26] 皇驳：黄白间杂。皇：通"黄"。驳：杂色。

[27] 结其缡(lí)：系围裙的带子；女子出嫁时最后一道手续是母亲亲自为女儿系缡带，称结缡。

[28] 九十：言仪式多。

[29] 新：新结婚的时候。

[30] 旧：久别，与上文"新"相对。

【阅读提示】

《东山》是一首行役诗。每章开头，都是"我徂东山"，这虽是音乐叠章的惯例，但就本篇各章的意义看，这种写法，却不是简单的重复，而是层层推进。一章写将归，二章写归途，三章写至家，四章写归后，而以重叠的前四句为总纲。诗歌没有将士卒的凯旋表现为一片夏日好风光，而是选择了"零雨其濛"，把士卒的乡情笼罩在一片阴郁湿漉的氛围之中。

【思考与讨论】

1. 《诗经》蕴含了民族精神的重要内容，具体而言有四大精神线索：族群之和，上下之和，家国之和，人与自然之和。请谈谈你读《诗经》的体会。

2. 《溱洧》《氓》表达了远古先民的爱情和婚姻生活，正当青春的你对爱情和婚姻有怎样的渴望？

老 子

【题解】

《老子》是中国古代著名经典之一,与《庄子》如双峰并峙,是先秦道家学派的代表性著作,对中国传统文化的形成和发展产生了重大的影响。老子其人,古来颇有争议。《史记·老子韩非列传》说:"老子者,楚苦县厉乡曲仁里人也。姓李氏,名耳,字聃。周守藏室之史也。"《老子》一书共八十一章,分道经和德经两部分,所以又称《道德经》。《老子》五千言,篇幅不长,论述精辟,意义丰富,思想深邃。其内容重在详尽论述作为宇宙本体、万物之源和运动规律的天道,并将这种天道用以关照人道,指导治国和修身,直面现实社会,涉及宇宙、自然、社会、人生的各个方面。

【文献来源】

老子[M]. 饶尚宽,译注. 北京:中华书局,2017:2-3.

一 章

道可道,非常道[1];名可名,非常名[2]。

无[3],名天地之始[4];有[5],名万物之母[6]。

故常无,欲以观其妙[7];常有,欲以观其徼[8]。

此两者,同出而异名,同谓之玄[9]。玄之又玄,众妙之门[10]。

【注释】

[1] 道可道,非常道:道是可以阐述解说的,但是并非完全等同于浑然一体、永恒存在而又运动不息的那个大道。前一"道",名词,指浑然一体的宇宙本体、永恒存在的天地万物之源、运动不息而又对立转化的规律和法则。因此,又称为"一"。后一"道",动词,阐述、解说。常道,指浑然一体、永恒存在、运动不息的大道。

[2] 名可名,非常名:道名也是可以命名的,但是并非完全等同于浑然一体、永恒存在、运动不息的道之名。前一"名",名词,道之名。后一"名",动词,命名,称谓。常名,指浑然一体、永恒存在、运动不息的道之名。

[3] 无:指道。《老子·三十二章》曰:"道常无名。"

[4] 天地之始:天地的本初。

[5] 有:指由道产生的万物。《老子·三十二章》曰:"始制有名。"

[6] 万物之母:万物的本原,即无名之道是天地的本初,天地混沌初开,然后有万物的产生,才能制名,而道正是天下初始和万物产生的源头和动力,即母体。《老子·四十章》曰:"天下万物生于有,有生于无。"

[7] 欲:将。妙:微妙。

[8] 徼(jiào):边际。

[9] 玄:玄妙幽深。

[10] 众妙之门:众妙,万物变化之妙;门,即万物变化之妙所出之处,也就是道。

二 章

天下皆知美之为美，斯恶已[1]；皆知善之为善，斯不善已。

有无相生[2]，难易相成[3]，长短相形[4]，高下相倾[5]，音声相和[6]，前后相随[7]，恒也[8]。

是以圣人处无为之事[9]，行不言之教[10]；万物作而弗始[11]，生而弗有[12]，为而弗恃[13]，功成而弗居[14]。夫唯弗居，是以不去[15]。

【注释】

[1] 斯恶已：就显露出丑了。斯，则，就。恶，丑陋，与美相反。已，表肯定的语气词，相当于"了"。

[2] 相生：互相依存。生，存。

[3] 相成：相反相成。成，成就。

[4] 形：比较，显现。

[5] 倾：侧，依靠。

[6] 音声相和：音与声互相和谐。音，组合音。声，始发声。和，和谐。

[7] 随：跟随。

[8] 恒：永恒。

[9] 圣人处无为之事：圣人用无为的方式处事。圣人，老子所理想的具有道行的统治者。无为，不妄为，顺其自然，无为而治。

[10] 不言：不用言词，不用发号施令。

[11] 万物作而弗始：万物兴起而不首倡。作，兴起。始，首倡。

[12] 有：占有。弗，今本作"不"。

[13] 恃：倚仗，依赖。

[14] 居：当，任，据。

[15] 去：离，与"居"相反。

八 章

上善若水[1]。水善利万物而不争，处众人之所恶[2]，故几于道[3]。

居善地[4]，心善渊[5]，与善仁[6]，言善信[7]，政善治[8]，事善能[9]，动善时[10]。

夫唯不争，故无尤[11]。

【注释】

[1] 上善若水：上善之人如同水一样。

[2] 所恶：厌恶的地方，指低洼之处。

[3] 几于道：近于道。

[4] 居善地：居住低洼之地。

[5] 心善渊：思虑深邃宁静。

[6] 与善仁：交接善良之人。仁，当为"人"。

[7] 言善信：说话遵守信用。

[8] 政善治：为政精于治理。

[9] 事善能：处事发挥特长。

[10] 动善时：行动把握时机。

[11] 尤：过失。

十二章

五色令人目盲[1]，五音令人耳聋[2]，五味令人口爽[3]，驰骋畋猎令人心发狂[4]，难得之货令人行妨[5]。

是以圣人为腹不为目[6]。故去彼取此[7]。

【注释】

[1] 五色：青、黄、赤、白、黑，泛指多种颜色。

[2] 五音：宫、商、角、徵(zhǐ)、羽，泛指多种音乐。

[3] 五味：甜、酸、苦、辣、咸，泛指多种味道。爽：伤，败。

[4] 畋猎：打猎。

[5] 妨：妨害。《老子·三章》曰："不贵难得之货，使民不为盗。"

[6] 为腹不为目：只为温饱生存，不求纵情声色。目，代称色、音、味、畋猎、宝货等诸多欲望诱惑。

[7] 去彼取此：抛弃物欲，只要温饱。《老子·四十四章》曰："名与身孰亲？身与货孰多？得与亡孰病？甚爱必大费，多藏必厚亡。故知足不辱，知止不殆，可以长久。"

四十九章

圣人常无心[1]，以百姓心为心。

善者，吾善之；不善者，吾亦善之，德善[2]。

信者，吾信之；不信者，吾亦信之，德信。

圣人在天下，歙歙焉[3]，为天下浑其心[4]。百姓皆注其耳目[5]，圣人皆孩之[6]。

【注释】

[1] 常无心：永远没有私心。

[2] 德：通"得"。

[3] 歙歙(xī)：收敛，谨慎。

[4] 浑：混沌。

[5] 注：专注。

[6] 孩：婴孩，儿童。《老子·十章》曰："专气致柔，能如婴儿乎？"《老子·二十章》曰："沌沌兮，如婴儿之未孩。"

八十章

小国寡民[1]。使有什伯之器而不用[2]，使民重死而不远徙[3]。虽有舟舆，无所乘之[4]；虽有甲兵，无所陈之[5]。使民复结绳而用之[6]。

甘其食[7]，美其服，安其居，乐其俗。邻国相望，鸡犬之声相闻，民至老死，不相往来。

【注释】

[1] 小国寡民：使国家小，使百姓少。

[2] 什伯之器：各种各样的器具。什伯，即"什佰"。

[3] 重死：与"轻死"相反，以死为重，即看重生命。《老子·七十五章》曰："民之轻生，以其上求生之厚，是以轻死。"

［4］无所乘之：没有乘坐远行的必要。

［5］无所陈之：没有列阵示威的必要。陈，通"阵"。

［6］结绳：指文字产生以前，用结绳来记事。

［7］甘其食：认为自己的饮食甜美。甘，以……为香甜。

【思考与讨论】

1. 请结合现实谈谈你对"天下皆知美之为美，斯恶已；皆知善之为善，斯不善已"的理解。

2. "小国寡民"是老子虚构的理想社会，今天有人认为这是复古倒退的唯心设想，脱离社会实际，你同意吗？

论　　语

孔子

【题解】

孔子(前551—前479)，名丘，字仲尼，生于春秋时期鲁国陬邑(今山东省曲阜市)，中国著名的思想家、教育家、政治家，与弟子周游列国十四年。《论语》是儒家学派的经典著作之一，由孔子的弟子及其再传弟子编撰而成。它以语录体和对话文体为主，记录了孔子及其弟子言行，集中体现了孔子的政治主张、伦理思想、道德观念及教育原则等。与《大学》《中庸》《孟子》《诗经》《尚书》《礼记》《易经》《春秋》并称"四书五经"。通行本《论语》共二十篇。

【文献来源】

论语译注[M]. 杨伯峻，译注. 北京：中华书局，2012：13.

学　而　篇

子贡曰："贫而无谄，富而无骄，何如[1]？"子曰："可也。未若贫而乐[2]，富而好礼者也。"

子贡曰："《诗》云'如切如磋，如琢如磨[3]'，其斯之谓与？"子曰："赐[4]也，始可与言《诗》已矣，告诸往而知来者[5]。"

【注释】

［1］何如：《论语》中的"何如"，都可以译为"怎么样"。

［2］贫而乐：皇侃本"乐"下有"道"字。郑玄《注》云："乐谓志于道，不以贫为忧苦。"

［3］如切如磋，如琢如磨：两语见于《诗经·卫风·淇奥篇》。切、磋：削齐为切，打磨为磋。《毛传》载"治骨曰切，象曰磋。"象即象牙。琢、磨：雕刻、磨平。《毛传》载"玉曰琢，石曰磨。"据《毛传》，切、磋、琢、磨分别指骨、牙、玉、石四种原料，以此形容君子修身养性如同治理牙骨玉石一样精雕细琢。

［4］赐：子贡名。孔子对学生都称名。

［5］告诸往而知来者："诸"，用法同"之"。"往"，过去的事，这里譬为已知的事。"来者"，未来的事，这里譬为未知的事。孔子赞美子贡能运用《诗经》作譬，表示学问道德都要提高一步看。

为 政 篇

子游[1]问孝。子曰："今之孝者，是谓能养[2]。至于犬马，皆能有养；不敬，何以别乎？"

【注释】

[1] 子游：孔子学生，姓言，名偃，字子游，吴人，小孔子四十五岁。

[2] 养：从前人读去声，yàng。

述 而 篇

子曰："不愤[1]不启，不悱[2]不发[3]。举一隅不以三隅反，则不复也。"

【注释】

[1] 愤：心求通而未得之意。

[2] 悱(fěi)：口欲言而未能之貌。

[3] 不愤不启，不悱不发：这是孔子自述其教学方法，必须受教者先遇到困难，有求知的动机，然后去启发他。这样的教学方法，其教学效果自然好些。

子 路 篇

子贡问曰："何如斯可谓士矣？"子曰："行己有耻，使于四方，不辱君命，可谓士矣。"

曰："敢问其次。"曰："宗族称孝焉，乡党称弟焉。"

曰："敢问其次。"曰："言必信，行必果，硁硁[1]然小人哉！抑亦可以为次矣。"

曰："今之从政者何如？"子曰："噫！斗筲之人[2]，何足算也？"

【注释】

[1] 硁(kēng)：形容浅薄固执。

[2] 斗筲(shāo)之人：斗是古代的量名，筲，古代的饭筐，能容五升。斗筲形容度量和见识狭小。

【思考与讨论】

1. 请结合现实谈谈你对"贫而无谄，富而无骄"的理解。

2. "不愤不启，不悱不发"是孔子的教学方法，请结合自己的学习经历，说说你心中理想的教育模式。

非 攻 (上)

墨子

【题解】

　　墨子(约前468—前376)，名翟，鲁人。春秋末战国初思想家、学者，墨家学派开创者。墨子出身于下层的手工业阶层，《墨子·贵义》记载他游说楚惠王时，仍被称为"贱人"。据《淮南子·要略》所载，墨子原为孔子后学："墨子学儒者之业，受孔子之术，以为其礼烦扰而不说，厚葬靡财而贫民，服伤生而害事。故背周道而用夏政。"《墨子》一书是墨子及其弟子、后学所著，以记录墨子及其学派的政治、军事、哲学等思想为主的典籍。《汉书·艺文志》著录"《墨子》七十一篇"，今仅存五十三篇。

【文献来源】

墨子译注[M]. 梁奇，译注. 上海：上海三联书店，2014：134-136.

今有一人，入人园圃，窃其桃李，众闻则非之，上为政者得则罚之[1]。此何也？以亏人自利也[2]。至攘人犬豕鸡豚者[3]，其不义又甚入人园圃窃桃李。是何故也？以亏人愈多，其不仁兹甚[4]，罪益厚。至入人栏厩[5]，取人马牛者，其不仁义又甚攘人犬豕鸡豚。此何故也？以其亏人愈多。苟亏人愈多，其不仁兹甚，罪益厚。至杀不辜人也，扡其衣裘[6]，取戈剑者，其不义又甚入人栏厩取人马牛。此何故也？以其亏人愈多。苟亏人愈多，其不仁兹甚矣，罪益厚。当此[7]，天下之君子皆知而非之，谓之不义。今至大为攻国，则弗知非，从而誉之，谓之义。此可谓知义与不义之别乎？

杀一人谓之不义，必有一死罪矣。若以此说往，杀十人十重不义[8]，必有十死罪矣；杀百人百重不义，必有百死罪矣。当此，天下之君子皆知而非之，谓之不义。今至大为不义攻国，则弗知非，从而誉之[9]，谓之义。情不知其不义也，故书其言以遗后世。若知其不义也，夫奚说书其不义以遗后世哉？今有人于此，少见黑曰黑，多见黑曰白，则以此人不知白黑之辩矣[10]；少尝苦曰苦，多尝苦曰甘，则必以此人为不知甘苦之辩矣。今小为非，则知而非之。大为非攻国，则不知非，从而誉之，谓之义。此可谓知义与不义之辩乎？是以知天下之君子也，辩义与不义之乱也。

【注释】

[1] 得：捕获。

[2] 亏人：损害他人。

[3] 攘：偷盗。豚：小猪。

[4] 兹：更加。

[5] 厩：马棚。

[6] 扡：通"拖"，夺取。

[7] 当此：对此。

[8] 十重：十倍。下同。

[9] 誉：称赞。

[10] 辩：通"辨"，分清、区别。

【阅读提示】

《非攻》是《墨子》中的名篇，是墨子军事思想的集中体现。春秋战国时期，战争频仍，土地荒芜，死者遍野，民不聊生，广大人民群众渴望弥兵息战，休养生息。墨子体察到下层的民情，代表小生产者及广大百姓的利益，提出了"非攻"的主张。自古及今，不论什么形式的战争，受害最深的首先是人民群众，墨子的非攻思想是影响古今的和平主义，是平民主义的战争观，是有积极意义的。墨子认为，战争是天下的"巨害"，无论对战胜国还是战败国都将造成巨大损害，因此既不合于"圣王之道"，也不合于"国家百姓之利"。

【思考与讨论】

1. 你怎么看待墨子的非攻思想？

2. 在鲁迅小说《非攻》里，墨子是为人民利益埋头苦干、拼命硬干的中国脊梁，今天，我们还需要这样的中国脊梁吗？

至乐(节选)

庄子

【题解】

庄子(约前369—前286)，名周，宋国蒙人，曾为蒙地漆园吏。战国时期伟大的思想家、哲学家、文学家，道家学说的主要创始人。与道家始祖老子并称为"老庄"，他们的哲学思想体系被思想学术界尊为"老庄哲学"。《庄子》一书在先秦诸子散文中独树一帜，具有很高的文学价值。其文汪洋恣肆，想象丰富，气势壮阔，对后世影响很大。《汉书·艺文志》著录为五十二篇，今本三十三篇。其中内篇七，外篇十五，杂篇十一。全书以"寓言""重言""卮言"为主要表现形式，继承老子学说而倡导自由主义，蔑视礼法权贵而倡言逍遥自由。

【文献来源】

庄子[M]. 孙通海，译注. 北京：中华书局，2017：250-254.

一

天下有至乐无有哉？有可以活身者无有哉[1]？今奚为奚据？奚避奚处？奚就奚去？奚乐奚恶[2]？

夫天下之所尊者，富贵寿善也；所乐者，身安厚味美服好色音声也；所下者，贫贱夭恶也；所苦者，身不得安逸，口不得厚味，形不得美服，目不得好色，耳不得音声。若不得者，则大忧以惧[3]，其为形也亦愚哉！夫富者，苦身疾作，多积财而不得尽用，其为形也亦外矣[4]！夫贵者，夜以继日，思虑善否[5]，其为形也亦疏矣！人之生也，与忧俱生。寿者惛惛[6]，久忧不死，何苦也！其为形也亦远矣[7]！烈士为天下见善矣[8]，未足以活身。吾未知善之诚善邪？诚不善邪？若以为善矣，不足活身；以为不善矣，足以活人[9]。故曰："忠谏不听，蹲循勿争[10]。"故夫子胥争之[11]，以残其形；不争，名亦不成。诚有善无有哉？

今俗之所为与其所乐，吾又未知乐之果乐邪？果不乐邪？吾观夫俗之所乐，举群趣者[12]，誙誙然如将不得已[13]，而皆曰乐者，吾未之乐也，亦未之不乐也。果有乐无有哉？吾以无为诚乐矣[14]，又俗之所大苦也。故曰："至乐无乐，至誉无誉。"

天下是非果未可定也。虽然，无为可以定是非。至乐活身，唯无为几存[15]。请尝试言之：天无为以之清，地无为以之宁。故两无为相合，万物皆化生[16]。芒乎芴乎[17]，而无从出乎！芴乎芒乎，而无有象乎[18]！万物职职[19]，皆从无为殖。故曰："天地无为也而无不为也[20]。"人也孰能得无为哉！

二

颜渊东之齐[21]，孔子有忧色。子贡下席而问曰[22]："小子敢问：回东之齐，夫子有忧色，何邪？"

孔子曰："善哉汝问。昔者管子有言[23]，丘甚善之，曰'褚小者不可以怀大[24]，绠短者不可以汲深[25]。'夫若是者，以为命有所成而形有所适也，夫不可损益。吾恐回与齐侯言尧、舜、黄帝之道，而重以燧人、神农之言[26]。彼将内求于己而不得[27]，不得则惑，人惑则死。且女独不闻邪？昔者海鸟止于鲁郊，鲁侯御而觞之于庙[28]，奏《九韶》以为乐[29]，具太牢以为膳[30]。鸟乃眩视忧悲[31]，不敢食一脔[32]，不敢饮一杯，三日而死。此以己养养鸟也，非以鸟养养鸟也。夫以鸟养养鸟者，宜栖之深林，游之坛陆[33]，浮之江湖，食之鳅鲦[34]，随行列而止，委蛇而处[35]。彼唯人言之恶闻[36]，奚以夫譊譊为乎[37]？《咸池》《九韶》之乐[38]，张之洞庭之野[39]，鸟闻之而飞，兽闻之而走，鱼闻之而下入，人卒闻之，相与还而观之[40]。鱼处水而生，人处水而死。彼必相与异，其好恶故异也。故先圣不一其能，不同其事。名止于实，义设于适，是之谓条达而福持[41]。"

【注释】

[1] 活身：养活身体，养身。

[2] 乐：喜欢。恶：厌恶。

[3] 以：而。

[4] 外：外行，偏颇。

[5] 善否：指官场上的亨通与困厄。

[6] 惛惛(hūn)：昏昏沉沉、神志不清的样子。

[7] 远：与"外""疏"同义，都含有不重视、爱护不够之意。

[8] 为：被。见善：称善。

[9] 活人：使他人生活。

[10] 蹲循：通"逡巡"，退却的样子。

[11] 子胥：伍子胥，名员，字子胥。吴王夫差接受越王勾践求和的要求，伍子胥极力谏言阻止，吴王不听，还赐剑让伍子胥自杀。

[12] 举群：所有的人群。趣：趋，指竞相追逐。

[13] 謹謹(kēng)然：奔竞貌。已：止。

[14] 诚乐：真正的快乐。

[15] 几：近。

[16] 生：原本无，据陈碧虚《庄子阙误》引江南古藏本补。

[17] 芒、芴：即"恍""惚"。《老子》曰："道之为物，惟恍惟惚。惚兮恍兮，其中有物。""无为之象，是谓恍惚。"

[18] 象：迹象。

[19] 职职：繁多的样子。

[20] "天地"句：出于《老子·三十七章》"道常无为而无不为"。

[21] 颜渊：颜回，字子渊，鲁国人。东之齐：向东到齐国去。

[22] 子贡：姓端木，名赐，字子贡，卫国人。下席：离席，离开座位。

[23] 管子：管仲，齐国人，曾辅佐齐桓公称霸诸侯。

[24] 褚(zhǔ)：装衣服的袋子。怀：包。

[25] 绠(gěng)：吊水用的绳子。

[26] 重：重视，推崇。

[27] 彼：指齐侯。内求于己：指用三皇五帝的言论主张来要求自己。

[28] 御：迎。觞：酒杯，用作动词，以酒招待。

[29] 《九韶》：舜时的乐曲，往往在庆典国宴中演奏。

[30] 太牢：古代帝王祭祀时，牛、羊、猪三牲都具备的称为太牢。

[31] 眩视：指眼花缭乱。

[32] 脔(luán)：切成小块的肉。

[33] 坛陆：沙洲。

[34] 鳝：泥鳅。鲦：白条鱼。

[35] 委蛇：从容自得的样子。

[36] 彼：指海鸟。

[37] 譊譊(náo)：指嘈杂的音乐。

[38] 《咸池》：黄帝时的乐曲。

[39] 张：铺张，陈设，指演奏。洞庭之野：即广漠之野。

[40] 还：通"环"，环绕。

[41] 条达：条理通达。福持：福分持久。

【阅读提示】

《至乐》是《庄子》外篇之一。如题目所示，"至乐"是讲人生快乐问题。人生在世什么是最大的快乐呢？人应怎样对待生和死呢？庄子以为人生最大的快乐是养活性命，即"至乐活身"。首段阐明主旨，就世俗之见展开叙述并予以否定，得出自己的"无为诚乐""至乐无乐"的结论。其他段落通过寓言故事烘托主旨。"颜渊东之齐"通过海鸟和鲁侯关系的叙述，对"以己养鸟"还是"以鸟养鸟"的分析，说明了只有顺应自然，各随其情，才能达到"至乐活身"的目的。本篇与《庄子·内篇》中庄子思想的核心内容多有照应，与庄子的哲学体系相符，是外篇中与内篇关系较为切近的一篇，在一定程度上反映了庄子哲学中"道"的普遍性、无差别性等一以贯之的概念和认识。

【思考与讨论】

1. 你以为的快乐是怎样的？你同意庄子的快乐观吗？

2. 庄子善用寓言说理，富有幽默讽刺的意味，对后世文学语言有很大影响。请说说你知道的庄子的寓言故事及道理。

楚　辞

屈原

【题解】

屈原(约前339—前278),战国时期楚国诗人、政治家。芈姓,屈氏,名平,字原。屈原是中国历史上第一位伟大的爱国诗人,中国浪漫主义文学的奠基人,楚辞的创立者和代表作者。屈原作品的出现,标志着中国诗歌进入了一个由集体歌唱到个人独创的新时代。主要作品有《离骚》《九歌》《九章》《天问》等。

楚辞又称"楚词",是战国时期伟大诗人屈原开创的一种诗体。作品运用楚地(今两湖一带)的文学样式、方言声韵,叙写楚地的山川人物、历史风情,具有浓厚的地方特色。汉时,刘向把屈原的作品及宋玉等人"承袭屈赋"的作品编辑成集,名为《楚辞》。《楚辞》是继《诗经》之后,对中国文学具有深远影响的一部诗歌总集,它是中国浪漫主义文学的先河,同时也是中国文学个人创作的开始。

【文献来源】

楚辞[M]. 林家骊,译注. 北京:中华书局,2016:120-124.

九章·涉江

余幼好此奇服兮,年既老而不衰[1]。带长铗之陆离兮[2],冠切云之崔嵬[3]。被明月兮珮宝璐[4],世溷浊而莫余知兮[5],吾方高驰而不顾。驾青虬兮骖白螭[6],吾与重华游兮瑶之圃[7]。登昆仑兮食玉英[8],与天地兮同寿,与日月兮同光。哀南夷之莫吾知兮[9],旦余济乎江湘。

乘鄂渚而反顾兮[10],欸秋冬之绪风[11]。步余马兮山皋[12],邸余车兮方林[13]。乘舲船余上沅兮[14],齐吴榜以击汰[15]。船容与而不进兮[16],淹回水而疑滞[17]。朝发枉陼兮[18],夕宿辰阳[19]。苟余心其端直兮,虽僻远之何伤。

入溆浦余儃佪兮[20],迷不知吾所如。深林杳以冥冥兮[21],猨狖之所居[22]。山峻高以蔽日兮,下幽晦以多雨。霰雪纷其无垠兮[23],云霏霏其承宇[24]。哀吾生之无乐兮,幽独处乎山中。吾不能变心而从俗兮,固将愁苦而终穷。

接舆髡首兮[25],桑扈臝行[26]。忠不必用兮,贤不必以[27]。伍子逢殃兮[28],比干菹醢[29]。与前世而皆然兮,吾又何怨乎今之人!余将董道而不豫兮[30],固将重昏而终身[31]!

乱曰[32]:鸾鸟凤皇[33],日以远兮。燕雀乌鹊[34],巢堂坛兮[35]。露申辛夷[36],死林薄兮[37]。腥臊并御[38],芳不得薄兮[39]。阴阳易位[40],时不当兮。怀信侘傺[41],忽乎吾将行兮!

【注释】

[1] 衰:衰退,懈怠。

[2] 长铗(jiá):长剑。陆离:形容其所佩戴宝剑之长。

[2] 冠:本指帽子,这里释为"戴"。切云:一种很高的帽子。崔嵬(wéi):形容高的样子。

[4] 被(pī):同"披",戴着。明月:夜光珠。珮:犹"佩",佩带。璐:玉。

[5] 溷(hùn):混乱。

[6] 虬(qiú)：一种有角的龙。骖(cān)：本义指一车驾三马，又特指驾车时服马两边的马。这里指驾驭车两旁的白螭。螭(chī)：一种无角的龙。

[7] 重(chóng)华：古史传说中五帝之一舜的名号。瑶：美玉。圃：这里的"瑶之圃"或即《离骚》之"县圃"，是神话传说中天帝及众神居住的地方。

[8] 昆仑：古代神话传说中西方神山的名称。英：花。

[9] 南夷：当时楚国江南一带的土著民族。

[10] 鄂渚(zhǔ)：地名，在今湖北鄂州。

[11] 欸(āi)：感叹，叹息。绪风：大风。

[12] 步：使行走。皋：水泽，引申为水边之地。

[13] 邸：停留。方林：面积广大的树林。

[14] 舲(líng)船：有窗子的船。上：这里是沿沅水逆流而上的意思。

[15] 吴榜：船桨。汰：水波。

[16] 容与：徘徊不前的样子。

[17] 淹：停留，滞留。回水：江中急流回旋而形成的涡流，即漩涡。疑(níng)滞：即"凝滞"，停滞不前。

[18] 枉陼(zhǔ)：地名，沅水中的一个河湾，在辰阳以东，沅水下游，今属湖南常德。

[19] 辰阳：地名，汉有辰阳县，属武陵郡，在今湖南辰溪。

[20] 溆(xù)浦：地名，在今湖南溆浦一带，或因溆水而得名，因其在溆水之滨的缘故。儃(chán)佪：徘徊不前。

[21] 杳以冥冥：意即幽深晦暗。"杳"与"冥"意义相近，都是幽暗、昏暗的意思。

[22] 猨(yuán)：一种猕猴。狖(yòu)：猿猴的一种。

[23] 霰(xiàn)：小雪珠。垠：边际，涯岸。

[24] 霏霏：这里形容云气很盛的样子。承宇：指山中云气旺盛而与屋檐相承接。宇，屋檐。

[25] 接舆：春秋时楚国人，佯狂避世。髡(kūn)首：剃去头发。

[26] 桑扈：古代的隐士。羸(luǒ)行：意即裸体而行。羸，同"裸"。

[27] 以：用。

[28] 伍子：伍子胥。逢殃：遭遇祸殃。

[29] 比干：殷末纣王的叔父。菹醢(zū hǎi)：肉酱，这里指跺成肉酱。菹、醢，均有肉、肉酱的意思。

[30] 董：正。豫：犹豫。

[31] 重昏：重重昏暗。

[32] 乱：乐曲的最后一章叫乱。古时诗乐不分，故诗文中最后总括全篇要旨的一段文字也被称作乱。

[33] 鸾鸟凤皇：古人心目中神异的鸟类，这里比喻贤能之士。

[34] 燕雀乌鹊：都是普通常见鸟类，这里比喻谗佞小人。

[35] 巢：鸟窝，这里是搭窝的意思。堂：古时天子同诸侯议政、祭祀的朝堂、庙堂。坛：用土筑起的高台。

[36] 露申：一种香草。辛夷：一种香草。

[37] 薄：草木丛生的地方。

[38] 腥臊：恶臭秽浊的气味，这里比喻奸邪小人。御：进用。

[39] 薄：靠近。

[40] 阴阳易位：这里比喻当时社会忠奸不辨，是非不分，从而使君子贤士失位，奸邪小人得志。

[41] 怀信：怀抱忠贞诚信之心。佗傺(chà chì)：惆怅失意的样子。

【阅读提示】

《涉江》是楚顷襄王时期，屈原流放江南时，为记叙征程和抒写怨愤而作。此诗可分为五段。第一段述说自己高尚理想和现实的矛盾，阐明这次涉江远走的基本原因；第二段叙述一路走来，途中的经历和自己的感慨；第三段写进入溆浦以后，独处深山的情景；第四段从自己本身经历联系历史上的一些忠诚义士的遭遇，进一步表明自己的政治立场；第五段批判楚国政治黑暗，邪佞之人执掌权柄，而贤能之人却遭到迫害。全诗写景抒情有机结合，比喻象征运用娴熟，体现了诗人高超的艺术水平。

九歌·湘夫人

帝子降兮北渚[1]，目眇眇兮愁予[2]。嫋嫋兮秋风[3]，洞庭波兮木叶下。

白蘋兮骋望[4]，与佳期兮夕张[5]。鸟萃兮蘋中[6]，罾何为兮木上[7]。

沅有茝兮醴有兰[8]，思公子兮未敢言[9]。荒忽兮远望，观流水兮潺湲[10]。

麋何食兮庭中[11]，蛟何为兮水裔[12]？朝驰余马兮江皋，夕济兮西澨[13]。闻佳人兮召予[14]，将腾驾兮偕逝[15]。

筑室兮水中[16]，葺之兮荷盖[17]。荪壁兮紫坛[18]，匊芳椒兮成堂[19]。桂栋兮兰橑[20]，辛夷楣兮药房[21]。罔薜荔兮为帷[22]，擗蕙櫋兮既张[23]。白玉兮为镇[24]，疏石兰兮为芳[25]。芷葺兮荷屋[26]，缭之兮杜衡[27]。合百草兮实庭，建芳馨兮庑门[28]。九嶷缤兮并迎[29]，灵之来兮如云[30]。

捐余袂兮江中[31]，遗余褋兮醴浦[32]。搴汀洲兮杜若[33]，将以遗兮远者[34]。时不可兮骤得，聊逍遥兮容与！

【注释】

[1] 帝子：湘夫人。上古"子"既可称儿子，又可称女儿。北渚：指靠近洞庭湖北岸的小洲。

[2] 眇眇(miǎo)：瞻望弗及，望眼欲穿之貌。愁予：忧愁。

[3] 嫋嫋(niǎo)：又作"袅袅"，本义柔弱曼长貌，这里指微风徐徐吹拂的样子。

[4] 白蘋(fán)：水草名。骋望：放眼远望。

[5] 与(yù)：古多训"为"。佳期：男女约会的日期。佳，美，美好。期，会，会合。夕：傍晚，日暮。张：陈设，布置。

[6] 萃(cuì)：聚集，汇集。蘋(pín)：植物名，多年生草本，生浅水中。

[7] 罾(zēng)：用木棍或竹竿做支架的方形渔网，形似伞。鸟当止于木上，而集于水中；罾当施于水中而置于木上，二物所施不得其所，喻心意难达。

[8] 茝(zhǐ)：香草名，即白芷。

[9] 公子：指湘夫人。未敢言：不敢说出来，指蕴藏在内心而无法倾吐的深情。

[10] 潺湲(yuán)：水缓缓流淌的样子。

[11] 麋：哺乳动物，毛淡褐色，雄的有角，角像鹿，尾像驴，蹄像牛，颈像骆驼，但从整体上来看哪一种动物都不像，故又俗称"四不像"。

[12] 蛟：古代传说中的一种龙。水裔：水边。

[13] 澨(shì)：水滨。

[14] 佳人：爱人，即湘夫人。

[15] 腾驾：传车马急驰飞奔。腾，传。偕逝：一同前往。

[16] 室：古代称堂后为室。

[17] 葺(qì)：用茅草覆盖房屋，亦泛指覆盖。

[18] 荪(sūn)壁：以荪草装饰墙壁。紫坛：用紫贝砌成的中庭的地面，取其坚滑而有光彩。紫："紫贝"的简称，水产的宝物。

[19] 匼芳椒兮成堂：谓两手掬椒泥以涂堂室。匼，"播"的古字，当为"匊"字形误，即后世"掬"字。芳椒：植物名。堂：坛，一种方形土台，这里指祀神之殿堂中的祭坛。

[20] 桂栋：桂木做的梁栋。栋，房屋正中最高的大梁。兰橑(lǎo)：用木兰做的橑(chuán)子，亦作为橑子的美称。橑，搭在栋旁的木条，以承载瓦的重量。

[21] 辛夷楣：用辛夷做的房屋的次梁。辛夷，植物名，此指辛夷树或其花。辛夷树属木兰科，落叶乔木，高数丈，木有香气。今多以"辛夷"为木兰的别称。楣，房屋的次梁。药房：以白芷饰房。药，即白芷。房，古人称堂后曰室，室之两旁曰房。

[22] 罔：同"网"，绳索交叉编结而成的渔猎用具。这里释为"编结"。薜(bì)荔：植物名，又称木莲。帷：以丝帛制作的环绕四周的遮蔽物，泛指起间隔、遮蔽作用的悬垂的丝帛制品。

[23] 擗(pǐ)：分开，裂开。蕙：蕙草做的隔扇。楣(mián)：隔扇。

[24] 镇：用重物压在上面，向下加重量，亦指压东西的用具。

[25] 疏：放置。石兰：香草名，蔓延于山石上，叶如苇而柔韧，亦名石苇。芳：闻一多《楚辞校补》疑为"防"之误。《本草》："防风，一曰屏风。""防"与"屏"音近。上句言"白玉"压席，此句言以石兰为床头的屏风。

[26] 芷葺(qì)：以白芷覆盖的屋顶。芷，香草名，即白芷。葺，指加盖。

[27] 杜衡：香草名，即杜若，叶似葵，形似马蹄，俗名"马蹄香"。

[28] 芳馨：犹芳香，也借指香草。庑(wǔ)：堂下周围的走廊、廊屋。

[29] 九嶷(yí)：山名，在湖南宁远南。此借指九嶷山诸神。并：共同，一起。

[30] 灵：指扮神的女巫。如云：形容盛多。

[31] 袂(mèi)：衣袖。

[32] 褋(dié)：禅衣，即无里之衣，指贴身穿的汗衫之类。醴(lǐ)浦：澧水之滨。

[33] 搴(qiān)：采摘，折取。汀(tīng)：水之平，引申为水边平地，小洲。杜若：香草名。

[34] 遗(wèi)：赠予。远者：指湘夫人。

【阅读提示】

《湘夫人》是《湘君》的姊妹篇，写湘君思念湘夫人而终不能如愿的惆怅与伤怀，哀感顽艳，情感动人。全诗依次铺叙湘君不得与湘夫人相见的忧愁，思念湘夫人又不敢吐露的矛盾，想象与湘夫人会面的美景，最终未能与湘夫人相见的满腹惆怅等。《湘夫人》中的独特意象、清美的辞藻被后人多次引用和发挥。唐代李贺《帝子歌》曾一改悲情，使二湘的故事焕发出喜乐的亮彩，可见后世文人对它的喜爱程度。

【思考与讨论】

1. 梁启超曾说："吾以为凡为中国人者，须获有欣赏楚辞之能力，乃为不虚生此国。"（《饮冰室文集·要籍解题及其读法》）对此你怎么看？

2. 《楚辞》最重要的文化价值就是以屈原为代表的爱国精神，其九死不悔、上下求索、独立不迁、众醉独醒的精神，你觉得在今天还有意义吗？

礼记·大学(节选)

【题解】

《大学》是中国古代典籍名篇之一，原是《礼记》中的一篇。《礼记》是战国至秦、汉间儒家学者解释、说明《仪礼》的文章选集。作者不止一人，大部分篇章是孔子弟子及再传弟子的作品。《礼记·大学》在唐代以前并没引起人们特别的关注。至唐代，韩愈等引用《大学》，开始为人们所注目。北宋程颢、程颐非常重视《大学》，称之为"孔氏之遗书，而初学入德之门也"。南宋朱熹继承二程的观点，将《大学》《中庸》与《论语》《孟子》并列，合称"四书"，又作《四书集注》，其中于《大学》用力最多。朱熹死后，《四书集注》成为科举考试的官方教材。

【文献来源】

大学·中庸[M]. 李春尧，译注. 长沙：岳麓书社，2016：7.

大学之道[1]，在明明德[2]，在亲民[3]，在止于至善[4]。知止而后有定[5]，定而后能静，静而后能安，安而后能虑，虑而后能得[6]。物有本末[7]，事有终始。知所先后，则近道矣。

古之欲明明德于天下者，先治其国；欲治其国者，先齐其家[8]；欲齐其家者，先修其身[9]；欲修其身者，先正其心；欲正其心者，先诚其意；欲诚其意者，先致其知[10]；致知在格物[11]。

物格而后知至，知至而后意诚，意诚而后心正，心正而后身修，身修而后家齐，家齐而后国治，国治而后天下平。

自天子以至于庶人[12]，壹是皆以修身为本[13]。其本乱，而末治者否矣。其所厚者薄，而其所薄者厚[14]，未之有也[15]。

【注释】

[1] 大学：大人之学，相对于"小学"而言。古代八岁入小学，学习"洒扫应对进退、礼乐射御书数"等文化基础知识和礼节；十五岁入大学，学习"穷理正心，修己治人"的学问。

[2] 明明德：前一个"明"为动词，"使……明"的意思。后一个"明"为形容词，光明的意思。明德，光明正大的德性。

[3] 亲民：程颐说"亲"当作"新"，即革新、自新。新民，使人弃旧图新、去恶从善。

[4] 至善：最完善的境界。止于至善：达到最完美的境界。

[5] 知止：知道目的地。

[6] 定、静、安、虑、得：心里自我认识、完善的过程，是儒家心性修养的重要途径。

[7] 本末：本是根，末是梢，即根本和枝末。

[8] 齐其家：治理好自己的家庭或家族。

[9] 修其身：修养自身的品性。

[10] 致其知：使自己获得知识。

[11] 格物：认识、研究万事万物的道理。

[12] 庶人：指平民百姓。

[13] 壹是：都是。本：根本。

[14] 所厚者薄：当重视的不重视。所薄者厚：不该重视的反加以重视。

[15] 未之有也：即"未有之也"，没有这样的道理。

【阅读提示】

本章朱熹称之为"经一章"，阐明大学的宗旨和纲要。其中"明明德""亲民""止于至善"为大学"三纲"，"格物""致知""诚意""正心""修身""齐家""治国""平天下"为大学"八条目"。"三纲"和"八条目"都是层层递进的关系。在"八条目"之中，从"格物"到"修身"五个方面是"内圣"，而"齐家""治国""平天下"是"外王"。儒家哲学虽然范围广博，但是概括起来，无非是通过"修己安人"以达到"内圣外王"。按梁启超的解释："做修己的功夫，做到极处，就是内圣。做安人的功夫，做到极处，就是外王。"

【思考与讨论】

1. 自唐宋以来，《大学》的话语为世人所熟悉和传诵，地位越来越高。本文所说"大学"，与今天的大学相同吗？

2. 《大学》凝聚了儒家学派关于人生与社会、道德与政治等问题的思想精髓，表达了完善自我并改造社会的强烈愿望，成为有志之士用以自励并为之奋斗的人生目标。请就修身齐家谈谈你对"家风"的认识。

第二章

秦汉魏晋南北朝文化与文学

秦汉魏晋南北朝文化与文学概述

公元前 221 年，秦王统一天下，建立起空前统一的王朝，实现了从分封制到郡县制的转变，开创了中国社会发展的新格局。秦朝从统一到宣告灭亡，虽然只有短短十五年，但对中国历史的发展影响巨大。它在秦国旧制的基础上进行了一系列的制度改革，如实行"车同轨，书同文"，统一文字，统一法令，统一度量衡等，对中华民族共同体产生的积极作用是前所未有的。但其思想学术的统一，"别黑白而定一尊"（《史记·秦始皇本纪》），尤其是"焚书坑儒"，结束了持续 200 多年的"百家争鸣"，是中国古代文化史上的一场浩劫。因此，秦代在文化上极少建树。

汉代，在我国历史上是一个足以与唐代媲美的封建大帝国，奠定了两千多年来中国这个多民族大家庭的历史格局，也给汉民族的最后形成和发展以决定性的影响。汉族之得名，即来源于此。西汉初年，汉朝采取轻徭薄赋、与民休息的方针，"黄老之学"的无为思想为汉初统治者所提倡。黄老思想既假托黄帝之名立言，又糅取道家和法家思想，因而又称"道法家"，它重视成败存亡的历史经验，主张清虚自守、卑弱自持，以适应由乱世到治世转变的历史需要。公元前 141 年，汉武帝继位，几十年的休养生息使国力大增，社会富足繁荣，国家空前强大和统一，无为而治的黄老思想已经不适用。汉武帝变"无为"为"有为"，"汉崇儒之王，莫过于武帝"。建元五年，汉武帝采纳董仲舒建议，实行"罢黜百家，独尊儒术"，设立五经博士，招收博士弟子，国家所颁布的政策法令都需要用儒家经典作为理论依据，儒学成为国家政治思想并一直延续了两千余年。不过，董仲舒所倡导的儒学，既不同于孟、荀，更不同于孔子，它虽然依据孔门儒学，但已是旧瓶盛新酒，带有武帝"多欲政治"的鲜明时代特征。汉代新儒学的法家化使其屈从于君主专制而迷失道统，经学化使其渐入章句训诂之学而日趋烦琐，并进一步蜕化变为谶纬神学，最终背离原始的儒学而渐变为儒教。这一切，正是魏晋玄学取代两汉新儒学的前提条件。

　　魏晋南北朝是一个思想迷乱的时代，也是一个思想解放的时代，这个时期的基本特点是分裂多于统一，混乱多于安定。统治者很少有精力顾及思想文化方面，政治权力对于文化的干预相对比较少，所以文化呈现出多元化局面。玄学便是士人从两汉经学的束缚下解放出来之后掀起的一股新的文化思潮。玄学是魏晋时期的独特思潮，"名教"与"自然"构成其核心命题。玄学始于曹魏正始年间(240—248)，史称"正始玄风"，名教与自然的问题在思想史上正式出现。何晏、王弼认为"天地万物，皆以无为本"，王弼还提出"名教本于自然"论。其后以嵇康、阮籍等为代表的"竹林七贤"提出"非汤武而薄周孔"，指斥"六经未必为太阳"，宣称要越名教而任自然。最后以向秀和郭象为代表人物，主张"名教即自然"，调和"有"与"无"，提出一切"尊卑上下之序"，本来就合乎"天理自然"，从而统一了名教和自然的矛盾，把玄学理论推向顶峰。东晋时随着门阀政治的终结，玄学走向衰落，儒学重获生机，在维护儒学正统地位的条件下兼容佛道，奠定了中国传统文化以儒为主、佛道为辅的基本格局。汉末以来社会系统的大移动、多民族的大融合，成为魏晋南北朝时期一个显著的历史特点。

　　文学方面，秦代几乎是空白，值得一提的只有李斯的散文。两汉时期的文学主要是辞赋、乐府歌诗，以及以司马迁史传作品为最高成就的散文。辞赋是汉代文学的主要形式，其创作十分繁荣，作家作品众多，内容丰富多彩。汉赋的大部分是属于以歌功颂德为主的宫廷文学，如司马相如的《子虚赋》《上林赋》，篇幅较长，虚拟楚王游猎云梦的盛况，描述天子在上林苑游猎的壮观，极尽夸饰炫耀之能事。东汉时期的赋篇幅短小，题材转向反映现实，张衡的《思玄赋》《归田赋》和赵壹的《刺世疾邪赋》等，表达了作者对当时社会的不满，揭露了官场的黑暗腐朽，对于人民的贫困生活也表示一定的同情。诗歌以汉乐府和《古诗十九首》为代表。汉乐府是汉武帝时期由乐府集民间诗歌选编配乐而成的诗集，内容广泛地反映了当时社会生活的各个方面。其中《战城南》《十五从军征》《孤儿行》《陌上桑》《孔雀东南飞》等，反映了人民的悲惨遭遇和对繁重徭役、横征暴敛的不满，以及妇女不幸的命运及其坚强不屈的性格等，是两汉社会全面真实的反映。《古诗十九首》是东汉中后期中下层知识分子的作品，他们把对社会的感触倾注到作品之中，如《行行重行行》《孟冬寒气至》《明月何皎皎》《迢迢牵牛星》等，就是倾述生离死别、情感追求、仕途坎坷的诗篇。《西北有高楼》《青青河畔草》等，则充满了人生无常、及时行乐的消极颓废思想，反映了作者走投无路、内心苦闷的境况。《古诗十九首》标志着中国诗歌发展进入了一个以文人五言诗创作为主的新时代。汉代历史散文在先秦历史散文基础上，获得了新的发展，特别是史传文学，司马迁的《史记》达到了一个不可企及的高峰。《史记》分本纪、年表、书、世家、列传，共130篇，创造了新文体纪传体，对后世史学和文学的影响很大。《史记》中鲜明生动的历史人物形象，曲折紧张的历史故事，成为后世散文的巅峰，鲁迅誉之为"史家之绝唱，无韵之《离骚》"。《史记》在文学上不仅成为唐以后"古文"的典范，而且对唐以后的小说、戏曲的发展也有巨大的启发和影响。《汉书》是继《史记》后又一部纪传体史学名著，它经几人之手，主要作者是班固，记载了西汉一代从汉高祖元年(公元前206)到王莽地皇四年(23)共二百二十九年的历史，是我国第一部纪传体断代史，为后来各朝正史开创了新的体例。

　　魏晋南北朝是上承先秦两汉、下启隋唐的一个重要时期，作家作品空前增多，更重要的是进入到文学自觉的时代，在诗歌、辞赋、散文、小说，特别是文学理论等方面取得了独特成就。建安时期是魏晋南北朝文学的开端，政治、思想和文学诸方面产生了急遽变化，呈现出新的面貌，特别是诗歌，打破了两汉辞赋独盛和文人诗相对沉寂的局面。曹氏父子、"建安七子"(孔融、陈琳、王粲、徐干、阮瑀、应玚、刘桢)、蔡琰等人创作出一大批作品，形成了我国古代文学史上第一个文人诗的创作高峰。他们的作品从内容上反映了当时社会的离乱和人民的疾苦，如曹操的《蒿里行》《苦寒行》、曹植的《送应氏》、王粲的《七哀诗》(其一)、陈琳的《饮马长城窟行》，及蔡琰的《悲愤诗》等；也表达了诗人建功立业统一天下的宏伟抱负，如曹操的《短歌行》《步出夏门行》及曹植的《白马篇》等，意境宏大，笔调明朗，形成一种悲凉慷慨、刚健有力的风格，后人称之为"建安风骨"。魏末以阮籍、嵇康作品等为代表的诗歌，内容多抒发忧生惧祸、高蹈遗世之情，艺术上也多曲折幽深、清俊超拔的特色。西晋时期，文人的诗歌创作也比较活跃，傅玄、张华、陆机、潘岳、左思等，留下了不少有价值的诗篇。陶渊明在田园诗方面独辟异境，对诗歌创作的内容和形式作出了新的贡献。南北朝时期，出现了谢灵运、鲍照、谢朓、庾信等诗人，谢灵运的山水诗对后世影响很大。乐府民歌有《子夜歌》《西洲曲》《敕勒歌》及《木兰诗》等。辞赋发展是我国的一个重要转变时期，作家、作品出现了前所未有的盛况，如庾信的《哀江南赋》、王粲的《登楼赋》、曹植的《洛神赋》、阮籍的《猕猴赋》、江淹的《恨赋》《别赋》等。散文逐渐向骈文转变，骈文取代散文，成为"一代之文学"。骈文滥觞于汉魏，形成于两晋，盛行于南北朝。

　　小说在这一时期开始形成并逐渐繁荣，作品数量较多，内容丰富，大略可分为两类：谈鬼神怪异的志怪小说和记录人物逸闻琐事的轶事小说，如干宝的《搜神记》、葛洪的《西京杂记》、刘义庆的《世说新语》等。这些作品正如鲁迅所说"大抵一如今日之记新闻，在当时并非有意做小说"，但它们为唐代传奇的产生准备了条件，开启了笔记小说的先路。文学理论也取得了极高成就，曹丕的《典论·论文》是我国最早的文学批评专论，从作家的不同气质来说明作品不同的风格。刘勰的《文心雕龙》对文学的创作方法、文体的源流演变及对作家、作品的评价都作了全面系统的论述，标志着古典文学批评到了成熟阶段，在中国文学批评史上起着奠基的作用。钟嵘的《诗品》把汉代以来一百多位五言诗作者分为上中下三品，对每个作家进行了评价，他主张作品要古朴自然，不要使"文多拘忌，伤其真美"。

　　总之，秦汉魏晋南北朝是中国历史上非常重要的一个时期，确立了中华文化共同体的形成，促进了汉民族的最后形成和各民族的大融合。文学上则是承先启后、重要而必不可少的阶段，文学自觉和独立的形成，为唐代文学的全面繁荣打下了基础。

【参考书目】

[1] 陈廷湘，敖依昌. 中国文化[M]. 重庆：重庆大学出版社，2007.

[2] 马积高，黄钧. 中国古代文学史(上)[M]. 北京：人民文学出版社，2017.

[3] 郑振铎. 文学大纲——原始卷[M]. 长春：时代文艺出版社，2010.

汉　乐　府

【题解】

乐府是秦朝时开始设立，到汉武帝时扩大成大规模的掌管音乐的机关，主要职责是采集民间歌谣或文人的诗来配乐，以备朝廷祭祀或宴会时演奏之用。到魏晋六朝时，把乐府所唱的诗也称为乐府。这样，乐府就由一个机构的名称变成一种诗体的名称了。汉乐府是继《诗经》之后，古代民歌的又一次大汇集，它用通俗的语言构造贴近生活的作品，五言的、七言的、杂言的乐府诗胜过以四言为主的《诗经》。汉乐府民歌中女性题材作品占重要位置。其在文学史上有极高的地位，与《诗经》《楚辞》可鼎足而立。

【文献来源】

乐府诗选[M]. 余冠英，选注. 北京：中华书局，2017：2-3.

战　城　南

战城南，死郭北，野死不葬乌可食。为我谓乌[1]："且为客豪[2]，野死谅不葬，腐肉安能去子逃？"水深激激[3]，蒲苇冥冥[4]，枭骑战斗死[5]，驽马徘徊鸣。〔梁〕筑室[6]，何以南〔梁〕何以北[7]，禾黍不获君何食？愿为忠臣安可得[8]？思子良臣[9]，良臣诚可思，朝行出攻，暮不夜归。

【注释】

[1] 我：诗人自称。

[2] 客：指死者。豪：同"号"。古人对于新死者须行招魂的礼，招时且哭且说，就是"号"。诗人要求乌先为死者招魂，然后吃他。

[3] 激激：清也。

[4] 冥冥：幽也。

[5] 枭(xiāo)骑：即"骁骑"，良马也，喻战死的英雄，也就是指上文的"客"和下文的"忠臣"。

[6] 梁：表声字。筑室：指土木工事。

[7] 何以南何以北：言那些服工役的人为何也像兵士南北征调呢？壮丁都不能在乡从事生产，自然禾黍不能收获了。

[8] 忠臣：指战死的军人。"愿为"句是说那些应役筑室而南北奔走劳苦致死的人，即使愿意痛快地战死，还无法落个忠臣名号。

[9] 良臣：指善于谋划调度的大臣。假如有良臣，纵然免不了打仗也可以少些死伤。

【阅读提示】

《战城南》系乐府旧题，为在战场上阵亡的将士而作。诗中描写了战争的残酷，道出人民只是战争牺牲品的社会现实，表达了人民反对并诅咒战争的意愿。诗歌以告语乌鸦、驽马哀鸣的奇思妙想抒发作者的悲怆之情，极富浪漫色彩。

上　邪

上邪[1]！我欲与君相知[2]，长命无绝衰[3]。山无陵，江水为竭，冬雷震震，夏雨雪，天地合，乃敢与君绝[4]！

【注释】

[1] 上：指天。邪：同"耶"。"上邪"犹言"天啊"，指天发誓。

[2] 相知：相亲也。

[3] 命：令也，使也。

[4] 此句是说，不但要"与君相知"，还要使这种相知成为永远，除非天地间起了亘古未有的大变化，一切不可能的变为可能，如高山变为平地等，咱们的交情才会断绝。

【阅读提示】

《上邪》是一首民间情歌，感情强烈，气势奔放，可谓表达爱情的绝唱之作。诗中女子以誓言的形式表达对情人忠贞不渝的感情，以不可能实现的自然现象反证自己对爱情的忠贞。诗短情长，撼人心魄，充满了磐石般坚定的信念和火焰般炽热的激情。诗歌准确地表达了热恋中人特有的绝对化心理，新颖泼辣，深情奇想，气势豪放，感人肺腑，被誉为"短章中神品"。

孤 儿 行

孤儿生，孤子遇生[1]，命独当苦！父母在时，乘坚车，驾驷马[2]。父母已去[3]，兄嫂令我行贾[4]。南到九江[5]，东到齐与鲁[6]。腊月来归，不敢自言苦。头多虮虱[7]，面目多尘[8]。大兄言办饭[9]，大嫂言视马。上高堂，行取殿下堂[10]。孤儿泪下如雨。使我朝行汲，暮得水来归。手为错[11]，足下无菲[12]。怆怆履霜，中多蒺藜[13]。拔断蒺藜肠月中[14]，怆欲悲。泪下渫渫[15]，清涕累累[16]。冬无复襦[17]，夏无单衣。居生不乐，不如早去，下从地下黄泉[18]！春气动，草萌芽。三月蚕桑，六月收瓜。将是瓜车[19]，来到还家。瓜车反覆，助我者少，啖瓜者多[20]。愿还我蒂[21]，兄与嫂严，独且急归[22]，当兴校计[23]。

乱曰：里中一何诛诛[24]，愿欲寄尺书，将与地下父母，兄嫂难与久居！

【注释】

[1] 遇：偶也。开头三句言孤儿偶然生到世上来，偏他命苦。

[2] 驷：四马驾车。

[3] 已去：谓已死。

[4] 行贾(gǔ)：往来贩卖。汉朝社会上商人地位低，当时的商贾有些是富贵人家的奴仆。兄嫂命孤儿行贾是把他当奴仆使。

[5] 九江：西汉九江郡治寿春，即今安徽寿县，东汉治陵阴，故城在今安徽定远西北六十五里。

[6] 齐：西汉置齐郡，治临淄，即今山东临淄。后汉为齐国。鲁：汉置鲁县，即今山东曲阜。这歌的产地是九江之北，齐鲁之西，该是河南境内。

[7] 虮(jǐ)：虱卵。

[8] 面目多尘：句尾可能脱掉一个"土"字。因为这里应该有个韵脚，而且和上下比较，这里该是五言句。

[9] 办饭："办饭""视马"都是兄嫂给他的差遣。

[10] 行：复也，如今口语里的"还"。取：同"趋"，快行也。殿：高堂。"趋殿下堂"，就是跑向殿下之堂。办饭要上高堂，视马要下高堂，就这么上下奔走。

[11] 错(què)：皮肤皲裂。

[12] 菲：一作"扉"，草鞋。

[13] 怆(chuàng)怆：悲伤貌。履：践踏。

[14] 蒺藜：一种蔓生的草，有刺。肠：即"腊肠"，胫骨后的肉。月：即"肉"字。

[15] 渫渫：水流貌。

[16] 累累：不绝也。

[17] 复襦(rú)：和"单襦"相对，有里的短衣叫"复襦"，即短夹袄。

[18] 早去：早死。下从：谓跟随父母。黄泉：即"地下"。

[19] 将是瓜车：推着瓜车。将，推。是，此，这。

[20] 唉：食也。

[21] 蒂：瓜和藤相连接之处。孤儿无法禁止别人吃瓜，但要求还给他瓜蒂，以便点数。

[22] 独且：独，将也。且，语助词。

[23] 校(jiào)计：计较。

[24] 譊(náo)譊：怒叫声。是说孤儿远远就听到兄嫂在家中叫骂。

【阅读提示】

《孤儿行》写的是一个孤儿的遭遇，反映孤儿被兄嫂虐待的家庭问题和社会问题。在汉代家族制度中，父亲是一家之主，握有全家的财产管理权。当父亲去世后，一家之主由长兄继承，年幼的孤儿毫无地位，而且还有被虐待的可能。诗歌通过孤儿对自己悲苦命运和内心哀痛的诉说，真实地描绘了社会人情的冷漠与人们道德观念的扭曲，具有强烈的人道主义色彩。诗歌语言浅俗质朴，句式长短不整，押韵较为自由。

【思考与讨论】

1. 汉魏六朝乐府诗作为中国文学珍贵的遗产，从民间或直接受民间文学影响而产生，反映了广大人民的生活。请分享你知道的民间歌谣。

2. "缘事而发"是汉乐府诗的特点，请结合本文所选诗歌，谈谈你的理解。

史记·游侠列传(节选)

司马迁

【题解】

《史记》被鲁迅称为"史家之绝唱，无韵之《离骚》"，是中国古代史学与文学的丰碑。作者司马迁，字子长，生于汉景帝中元五年(前145)，卒年不详。他的著作除了《史记》，还有《报任安书》《悲士不遇赋》。《史记》共一百三十篇，五十二万字，包括本纪、世家、列传、书、表五个部分，记事上起轩辕黄帝，下迄汉武帝太初年间，共写了两千多年的历史，完成了对古代编年体、国别体、资料汇编体等史书形式的整合，是我国第一部纪传体通史。后世国史都以纪传体为标准体例，中国古代"正史"二十四史系统就是从《史记》开始的。

【文献来源】

史记[M]. 文天，译注. 北京：中华书局，2017：391-407.

韩子曰[1]："儒以文乱法[2]，而侠以武犯禁[3]。"二者皆讥，而学士多称于世云[4]。至如以术取宰相卿大夫[5]，辅翼其世主，功名俱著于春秋[6]，固无可言者[7]；及若季次、原宪[8]，闾巷人也，读书怀独行君子之德[9]，义不苟合当世，当世亦笑之，故季次、原宪终身空室蓬户，褐衣疏食不厌。死而已四百余年，而弟子志之不倦[10]。今游侠，其行虽不轨于正义[11]，然其言必信，其行必果[12]，已诺必诚，不爱其躯，赴士之厄困，既已存亡死生矣[13]，而不矜其能[14]，羞伐其德[15]，盖亦有足多者焉。

且缓急[16]，人之所时有也。昔者虞舜窘于井廪[17]，伊尹负于鼎俎[18]，傅说匿于傅险[19]，吕尚困于棘津[20]，夷吾桎梏[21]，百里饭牛[21]，仲尼畏匡[22]，菜色陈、蔡[23]。此皆学士所谓有道仁人也，犹然遭此菑[24]，况以中材而涉乱世之末流乎[25]？其遇害何可胜道哉！

鄙人有言曰[26]："何知仁义，已飨其利者为有德[27]。"故伯夷丑周[28]，饿死首阳山，而文武不以其故贬王；跖、蹻暴戾[29]，其徒诵义无穷。由此观之，"窃钩者诛，窃国者侯，侯之门仁义存"，非虚言也。

今拘学或抱咫尺之义，久孤于世[30]，岂若卑论侪俗[31]，与世沉浮而取荣名哉[32]！而布衣之徒，设取予然诺[33]，千里诵义[34]，为死不顾世，此亦有所长，非苟而已也。故士穷窘而得委命[35]，此岂非人之所谓贤豪间者邪？诚使乡曲之侠[36]，予季次、原宪比权量力，效功于当世，不同日而论矣[37]。要以功见言信[38]，侠客之义又曷可少哉[39]！

古布衣之侠[40]，靡得而闻已[41]。近世延陵、孟尝、春申、平原、信陵之徒[42]，皆因王者亲属[43]，藉于有土卿相之富厚[44]，招天下贤者，显名诸侯，不可谓不贤者矣。比如顺风而呼，声非加疾，其势激也。至如闾巷之侠，修行砥名[45]，声施于天下[46]，莫不称贤，是为难耳。然儒、墨皆排摈不载[47]。自秦以前，匹夫之侠，湮灭不见，余甚恨之。以余所闻，汉兴有朱家、田仲、王公、剧孟、郭解之徒，虽时捍当世之文罔[48]，然其私义廉絜退让，有足称者。名不虚立，士不虚附。至如朋党宗强比周[49]，设财役贫[50]，豪暴侵凌孤弱[51]，恣欲自快，游侠亦丑之。余悲世俗不察其意，而猥以朱家、郭解等令与暴豪之徒同类而共笑之也[52]。

郭解，轵人也，字翁伯，善相人者许负外孙也[53]。解父以任侠，孝文时诛死。解为人短小精悍，不饮酒。少时阴贼[54]，慨不快意[55]，身所杀甚众。以躯借交报仇[56]，藏命作奸[57]，剽攻不休[58]，及铸钱掘冢[59]，固不可胜数。适有天幸，窘急常得脱，若遇赦[60]。及解年长，更折节为俭[61]，以德报怨，厚施而薄望。然其自喜为侠益甚。既已振人之命[62]，不矜其功，其阴贼著于心，卒发于睚眦如故云[63]。而少年慕其行，亦辄为报仇，不使知也[64]。解姊子负解之势，与人饮，使之嚼[65]。非其任，强必灌之。人怒，拔刀刺杀解姊子，亡去。解姊怒曰："以翁伯之义，人杀吾子，贼不得。"弃其尸于道，弗葬，欲以辱解。解使人微知贼处，贼窘自归，具以实告解。解曰："公杀之固当，吾儿不直。"遂去其贼，罪其姊子，乃收而葬之。诸公闻之，皆多解之义，益附焉。

解出入，人皆避之[66]。有一人独箕倨视之[67]。解遣人问其名姓，客欲杀之。解曰："居邑屋至不见敬[68]，是吾德不修也，彼何罪！"乃阴属尉史曰[69]："是人，吾所急也[70]，至践更时脱之[71]。"每至践更，数过[72]，吏弗求。怪之，问其故，乃解使脱之。箕踞者乃肉袒谢罪[73]。少年闻之，愈益慕解之行。

雒阳人有相仇者，邑中贤豪居间者以十数[74]，终不听。客乃见郭解。解夜见仇家，仇家曲听解[75]。解乃谓仇家曰："吾闻雒阳诸公在此间，多不听者。今子幸而听解，解奈何乃从他县夺人邑中贤大夫权乎！"乃夜去，不使人知，曰："且无用[76]，待我去，令雒阳豪居其间，乃听之。"

解执恭敬，不敢乘车入其县廷[77]。之旁郡国，为人请求事，事可出，出之[78]；不可者，各厌其意[79]，然后乃敢尝酒食。诸公以故严重之[80]，争为用。邑中少年及旁近县贤豪，夜半过门常十余车，请得解客舍养之[81]。

及徙豪富茂陵也[82]，解家贫，不中訾[83]，吏恐，不敢不徙[84]。卫将军为言[85]："郭解家贫不中徙。"上曰："布衣权至使将军为言，此其家不贫。"解家遂徙。诸公送者出千余万[86]。轵人杨季主子为县掾，举徙解[87]。解兄子断杨掾头。由此杨氏与郭氏为仇。

解入关，关中贤豪知与不知，闻其声，争交欢解[88]。已又杀杨季主。杨季主家上书，人又杀之阙下。上闻，乃下吏捕解。解亡，置其母家室夏阳，身至临晋[89]。临晋籍少公素不知解，解冒[90]，因求出关。籍少公已出解，解转入太原，所过辄告主人家。吏逐之，迹至籍少公[91]。少公自杀，口绝。久之，乃得解。穷治所犯，为解所杀，皆在赦前。轵有儒生侍使者坐，客誉郭解，生曰："郭解专以奸犯公法，何谓贤！"解客闻，杀此生，断其舌。吏以此责解，解实不知杀者。杀者亦竟绝，莫知为谁。吏奏解无罪。御史大夫公孙弘议曰[92]："解布衣为任侠行权[93]，以睚眦杀人，解虽弗知，此罪甚于解杀之[94]。当大逆无道[95]。"遂族郭解翁伯。

【注释】

[1] 韩子：即韩非。所引文字见《韩非子·五蠹》。

[2] 儒以文乱法：儒生以古非今，反对现行的法令政策等。

[3] 侠以武犯禁：游侠逞个人勇力，不顾法制约束。

[4] 学士：指儒家学者。称于世：在汉世受到称赞。

[5] 以术取宰相卿大夫：指公孙弘、张汤等人。如公孙弘以研习《公羊春秋》，按着武帝的意思以儒术缘饰文法，一步步爬上了丞相的高位；张汤主张严刑酷法，但常以《春秋》之义加以缘饰，又以武帝意旨执法断案，先为廷尉，后作了御史大夫。司马迁非常鄙夷这类儒生。术：儒家学说学问。

[6] 春秋：泛指国史。

[7] 无可言者：不必说，不用说。

[8] 季次、原宪：都是孔子的学生。季次，名公皙哀，字季次，生平未曾出仕。原宪，字子思，曾居于穷巷，安贫乐道。

[9] 独行君子：独守个人的节操，而不随波逐流、与世浮沉的人。

[10] 志：记，怀念。倦：停止。

[11] 不轨：不循轨辙，意即与世俗的规矩法令相违背。

[12] 行必果：办事一定办成。果，成就，实现，表示事与预期相合。

[13] 存亡死生：指打抱不平，使遇害将亡者得存，使仗势害人者身死。

[14] 矜：夸耀，自我欣赏。

[15] 伐：自我夸耀。

[16] 缓急：指危急之时或发生变故之时。

[17] 虞舜窘于井廪(lǐn)：指虞舜在民间时，其父与其弟多次陷害他。舜涂廪，他们从下面纵火；舜治井，他们从上面填土，舜皆因有准备而逃走。窘，困。廪，仓库。

[18] 伊尹负于鼎俎(zǔ)：伊尹名挚，商汤时的贤臣。他曾经到汤妻有莘氏家做奴隶，后以"媵臣"身份背着做饭用具见汤，以烹调之理暗示为政之理，被汤重用，佐汤灭夏建商。鼎，古代炊器，用以烹煮。俎，切肉用的砧板。

[19] 傅说(yuè)匿于傅险：傅说是商代武丁时的名臣。他曾是一个苦役犯，在傅险做苦工，后被武丁发现重用。匿，隐，这里是埋没、不得志的意思。傅险，地名，在今山西平陆东。

[20] 吕尚困于棘津：据说吕尚未遇周文王前，七十岁了尚卖食于棘津。吕尚，即姜尚，姜太公。棘津，古代河水名，在今河南延津东北。

[21] 百里饭牛：百里奚是春秋时秦穆公的贤臣。他曾为虞国大夫，晋灭虞后被俘，作为晋献公长女陪嫁奴隶去秦国，逃走去了楚国给人喂牛。秦穆公闻其贤，用五张黑羊皮把他赎回，委以国政，后辅佐秦穆公称霸西戎。

[22] 仲尼畏匡：孔子由卫去陈途中，在匡邑被当地人误认为是侵暴过他们的阳虎，把他和弟子们围困很多天。畏，害怕，这里指受惊。

[23] 菜色陈、蔡：孔子去楚国途中，陈、蔡两国怕孔子去楚国于己不利，于是发兵围之，使之绝粮七日。菜色，指饥民营养不良的脸色，此指挨饿。

[24] 菑：通"灾"。

[25] 中材：中等才智的人，亦谦辞委婉地包含自己在内。涉：经历。

[26] 鄙人：居住在郊野的人，指普通百姓。

[27] 已飨其利者为有德："已"当作"己"。谓自己得了某人的利，那个人就是仁义的。

[28] 丑：厌恶，憎恨。

[29] 跖、蹻：盗跖、庄蹻，古代所传说的两个大"盗"。暴戾：凶暴残忍。戾，性情乖张，反常。

[30] "今拘学"两句：现在拘泥于片面见闻的学者，有的死守着狭隘的道理，长久地孤立于世人之外。拘学，拘泥偏执之学。咫尺之义，狭隘的教条。孤，违，背离。

[31] 卑论：降低论调，少说大话。侪(chái)俗：等同于世俗。侪，等同、并列。

[32] 与世浮沉而取荣名哉：随波逐流猎取功名。司马迁这里是反话正说，他实则对这类人极其憎恶。泷川曰："史公固非恶'拘学之士'，尚'荣名'之徒者，盖固反言之以耸动人听也。"

[33] 设：应许。

[34] 诵：通"讼"，为人申冤报仇。

[35] 委命：托身，依靠。

[36] 乡曲之侠：与下文"闾巷之侠""匹夫之侠"意思相同，都是指民间的狭义之士。乡曲，犹言"乡下"。

[37] "予季次"三句：认为季次、原宪这样的儒生有强大的教化力是汉代尊儒时的舆论，但其效果仅在于独善其身，司马迁也是姑妄言之而已。效，通"校"，考功，考查。功，功绩。

[38] 要：表示假设，相当于"如果""倘若"。功：效果，成效。见：同"现"。

[39] 曷：表示反问，相当于"岂""难道"。少：轻视，鄙视。

[40] 古：此当指春秋以前上古三代。

[41] 靡得：不得，不能。靡，无，不，表示否定。

[42] 延陵：春秋时代吴国公子季札，吴王寿梦之子。因其封地在延陵，故称"延陵季子"。他出使中原路过徐国时，徐君颇爱其剑，他心有赠送之意，未曾说出。待他回返时，知徐君已死，于是便将其剑挂于徐君墓地树上，以示重言诺之意。但延陵季子与四子不是同一类"侠"，下文也只说四公事，疑"延陵"二字衍。

孟尝、春申、平原、信陵：即以养士闻名的"战国四公子"。孟尝，即齐国孟尝君田文。春申，即楚国春申君黄歇。平原，即赵国平原君赵胜。信陵，即魏国信陵君魏无忌。

[43] 皆因王者亲属：孟尝君为齐威王之孙，齐宣王之侄。平原君是赵武灵王之子，惠文王之弟。信陵君是魏昭王之子。春申君虽不是楚王的亲属，但因其对楚国有大功，深受考烈王信任，为楚国宰相。

[44] 藉：凭借，依靠。有土：有封地。

[45] 砥名：砥行立名。砥，打磨、修炼。

[46] 施(yì)：延，传播。

[47] 儒、墨皆排摈不载：儒家讲"仁义"，墨家讲"兼爱"，都与游侠思想有相通之处，且战国时期这两家是"显学"，这两家都排斥不载，其他各家则更加不予记载了。摈，排斥、抛弃。

[48] 捍：抵触，违犯。文罔：法律禁令。

[49] 朋党：指同类的人以恶相济而结成的集团，后指因政见不同而形成的相互倾轧的宗派。宗强：犹言"豪族""豪绅"。比周：结党营私。比，勾结。周，亲密。

[50] 设：施用。

[51] 豪暴：强横凶暴。

[52] 猥：谬，错误地。

[53] 许负：西汉初期人，善于给人相面，曾为文帝之母薄太后及条侯周亚夫等看相。

[54] 阴贼：深沉，狠毒。

[55] 慨：愤慨不平。

[56] 借交报仇：钱钟书《管锥篇》曰："'借交报仇'，则马迁自铸伟词。《水浒传》第十五回：'阮小五和阮小七把手拍着脖项道：这腔热血只要卖与识货的。''许身''卖血'似皆不如'借躯'之语为尤奇也。"借交，帮着朋友。借，帮助，照顾。

[57] 藏命：窝藏亡命徒。

[58] 剽攻：抢劫。

[59] 铸钱：指武帝下令不准民间铸钱后仍私自铸钱。

[60] 若：或者。

[61] 折节：强自克制，改变平素志行。节，品性，风操。俭：约束，限制，节制。

[62] 振：拯救。

[63] 卒：通"猝"，突然。睚眦(zì)：瞋目怒视，借指微小的怨恨。

[64] "亦辄为报仇"二句：此二句交代是为后面之郭解被害作伏笔。

[65] 嚼：干杯，喝尽。

[66] 避：让路，表示尊敬。

[67] 箕倨视之：箕倨，同"箕踞"，一种轻慢的坐姿，岔开两腿坐着，像簸箕之状。箕倨、直视，在古代都是傲慢无礼的行为。

[68] 居邑屋：同住一邑一村，犹今所谓"街坊"。

[69] 尉史：县尉手下的小吏，主管征发徭役等事。

[70] 急：关心，关切。

[71] 践更：古代的一种徭役，轮到的可以出钱雇人代替，收钱代人服役叫"践更"。脱：免。

[72] 过：遍，次。

[73] 肉袒：脱掉衣服，露出臂膀。古代在祭祀或谢罪时表示恭敬和惶惧。

[74] 居间：从中调停。

[75] 曲听解：指为尊重郭解而委屈心意接受了调停。

[76] 且无用：意为你们暂时先别听我的。

[77] 不敢乘车入其县廷：上应有"出未尝有骑"五字，误出于后文。县廷，县衙前的大院。

[78] 出：出脱，解决。

[79] 厌：通"餍"，满足。

[80] 严重：尊重，敬重。

[81] 请得解客舍养之：接郭解所藏逃亡者到自己家养之。

[82] 徙豪富茂陵：建元二年(前139)，武帝照旧例为自己预建茂陵陵墓，并在其地设县，令迁各地富豪入居之。元朔二年(前127)，又迁郡国富豪于茂陵，郭解之迁即在此时。

[83] 不中訾：当时规定家訾三百万钱以上者迁茂陵。訾，通"赀"，钱财。

[84] "吏恐"二句：可见徙郭解是有朝廷之命。

[85] 卫将军：指卫青。

[86] 出千余万：汉代"一金"抵铜钱一万，"千余万"铜钱即"千金"之资。

[87] 举徙解：据此处文意，郭解之被迫搬迁，乃先由"杨季主子"自下提名，丞相公孙弘汇总后，始至武帝处。

[88] 交欢：交友结欢。

[89] 身：单身。

[90] 冒：指贸然相投，以自己之真情相告，请其酌量而行。

[91] 迹：追踪。

[92] 御史大夫：主管监察弹劾的最高长官，秦、汉时与丞相、太尉合称"三公"。公孙弘：以读《公羊春秋》出名，汉武帝尊儒过程中平步青云。

[93] 行权：行使他不该行使的权力。

[94] "解虽弗知"两句：史公极写时人之敬慕郭解，而忌恨必欲杀之者，乃前一儒生，后一公孙弘，可见史公对汉世儒生之愤恨。

[95] 当：判，定罪。

【阅读提示】

《游侠列传》中的"游侠"是指平民中自觉地救良善于水火而不惧繁难、不惜生死、不顾法律约束的仁义之士。《游侠列传》是司马迁为汉代"布衣之侠"树立的丰碑，歌颂了他们"其言必信，其行必果，已诺必诚，不爱其躯，赴士之厄困，既已存亡死生矣，而不矜其能，羞伐其德"的高尚品质，更对他们所遭遇的不公、不幸表示了极大的愤慨。本篇选取的是郭解的传记。郭解是当时游侠的代表，影响最大，最后竟然为一桩他自己都不知情的罪被灭门。司马迁原原本本地记载了郭解获罪、定罪的过程，为其鸣冤，这种冒天下之大不韪的勇气表现了司马迁卓越的"史德"。

【思考与讨论】

篇末，太史公曰："吾视郭解，状貌不及中人，言语不足采者。然天下无贤与不肖，知与不知，皆慕其声，言侠者皆引以为名。"总结一篇之旨，表明作者之情。最后还引用谚语，"人貌荣名，岂有既乎！"如果一个人以美好的名誉来作为自己的容貌，难道会有穷尽的时候吗？请谈谈你对侠义精神和美的理解，并分享你心目中的侠客形象。

古诗十九首

【题解】

古诗是与今体诗相对而言的诗体。一般唐代以后的律诗称今体诗或近体诗，非律诗则称古诗或古体诗。《古诗十九首》是南朝梁萧统编纂《昭明文选》时，从传世的古人诗中选录出的十九首。因作者湮没无考，故冠以"古诗"之名，以首句为题，列入"杂诗"一类。写作年代争议颇多，一般认为是东汉末年作品。在题材内容方面，清代沈德潜《说诗晬语》中总结为"大率逐臣弃妻，朋友阔绝，游子他乡，死生新故之感"。部分作品还表达了对立身扬名的渴望，宣扬了及时行乐的人生态度。《古诗十九首》是文人五言诗趋于成熟的作品，情感发乎胸臆，风格高古，向为诗家尊奉，历代拟作层出不穷。南朝刘勰《文心雕龙》谓其为"五言之冠冕"，南朝梁钟嵘《诗品》谓其"惊心动魄，可谓几乎一字千金"，可见其在诗史上的地位。

【文献来源】

古诗十九首　玉台新咏[M]. 刘玉伟，黄硕，评注. 北京：中华书局，2017：3.

行行重行行

行行重行行[1]，与君生别离[2]。
相去万余里[3]，各在天一涯。
道路阻且长，会面安可知。
胡马依北风，越鸟巢南枝[4]。
相去日已远，衣带日已缓[5]。
浮云蔽白日，游子不顾返。
思君令人老，岁月忽已晚。
弃捐勿复道，努力加餐饭[6]。

【注释】

[1] 行行重行行：谓行了又行，前路漫漫。重，再。

[2] 生别离：硬生生地分离开来。

[3] 相去：相距。

[4] 胡马依北风，越鸟巢南枝：胡马与越鸟两物各依其所，谓不忘本，引为思念故土之喻。胡马，北方的马，古时称北方少数民族为胡。越鸟，南方的鸟。

[5] 缓：宽松。

[6] 弃捐勿复道，努力加餐饭：抛开这些不必再提了，只望你能努力多吃饭。弃捐，抛开。"勿复道"三字煞住全诗，将对游子的思念、埋怨统归为切切关怀，一片柔肠，动人心魄。

【阅读提示】

《行行重行行》是《古诗十九首》中的第一首，作者不可考。东汉末年，社会动荡不安，人民饱受相思乱离之苦。该诗以女子的口吻，追述生别离的苦况、再度会面的不可能，细诉相思的折磨、容颜的瘦损，对忘返的"游子"似有怨尤。结尾笔锋一转，将离愁别绪暂时抛开，唯望"游子"善自珍重，努力加餐，颇得"哀而不伤"的情味。语言淳朴清新，通俗易懂。

西北有高楼

西北有高楼，上与浮云齐。
交疏结绮窗[1]，阿阁三重阶[2]。
上有弦歌声，音响一何悲[3]。
谁能为此曲，无乃杞梁妻[4]。
清商随风发[5]，中曲正徘徊[6]。
一弹再三叹[7]，慷慨有余哀[8]。
不惜歌者苦，但伤知音稀[9]。
愿为双鸿鹄[10]，奋翅起高飞。

【注释】

[1] 交疏结绮窗：雕刻着如丝绣花纹一般交错花格的窗子。交疏，窗子交错的花格。结绮，有花纹的丝织物。

[2] 阿阁：四面有檐溜的阁子。

[3] 一何悲：多么的悲伤。

[4] 无乃杞梁妻：恐怕是范杞梁的妻子吧。无乃，表不敢肯定的测度语气。杞梁妻，即后世传说"孟姜女哭长城"中孟姜女的原型，春秋时期齐国大夫杞梁的妻子，因丈夫战死而悲泣，城为之崩。据晋崔豹《古今注·音乐》，杞梁妻的妹妹明月尝为其作歌。

[5] 清商：音调凄清的商声。商，五音之一。《韩非子·十过》："公曰：'清商固最悲乎？'师旷曰：'不如清徵。'"

[6] 中曲：一首曲子的中间段落。

[7] 一弹再三叹：一人弹奏，三人相和。叹，和声。《荀子·礼论》："清庙之歌，一倡而三叹也。"

[8] 慷慨：指情绪悲愤激昂。

[9] 知音：指能识得曲中真意的人，借指知己。

[10] 鸿鹄：即大雁与天鹅，皆善高飞，常借以比喻远大的志向。

【阅读提示】

《西北有高楼》勾勒了一座高渺如云、装潢精致、恍如仙境的高楼，从而引出高楼上悲凉的歌声与身份未明的歌者，表达知音难遇，愿与歌者一同化作鸿鹄、远离尘世、振翅高飞的渴望。清贺贻孙《诗筏》云："一种幽怨，全从言外得之。"全诗融情于景，运用典故及比喻、寄托等手法，从高楼写起，以高飞作结，其间交错描画弦歌之声及听者感受，缥缈而空灵。

【思考与讨论】

1. 《古诗十九首》所抒发的是人生最基本最普遍的几种情感和思绪，是"人同有之情"。因而，这些诗歌能够永久地感动人，千古常新。请说说在人工智能时代，人类的情感会有些什么变化？

2. 人类普遍具有对理想的追求，也普遍渴望有人能真正了解自己。《西北有高楼》一诗蕴含着对知音、知己的渴盼，请谈谈你对"知音"一词的理解。

洛 神 赋

曹植

【题解】

曹植(192—232)，字子建，沛国谯(今安徽省亳州市)人。三国曹魏著名文学家，建安文学代表人物。魏武帝曹操之子，魏文帝曹丕之弟，生前曾为陈王，去世后谥号"思"，因此又称陈思王。因文学上的造诣，与曹操、曹丕合称为"三曹"，南朝宋文学家谢灵运对其更有"天下才有一石，曹子建独占八斗"的评价。王士祯曾论汉魏以来二千年间诗家堪称"仙才"者，独曹植、李白、苏轼三人耳。

【文献来源】

楚辞汉赋[M]. 贾太宏，编译. 天津: 天津人民出版社，2017: 610-618.

黄初三年[1]，余朝京师，还济洛川[2]。古人有言，斯水之神，名曰宓妃。感宋玉对楚王神女之事[3]，遂作斯赋。其辞曰：

余从京域[4]，言归东藩[5]，背伊阙[6]，越轘辕[7]，经通谷[8]，陵景山[9]。日既西倾，车殆马烦[10]。尔乃税驾乎蘅皋[11]，秣驷乎芝田[12]，容与乎阳林[13]，流眄乎洛川[14]。于是精移神骇[15]，忽焉思散[16]。俯则未察，仰以殊观[17]。睹一丽人，于岩之畔[18]。乃援御者而告之曰[19]："尔有觌于彼者乎[20]？彼何人斯，若此之艳也！"御者对曰："臣闻河洛之神，名曰宓妃。然则君王所见，无乃是乎？其状若何，臣愿闻之。"

余告之曰："其形也，翩若惊鸿，婉若游龙[21]。荣曜秋菊，华茂春松[22]。仿佛兮若轻云之蔽月，飘飖兮若流风之回雪[23]。远而望之，皎若太阳升朝霞[24]。迫而察之[25]，灼若芙蕖出渌波[26]。秾纤得衷[27]，修短合度[28]。肩若削成，腰如约素[29]。延颈秀项[30]，皓质呈露[31]。芳泽无加，铅华弗御[32]。云髻峨峨[33]，修眉联娟[34]。丹唇外朗，皓齿内鲜[35]。明眸善睐[36]，靥辅承权[37]。瑰姿艳逸[38]，仪静体闲[39]。柔情绰态[40]，媚于语言。奇服旷世[41]，骨像应图[42]。披罗衣之璀粲兮[43]，珥瑶碧之华琚[44]。戴金翠之首饰[45]，缀明珠以耀躯。践远游之文履[46]，曳雾绡之轻裾[47]。微幽兰之芳蔼兮[48]，步踟蹰于山隅[49]。于是忽焉纵体，以遨以嬉[50]。左倚采旄[51]，右荫桂旗[52]。攘皓腕于神浒兮[53]，采湍濑之玄芝[54]。

"余情悦其淑美兮，心振荡而不怡[55]。无良媒以接欢兮，托微波而通辞[56]。愿诚素之先达兮[57]，解玉佩以要之[58]。嗟佳人之信修[59]，羌习礼而明诗[60]。抗琼珶以和予兮[61]，指潜渊而为期[62]。执眷眷之款实兮[63]，惧斯灵之我欺。感交甫之弃言兮[64]，怅犹豫而狐疑[65]。收和颜而静志兮[66]，申礼防以自持[67]。

"于是洛灵感焉，徙倚彷徨[68]。神光离合，乍阴乍阳[69]。竦轻躯以鹤立[70]，若将飞而未翔。践椒途之郁烈[71]，步蘅薄而流芳[72]。超长吟以永慕兮，声哀厉而弥长[73]。尔乃众灵杂沓[74]，命俦啸侣[75]。或戏清流，或翔神渚[76]。或采明珠，或拾翠羽[77]。从南湘之二妃[78]，携汉滨之游女[79]。叹匏瓜之无匹兮，咏牵牛之独处[80]。扬轻袿之猗靡兮[81]，翳修袖以延伫[82]。体迅飞凫[83]，飘忽若神。凌波微步，罗袜生尘[84]。动无常则，若危若安。进止难期[85]，若往若还。转眄流精[86]，光润玉颜。含辞未吐，气若幽兰[87]。华容婀娜[88]，令我忘餐[89]。

"于是屏翳收风[90]，川后静波[91]。冯夷鸣鼓[92]，女娲清歌[93]。腾文鱼以警乘，鸣玉鸾以偕逝[94]。六龙俨其齐首[95]，载云车之容裔[96]。鲸鲵踊而夹毂[97]，水禽翔而为卫。于是越北沚[98]，过南冈。纡素领，回清扬[99]。动朱唇以徐言，陈交接之大纲[100]。恨人神之道殊兮，怨盛年之莫当[101]。抗罗袂以掩涕兮，泪流襟之浪浪[102]。悼良会之永绝兮，哀一逝而异乡[103]。无微情以效爱兮[104]，献江南之明珰[105]。虽潜处于太阴，长寄心于君王[106]。忽不悟其所舍，怅神宵而蔽光[107]。

于是背下陵高[108]，足往神留。遗情想像[109]，顾望怀愁。冀灵体之复形[110]，御轻舟而上溯[111]。浮长川而忘返[112]，思绵绵而增慕。夜耿耿而不寐[113]，沾繁霜而至曙。命仆夫而就驾，吾将归乎东路。揽騑辔以抗策，怅盘桓而不能去[114]。"

【注释】

[1] 黄初三年：即公元222年。黄初，曹魏文帝曹丕年号(220—226)，共七年。

[2] 洛川：即洛水，源出陕西，东南入河南，流经洛阳，后于巩义市注入黄河。

[3] 宋玉对楚王神女之事：相传为宋玉所作的《高唐赋》和《神女赋》，都记载了宋玉与楚襄王对答梦遇巫山神女之事。

[4] 京域：京都地区，指洛阳。

[5] 言：语助词。东藩：东方藩国，指曹植的封地。黄初三年，曹植被立为鄄(juàn)城(即今山东鄄城县)王，因封地在洛阳东北方向，故称东藩。

[6] 伊阙：古山名，今又称龙门山，在河南洛阳市南。

[7] 轘(huán)辕：古山名，在今河南偃师县东南。

[8] 通谷：山谷名，在今河南洛阳市南。

[9] 陵：登，升。景山：古山名，在今河南偃师县南。

[10] 殆：通"怠"，懈怠。烦：疲乏。

[11] 尔乃：承接连词，于是就。税驾：停车。税，休止。蘅皋：长有杜蘅的河岸。蘅，杜蘅，香草名。皋，河岸。

[12] 秣(mò)驷：喂马。秣，喂牲口。驷，一车四马，此泛指驾车之马。芝田：古代神话传说中仙人种灵芝的地方，此处指野草繁茂之地。

[13] 容与：形容悠然安闲的样子。阳林：古地名。

[14] 流眄(miǎn)：纵目四望。眄，斜视。

[15] 精移神骇：形容神情恍惚的样子。骇，散。

[16] 忽焉：形容急速的样子。思散：思绪分散，精神不集中。

[17] 殊观：奇观，指奇异美好的景象或事情。

[18] 岩之畔：即山岩边。畔，边。

[19] 援：以手牵引。御者：车夫。

[20] 觌(dí)：看见。

[21] "翩若"二句：写洛神的体态，翩然若惊飞的鸿雁，蜿蜒如游动的蛟龙。翩，鸟疾飞的样子，此处指飘忽摇曳的样子。惊鸿，惊飞的鸿雁。婉，蜿蜒曲折。

[22] "荣曜(yào)"二句：写洛神充满生气。意思是容光焕发如秋日下的菊花，体态丰茂如春风中的松树。荣，丰盛。曜，日光照耀。华茂，华美茂盛。

[23]　"仿佛"二句：时隐时现像轻云遮住了月亮，浮动飘忽似回风旋舞着雪花。仿佛，若隐若现。飘飘，飘荡、飞扬。回，回旋，旋转。这两句是写洛神的体态婀娜，行动飘忽。

[24]　皎：洁白光亮。太阳升朝霞：太阳升起于朝霞之中。

[25]　迫：靠近。

[26]　灼：鲜明，鲜艳。芙蕖：即荷花。渌(lù)波：清波。渌，形容水清澈的样子。

[27]　秾(nóng)：花木繁盛，此指人体丰腴。纤：细小，此指人体苗条。

[28]　修短：长短，高矮。修，长，高。以上两句是说洛神的高矮肥瘦都恰到好处。

[29]　"肩若"二句：肩窄如削，腰细如束。削成，形容两肩瘦削下垂的样子。约素，形容女子腰身圆细美好，宛如紧束的白绢。素，白细丝织品。这两句是写洛神的肩膀和腰肢线条圆美。

[30]　延颈秀项：指洛神的前后颈项很修长。延、秀，均指长。颈，脖子的前部。项，脖子的后部。

[31]　皓：洁白。呈露：显现，外露。

[32]　"芳泽"二句：既不施脂，也不敷粉。泽，润肤的油脂。铅华，即古代女子化妆用的铅粉。古代烧铅成粉，故称铅华。弗御，不施。御，用。

[33]　云髻：形容高耸的发髻。峨峨：高耸的样子。

[34]　联娟：微曲的样子。

[35]　"丹唇"二句：红唇鲜润，牙齿洁白。朗，明润。鲜，光洁。

[36]　眸：瞳仁，眼珠。睐(lài)：顾盼。

[37]　靥(yè)：酒窝。辅：面颊。承权：在颧骨之下，指脸上的酒窝。权，通"颧"，颧骨。

[38]　瑰姿：美好的姿容。瑰，奇妙，美好。艳逸：艳丽飘逸。

[39]　仪：仪态。闲：娴雅。

[40]　绰态：婉美的姿态。绰，绰约，美好。

[41]　奇服：奇丽的服饰。旷世：举世唯有。

[42]　骨像：骨格形貌。应图：指与画中人相当。

[43]　璀粲：形容光彩绚丽的样子。

[44]　珥：珠玉耳饰，此用作动词，佩戴。瑶、碧：均为美玉。华琚：刻有花纹的佩玉。琚，佩玉名。

[45]　翠：翡翠。首饰：指钗簪一类饰物。

[46]　践：穿，着。远游：古代鞋名。文履：饰有花纹图案的鞋。

[47]　曳：拖，牵引。雾绡：薄雾似的轻纱。绡，生丝或生丝织成的薄绸子。裾：裙边。

[48]　芳蔼：香气。

[49]　踟蹰：徘徊不前的样子。山隅：山角，山曲。

[50]　"于是"二句：忽然又飘然轻举，且行且戏。纵体，身体轻举的样子。

[51]　采旄(máo)：用旄牛尾装饰的彩旗。采，同"彩"。旄，旗杆上的旄牛尾饰物，此处指旗。

[52]　桂旗：以桂木做旗杆的旗，形容旗的华美。

[53]　攘：挽袖伸出手臂。神浒：指神仙游玩的水边。浒，水边。

[54]　湍濑：指水浅流急的地方。湍，急流的水。玄芝：黑色芝草，相传为神草。

[55]　"余情"二句：我喜欢她的淑美，又担心不被接受，不觉心神摇曳而不安。振荡，形容心动荡不安。怡，悦。

[56]　"无良媒"二句：没有合适的媒人去通接欢情，就只能借助微波来传递话语。微波，眼波，目光。

[57]　诚素：真诚的情意。素，同"愫"，情愫。

[58]　要：同"邀"，约请。

[59] 信修：确实美好。修，美好。

[60] 羌：发语词。习礼：懂得礼法。明诗：善于言辞。

[61] 抗：举起。琼瑞(dì)：美玉。和：应答。

[62] 指潜渊而为期：指深水发誓，约期相会。潜渊，深渊。期，会。

[63] 眷眷：恋恋不舍的样子。款实：诚恳朴实。

[64] 交甫：郑交甫。相传他曾于汉皋台下遇到两位神女。弃言：背弃承诺。

[65] 狐疑：疑虑不定。因为想到郑交甫曾经被仙女遗弃，故此内心产生了疑虑。

[66] 收和颜：收起和悦的容颜。静志：镇定情志。

[67] 申：施展。礼防：礼法。礼能防乱，故称礼防。自持：自我约束。

[68] 徙倚：流连，徘徊。

[69] "神光"二句：洛神身上放出的光彩忽聚忽散，忽明忽暗。

[70] 竦(sǒng)：通"耸"，耸立。鹤立：形容身躯轻盈飘举，如鹤之立身。

[71] 椒途：指长满香椒的道路。椒，花椒，有浓香。途，通"涂"，道路。

[72] 蘅薄：杜蘅丛生的地方。蘅，杜蘅，香草名。薄，草木丛生之处。流芳：散发香气。

[73] "超长吟"二句：怅然长吟以表示深沉的思慕，声音哀婉而悠长。超，惆怅。永慕，长久思慕。哀厉，指凄厉，形容声音凄凉而尖锐。弥，久。

[74] 众灵：众仙。杂沓：纷杂繁多的样子。

[75] 命俦(chóu)啸侣：招呼同伴。俦，伙伴、同辈。啸，呼叫。

[76] 渚：水中的高地。

[77] 翠羽：翠鸟的羽毛。

[78] 南湘之二妃：指娥皇和女英。据刘向《列女传》载，尧以长女娥皇和次女女英嫁舜，后舜南巡，死于苍梧。二妃往寻，自投湘水而死，为湘水之神。

[79] 汉滨之游女：汉水女神，即前注中郑交甫所遇的神女。

[80] "叹匏(páo)瓜"二句：为匏瓜星的无偶而叹息，为牵牛星的独处而哀咏。匏瓜，古星名，又名天鸡星，在河鼓星东。无匹，无偶。牵牛，古星名，又名天鼓星、牛郎星，与织女星各处天河之旁。

[81] 袿(guī)：妇女的上衣。猗(yī)靡：随风飘动的样子。

[82] 翳(yì)：遮蔽。延伫：久立。

[83] 凫：野鸭。

[84] "凌波"二句：在水波上细步行走，溅起的水沫附在罗袜上如同尘埃。凌，踏。尘，指细微四散的水沫。

[85] 难期：难料。

[86] 转眄流精：指洛神转眼顾盼之间流露出奕奕神采。流精，形容目光流转而有光彩。

[87] 气若幽兰：形容气息香馨如兰。

[88] 华容：华丽的姿容。

[89] 忘餐：忘记饮食，形容心神专注于一事。

[90] 屏翳：古代神话传说中的神，其司职说法不一，或云师，或雷师，或雨师，在此篇中被曹植视作风神。

[91] 川后：古代神话传说中的河神。

[92] 冯(píng)夷：古代神话传说中的黄河水神。

[93] 女娲：古代神话传说中的创世女神，相传笙簧是她所造，所以这里说"女娲清歌"。

[94] "腾文鱼"二句：飞腾的文鱼警卫着洛神的车乘，众神随着叮当作响的玉鸾一齐离去。腾，升。文鱼，古代神话传说中一种有翅能飞的鱼。警乘，警卫车乘。玉鸾，鸾鸟形的玉制车铃，动则发声。偕逝，俱往。

[95] 六龙：相传神灵出游多驾六龙。俨：庄严的样子。齐首：六龙齐头并进。

[96] 云车：传说中仙人的车乘，仙人以云为车，故称。容裔：缓缓前行的样子。

[97] 鲸鲵(ní)：即鲸鱼，水栖哺乳动物，雄者称鲸，雌者称鲵。毂(gǔ)：车轮中用以贯轴的圆木，这里指车。

[98] 沚：水中的小块陆地。

[99] "纡素领"二句：洛神不断回首顾盼。纡，回。素领，白皙的颈项。清扬，形容女性清秀的眉目。

[100] 交接：结交往来。

[101] 盛年：少壮之年。莫当：无匹，无偶，即两人不能结合。

[102] "抗罗袂"二句：举起罗袖掩面而泣，止不住泪水涟涟沾湿了衣襟。抗，举。袂，衣袖。浪浪，水流不断的样子。

[103] "悼良会"二句：痛惜这样美好的相会永不再有，哀叹长别从此身处两地。

[104] 效爱：即致爱慕之意。

[105] 明珰：指用珠玉串成的耳饰。珰，古代妇女戴在耳垂上的玉制装饰品。

[106] "虽潜"二句：虽然幽居于神仙之所，但将永远怀念着君王。潜处，深处，幽居。太阴，指众神所居之处。君王，指曹植。

[107] "忽不悟"二句：洛神说毕忽然不知去处，我为众灵一时消失隐去光彩而深感惆怅。不悟，不见，未察觉。所舍，指停留、止息之处。宵，通"消"，消失。蔽光，隐去光彩。

[108] 背下：指离开低地。陵高：指登上高处。

[109] 遗情：情思流连。想像：指思念洛神的美好形象。

[110] 灵体：指洛神。

[111] 上溯：逆流而上。

[112] 长川：指洛水。

[113] 耿耿：心神不安的样子。

[114] "揽騑(fēi)辔"二句：当手执马缰、举鞭欲策之时，却又怅然若失，徘徊依恋，无法离去。騑，指驾在车辕两旁的马，亦称骖，此泛指驾车之马。辔，驾驭牲口用的缰绳。抗策，指举鞭驱马。盘桓，徘徊不进的样子。

【阅读提示】

《洛神赋》是曹植创作的辞赋名篇，继承了两汉以来抒情小赋的传统，又吸收了楚辞的浪漫主义精神，为辞赋的发展开辟了一个新的境界。洛神是传说古帝宓(fú)羲氏之女溺死洛水而为神，故名洛神，又名宓妃。作者以浪漫主义的手法，虚构了作者与洛神的邂逅和彼此间的思慕爱恋，洛神形象美丽绝伦，人神之恋缥缈迷离，但由于人神道殊而不能结合，抒发了无限的悲伤怅惘之情。文中对洛神的体型、五官、姿态等传神描写，传递出洛神的沉鱼落雁之美，同时又有"清水出芙蓉，天然去雕饰"的清新高洁。在历史上有着深远的影响，晋代书法家王献之和画家顾恺之，都曾将《洛神赋》的神采风貌形诸楮墨。至于历代作家以此为题材，见咏于诗词歌赋者，更是难以计数。

【思考与讨论】

1. 曹植从多方面描写了洛神的美貌。你还读过哪些描写美女的文字，分享并讨论它们各自的优长。

2.《洛神赋》想象丰富，浪漫凄婉之情淡而不化，但这想象并不离奇，是有感于宋玉的《神女赋》《高唐赋》而作。请找出这样的段落，并体会这样写的妙处。

陶渊明诗二首

【题解】

陶渊明(365—427)，一名潜，字元亮，东晋浔阳柴桑(今江西省九江市)人，晋宋时期诗人、辞赋家、散文家。曾做过几年小官，后辞官回家隐居。陶渊明的诗歌如同他不随俗、不苟同的高尚人格一样，"独超众类"。清代胡凤丹《六朝四家全集序》说："靖节为晋第一流人物，而其诗亦如其人，澹远冲和，卓然独有千古。夫诗中之有靖节，犹文中之有昌黎也；文必如昌黎，而后可以起八代之衰；诗亦必如靖节，而后可以式六朝之靡。"陶渊明的辞赋与散文虽然篇数不多，但也同样具有很高的艺术价值。传世作品有《饮酒》《归园田居》《桃花源记》《五柳先生传》《归去来兮辞》等。

【文献来源】

陶渊明诗文选[M]. 孟二冬，选注. 北京：中华书局，2017：183.

读《山海经》十三首(其一)

孟夏草木长，绕屋树扶疏[1]。
众鸟欣有托，吾亦爱吾庐[2]。
既耕亦已种，时还读我书。
穷巷隔深辙，颇回故人车[3]。
欢然酌春酒，摘我园中蔬。
微雨从东来，好风与之俱。
泛览周王传，流观山海图[4]。
俯仰终宇宙，不乐复何如[5]？

【注释】

[1] 孟夏：初夏，农历四月。扶疏：枝叶茂盛的样子。《韩非子·扬权》："为人君者，数披其木，毋使木枝扶疏。"

[2] 欣有托：因为有了依托而高兴。托，依托，指寄身之处。庐：住宅。

[3] 穷巷：僻巷。隔深辙：距离大，路很远。隔，隔开，相距。辙，车辙，代指大路。颇回故人车：经常使老朋友的车调头回去。颇，很，这里指经常。回，回转。故人，熟人，老朋友。

[4] 周王传：指《穆天子传》。山海图：带插图的《山海经》。

[5] 俯仰：俯仰之间，形容时间很短。终：穷，尽。

【阅读提示】

《读〈山海经〉》共十三首，这是第一首，自咏隐居耕读之乐，是组诗的序诗。初夏之季，耕种之余，欢酌春酒，观览图书，诗人伴随着美妙的神话故事遨游宇宙，乐趣无穷，体现了诗人崇尚自然、物我交融、高远旷达的生命境界。

挽歌诗三首(其一)

有生必有死，早终非命促[1]。

昨暮同为人，今旦在鬼录[2]。

魂气散何之？枯形寄空木[3]。

娇儿索父啼，良友抚我哭[4]。

得失不复知，是非安能觉？

千秋万岁后，谁知荣与辱？

但恨在世时，饮酒不得足。

【注释】

[1] 非命促：并非生命短促。意谓生死属于自然规律，故生命并无长短之分。

[2] 昨暮：昨晚。同为人：指还活在世上。今旦：今晨。在鬼录：列入鬼的名册，指死去。

[3] 魂气：指人的精神意识。《左传·昭公七年》疏："附形之灵为魄，附气之神为魂。"散何之：散归何处。枯形：枯槁的尸体。寄空木：安放于棺木之中。

[4] 索：寻找。

【阅读提示】

挽歌，哀悼死者的歌。《挽歌诗》和《自祭文》是作者生前最后的作品。这首诗写刚死入殓的情景，诗人假设自己死后的情况，表达了自己对生死的看法和旷达的人生态度。全诗艺术构思极有新意，以形象化的语言设想自己离开人世之后发生的主客观情状，表现了诗人对生死极其坦然的态度。

【思考与讨论】

1. 田园诗、世外桃源是陶渊明的标签，请谈谈你心中的田园和世外桃源。

2. 孔子曾说"未知生，焉知死？"中国文化中死亡是一个忌讳的话题，你怎么看陶渊明对待死亡的态度？

世 说 新 语

刘义庆

【题解】

刘义庆(403—444)，彭城(今江苏省徐州市)人，字季伯，南朝宋文学家。《宋书》本传说他"为性简素，寡嗜欲"，爱好文学，广招四方文学之士，聚于门下。除《世说新语》外，还著有志怪小说《幽明录》。《世说新语》是中国古代志人笔记的代表作，共 36 篇 1130 则，主要记载了东汉末年直至刘宋初年三百年间的人物故事，内容包罗万象，涉及政治、经济、文学、思想、习俗、民生等诸多方面。文笔简洁明快、语言含蓄隽永，往往只言片语就可鲜明刻画出人物的形象和性格，鲁迅曾评价为"记言则玄远冷峻，记行则高简瑰奇"(《中国小说史略》)。《世说新语》最丰富的一部分内容，是魏晋时期的名士风度。文中对于魏晋名士的活动如清谈、品题，性格特征如栖逸、任诞、简傲，人生追求及种种嗜好，都有生动的描写，是研究魏晋风流的极好史料。

【文献来源】

(南朝宋)刘义庆. 世说新语[M]. 沈海波，译注. 北京：中华书局，2017：23.

言语第二(七一)

谢太傅寒雪日内集[1]，与儿女讲论文义，俄而雪骤，公欣然曰："白雪纷纷何所似？"兄子胡儿曰[2]："撒盐空中差可拟。"兄女曰："未若柳絮因风起。"公大笑乐。即公大兄无奕女[3]，左将军王凝之妻也[4]。

【注释】

[1] 内集：家庭内的聚会。

[2] 胡儿：谢朗，小字胡儿，谢安次兄谢据的长子，官至东阳太守。

[3] 大兄无奕女：谢安长兄无奕之女谢道韫，聪明有才辩，善清谈，时人称其颇有"竹林七贤"的名士风度。

[4] 王凝之：王羲之次子，字叔平，历仕江州刺史、左将军、会稽内史，工草隶。

方正第五(一)

陈太丘与友期行，期日中，过中不至，太丘舍去，去后乃至。元方时年七岁，门外戏。客问元方："尊君在不？"答曰："待君久不至，已去。"友人便怒，曰："非人哉！与人期行，相委而去[1]。"元方曰："君与家君期日中。日中不至，则是无信；对子骂父，则是无礼。"友人惭，下车引之[2]，元方入门不顾。

【注释】

[1] 委：抛弃，舍弃。

[2] 引：拉。

容止第十四(七)

潘岳妙有姿容[1]，好神情[2]。少时挟弹出洛阳道[3]，妇人遇者，莫不连手共萦之[4]。左太冲绝丑[5]，亦复效岳游遨。于是群妪齐共乱唾之[6]，委顿而返[7]。

【注释】

[1] 姿容：外貌，仪容。

[2] 神情：神态风度。

[3] 弹：弹弓。

[4] 萦：围绕。

[5] 左太冲：左思，貌丑，口吃，善为文。

[6] 妪：古代妇女的通称。

[7] 委顿：颓丧，疲困。

任诞二十三(四七)

王子猷居山阴[1]，夜大雪，眠觉，开室命酌酒，四望皎然。因起彷徨。咏左思《招隐》诗[2]，忽忆戴安道[3]。时戴在剡[4]，即便夜乘小船就之。经宿方至，造门不前而返。人问其故，王曰："吾本乘兴而行，兴尽而返，何必见戴！"

【注释】

[1] 王子猷(yóu)：王徽之，王羲之之子。

[2] 《招隐》：共两首，描写隐士生活。

[3] 戴安道：戴逵，博学多能，擅长音乐、书画和佛像雕刻，性高洁，终生隐居不仕。

[4] 剡(shàn)：即今浙江嵊州市。

排调第二十五(五七)

苻朗初过江[1]，王咨议大好事[2]，问中国人物及风土所生，终无极已，朗大患之[3]。次复问奴婢贵贱，朗云："谨厚有识中者[4]，乃至十万；无意为奴婢问者[5]，止数千耳。"

【注释】

[1] 苻朗：字元达，前秦苻坚之侄，降晋后任员外散骑侍郎。

[2] 王咨议：王肃之，字幼恭，王羲之之子，历官中书郎、骠骑咨议。

[3] 患：厌恶。

[4] 有识中者：晋时习惯用语，指有见识的人。

[5] 无意：指愚昧无知。

【思考与讨论】

鲁迅先生称《世说新语》为"一部名士的教科书"，请仿照其写法，用片言数语描摹出鲜明生动的人物形象。

别　赋

江淹

【题解】

江淹(444—505),字文通,南朝著名军事家、政治家、文学家,历仕宋、齐、梁三朝,济阳考城(今河南省兰考县)人。少时孤贫好学,早年即以文章显明。晚年安于高官厚禄,文思减退,人谓"江郎才尽"。后人辑有《江文通集》十卷。

【文献来源】

六朝文絜全译[M].(清)许梿,选编;骆礼刚,译注.贵阳:贵州人民出版社,2009:26-30.

黯然销魂者[1],唯别而已矣。况秦吴兮绝国[2],复燕宋兮千里[3]。或春苔兮始生,乍秋风兮暂起[4]。是以行子肠断[5],百感凄恻。风萧萧而异响,云漫漫而奇色。舟凝滞于水滨,车逶迟于山侧[6]。櫂容与而讵前[7],马寒鸣而不息。掩金觞而谁御[8],横玉柱而沾轼[9]。居人愁卧,怳若有亡[10]。日下壁而沉彩,月上轩而飞光[11]。见红兰之受露,望青楸之离霜[12]。巡层楹而空掩[13],抚锦幕而虚凉。知离梦之踯躅[14],意别魂之飞扬。

故别虽一绪[15],事乃万族[16]:

至若龙马银鞍[17],朱轩绣轴[18],帐饮东都[19],送客金谷[20]。琴羽张兮箫鼓陈[21],燕赵歌兮伤美人[22]。珠与玉兮艳莫秋[23],罗与绮兮娇上春[24]。惊驷马之仰秣,耸渊鱼之赤鳞[25]。造分手而衔涕[26],感寂寞而伤神。

乃有剑客惭恩[27],少年报士[28]。韩国赵厕[29],吴宫燕市[30]。割慈忍爱[31],离邦去里。沥泣共诀[32],扨血相视[33]。驱征马而不顾,见行尘之时起。方衔感于一剑[34],非买价于泉里[35]。金石震而色变[36],骨肉悲而心死[37]。

或乃边郡未和,负羽从军[38]。辽水无极[39],雁山参云[40]。闺中风暖,陌上草薰[41]。日出天而曜景[42],露下地而腾文[43],镜朱尘之照烂[44],袭青气之烟煴[45]。攀桃李兮不忍别,送爱子兮沾罗裙。

至如一赴绝国[46],讵相见期[47]!视乔木兮故里[48],决北梁兮永辞[49]。左右兮魂动,亲宾兮泪滋[50]。可班荆兮赠恨[51],唯尊酒兮叙悲[52]。值秋雁兮飞日,当白露兮下时。怨复怨兮远山曲,去复去兮长河湄[53]。

又若君居淄右[54],妾家河阳[55]。同琼佩之晨照[56],共金炉之夕香。君结绶兮千里[57],惜瑶草之徒芳。惭幽闺之琴瑟,晦高台之流黄[58]。春宫閟此青苔色[59],秋帐含兹明月光,夏簟清兮昼不莫[60],冬钉凝兮夜何长[61]!织锦曲兮泣已尽,回文诗兮影独伤[62]。

傥有华阴上士[63],服食还仙。术既妙而犹学,道已寂而未传[64]。守丹灶而不顾,炼金鼎而方坚[65]。驾鹤上汉,骖鸾腾天[66]。暂游万里,少别千年[67]。唯世间兮重别,谢主人兮依然[68]。

下有芍药之诗[69],佳人之歌[70]。桑中卫女,上宫陈娥[71]。春草碧色,春水绿波。送君南浦[72],伤如之何!至乃秋露如珠,秋月如珪[73],明月白露,光阴往来。与子之别,思心徘徊。

是以别方不定[74],别理千名,有别必怨,有怨必盈。使人意夺神骇,心折骨惊[75]。虽渊云之墨妙[76]，严乐之笔精[77]，金闺之诸彦[78]，兰台之群英[79]，赋有凌云之称[80]，辩有雕龙之声[81]，谁能摹暂离之状，写永诀之情者乎！

【注释】

[1] 黯然：心神沮丧的样子。销魂：即丧魂落魄。

[2] 秦吴：古代秦国在今陕西一带，吴国在今江苏、浙江一带。两国相距甚远，故称绝国。绝：遥远。

[3] 燕宋：古代燕国在今河北一带，宋国在今河南一带。

[4] 暂：突然。

[5] 行子：旅途之人。南朝宋鲍照《代东门行》："野风吹草木，行子心肠断。"

[6] 逶迟：拖延缓慢的样子。

[7] 櫂(zhào)：船桨，这里指代船。容与：迟缓不进的样子。讵：岂。

[8] 金觞(shāng)：金色酒杯。御：进，指进酒。

[9] 玉柱：琴瑟上的玉制弦柱，这里指琴。轼：车前端的横木。

[10] 怳(huǎng)：恍惚茫然的样子。亡：失。

[11] 轩：楼栏。

[12] 青楸：绿色的楸树。离：即"罹"，遭受。

[13] 楹(yíng)：房屋前柱，也用作计算屋数的量词，屋一列为一楹。"层楹"犹言高屋。

[14] 踯躅(zhí zhú)：犹豫徘徊的样子。

[15] 绪：端。

[16] 族：种类。

[17] 龙马：马八尺以上称龙马。

[18] 朱轩：红漆的车辆。轩，古代供大夫乘坐的高车。绣轴：挂锦绣帘幕的车辆。轴，车轴，代指车。

[19] 帐饮：张设帷帐于郊外置酒饯行。东都：指东都门，长安城门名。《汉书·疏广传》载，疏广为太子太傅，深受朝廷器重。年老乞归，皇帝赐金二十斤，皇太子赐五十斤。满朝公卿大夫于长安东都门外，设帐钱行。

[20] 金谷：地名，在洛阳西北，因金水流经此地而得名。西晋豪门贵族石崇曾在涧中造园，世称金谷园。晋惠帝元康六年，征西将军、祭酒王诩将还长安，石崇在金谷园聚众设宴，为之送行。

[21] 琴羽：琴奏出羽声。羽声在五音中，音阶最高。

[22] 燕赵：燕国和赵国。古诗有"燕赵多佳人，美者颜如玉。"

[23] 莫秋：即"暮秋"。莫，同"暮"。

[24] 上春：即初春。

[25] "惊驷马"二句：古时一车驾四匹马，称驷马。秣，马饲料。此二句形容音乐之动听，使得正在吃料的马抬起头来，深渊中的鱼也跃出水面。语出《荀子·劝学》："昔者瓠巴鼓瑟而游鱼出听，伯牙鼓琴而六马仰秣。"

[26] 造：到。

[27] 惭恩：惭愧于受恩未报。

[28] 报士：报仇的勇士。

[29] 韩国：指战国时，聂政为了报答严仲子的知遇之恩，在韩国都城刺杀丞相侠累一事。赵厕：指战国初期，豫让因主人智氏为赵襄子所灭，他改变姓名扮作奴隶入宫粉刷厕所，挟匕首欲刺死赵襄子一事。

[30] 吴宫：指春秋时，吴国公子光请刺客专诸置匕首于鱼腹，在宴席间刺杀吴王僚一事。燕市：指战国时，燕太子丹于燕市结识荆轲，丹命荆轲赴秦刺秦王，荆轲藏匕首于地图中以献秦王，图穷而匕首见，未成，被杀。

[31] 慈：指父母。爱：指妻子。

[32] 沥泣：洒泪哭泣。

[33] 扽(wěn)：拭。

[34] "方衔感"句：谓怀恩感遇，以执剑行刺来报答。

[35] 买价：换取声价。泉里：黄泉之下。

[36] "金石震"句：《燕丹子》卷下载，"荆轲与武阳入秦，秦王陛戟而见燕使，鼓钟并发，群臣皆呼万岁，武阳大恐，面如死灰色。"

[37] "骨肉悲"句：《史记·刺客列传》载，聂政刺杀韩相侠累后，剖腹毁容自杀，以免牵连他人。韩国当政者将他暴尸于市，悬赏千金。他的姐姐聂嫈说："妾其奈何畏殁身之诛，终灭贤弟之名。"伏尸而哭，最后在尸身旁边自杀。"心死"乃言悲哀之甚。

[38] 羽：羽箭。

[39] 辽水：辽河，在今辽宁省。

[40] 雁山：雁门山，在今山西原平市西北。这里的辽水和雁山均用来泛指边塞山河。

[41] 陌：田间小路。熏：香气。

[42] 曜：同"耀"。景：同"影"，光。

[43] 文：光彩。

[44] 镜：这里作动词，映照的意思。朱尘：红色的尘霭，形容繁荣的春景。照烂：明亮而绚丽。

[45] 青气：春天的气息。烟煴(yīn yūn)：同"氤氲"，光气融合动荡的样子。

[46] 绝国：绝远之国。《文选》本文李善注引《琴道》："雍门周以琴见孟尝君，孟尝君曰：'先生鼓琴，能令悲乎？'对曰：'臣之所能令悲者，无故生离，远赴绝国，无相见期。臣为一挥琴而太息，未有不凄怆而流涕者。'"

[47] 讵：岂，难道。

[48] "视乔木"句：王充《论衡·佚文篇》："睹乔木，知故里。"此用其意。

[49] "决北梁"句：语出《楚辞·九怀》。决，通"诀"，诀别。梁：桥梁。

[50] 滋：生。

[51] 班荆：布荆草于地而坐。据《左传·襄公二十六年》载，楚国伍举与声子遇于郑郊，"班荆相与食，而言复故。"赠恨：互相倾诉离别之恨。

[52] 尊：同"樽"，酒器。

[53] 湄：水边。

[54] 淄右：淄水西面，在今山东境内。

[55] 河阳：黄河北岸。古人以水北为阳。

[56] 琼佩：玉佩，古时常用作男女定情的信物。

[57] 结绶：指出仕做官。绶：系官印的丝带。

[58] 晦：暗。流黄：褐黄色的绢，这里指黄绢做成的帷幕。

[59] 闭(bì)：关闭。

[60] 簟(diàn)：竹席。

[61] 釭(gāng)：灯。

[62] "织锦曲"二句：《晋书·列女传》载，窦滔于苻坚时任秦州刺史，因罪被徙流沙。其妻苏若兰，织锦为《回文璇玑图诗》寄托思念之情。其诗正反循环读来皆成诗章，文辞凄婉。

[63] 傥(tǎng)：同"倘"，或者。华阴：山名，在今陕西华阴。上士：指修炼有成的道士。《列仙传》载，魏人修芊在华阴山下石室中的龙石上炼成黄精，服食后离去，不知所终。

[64] 寂：道家用来称精深高妙之境。

[65] "守丹灶"二句：丹灶、金鼎，均为道士炼丹的器具。

[66] 骖：驾。鸾：古代神话传说中凤凰一类的鸟。

[67] "暂游"二句：意谓仙界短暂的离别，人间已是千年。鲍照《代升天行》："暂游越万里，少别数千龄。"

[68] 谢：告辞，告别。

[69] 芍药之诗：指男女相爱的情诗。语出《诗经·郑风·溱洧》："维士与女，伊其相谑，赠之以芍药。"

[70] 佳人之歌：指赞美佳人，表达恋情的诗歌。《汉书·孝武李夫人传》载李延年歌曰："北方有佳人，绝世而独立。一顾倾人城，再顾倾人国。宁不知倾城与倾国，佳人难再得。"

[71] "桑中"二句：《诗经·墉风·桑中》："期我乎桑中，要我乎上宫。送我乎淇之上矣。"其中提到的桑中、上宫等男女约会之地，均在卫国境内，故称卫女。陈娥：《诗经·邶风·燕燕于飞》篇，诗序说是卫庄姜送别陈女所作。娥，美女。

[72] 南浦：屈原《九歌·河伯》："子交手兮东行，送美人兮南浦。"后以"南浦"泛指送别之地。

[73] 珪(guī)：一种圆形美玉。《文选》本文李善注《遁甲开山图》曰："禹游于东南，得玉珪，碧色，圆如日月。以自照，目达幽冥。"

[74] 别方：别离类型。

[75] 心折骨惊：即心惊骨折，形容伤痛之深。

[76] 渊云：即西汉时王褒(字子渊)和扬雄(字子云)，均以擅长辞赋著称。

[77] 严乐：严安、徐乐，均为汉代著名文学家。

[78] 金闺：金马门，汉代官署名，是聚集才识之士以备汉武帝诏询的地方。彦：有学识才干的人。

[79] 兰台：汉代朝廷中藏书的地方。后设兰台令史，掌典校图籍，治理文书。

[80] 凌云：形容文章高妙。《史记·司马相如列传》载，汉武帝读司马相如所作《大人赋》，感觉"飘飘有凌云之气，似游天地之间。"

[81] 雕龙：西汉刘向《别录》记载，战国末邹衍言阴阳五德之说，时人称为"谈天衍"。邹奭修习他的学说并加以文饰，若雕缕龙文，时人称为"雕龙奭"。后世遂以雕龙喻文辞之华美。

【阅读提示】

《别赋》是江淹的一篇抒情小赋。全赋铺写各种人物、各种类型的离别，别因虽各不相同，但"黯然销魂"的别情是一致的。该文艺术上最大的长处，是善于借助环境描写来刻画人物的离情别绪，具有浓郁的抒情气氛，许梿称道为"状景写物，缕缕入情"。其中如"春草碧色，春水绿波。送君南浦，伤如之何"几句，成为人们伤别时所引用的名言，许梿叹其"极自然，极幽秀，有渊涵不尽之致，想是笔花入梦时也"。全赋用骈偶的句式，绘声绘色，语言清丽，声情婉谐，脍炙人口。

【思考与讨论】

"黯然销魂者，唯别而已矣。"请分享你读过的写离别的文章，并谈谈哪种离别让你最是"黯然销魂"？

文心雕龙·知音

刘勰

【题解】

刘勰(465—520),字彦和,祖籍山东莒县(今山东省莒县),文学理论家、批评家。刘勰虽任多种官职,但其名不以官显,却以文彰,《文心雕龙》奠定了他在中国文学批评史上的地位。

《文心雕龙》是中国文论的巨著,有"体大而虑周""笼罩群言"之美誉。全书50篇,内容广涉经学、子学、史学、美学、文艺理论批评等诸多人文学科,且能条贯统序,成一家之言,深受近现代学者的青睐。

【文献来源】

(南朝梁)刘勰. 文心雕龙[M]. (清)黄叔琳,注; (清)纪昀,评; 李详,补注; 刘咸炘,阐说; 戚良德,辑校. 上海: 上海古籍出版社,2015: 276-277.

"知音"其难哉!音实难知,知实难逢;逢其知音,千载其一乎!

夫古来"知音",多贱同而思古,所谓"日进前而不御,遥闻声而相思"[1]也。昔《储说》始出[2],《子虚》初成[3],秦皇、汉武,恨不同时;既同时矣,则韩囚而马轻,岂不明鉴同时之贱哉?至于班固、傅毅,文在仲伯,而固嗤毅云"下笔不能自休"[4]。及陈思论才[5],亦深排孔璋;敬礼请润色,叹以为"美谈";季绪好诋诃,方之于"田巴":意亦见矣。故魏文称"文人相轻"[6],非虚谈也。至如君卿唇舌,而谬欲论文,乃称史迁著书,谘东方朔;于是桓谭之徒,相顾嗤笑。彼实博徒,轻言负诮;况乎文士,可妄谈哉?故鉴照洞明,而贵古贱今者,二主是也;才实鸿懿,而崇己抑人者,班、曹是也;学不逮文,而信伪迷真者,楼护是也[7]。"酱瓿"之议[8],岂多叹哉?

夫麟凤与麇雉悬绝,珠玉与砾石超殊,白日垂其照,青眸写其形。然鲁臣以麟为麇[9],楚人以雉为凤[10],魏民以夜光为怪石[11],宋客以燕砾为宝珠[12]。形器易征,谬乃若是;文情难鉴,谁曰易分?夫篇章杂沓,质文交加;知多偏好,人莫圆该。慷慨者逆声而击节,酝藉者见密而高蹈,浮慧者观绮而跃心,爱奇者闻诡而惊听。会己则嗟讽,异我则沮弃;各执一隅之解,欲拟万端之变:所谓"东向而望[13],不见西墙"也。

凡操千曲而后晓声,观千剑而后识器,故圆照之象,务先博观:阅乔岳以形培塿,酌沧波以喻畎浍。无私于轻重,不偏于憎爱;然后能平理若衡,照辞如镜矣。是以将阅文情,先标"六观":一观位体,二观置辞,三观通变,四观奇正,五观事义,六观宫商。斯术既形,则优劣见矣。

夫缀文者情动而辞发,观文者披文以入情:沿波讨源,虽幽必显。世远莫见其面,觇文辄见其心;岂成篇之足深?患识照之自浅耳!夫志在山水,琴表其情[14];况形之笔端,理将焉匿?故心之照理,譬目之照形:目瞭则形无不分,心敏则理无不达。然而俗监之迷者,深废浅售;此庄周所以笑《折杨》[15],宋玉所以伤《白雪》也[16]。昔屈平有言:"文质疏内,众不知余之异采[17]。"见异,唯知音耳。扬雄自称"心好沉博绝丽之文",其事浮浅,亦可知矣。夫唯深识鉴奥，必欢然内怿，譬春台之熙众人[18]，乐饵之止过客[19]。盖闻兰为国香[20]，服媚弥芬；书亦国华，玩绎方美；知音君子，其垂意焉。

赞曰："洪钟万钧"，夔、旷所定；良书盈箧，妙鉴乃订。流郑淫人，无或失听。独有此律，不谬蹊径。

【注释】

[1] 日进、遥闻：《鬼谷子•内揵》篇："日进前而不御，遥闻声而相思。"

[2] 《储说》：《韩非子传》载，非作《孤愤》《五蠹》《内外储》《说林》《说难》，十余万言。秦王见其书曰：寡人得见此人，与之游，死不恨矣。因急攻韩，韩乃遣非使秦。李斯、姚贾害之，下吏治非。

[3] 《子虚》：指西汉作家司马相如的《子虚赋》。

[4] 嗤毅：魏文帝《典论》载，傅毅之于班固，伯仲之间耳，而固小之。与弟超书曰：武仲以能属文为兰台令史，下笔不能自休。

[5] 论才：《陈思王集•与杨德祖书》载，以孔璋之才，不闲于辞赋，而多自谓能与司马长卿同风，譬画虎不成反为狗者也。昔丁敬礼尝作小文，使仆润色之，仆自以才不过若人，辞不为也。敬礼谓仆：卿何所疑难，文之佳恶，吾自得之，后世谁相知定吾文者耶？吾尝叹此达言，以为美谈。刘季绪才不逮于作者，而好诋诃文章，掎摭利病。昔田巴毁五帝，罪三王，訾五霸于稷下，一旦而服千人。鲁连一说，使终身杜口。刘生之辩，未若田氏，今之仲连，求之不难，可无叹息乎！

[6] 相轻：曹文帝《论》载，文人相轻，自古而然。

[7] 楼护：《汉•游侠传》载，楼护，字君卿。少随父为医长安，诵医经、本草、方术，数十万言。长者谓曰：以君卿之才，何不宦学乎？繇是辞其父，学经传，为吏数年，甚得名誉。

[8] 酱瓿(bù)：《扬雄传》载，著《太玄》《法言》，刘歆尝观之，谓雄曰：空自苦！今学者有利禄，然尚不能明《易》，又如《玄》何？吾恐后人用覆酱瓿也。

[9] 麟麏(jūn)：《公羊传•哀公十四年》载，春，西狩获麟，……有以告者曰：有麏而角者。

[10] 以雉为凤：《尹文子》载，楚担山雉者，路人问何鸟也？担雉者欺之曰：凤凰也。买而献之楚王。

[11] 怪石：《尹文子》载，魏之田父得玉径尺，不知其玉也，以告邻人。邻人绐之曰：怪石也。归而置之庑下，明照一室，怖而弃之于野。

[12] 燕砾：《阙子》载，宋之愚人得燕石于梧台之东，归而藏之以为宝。周客闻而观焉，掩口而笑曰：与瓦砾不殊。

[13] 东向：《淮南子》载，东面而望，不见西墙；南面而视，不睹北方。

[14] 琴表其情：《吕氏春秋》载，伯牙鼓琴，钟子期善听。方鼓琴，志在泰山，子期曰：善哉乎鼓琴，巍巍乎若泰山！志在流水，曰：善哉乎鼓琴，洋洋乎若流水！

[15] 《折杨》：《庄子》载，大声不入千里耳，《折杨》《皇荂》，则嗑然而笑。是故高言不止于众人之心，至言不出，俗言胜也。

[16] 《白雪》：宋玉《对楚王问》载，客有歌于郢中者，其始曰《下里》《巴人》，国中属而和者数千人。其为《阳春》《白雪》，国中属而和者数十人。是以其曲弥高，其和弥寡。

[17] 异采：屈平《九章》载，文质疏内兮，众不知余之异采。

[18] 春台：《老子》载，众人熙熙，如登春台。

[19] 乐饵：《老子》载，乐与饵，过客止。

[20] 国香：《左传》载，郑文公有贱妾曰燕姞，梦天使与己兰，曰：以是为而子，以兰为国香，人服媚之如是。

【阅读提示】

《知音》是《文心雕龙》的第四十八篇，论述诗文的鉴赏和批评。"知音"一词出自《礼记·乐记》，本指懂得音乐，对音乐能作正确的理解和评论，这里是借指对文学作品的正确理解和批评。刘勰认为，作品的情志之所以难以鉴别，是因为赏评者大多各有偏好，没有人能全面兼备。因此，全面观察和认识作品的方法是广泛地阅读，且宜先读经典作品，树立文评标准，就能够分辨诗文的好坏与高下。他还提出了著名的"六观"法，即察阅作品的情理安排、丽辞运用、变化创新、新奇雅正、事类引用和音韵声律六个方面。

【思考与讨论】

1. 指出你喜欢的妙语警句。
2. 依据刘勰提出的"六观"法，尝试鉴赏一篇文章。

第三章

唐宋文化与文学

唐宋文化与文学概述

　　源远流长的华夏文明发展到唐宋，进入到一个十分繁荣昌盛的时代，史称"盛唐隆宋"，唐宋的文学与文化也随着经济的高度发展进入到一个全面繁荣的新阶段。唐朝(618—907)是我国历史上统一强大、国力空前强盛的时代，也是古代文化空前繁荣的时代。整个文坛百花齐放、姹紫嫣红，无论诗歌、散文，还是小说，都取得了巨大成就。宋朝(960—1279)文学承前启后，具有划时代的转折性质。诗、词、文创作全面繁荣，小说、戏曲臻于成熟。绘画方面宋朝进入了中国画的黄金时代，特别是文人画的产生，使画家大家辈出，对后世影响深远。

　　唐文化如此发达，主要原因有三：一是政治的长期稳定；二是社会经济的空前发展；三是大量吸收融合边疆民族和邻近国家的文化成果。唐初文化，一方面接受了江左的清新优雅，另一方面承袭了北朝同时又远挑两汉的质朴雄壮，两者相互映衬相互影响，汇成一股文化新流。经过开国五十年的休养生息，唐王朝国力日益增强，统治者无论对内对外都表现出高度的自信，呈现出兼容并包的博大气概，这种气概主要表现在思想方面。有唐三百年，思想上以儒学为主并兼取百家。南北朝以来，儒家思想分立南(玄学气重)、北(训诂为主)两派，至唐，趋于融合。唐建国之初即修《五经正义》，统一儒学解释权，但在思想领域，儒、释、道并存。唐王室奉老子为祖先，庄子、列子、文子被封为真人，道教被列为国教，《老子》《庄子》《列子》《文子》被列为经，开元年间更设道举科，《老子》《庄子》《列子》《文子》列入考试科目。佛教与相继传入并流布的回教(现称伊斯兰教)、景教、祆教彼此争雄。唐太宗支持玄奘译经，玄宗亲注《孝经》《道德经》和《金刚经》，颁行天下。儒、释、道三家思想的交融，是唐代思想的基本特点，反映出唐代兼容并包的文化气象。

　　唐代统治者海纳百川的气度，在社会上形成了一种较为自由、活泼而又浓厚的思想文化的气氛，造就出了一代充满自信的文人，他们具有其他朝代文人不可比拟的恢宏的胸怀与气度，以及乐于接受不同文化、不同思想的兼容心态。唐代作家大多儒、释、道兼尊，只是成分的多少与或隐或显的问题。儒家思想给他们带来了积极的入世进取精神，佛家思想丰富了他们创作时的心境表现，道家思想则丰富了他们的想象。有了这样思想底子的文人，唐代文学的繁荣自是水到渠成的事情。

唐文学的繁荣，表现在诗、文、小说、词的全面发展上。其中，诗的发展最早，在唐文学中的地位最为重要。当诗发展到它的高峰时，散文也开始进行它的文体、文风改革。同时，小说开始走向繁荣。而当散文、小说、诗相继进入低潮时，诗的另一种体式——词又悄然登上了文坛。总之，终有唐一代，几乎找不到一个文学沉寂的时期。

宋朝是一个重文轻武的朝代。建国之初，赵匡胤为避免重蹈唐后期藩镇割据和宦官频繁干政引发的悲剧，采取崇文抑武的国策，并以"石刻遗训"的方式定下宋朝的基本国策：不得因言论问题对士大夫处以死刑。宋王朝对官僚给予的优厚待遇使宋朝文人士大夫社会地位空前提高，地方官员俸禄优厚，文人士大夫一般都过着选舞征歌、豪华奢侈的生活，这些生活自然成为宋代文人文学创作的一个最常见的题材，并且不可避免地带有文人骚客的风雅。在宋朝基本结束五代十国分裂局面的同时，北方的少数民族却不时骚扰边境，民族矛盾十分尖锐，朝廷上主战派和主和派的争议十分激烈，士大夫的社会责任感和参政热情空前高涨，使宋代文学更加关心国家命运、关注时政，具有了浓厚的政治色彩。同时，宋代手工业的兴盛、商业贸易的活跃、经济的持续发展、城市的繁荣兴盛、社会的相对承平，都促进宋代通俗文学特别是宋词和说唱艺术的发展。在此基础上发展起来的文学艺术，朝着更精细、更艳丽、更唯美的方向发展，感官上的审美享受发挥到淋漓尽致。宋代的文学艺术再度繁荣，其文学风气之盛，文学样式之众，作家队伍之巨，作品数量之多，均引人瞩目。

一、诗歌

诗歌是唐代文学乃至中国文学发展的最高峰，是有唐一代文学的标志。中国文学的主流是诗歌，而唐代的主流文学也是诗歌，唐诗代表着我国古典诗歌的最高成就，所以唐朝又有"诗唐"之称，唐人在诗歌方面的成就可以说是空前绝后的。清康熙年间编校的《全唐诗》收作者2200余人，诗歌近五万首，不仅数量超出前代各朝诗歌总和的两三倍，而且其质量之高也令后世难以逾越。唐诗发展的轨迹，据明代高棅《唐诗品汇》，一般分为初、盛、中、晚唐四个时期，以唐代社会发展的状况与轨迹来描述唐诗的发展状况，线索明晰，后世沿用较多。大体来说，初、盛唐文学是沿着魏晋南北朝文学的方向发展，其核心精神是对美的追求；而到了中唐，文学开始出现复杂的变化：一是将文学视为政治、道德工具的意识明显抬头，功利性突显；二是文学对人的情感生活的表现继续扩展和深化，人文性增强。故而中唐以后，诗歌更偏重于现实主义，情感的表达更幽微细致，诗风也普遍纤弱化。

初唐的王勃、杨炯、卢照邻、骆宾王被誉为"初唐四杰"。闻一多说"他们都年少而才高，官小而名大，行为都相当浪漫，遭遇尤其悲惨"，称他们是"唐诗开创期中负起了时代使命的四位作家"。"初唐四杰"的诗歌在内容上突破了宫体诗的束缚，增强了诗歌的现实意义；形式上既继承了六朝诗歌语言的精致、色彩的艳丽和音律的和谐，又注意扫除其浮华富丽的弊端，引导其后盛唐诗歌的走向。同一时期的陈子昂则是从理论上进行创新，他奋力扫荡齐梁浮艳诗风，高举"复古"旗帜，大力提倡"汉魏风骨"和"兴寄"，对端正初唐诗风功不可没。其《感遇诗》三十八首带有强烈的自我意识，充满积极进取的精神。在陈子昂力图重振"汉魏风骨"的同时，刘希夷、张若虚等人与"四杰"一起，仍沿着南北朝诗歌的方向朝前开拓着。刘希夷最著名的《代悲白头翁》，由对良辰美景的感叹引发韶华易逝的感慨。张若虚的《春江花月夜》也是流连青春之作，诗歌的语言轻浅明丽，节奏婉转流畅，意境幽眇澄澈，意象丰富和谐，诗中的哲理与人生情感高度艺术化地融为一体，以其洋溢在字里行间的轻盈的哀愁感动后世的读者，千百年之后依然是最美的诗。张若虚也因此"孤篇横绝，竟为大家"，流芳百世。

盛唐诗坛更是群星璀璨，诗歌艺术天才成批涌现，形成了流派众多、风格各具、百花齐放的局面。以王维、孟浩然为代表的山水田园诗派，在南朝山水诗的基础上描写、讴歌田园生活，表达文人士大夫的隐者情怀。孟浩然是唐代少有的终身布衣却又被时人视为偶像的诗人。他也是唐代第一个倾力写作山水诗的诗人，其诗以恬淡自然为突出的特征，闻一多说"淡到令你疑心到底有诗没有"（《唐诗杂论·孟浩然》）。作为唐代影响最为深远的大诗人之一的王维，其山水田园诗确实是"诗中有画"，而且他中年之后，由于对仕途的厌倦和受佛教思想的影响，政治上十分低调，过着亦官亦隐的生活，以修佛悟道为主，故诗中常常蕴含佛理禅趣，别具特色。以高适、岑参、王昌龄等为代表的边塞诗派，以边地军旅生活和异域风光为内容，表达盛唐文人追求功名的赤子情怀。高适的诗以七言古体最为出名，边塞诗则以《燕歌行》为代表，在传统的战争题材中写征人思妇的相思之情，并且把战场上将士的勇武、军中的苦乐不均等直接组合在一起，场景变化迅速，纵横驰骋极具冲击力。岑参曾两度出塞，在边地任职多年，他的边塞诗常选择亲身经历的事件、亲眼所见的风光为内容题材，诗歌里的景物、习俗充满异域情调，为边塞诗开拓了瑰丽异常的境界。王昌龄人称"七绝圣手"，他的《出塞》甚至被誉为唐人绝句"压卷之作"(王世贞《艺苑卮言》)。而人称"双子座"的李白、杜甫，在盛唐诗坛的星空上如同光芒万丈的日月之星，成为后世敬仰膜拜的对象。李白是一个充满梦想的非凡天才，崇尚自由与个人尊严，热爱生活，热爱自然，个性张扬，特立独行，思想独特。儒道释三家中，似乎道家是其思想主流，儒家乃至孔子反而常常受到他的嘲弄。生活中他轻财好施，任侠仗义，蔑视金钱；政治上慷慨自负，追求功名，蔑视权贵。李白诗歌擅长歌行和绝句，除了七律写得较少之外，可以说是众体兼长。他的歌行，自由放纵，句式起伏无端而又舒卷自如，感情激越跳荡；七绝有的轻快流利，有的飘逸飞动，公认代表着唐代七绝的最高水准。而五言古体、律诗、绝句，无不各有佳作。他的诗歌充满积极浪漫主义色彩，想象奇特，善用夸张，总体风格飘逸豪放。杜甫自幼接受儒家正统思想文化的熏陶，对朝廷、社会、家国有强烈的责任感、使命感。杜甫个人的生活、文学创作与唐王朝的盛衰变化密不可分。在长期颠沛流离的生活中，他看到了朝廷的衰败、民生的疾苦、社会的矛盾、战争的无情。种种景象，反映到他的笔端，形成了他诗歌独特的内容题材和风格特点。他以强烈的感情和正视人生苦难的精神为基础切入社会政治现实，创作了大量反映民生疾苦的现实主义杰作，而且开创了用乐府诗来写实事——"即事名篇"的新乐府，这些以"三吏三别"为代表的关注社会现实的乐府诗奠定了杜甫在文学史上"诗圣"的地位。杜甫的诗歌创作，"众体兼备"，长于律诗，并对乐府诗进行改革，首开新乐府诗歌的创作，极度关注社会现实，忧国忧民，呕心沥血，主要风格沉郁顿挫。

中唐时期，由于国力的衰微，现实主义的色彩更为浓厚，诗人们更多抒写对国家、社会的失望，对人生的黯然惆怅之情，以及为了摆脱这种痛苦，在山水、佛理中所追寻的恬静、幽远的趣味，诗歌缺乏激情和张力，故胡应麟说诗至中唐"气骨顿衰"（《诗薮》）。元结、顾况等秉承杜甫的现实主义传统，白居易、元稹、王建等人也关注社会现实，进行新乐府创作，提倡平易通俗的风格，特别是白居易，提倡"文章合为时而著，歌诗合为事而作"，并身体力行地创作了大量通俗易懂、针砭时弊的诗歌，其五十篇《新乐府》即是"为君、为臣、为民、为物、为事而作，不为文而作"。《长恨歌》《琵琶行》是白居易最为读者喜爱的诗歌。元稹最为人称道的是悼亡诗，《遣悲怀》三首写得情深思远、哀婉动人。刘长卿、韦应物等继承山水诗派，刘长卿的五言律绝写得相当精致，有"五言长城"之雅称。他善于写山水景物，构境意识特别强烈，形成他诗歌强烈的个性。韦应物的诗歌创作注重向陶渊明学习，同时又注重遣词用字，往往形成恬淡澄明的意境，白居易称"其五言诗，又高雅闲淡"（《与元九书》），司空图谓其诗"澄淡精致"（《与李生论诗书》）。李益、卢纶则继承边塞诗派。李益是中唐最重要的边塞诗人，其边塞诗更多的是描述战争的残酷，反映将士的凄苦心情，缺少了盛唐边塞诗的雄壮豪迈。而孟郊、韩愈等人则另辟蹊径，以奇崛险怪为特征，在传统题材与风格之外独树一帜。孟郊的诗歌喜欢用生僻词语、生冷意象，用语刻琢而不尚华丽，故意使用冷涩、荒漠、枯槁的色彩和意味，将寻常事物刻画得令人惊悚，韩愈说他"横空盘硬语，妥帖力排奡"（《荐士》），人称"苦吟诗人"。韩愈的诗更是对六朝以来文人诗传统规范的颠覆。他的诗没有什么东西是不可以写的，词语的运用也毫无顾忌，生涩拗口、突兀怪诞的语汇层出不穷，显得光怪陆离、匪夷所思，对古典诗歌艺术进行了大胆的改革、开拓。他的诗歌最成功的地方在于他以奇异的想象、磅礴的气势，描绘出具有巨大力量感的、激烈冲荡的意境。司空图说其诗"驱驾气势，若掀雷挟电，奋腾于天地之间"（《题柳柳州集后》）。

随着国势的衰危动乱，晚唐诗歌风格面貌也有很大的变化。杜牧、李商隐的诗歌，在艺术上有一些新的发展，但无论写忧国忧民，或写爱情生活，都有相当浓厚的感伤情调。杜牧长于七绝，他的诗作中最有名的是怀古咏史类。其写景咏史往往角度新颖，能以小见大，发人深省，如著名的《赤壁怀古》借"东风不与周郎便"来表达自己怀才不遇的悲凉情怀。李商隐工于七律，其诗格律严谨，诗风典雅婉曲，诗歌创作沿承中唐已有的趋向，更侧重于表达自己幽微、细致的情思，而且特别擅长用精美华丽的语言和含蓄曲折的表达方式，构成朦胧幽深的意境，来呈现心灵深处不易言说的人生经历、体验与情绪。其《无题》诗最为读者喜爱，大多含蓄朦胧，好用比兴，诗意隐晦朦胧，可推为后世朦胧诗的鼻祖。皮日休、聂夷中、杜荀鹤等则继承白居易新乐府诗的传统，关注社会现实，但感情更愤激，批判的锋芒也更尖锐，成为晚唐现实主义诗人的代表。

宋初诗坛是对唐诗因袭式的继承。"国初沿袭五代之余，士大夫皆宗白乐天诗"（《蔡宽夫诗话》），其中王禹偁特别推崇白诗，学习白诗平易清淡的风格，学习白居易用诗与诗友切磋诗艺，创作了大量的应和诗，诗风浅近平易。但更多的诗人在唐诗优秀的成绩面前，开始求新求变，其中以梅尧臣、王安石、苏轼、黄庭坚为代表。他们在诗歌创作中力避陈俗，调整自己的思维方式、价值观念、审美趣味，从而使宋诗的审美特质区别于唐诗，具有独立的审美价值。唐诗具有雅俗共赏的审美特质，它面向广阔的自然、社会和人生，重视客观兴象，形成了以情景交融为主要艺术特征的审美风范。宋诗则避俗求雅，它从自然、社会的外在兴象进而向人生的理念世界开掘，更注重情趣和理趣。在表现方式上，宋诗的学问气、书卷气加重，博奥典雅性增强，意蕴和趣味更加文人化，表达更加抽象化、技巧化，通俗晓畅性减少，形成与唐诗不同的发展趋向——雅化。

梅尧臣是宋诗求新求变的"启幕人"。继他之后，以王安石、苏轼、黄庭坚为代表的北宋诗人们以其创作实践实现了宋诗的繁荣，确立了宋诗在诗史上的特殊价值和独立地位。从庆历前后到元丰元祐时期，宋诗的精神风貌发生了这样的变化：梅尧臣、欧阳修时代的诗人们注重写身边事，"歌生民病"，忧患意识和政治参与意识较强。王、苏、黄时代的诗人们则在弘扬这一传统的同时又向前迈进一步，把宋诗引入对宇宙、历史和人生的哲理思考，寻求哲学的超越的深层境界上。这一精神实质的变化导致宋诗内容和形式方面的许多审美特征形成，比如哲理化倾向、意象的抽象化等，就连诗的散文化、议论等表达方式，也因这种理性思考而真正成为宋诗的突出特征。

王安石写了许多社会政治诗、咏史诗、山水田园诗和谈禅论道诗。他也是一面复古一面求新。利用成熟的古、近体诗形式，继承和发扬前代诗人关注国计民生、讲究自然流畅、追求厚重之美的传统，同时又有意开创了追求深奥、广博、典雅、"以才学为诗"的新的审美风尚。

苏轼诗表现出一代伟人作家的风范。他以写尽人间一切的气魄来写诗，"无事不可言，无意不可入"，任何题材内容都可以入诗；他以汪洋恣肆的才华写诗，天机随触，因物赋形，"其笔之超旷，等于天马脱羁，飞仙游戏，穷极变幻，而适如意中所欲出"（沈德潜《说诗晬语》）。他有深厚的文学艺术修养和良好的艺术感受力，有通达旷放的性格气质，有广博渊深的学问见识，有对宇宙人生的深刻独到的理解，有寻常人少有的丰富坎坷的经历，因而他的诗既有深邃的哲理又有厚重的情感，既风流儒雅又嬉笑怒骂，既平淡清新又典雅深奥，既重拙质朴又飘逸奇巧，成为宋诗的典范。

与梅尧臣、王安石、苏轼相比，黄庭坚最有资格被称为宋诗的集大成者。梅尧臣诗的生新出奇、平淡邃美、字锻句炼，王安石诗的深奥典雅、学究味、书袋气，苏轼诗的深思、旷达、超脱、风趣、奇巧、劲健等，在他的诗中均得以融汇和弘扬。他纵览古今、博采众长又卓然自立，形成了独具特色的拗峭瘦硬的诗心诗骨，老辣、老道的艺术风格，超凡脱俗的诗情诗趣，以及"以文字为诗、以才学为诗"的表达习惯，开启了"江西诗派"一代诗风。因而刘克庄说："豫章稍后出，荟萃百家句律之长，穷极历代体制之变，搜猎奇书、穿穴异闻，作为古、律，自成一家，虽只字半句不轻出，遂为本朝诗家宗祖。"（《江西诗派小序》）"江西诗派"是宋诗最大也最有影响的流派，黄庭坚被尊为本派"三宗"之首，黄诗被这派诗人奉为楷模。后人评论宋诗的特点，必以黄诗为依据。其后的陆游、杨万里、范成大等人也曾使诗一度"中兴"，但宋诗随着国力的衰微不可避免地走向没落。

二、词

词的产生最早起源于隋代，它是隋唐以来配合当时流行的燕乐而创作的歌辞，用于娱乐和宴会的演唱，后来逐渐成为一种长短不齐的诗体。

词最早是由民间艺人为歌筵酒席助兴演唱而进行的创作，初、盛唐诗人开始对词进行尝试。如沈佺期作《回波乐》、唐玄宗作《好时光》、张志和作《渔歌子》、戴叔伦作《转应曲》、韦应物作《调笑》等。到了中唐，白居易、刘禹锡"依曲拍为句"，作了《忆江南》等调，不少诗人也偶尔作词，词开始在文学创作中占了一席地位，并且有了一些较为优秀的作品。晚唐五代，文人词进一步确立，出现了词的专家与专集。温庭筠是第一个大力填词的词人，《花间集》收有他的词 66 首。温庭筠喜用浓艳的色彩、华丽的辞藻、细腻的手法来描绘形象和刻画心理，形成了一种香而软、密而隐的艺术风格，成为花间派的鼻祖，确立了"词为艳科"的藩篱。这是文人词趋于成熟的标志，从此在中国文学史上词独立成为一体，与诗并行发展。温庭筠之后，写词的文人越来越多。到五代十国时期，倚声填词更蔚然成风。西蜀与南唐两地，经济文化最为发达，成为词人汇集的两大基地。西蜀词人的词大多收集在《花间集》里，其中以温庭筠、韦庄的成就最高；而南唐词人中则以李璟、李煜、冯延巳最为出色，其中，李煜人称"千古词帝"，其词感情真挚，语言清新，极富艺术感染力，特别是后期的词作抒写亡国之痛、故国之思，题材扩大，意境深远，对豪放词的创作影响深远。

词入宋，名家辈出，发展到鼎盛状态，成为一种完全独立并与诗体相抗衡的文学形式。文学史上，宋词得与唐诗并称，被后人尊为一代文学之胜，体现了宋词作为一代文学的重要地位。

北宋初期，晏殊、晏几道、欧阳修等人沿袭了晚唐五代婉丽浮靡的词风。柳永是北宋第一个专力写词的作家，他扩大了词的体制和功能，创作了大量慢词，改变了词坛以小令为主的局面，有创调之功。他将市井生活、青楼风尘、失意文人的羁旅漂泊等写入词中，多用赋体，长于铺叙，其浅近卑俗的词风正迎合了市民阶层的审美趣味，人称"凡有井水饮处，必能歌柳词"，对宋代通俗文学产生了一定的影响。苏轼打破"词为艳科"的藩篱，拓宽了词的题材范围，使词像诗一样"无事不可言，无意不可入"，咏物、怀古、田园、爱情、赠答等均入词中，把词变俗为雅，开创了旷达、刚健的豪放词风，大大提高了词的文学地位。同时，东坡词富于浪漫主义的精神、雄深的艺术境界、乐观旷达的人生态度，开启了南宋爱国词派的先河。其后的秦观、周邦彦、李清照等词人是婉约词派的杰出代表。周邦彦的词声律严整，艳丽典雅，被称为"词林正宗"，开南宋姜夔、吴文英、张炎一派。南北宋之交的李清照，是宋代乃至我国最杰出的女词人，她的词以"靖康之难"为界，前后风格截然不同。前期词多写闺情离愁，表达闺阁中小女子的离愁别绪，而后期的词作则融入了国难家仇，在感时伤乱中悼亡忆旧，情调婉转悲凉。李清照的词自然清新，长于白描，遣词造句清丽自然，且注重音律，被称为"易安体"。南宋时民族矛盾空前尖锐，涌现出辛弃疾等一批爱国词人。辛弃疾将豪放词风发挥到极致，用词来抒写强烈的爱国思想和战斗激情，表达对南宋苟安局面的强烈反对和对投降派的愤慨，叙写自己英雄失志、壮志难酬的悲愤情怀，刚柔相济，在慷慨激昂中注入深沉的爱国主义精神，使得他的词作充满雄奇壮丽、苍凉沉郁的风格，成为词之集大成者，人称"词中之龙"。他进一步打破词与诗文的界限，提升词言志述怀、叙事议论的功能，善用比兴，使事用典，大大丰富了词的表现手法和语言技巧。《四库全书总目提要》称辛词"异军突起，能于剪红刻翠之外，屹然别立一宗"；南宋著名词人刘克庄甚至称赞他"横绝六合，扫空万古，自有苍生以来所无"（《辛稼轩集序》）。以辛弃疾为首，南宋另有陈亮、刘过、刘克庄、张孝祥、陆游等辛派词人，词风皆以豪放为主，充满爱国激情。

三、散文

唐代散文是继先秦两汉之后散文创作的又一高峰。《全唐文》收作者 3035 人。在众多名家里，"初唐四杰"中的骆宾王、王勃以擅长骈文而著称，骆宾王代徐敬业起草的《讨武氏檄》是唐代骈文中的名作，王勃的《滕王阁序》以写秋色的明丽和画面的宏阔而传唱古今；李白的《为宋中丞自荐表》《代寿山答孟少府移文书》《上安州李长史书》《与韩荆州书》《上安州裴长史书》

等表书体散文写得挥洒自如，纵横捭阖，气势不凡，一如他的诗歌；以韩愈、柳宗元为首倡导的古文运动，开创了中国古典散文发展的一个新时代。"古文"家们不仅写出了许多具有高度思想性、艺术性的散文，而且完成了文风的变革，创立了一种精粹凝练、畅达明朗的新型"古文"，使散文的抒情、描写、叙事、议论功能得到新的拓展，为此后散文的发展指明了方向。其中，韩愈的散文创作以尊儒反佛和嘲讽社会现状为主要题材，有《原道》《论佛骨表》《师说》《马说》《杂说》《获麟解》《祭十二郎文》等名篇，宋代苏轼称其"文起八代之衰"；柳宗元的散文以寓言和山水游记为优，有《罴说》《蝜蝂传》《三戒》《永州八记》等传世佳篇。二人与宋代同样擅长散文创作的三苏、欧阳修、王安石、曾巩合称"八大家"。此外，晚唐李商隐、杜牧、皮日休、罗隐、陆归蒙的散文创作也较有影响，李商隐骈文精于用典，讲究辞藻，精美华丽；杜牧的《阿房宫赋》传唱很广；皮日休、罗隐、陆归蒙则擅长小品文。他们的作品或用譬喻，借物寄讽，或用历史故事，托古刺今，都有较强的讽刺效果。

宋代散文成就高于唐代。"唐宋散文八大家"，宋代作家占了六席之位。宋初，杨亿、刘筠、钱惟演等为代表的西昆体盛行文坛。其后，欧阳修继承唐代韩柳古文运动的成果，领导了宋代的古文运动，他为文推崇韩柳，认为文学要有益于国计民生，应"明道""致用"，强调"道"对文章的决定作用，其散文明白晓畅、清新自然。曾巩与王安石为文深受欧阳修影响，曾巩的散文词严理正，以古雅平正见称；王安石则风格峭拔，笔力雄健，尤其是其议论文，颇具政治家的高远见识与坚定信念。"三苏"的散文也各具特色：苏洵简劲质朴，颇有战国纵横家风范；苏辙汪洋淡泊，深醇温粹；苏轼则气势磅礴，挥洒自如，文理自然，姿态横生，成就最高。除此之外，范仲淹、司马光、周敦颐、程颢、程颐、朱熹等也在散文创作上各有自己的特色与成就。

四、小说

在小说方面，唐代出现了不少优秀的"传奇"作品，据不完全统计，唐人小说今天可以找到的还有二百二三十种。代表作家有沈既济、白行简、李公佐、沈亚之、蒋防等。元稹、白居易、柳宗元、韩愈等也加入到小说创作的队伍中并写出了高水准的作品。王度的《古镜记》是唐代现存最早的一篇小说，张鷟的《游仙窟》是唐传奇初期艺术成就较高的作品，而陈玄祐的《离魂记》则是唐传奇步入兴盛期的标志性作品。沈既济的《任氏传》写狐精幻化的美女任氏与贫士郑六人狐相恋的故事。李朝威的《柳毅传》写了一个书生与龙女相恋的神话故事。白行简的《李娃传》是一篇完全摆脱志怪气息的社会人情小说。元稹的《莺莺传》对后世小说乃至剧本的影响都很大。蒋防的爱情悲剧《霍小玉传》则是唐传奇中的压卷之作。这一时期，优秀的寓言讽刺题材小说有沈既济的《枕中记》与李公佐的《南柯太守传》。历史题材小说则以陈鸿的《长恨歌传》和《东城老父传》最为著名。总的来说，唐代传奇作品与六朝的志怪、志人小说相比，已发生了根本性的变化。内容上，已经由志怪小说主要记述鬼神怪异之事转向现世生活的描写；艺术上，则有了曲折、完整的故事情节，生动、具体的细节描写，个性鲜明的人物形象，这些都不是六朝志怪的"粗陈梗概"与志人的简述轶事所能比拟的。唐传奇的出现，标志着中国小说进入了成熟的阶段，使中国的文言小说真正定型。

除传奇外，唐代的其他民间叙事俗文学也比较发达。20 世纪初，随着敦煌石窟藏经洞被打开，大批敦煌经卷重见天日，变文与俗讲也重新被人们发现。"变文"是唐代民间创作的一种新文体，其体裁是有说有唱的，后来为佛教俗讲所借用，用来宣扬佛教的经义。唐五代，佛教宣传教义有两种方式，即变相图与变文，均以经典中的神变故事作为题材，一为绘画的，一为文辞的。根据现存敦煌经卷中种种"变文"与"变相"相辅相成的迹象，大致可以认为变文就是变相的说明文字。现存的敦煌变文因取材的不同，可以分为三类：一是演说佛经故事的宗教性作品，如《降魔变文》《目连变文》；二是演说历史故事的讲史作品，如《伍子胥变文》《昭君变文》《李陵变文》；三是演说民间传说题材的作品，如《舜子至孝变文》《太子成道变文》等。

宋代发达的商品经济促进了城市的发展，都市生活丰富多彩，多样化的民间表演艺术促进了宋代通俗文艺的长足发展，形成了以话本、诸宫调、杂剧、南戏等样式为代表的通俗叙事文学，为元明清戏曲小说等通俗文学的繁荣昌盛奠定了基础。宋代话本是民间艺人讲说故事的底本，语言直白通俗，是我国白话体小说的滥觞，也是宋代通俗文学的代表，为中国文学进一步向通俗化发展开辟了新路。宋话本一般分为四种：小说、讲史、说经、合生。据《醉翁谈录》等记载，话本作品当时有一百四十余种，但现存仅四五十种，如《新编五代史平话》《大宋宣和遗事》等。宋话本对明代《三国演义》《水浒传》等长篇小说的产生有很大的影响，故鲁迅称话本的出现，"实在是中国小说史的一大变迁"，从此以后，白话小说成为中国小说的主流。

五、其他艺术

1. 绘画

唐代是民族绘画体系的建构时代，画家人数众多，风格各异，承前启后。他们共同完善了民族的绘画体系，把唐代绘画推向了"焕烂而求备"的新时期。中国传统绘画中的各个门类在这一时期都以独立的姿态面世，表现技法也日趋成熟和完备。宗教人物画继先代之长并加以发扬光大，表现题材和表现手段都有所拓展和提高，出现了阎立本、尉迟乙僧、吴道子等杰出画家。仕女画也在张萱、周昉等人的创作实践中得到了进一步的发展，推向了一个新的高峰。山水画范畴中的青绿山水和水墨山水开始分道扬镳、争放异彩。吴道子开了水墨山水画的先河，使山水画的画法和表现得到了丰富发展，形成了一种新的样式，奠定了宋元及以后各代山水画发展的基础。盛唐以来出现了许多有突出成就的水墨山水画家，据张彦远《历代名画记》记载，有卢鸿一、王维、郑虔、刘方平、毕宏、齐唤、张志和、王墨等十多位优秀画家。可见水墨山水画在盛唐以来得到了蓬勃发展。这些水墨山水画家当中对后世影响最大的当属王维，他被画家奉为"南画之祖"，其艺术思想与主张影响着传统绘画体系中文人画的完善和发展方向。花鸟画继山水画之后也独立画坛，中晚唐时期出现了一批知名的花鸟画家。边鸾是被美术史家称为"花鸟画之祖"的大家，他对五代的花鸟画家有很大影响。其构图多采用"折枝"式，"折枝"式的构图是我国传统花鸟画特有的民族形式，是花鸟画的优良传统。工笔重彩成为中国花鸟画的一种表现方法之后，对后世的影响很大，时至今日仍为当代工笔花鸟画家所采用。唐末五代花鸟画家刁光胤、五代宋初黄筌画派都直接承袭边鸾的绘画风格。唐朝出现了众多绘画理论家，如初唐的彦悰、李嗣真，中唐的张璪、朱景玄，晚唐的张彦远等人。他们的画史、画论、文论及学说和主张，与当朝绘画创作一起共同演奏了大唐绘画的辉煌乐章，完备了民族绘画这一庞大而独立的体系。

宋朝实为中国画的黄金时代，中国画在此时达到了一个前所未有的高度成熟阶段，并泽润后世。宋代绘画，题材丰富多样，分科变细，凡佛道、人物、山水、花鸟、走兽、界画都各自长足发展，画家各有专长。形式上也多样化，巨幅壁画、高屏大帷、长卷立轴、册页小样等种类繁多。民间绘画、宫廷绘画、士大夫绘画各成体系，相互影响，彼此吸收、渗透，构成了宋代绘画丰富多彩的黄金时代。宋朝绘画之辉煌，与经济的高度发展特别是手工业、商业的发达密不可分。尤其是宋徽宗酷爱绘画，"爱艺术不爱江山"，在其影响之下，北宋的画家人才济济，工笔画风空前兴盛，皇家画学也得到重视，出现了职业画家和画院体系。

人物绘画在宋朝也形成了高峰，特别是风俗画。李公麟的白描人物继承发扬"曹衣出水，吴带当风"的特点，他尤其擅长描画鞍马，下笔形神兼备，代表作《五马图》。而张择端把人物画中的历史风俗画发展到"前无古人后无来者"的境地。他的《清明上河图》堪称"国画"，不仅结构布局合理，人物刻画更是细致入微，把北宋都城汴京的生活实景、社会状况真实而又艺术地展现在我们面前，不仅在艺术上，在史料上亦是堪称"绝品"。

南宋由于国破的痛楚，这种情绪不可避免地流露于画家们的笔端，一些院体画家有了变化，他们在注重秀美的山水画形象的同时，也把自己的内心世界、幽微情感倾注于笔端，画面间常常流露出些许的萧瑟和痛楚。并称"南宋四家"的刘松年、李唐、马远和夏圭是这一时期的代表，特别是马远、夏圭，改革了山水的构图程式，创造出边角构图布局，人称"马一角，夏半边"。

与院系画系相对的文人画即士大夫画此时开始形成，并在此后左右中国绘画上千年，最能体现中国画的文化性。宋代文人把绘画视为他们的文化修养和风雅生活的重要组成部分，他们作画不拘泥于"格法"，多用黑白水墨以抒情寄性，状物言志。其中，以苏(轼)、黄(庭坚)、米(芾)、蔡(襄)为代表，以及文同、杨补之等。他们爱画"梅竹兰菊"，以四君子画来表现自己的高尚追求，弘扬中国文人的高尚品行。这种偏重于写心写意的文人画，对其后的文人山水画和花鸟画影响深远。

2. 书法

唐代的书法艺术也在这个最好的时代长驱发展，可谓"书至初唐而极盛"。唐代墨迹流传至今者也比前代多，大量碑帖留下了宝贵的书法作品。整个唐代书法，对前代既有继承又有革新。初唐书家有虞世南、欧阳询、褚遂良、薛稷、陆柬之等，此后有创造性的还有李邕、张旭、颜真卿、柳公权、释怀素、钟绍京、孙过庭。唐太宗李世民和诗人李白也是值得一提的大书家。楷书、行书、草书发展到唐代都跨入了一个新的境地，时代特点十分突出，对后代的影响远远超过了以前任何一个时代。

唐代书法之盛，可以概括为五个方面：其一，真楷造极，出现了欧阳询、虞世南、褚遂良、薛稷、颜真卿、柳公权等一大批著名楷书巨擘。其二，草体观止，出现了孙过庭、贺知章、张旭、怀素等著名草书大师。其三，行书扬波，出现了唐太宗、陆柬之、李邕、李白等行书高手。其四，篆隶不绝，出现了李阳冰、史惟则、韩择木等篆隶大家。其五，书论煌煌，出现了孙过庭《书谱》、张怀瓘《书断》《书议》《书法要录》等著名书学论著。

宋代的书法发展相对缓慢，但是也出现了人称"四大家"的蔡襄、苏轼、黄庭坚、米芾。其中，蔡襄成就最高。《宋史•列传》说："襄工于手书，为当世第一，仁宗尤爱之。"苏轼也说："君谟(蔡襄，字君谟)天资既高，积学至深，心手相应，变化无穷，遂为本朝第一。"蔡襄书法，学习王羲之、颜真卿、柳公权，浑厚端庄，雄伟遒丽，"端劲高古，容得兼备"。苏轼书法，宗从"二王",博采众家,大胆创新,偏重写意,注重随性,常常信手所书。他自己说:"作字之法,识浅见狭学不足,三者终不能尽妙,我则心目手俱得之矣。"其书法行草、行楷见长,《黄州寒食诗帖》有"天下第三行书"之美誉。四家之外,宋徽宗赵佶在书法上独创"瘦金体"(被后人发展为宋体,形成现代的标准印刷体),秀骨挺拔,独树一帜,亦堪称道。

【参考书目】

[1] 蔡英俊. 中国文化新论·文学篇二·意象的流变[M]. 台北:联经出版事业公司,1982.
[2] 孙昌武. 隋唐五代文化史[M]. 北京:东方出版中心,2007.
[3] 袁行霈. 中国文学史(四卷本)[M]. 北京:高等教育出版社,2009.
[4] 章培恒,骆玉明. 中国文学史[M]. 上海:复旦大学出版社,2005.

春江花月夜[1]

张若虚

【题解】

张若虚(约660—约720),江苏扬州人。生卒年、字号均不详。事迹略见于《旧唐书·贺知章传》。中宗神龙(705—707)年间,与贺知章、包融等以文词俊秀驰名于京都,与贺知章、张旭、包融并称"吴中四士"。其诗在初唐诗风的转变中有重要地位,但受六朝柔靡诗风影响,常露人生无常之感。诗作大多散佚,《全唐诗》仅存2首,其中《春江花月夜》乃千古绝唱,有"以孤篇压倒全唐"之誉,是一篇脍炙人口的名作。

【文献来源】

陈新璋. 唐诗宋词名篇注评[M]. 广州:广东人民出版社,1997:29-32.

春江潮水连海平,海上明月共潮生。
滟滟随波千万里[2],何处春江无月明!
江流宛转绕芳甸,月照花林皆似霰[3]。
空里流霜不觉飞,汀上白沙看不见。
江天一色无纤尘,皎皎空中孤月轮。
江畔何人初见月?江月何年初照人?
人生代代无穷已,江月年年只相似。
不知江月待何人,但见长江送流水。
白云一片去悠悠,青枫浦上不胜愁[4]。
谁家今夜扁舟子?何处相思明月楼[5]?
可怜楼上月徘徊[6],应照离人妆镜台。
玉户帘中卷不去,捣衣砧上拂还来[7]。
此时相望不相闻,愿逐月华流照君。
鸿雁长飞光不度,鱼龙潜跃水成文。

昨夜闲潭梦落花，可怜春半不还家。

江水流春去欲尽，江潭落月复西斜。

斜月沉沉藏海雾，碣石潇湘无限路[8]。

不知乘月几人归，落月摇情满江树。

【注释】

[1] 春江花月夜：乐府《清商曲辞·吴声歌曲》名，相传为南朝陈后主所作，原词已不传，现存歌辞最早者为隋炀帝所作二首。

[2] 滟滟：水波动荡闪光貌。

[3] 霰：小雪粒。形容月光下春花晶莹洁白的样子。清徐增《而庵说唐诗》卷四："水光滟滟，花光离离，相交不定，故云如霰也。"

[4] 青枫浦：地名，又名双风浦，在今湖南浏阳。此处泛指遥远荒僻的水边，即游子所在的地方。《而庵说唐诗》卷四："长沙有青枫江，然不必拟定。江上多枫树，枫经霜则红。春时叶青，用青字者，要关著春字也。"

[5] 明月楼：泛指楼中思妇。清王尧衢《唐诗合解》："扁舟子，是游子也；楼上人，是怀游子者也。今夜扁舟中，不知是谁家之子，又安知思此游子者之闺人住在何处楼哉？"

[6] 月徘徊：月光移动。曹植《七哀》诗："明月照高楼，流光正徘徊。上有愁思妇，悲叹有余哀。"此处化用其意。

[7] 捣衣砧：捣衣石、捶布石。

[8] 碣石：山名，在今河北昌黎西北。潇湘：即潇水、湘水。潇水源出今湖南蓝山、九嶷山，北流至湖南零陵入湘水。湘水源出今广西兴安海阳山，北流与潇水汇合后称潇湘，再汇入洞庭湖。此处碣石、潇湘犹言天南地北，极言游子、思妇相距遥远，聚会无望。

【阅读提示】

《春江花月夜》被闻一多誉为"诗中的诗，顶峰上的顶峰"（《宫体诗的自赎》），一千多年来使无数读者为之倾倒。诗歌沿用陈隋乐府旧题，抒写真挚动人的离情别绪及富有哲理意味的人生感慨，语言清新优美，韵律宛转悠扬，洗去了宫体诗的浓脂艳粉，给人以澄澈空明、清丽自然的感觉。整篇诗由景、情、理依次展开，第一部分写春江的美景，第二部分写面对江月产生的感慨，第三部分写思妇游子的离愁别绪。全诗紧扣春、江、花、月、夜的背景来写，而又以月为主体。"月"是诗中情景兼融之物，它跳动着诗人的脉搏，在全诗中犹如一条生命纽带，通贯上下，诗情随着月轮的生落而起伏曲折。月在一夜之间经历了升起——高悬——西斜——落下的过程。在月的照耀下，江水、沙滩、天空、原野、枫树、花林、飞霜、白沙、扁舟、高楼、镜台、砧石、长飞的鸿雁、潜跃的鱼龙、不眠的思妇及漂泊的游子，组成了完整的诗歌形象，展现出一幅充满人生哲理与生活情趣的画卷，宛如一幅淡雅的中国水墨画，体现出春江花月夜清幽的意境美。

【思考与讨论】

1. 谈谈诗歌的意境美。

2. 《春江花月夜》的艺术美体现在什么地方？张若虚为什么能以一首《春江花月夜》"孤篇压倒全唐"？

李白诗三首

【题解】

李白(701—762),字太白,号青莲居士,中国最伟大的浪漫主义诗人,被后人誉为"诗仙"。祖籍陇西成纪(待考),出生于西域碎叶城(今吉尔吉斯斯坦托克马克市附近),5岁随父迁至剑南道绵州(今四川省江油市青莲镇)。李白生活在唐代极盛时期,具有"济苍生""安黎元"的远大理想,毕生为实现这一理想而奋斗。他的大量诗篇,既反映了那个时代的繁荣气象,也揭露和批判了统治集团的荒淫和腐败,表现出蔑视权贵、反抗传统束缚、追求自由和理想的积极精神。在艺术上,他的诗想象新奇,感情强烈,意境奇伟瑰丽,语言清新明快,形成豪放、超迈、飘逸的艺术风格,达到了我国古代积极浪漫主义诗歌艺术的高峰。存诗900余首,文60余篇,有《李太白集》传世。

行 路 难

有耳莫洗颍川水[1],有口莫食首阳蕨[2]。

含光混世贵无名[3],何用孤高比云月。

吾观自古贤达人,功成不退皆殒身[4]:

子胥既弃吴江上[5],屈原终投湘水滨,

陆机雄才岂自保,李斯税驾苦不早[6],

华亭鹤唳讵可闻[7],上蔡苍鹰何足道[8]。

君不见吴中张翰称达生[9],秋风忽忆江东行[10],

且乐生前一杯酒,何须身后千载名?

【文献来源】

(唐)李白. 李太白全集[M]. (清)王琦,注. 北京: 中华书局,2011: 169.

【注释】

[1] "有耳"句:引用许由不接受尧让天下的典故。晋朝皇甫谧《高士传》卷上《许由》篇:"尧让天下于许由,……由于是遁耕于中岳颍水之阳,箕山之下……尧又召为九州长,由不欲闻之,洗耳于颍水滨。"

[2] "有口"句:引用殷末伯夷、叔齐兄弟不食周粟,采薇饿死的典故。《史记·伯夷列传》:"武王已平殷乱,天下宗周,而伯夷、叔齐耻之,义不食周粟,隐于首阳山,采薇而食之……遂饿死于首阳山。"

[3] "含光混世"句:《高士传》载,巢父谓许由曰:"何不隐汝形,藏汝光?"此句言不露锋芒,随世俯仰之意。含光,含藏美德。混世,混迹世上。贵无名,虽贵但无名望。

[4] "功成不退"句:鲍照《拟行路难》:"自古圣贤尽贫贱。"《史记·蔡泽列传》:"四时之序,成功者去。……商君为秦孝公明法令,……功已成矣,而遂以车裂。……白起……功已成矣,而遂赐剑死于杜邮。吴起……功已成矣,而卒枝解。大夫种为越王深谋远计……令越成霸,功已彰而信矣,勾践终负而杀之。此四子者,功成不去,祸至于身?"

[5] 子胥:伍子胥。《吴越春秋》卷五《夫差内传》:"吴王闻子胥之怨恨也,乃使人赐属镂之剑,子胥……遂伏剑而死。吴王乃取子胥尸,盛以鸱夷之器,投之于江中。"又见《国语·吴语》。

[6] 税驾：休息。《史记·李斯列传》载，李斯喟然叹曰："……斯乃上蔡布衣……今人臣之位，无居臣上者，可谓富贵极矣。物极则衰，吾未知所税驾？"（《索引》："税驾，犹解驾，言休息也"）

[7] "华亭鹤唳"句：《晋书·陆机传》载，陆机因宦人诬陷而被杀害于军中，临终叹曰："华亭鹤唳，岂可复闻乎？"

[8] "上蔡苍鹰"句：李斯，上蔡（今河南省上蔡西南）人，秦始皇任为丞相。《史记·李斯列传》："二世二年七月，具斯五刑，论腰斩咸阳市。斯出狱，与其中子俱执，顾谓其中子曰：'吾欲与若复牵黄犬俱出上蔡东门逐狡兔，岂可得乎！'"《太平御览》卷九二六：《史记》曰："李斯临刑，思牵黄犬、臂苍鹰，出上蔡门，不可得矣。"

[9] 张翰：西晋文学家，字季鹰，吴郡吴（今江苏省吴县市）人，性旷达，喜优游，时人称为达生。

[10] "秋风"句：张翰曾在齐王司马冏执政时任大司马东曹掾。忽一日见秋风刮起，顿时思念故乡吴中的菰菜、莼羹、鲈鱼脍，说："人生贵适志，何能羁宦千里以要名爵乎？"遂辞官归隐江东故居。后司马冏败亡，当时人都称赞张翰识时机。有人问他说："卿乃可纵适一时，独不为身名耶？"张翰回答说："使我有身后名，不如即时一杯酒。"

【阅读提示】

在《行路难》三首中，这一首用典最多，历数伍子胥、屈原、李斯、陆机等古人的遭遇，表明了作者乐观旷达的胸怀、豪迈洒脱的性格，同时我们也可以看到李白面对现实不如意时极其复杂的心情。诗人在长安的经历让他对现实看得更加清楚，反映在诗歌中就形成了一种无法解决的矛盾：既不愿同流合污，又无法独善其身。正是这种矛盾，使得李白的抒情诗歌感情复杂、思想深刻、波涛汹涌、气象非凡，读起来有排山倒海的气势。沈德潜《唐诗别裁集》评道："读李诗于雄快之中，得其深远宕逸之神，才是谪仙人面目。"

秋 风 词

秋风清，秋月明，
落叶聚还散，寒鸦栖复惊，
相思相见知何日，此时此夜难为情。

【文献来源】

（唐）李白. 李太白全集[M]. （清）王琦，注. 北京：中华书局，2011：993.

【阅读提示】

《秋风词》又名《三五七言》，据说为诗仙李白独创，共六句三十字，《李白集》和《全唐诗》皆收录之。所谓"三五七言"，其实是杂诗的一种体裁。全诗兼用三言、五言、七言。因全篇以三言、五言、七言相接，故题。通过这种打破一般唐诗齐言的长短句，可见李白诗才之超卓，他屡屡突破成规、出人意表。此诗描绘秋夜思人之情状，语言清丽自然，感情缠绵悱恻。看似思妇企盼良人归来的闺怨之作，其实亦或有李白对己身不遇之感怀在内。

山 中 问 答

问余何意栖碧山，笑而不答心自闲。
桃花流水窅然去[1]，别有天地非人间。

【文献来源】

(唐)李白. 李太白全集[M]. (清)王琦，注. 北京：中华书局，2011：747.

【注释】

[1] 窅然：远去貌。

【阅读提示】

此诗又名《山中答俗人问》，是一首诗意淡远的七言绝句，以问答形式并暗用典故来抒发作者隐居生活的自在天然的情趣，也体现了作者的矛盾心理。全诗有问、有答，有叙述、有描绘、有议论，转接轻灵，活泼流利。诗境似近而实远，诗情似淡而实浓。用笔有虚有实，实处的描写形象可感，虚处的用笔一触即止，虚实对比，蕴意幽邃。诗押平声韵，采用不拘格律的古绝形式，显得质朴自然，悠然舒缓，有助于传达出诗的情韵。

【思考与讨论】

1. 如何评价李白对酒的挚爱？
2. 如何理解李白对功名的渴求及功成身退的态度？
3. 谈谈你对"诗仙"李白的认识。

杜甫诗二首

【题解】

杜甫(712—770)，字子美，自号少陵野老，世称杜工部、杜少陵、杜拾遗等，唐代伟大的现实主义诗人。京兆杜陵(今陕西省西安市西南)人，祖籍湖北襄阳，生于河南巩县。他生长在"奉儒守官"并有文学传统的家庭中，十三世祖杜预是西晋名将，祖父杜审言是武则天时著名诗人。杜甫生活在唐王朝由盛到衰的转折时期，经历了玄宗、肃宗、代宗三朝。他空有"致君尧舜上"的远大抱负，却始终未得到重用，一生饱经忧患。战乱的时局把他卷入颠沛流离中，使他真切地接触了当时的种种社会景象，因而能更深刻地体察到各种矛盾和弊端，体验到下层百姓生活的艰辛和困苦，并用诗歌把这一切反映出来，从而使他的诗歌具有"史诗"的性质，后人也尊其为"诗圣"。杜甫诗传世1400余首，诗艺精湛，在中国古典诗歌中备受推崇，影响深远。

佳 人

绝代有佳人，幽居在空谷。
自云良家女，零落依草木。
关中昔丧乱[1]，兄弟遭杀戮。
官高何足论，不得收骨肉。
世情恶衰歇，万事随转烛。
夫婿轻薄儿，新人美如玉。

合昏尚知时[2]，鸳鸯不独宿。

但见新人笑，那闻旧人哭。

在山泉水清，出山泉水浊。

侍婢卖珠回，牵萝补茅屋。

摘花不插发，采柏动盈掬。

天寒翠袖薄，日暮倚修竹。

【文献来源】

(清)蘅塘退士. 唐诗三百首[M]. 于雯雪，注. 北京：中华书局. 2006：93.

【注释】

[1] 丧乱：死亡和祸乱，指遭逢安史之乱。

[2] 合昏：夜合花，叶子朝开夜合。

【阅读提示】

杜甫很少写专咏美人的诗歌，《佳人》却以其格调之高而成为吟咏美人的名篇。诗歌描绘了一个在战乱时期被遗弃的女子形象，用赋的手法描写佳人孤苦生活的同时，也借助"比兴"赞美了她高洁自持的品质，人物形象生动、丰满、感人。全诗文笔委婉，含蓄蕴藉，耐人寻味，给读者留下想象的空间，使女主人公的形象既充满悲剧色彩又富于崇高精神。

关于此诗的诗意，清人黄生认为："偶有此人，有此事，适切放臣之感，故作此诗。"诗作于乾元二年(759)秋季，那是安史之乱发生后的第五年。早些时候，诗人不得已辞掉华州司功参军职务，为生计所驱使，挈妇将雏，翻过陇山，来到边远的秦州。杜甫对大唐朝廷，竭忠尽力，耿耿丹心，竟落到弃官漂泊的窘境。但他在关山难越、衣食无着的情况下，也始终不忘国家民族的命运。这样的不平遭际，这样的高风亮节，同这首诗的女主人公是很有些相像的。"同是天涯沦落人，相逢何必曾相识。"杜甫的《佳人》，应该看作一篇客观反映与主观寄托相结合的佳作。

悲　陈　陶

孟冬十郡良家子[1]，血作陈陶泽中水[2]。

野旷天清无战声，四万义军同日死[3]。

群胡归来血洗箭[4]，仍唱胡歌饮都市。

都人回面向北啼，日夜更望官军至。

【文献来源】

萧涤非，等. 唐诗鉴赏辞典[M]. 上海：上海辞书出版社，1983：451-452.

【注释】

[1] 孟冬：农历十月。十郡：指秦中各郡。良家子：从百姓中征召的士兵。

[2] 陈陶泽：即陈陶，又称陈陶斜，在长安西北。

[3] 义军：官军，因其为国牺牲，故称义军。

[4] 群胡：指安史叛军。

【阅读提示】

唐肃宗至德元年(756)冬,唐军跟安史叛军在陈陶作战,唐军四五万人几乎全军覆没。来自西北十郡(今陕西一带)清白人家的子弟兵,血染陈陶战场,景象十分惨烈。杜甫这时被困在长安,为此事而作此诗,痛悼阵亡烈士,"叙陈陶、潼关之败,直笔不恕,所以为诗史也"(刘克庄《后村诗话》)。诗的结尾表示了对朝廷的希望,也表达了渴望官军早日平定叛乱、收复失地的愿望。陈陶之战伤亡是惨重的,但是杜甫从战士的牺牲中,从宇宙的沉默气氛中,从人民流泪的悼念中,从他们悲哀的心底上仍然发现并写出了悲壮的美。它能给人们以力量,鼓舞人民为讨平叛乱而继续斗争。在杜甫诗歌中,此诗与"三吏三别"一样成为新题乐府的代表,也是杜甫诗歌史诗性质的表现。

【思考与讨论】

1. 阅读本诗,结合杜甫"三吏三别"等其他现实主义诗篇,讨论杜甫成为"诗圣"的原因。
2. 谈谈你对李白、杜甫的认识。

游精思观回,王白云在后[1]

孟浩然

【题解】

孟浩然(689—740),号孟山人,世称孟襄阳,是唐代少有的终身布衣诗人。孟浩然是山水田园诗的代表,其诗清淡自然,以五言古诗见长;代表作有《春晓》《过故人庄》《早寒江上有怀》《望洞庭湖赠张丞相》等。孟浩然的诗已摆脱了初唐诗歌应制、咏物的狭隘境界,更多地抒发了个人怀抱,给开元诗坛带来了新鲜气息,并博得时人的倾慕。

【文献来源】

全唐诗(上)[M]. 上海古籍出版社编. 上海: 上海古籍出版社, 1986: 376.

> 出谷未停午,到家日已曛。
> 回瞻下山路,但见牛羊群。
> 樵子暗相失,草虫寒不闻。
> 衡门犹未掩,伫立望夫君。

【注释】

[1] 精思观:在襄阳附近。王白云:孟浩然同乡好友王迥,号白云先生,与孟浩然多有唱和。

【阅读提示】

《游精思观回,王白云在后》这首精思观纪游之作,历来被推为孟诗冲淡的标本。正如闻一多说:"淡到令你疑心到底有诗没有。"这种说法是指诗人将诗意完全消融于平淡的字句中,以致"羚羊挂角,无迹可求"。该诗恬淡自然,情景交融,确实是盛唐山水田园诗的典范之作。

【思考与讨论】

1. 谈谈你对孟浩然诗歌"冲淡"特点的认识。

2. 谈谈孟浩然诗与陶渊明田园诗的异同。

王维诗二首

【题解】

王维(701—761),字摩诘,盛唐时期的著名诗人,官至尚书右丞,世称"王右丞"。原籍祁县(今山西省祁县),迁至蒲州(今山西省永济市)。其诗、画成就都很高,善画人物、丛竹、山水。苏轼赞他"味摩诘之诗,诗中有画;观摩诘之画,画中有诗"。晚年无心仕途,崇信佛教,人称"诗佛"。著有《王右丞集》,存诗400首,其中最能代表其创作特色的是描绘山水田园等自然风景及歌咏隐居生活的诗篇。王维描绘自然风景的高度成就,使他在盛唐诗坛独树一帜,成为山水田园诗派的代表人物。他继承和发展了谢灵运开创的写作山水诗的传统,对陶渊明田园诗的清新自然也有所吸取,使山水田园诗的成就达到了一个高峰,因而在中国诗歌史上占有重要的位置。他与孟浩然并称"王孟",是唐代山水田园诗派的代表人物。

【文献来源】

(清)蘅塘退士. 唐诗三百首[M]. 陈婉俊,补注. 南京: 江苏古籍出版社,2000: 105-108.

老 将 行

少年十五二十时,步行夺得胡马骑[1]。

射杀山中白额虎[2],肯数邺下黄须儿[3]!

一身转战三千里,一剑曾当百万师。

汉兵奋迅如霹雳,虏骑奔腾畏蒺藜[4]。

卫青不败由天幸,李广无功缘数奇[5]。

自从弃置便衰朽,世事蹉跎成白首!

昔时飞箭无全目[6],今日垂杨生左肘[7]。

路旁时卖故侯瓜[8],门前学种先生柳[9]。

苍茫古木连穷巷,寥落寒山对虚牖。

誓令疏勒出飞泉[10],不似颍川空使酒[11]。

贺兰山下阵如云,羽檄交驰日夕闻。

节使三河募年少,诏书五道出将军[12]。

试拂铁衣如雪色,聊持宝剑动星文。

愿得燕弓射大将,耻令越甲鸣吾君[13]。

莫嫌旧日云中守,犹堪一战取功勋!

【注释】

[1] "步行"句：《史记·李将军列传》载，"李广兵败，胡骑得广，广佯死。睨其旁有一胡儿骑善马，广暂腾而上胡儿马。因推堕儿，取其弓，鞭马南驰得脱。"

[2] 白额虎：《晋书·周处传》载，"处好田猎，父老叹曰：'三害未除。'处曰：'何谓也？'曰：'南山白额虎，长桥下蛟，并子为三矣。'处乃入山射虎，没水杀蛟。遂励志好学，志存义烈。期年，州府交辟。"

[3] 黄须儿：指曹彰，曹操第二子，须黄色，性刚猛，曾亲征乌丸，颇为曹操爱重。《魏志》载，"任城王彰，少善射御。太祖喜，持彰须曰：'黄须儿竟大奇也。'"

[4] 霹雳：《尔雅》载，"疾雷为霆霓。"注"雷之急击者为霹雳。"《隋书》载，"长孙晟为总管，突厥闻其弓声，谓为霹雳。"蒺藜：《尔雅翼》载，"军旅以铁作茨，布敌路，谓之铁蒺藜。"《埤雅》载，"蒺藜布地蔓生，子又三角，刺人。状如菱而小。今兵家乃铸铁为之，以梗敌路。亦呼蒺藜。"

[5] 卫青不败：《汉书》载，"卫青拜车骑将军。至龙城，斩首虏数百。天子使使即军中拜为大将军。霍去病从大将军为骠姚校尉，敢深入军，亦有天幸，未尝困绝。"按：天幸，乃霍去病事，今指卫青，盖借用也。李广无功：《史记·李广传》载，"元朔六年，广复为后将军，从大将军军出定襄，击匈奴。诸将多中首虏率，以功为侯者，而广军无功。元狩四年，广从大将军青击匈奴。青阴受上诫，以为李广老，数奇，毋令当单于。"数，命运。奇，单数，偶之对称。奇即不偶，不偶即不遇。

[6] 飞箭无全目：李善注引《帝王世纪》载，"帝羿有穷氏与吴贺北游。贺使羿射雀。羿曰：'生之乎？杀之乎？'贺曰：'射其左目。'羿引弓射之，误中右目。羿抑首而愧，终身不忘。故羿之善射，至今称之。"鲍照《拟古诗》："惊雀无全目。"

[7] 垂杨生左肘：《庄子·至乐》载，"支离叔与滑介叔观于冥柏之丘，昆仑之虚，黄帝之所休。俄而柳生其左肘，其意蹶蹶然恶之。"沈德潜以为"柳，疡也，非杨柳之谓"。高步瀛说："或谓柳为瘤之借字，盖以人肘无生柳者。然支离、滑介本无其人，生柳寓言亦无不可。"高说似较胜。

[8] 故侯瓜：《史记》载，"邵平者，故秦东陵侯。秦破，为布衣。贫，种瓜于长安。瓜美，世谓之东陵瓜。"

[9] 先生柳：陶潜《五柳先生传》载，"先生，不知何许人，亦不详其姓氏。宅边有五柳，因以为号。"

[10] 疏勒出泉：《后汉书·耿恭传》载，"恭以疏勒城傍有涧水可固，乃引兵据之。匈奴于城下拥绝涧水，恭于城中穿井十五丈不得水。吏士渴乏，笮马粪汁而饮之。恭仰天叹曰：'闻昔贰师将军(李广利)，拔佩刀刺山，飞泉涌出。今汉德神明，岂有穷哉。'乃整衣服，向井再拜，为吏士祷。有顷，水泉奔出，乃令吏士扬水以示虏。虏以为神，遂引去。"疏勒：指汉疏勒城，非疏勒国。

[11] 颍川使酒：《史记》载，"灌夫为人刚直，使酒……家累数千万，食客日数十百人。陂池田园，宗族宾客，为权利，横于颍川。"师古曰："使酒，因酒而使气也。"即恃酒逞意气。

[12] 五道出将军：《汉书·傅介子传》载，"汉大发十五万骑，五将军分道出。"《汉书·宣帝纪》载，"御史大夫田广明为祁连将军，后将军赵充国为蒲类将军，云中太守田顺为虎牙将军，及度辽将军范明友，前将军韩增，凡五将军，兵十五万骑，校尉常惠持节护乌孙兵，咸击匈奴。"

[13] "耻令"句：意谓以敌人甲兵惊动国君为可耻。《说苑·立节》载，"越国甲兵入齐，雍门子狄请齐君让他自杀，遂自刎死。"鸣：惊动。

【阅读提示】

《老将行》塑造了一个一心为国、英勇善战的老将军形象。他年轻时英勇无比，无端被弃也没有消沉，仍然心系国事。当战事再次爆发，他不计前嫌，披挂上阵，争取为国立功。全诗大量使用典故，采用铺叙的方法，章法整饬，从不同的角度和方面刻画出"老将"的艺术形象，结构严谨，语言感人，表达了王维在"安史之乱"爆发时渴望抗敌报国的爱国思想，作品气势宏大，慷慨悲凉，在王维诗中代表着其边塞诗的艺术成就。沈德潜《唐诗别裁》谓"此种诗纯以对仗胜"。诗中对偶工巧自然，如同灵气周运全身，使诗人所表达的内容，犹如璞玉磨琢成器，达到了理正而文奇、意新而词高的艺术境界。

渭 川 田 家

斜阳照墟落[1]，穷巷牛羊归。
野老念牧童，倚杖候荆扉。
雉雊麦苗秀[2]，蚕眠桑叶稀。
田夫荷锄至，相见语依依。
即此羡闲逸，怅然吟式微。

【注释】

[1] 墟落：村落。
[2] 雉雊：野鸡鸣叫。《诗经·小雅·小弁》载，"雉之朝雊，尚求其雌。"

【阅读提示】

《渭川田家》描绘了一幅恬然自乐的田家暮归图，虽都是平常事物，却表现出诗人高超的写景技巧。全诗以朴素的白描手法，写出了人与物皆有所归的景象，映衬出诗人孤独的心情，抒发了诗人渴望有所归、羡慕平静悠闲的田园生活的心情，流露出诗人在官场的孤苦、郁闷。全诗不事雕绘，纯用白描，自然清新，诗意盎然。故苏轼说王维诗"诗中有画"乃至理名言。

【思考与讨论】

1. 王维诗以山水田园诗见长，但作为盛唐诗人，王维身上不可避免地烙上了盛唐的时代烙印。学习《老将行》之后谈一谈你对盛唐气象的认识。

2. 王维的山水田园诗与孟浩然的山水田园诗主要区别体现在何处？

塞 下 曲

王昌龄

【题解】

王昌龄 (698—756)，字少伯，河东晋阳(今山西省太原市)人。盛唐著名边塞诗人，后人誉为"七绝圣手"。早年贫贱，困于农耕，年近不惑，始中进士。初任秘书省校书郎，又中博学宏辞，授汜水尉，因事贬岭南。与李白、高适、王维、王之涣、岑参等交厚。开元末返长安，改授江宁丞。被谤谪龙标尉。安史乱起，为刺史闾丘晓所杀。其诗以七绝见长，尤以登第之前赴西北边塞所作边塞诗最著，有"诗家夫子(一作天子)王江宁"之美誉。

【文献来源】

(清)蘅塘退士. 唐诗三百首[M]. 陈婉俊，补注. 南京：江苏古籍出版社，2000: 30.

饮马渡秋水[1]，水寒风似刀。

平沙日未没，黯黯见临洮[2]。

昔日长城战[3]，咸言意气高。

黄尘足今古，白骨乱蓬蒿。

【注释】

[1] 饮马：陈琳《饮马长城窟行》载，"饮马长城窟，水寒伤马骨。"按注：言秦人苦长城之役也。

[2] 临洮：《汉书·地理志》载，"陇西郡临洮县。"古县名，即今甘肃东部的岷县，是长城的起点，唐代为陇右道岷州的治所，这里常常发生战争。

[3] 长城战：据新旧《唐书·王晙列传》和《吐蕃传》等书载，公元 714 年(开元二年)旧历十月，吐蕃以精兵十万寇临洮，朔方军总管王晙与摄右羽林将军薛讷等合兵拒之，先后在大来谷口、武阶、长子等处大败吐蕃，前后杀获数万，获马羊二十万，吐蕃死者枕藉，洮水为之不流。"长城战"，指的就是这次战争。

【阅读提示】

《塞下曲》在构思上的特点，是用侧面描写来表现主题。诗中并没具体描写战争，而是通过对塞外景物和昔日战争遗迹的描绘，来表达诗人对战争的态度。对于曾经发生在临洮的战争，全诗没有一个评论的字眼，却将战争的残酷生动形象地用"白骨乱蓬蒿"描绘出来，诗的主题自然而然地呈现在读者面前，更具震撼人心的力量，手法极其高妙。诗歌境界阔大，气势恢宏，具有鲜明的盛唐特质。

【思考与讨论】

1. 王昌龄边塞诗有什么特点？

2. 如何理解盛唐时代边塞诗盛行的社会现象？

送李副使赴碛西官军[1]

岑参

【题解】

岑参(约 715—770)，原籍南阳(今属河南省新野县)，迁居江陵(今属湖北省)。其诗歌富有浪漫主义特色，题材多样，想象丰富，气势雄伟，色彩瑰丽，热情奔放，尤其擅长七言歌行。他的边塞诗具有特色的语言，鲜明的情调，把西域地区的雄伟壮阔、绮丽多姿的自然景物描写得栩栩如生；他把激烈征战、远戍思乡、将军逸乐、战士悲苦等内容都写入诗中，热情地歌颂了戍边将士为保卫祖国而英勇抗敌的战斗精神。岑参被认为是"边塞诗"作者中成就最高的一个。留世有《岑嘉州集》。

【文献来源】

萧涤非，等. 唐诗鉴赏辞典[M]. 上海：上海辞书出版社，1983：609.

火山六月应更热，赤亭道口行人绝[2]。

知君惯度祁连城[3]，岂能愁见轮台月[4]。

脱鞍暂入酒家垆，送君万里西击胡。

功名祇向马上取，真是英雄一丈夫。

【注释】

[1] 碛西：即安西都护府(今新疆库车附近)。

[2] 赤亭道口：即今火焰山的胜金口，为鄯善到吐鲁番的交通要道。

[3] 祁连城：十六国时前凉置祁连郡，郡城在祁连山旁，称祁连城，在今甘肃省张掖县西南。

[4] 轮台：唐代庭州有轮台县，这里指汉置古轮台(今新疆轮台县东南)，李副使赴碛西经过此地。

【阅读提示】

《送李副使赴碛西官军》作于 751 年(唐玄宗天宝十载)旧历六月。当时，高仙芝正在安西率师西征，李副使(名不详)因公从姑臧(今甘肃省武威市)出发赶赴碛西(即安西都护府)军中，岑参作此诗送别。这首送别诗既不写饯行时的鼓舞盛宴，也不写惜别的深情，更不写边塞的艰苦，而是以知己朋友的身份说话行事，祝酒劝饮，热情鼓励友人赴军中参战。全诗熔叙事、抒情、议论于一炉，语言通俗，声调悠扬，韵律活泼，节奏有致，字里行间使人感到一股激情在荡漾，显示出一种豪迈的气势。

【思考与讨论】

1. 如何认识盛唐边塞诗里传递出的盛唐气象？

2. 盛唐时代盛行的边塞诗与盛唐社会的时代精神有何关系？传递出何种审美倾向？如何解读？

3. 谈谈你对中晚唐边塞诗与盛唐边塞诗的感受。

遣悲怀三首(其一)

元稹

【题解】

元稹(779—831)，字微之，别字威明，河南府东都洛阳(今河南省洛阳市)人，唐朝著名诗人、文学家。元稹与白居易同科及第，并结为终生诗友，二人共同倡导新乐府运动，世称"元白"，诗作号为"元和体"。但是元稹在政治上并不得意，虽然一度官至宰相，却在觊觎相位的李逢吉的策划下被贬往外地。晚年官至武昌节度使等职。死后追赠尚书右仆射。元稹的创作，以诗成就最大。其诗言浅意哀，极为扣人心扉，动人肺腑。其乐府诗创作，多受张籍、王建的影响，而其"新题乐府"则直接缘于李绅。代表作有《莺莺传》《菊花》《离思五首》《遣悲怀三首》等。现存诗八百三十余首，收录诗赋、诏册、铭谏、论议等共100卷，留世有《元氏长庆集》。

【文献来源】

(清)蘅塘退士. 唐诗三百首[M]. 陈婉俊，补注. 南京：江苏古籍出版社，2000：205.

谢公最小偏怜女[1]，自嫁黔娄百事乖[2]。

顾我无衣搜荩箧[3]，泥他沽酒拔金钗[4]。

野蔬充膳甘尝藿，落叶添薪仰古槐。

今日俸钱过十万，与君营奠复营斋。

【注释】

[1] 谢女：据《晋书》所述，指谢安最怜侄女谢道韫。道韫后嫁王凝之。按：元稹前妻韦蕙丛，既贤且美，稹未仕而韦氏卒，此以谢女比韦氏也。

[2] 黔娄：《高士传·黔娄先生》载，"黔娄，齐人也，修身清洁，以寿终"。黔娄先生者，齐人也，修身清节，不求进于诸侯。陶潜诗："安贫守贱者，自古有黔娄。"乖：不顺遂。

[3] 无衣：汉诗《凛凛岁云暮》载，"游子寒无衣"。荩箧：竹或草编的箱子。荩：《本草》载，"藎草，一名黄草，一名鼇草，可染黄。"

[4] 泥：柔言索物曰泥，即今所谓软缠，央求。

【阅读提示】

《遣悲怀三首》是元稹为怀念去世的原配妻子韦氏而作的一组诗歌，共三首。该诗借追忆妻子生前的艰苦处境和夫妻深厚的情感，来抒写自己的抱憾之情。一、二句引用典故，以东晋宰相谢安最宠爱的侄女谢道韫借指韦氏，以战国时齐国的贫士黔娄自喻，其中暗含对方屈身下嫁的意思，表达了对爱妻的怜惜之情。"百事乖"三个字对韦氏婚后七年间艰苦生活进行概括，用以领起中间四句。字里行间流露出诗人对妻子的赞叹与怀念。末两句，仿佛诗人从出神的追忆状态中突然惊觉，发出无限抱憾之情：而今自己虽然享受优厚俸禄，却再也不能与爱妻一道共享荣华富贵，只能用祭奠与延请僧道超度亡灵的办法来寄托自己的情思。一个"复"，说明这类悼念活动十分频繁，也把自己对亡妻的"不思量，自难忘"的情怀表达出来，语言虽然平和，内心深处的凄苦却溢于言表，感情深挚、感人。

【思考与讨论】

1. 读《遣悲怀三首》，谈谈你对"诗言志"的认识。

2. 这首诗的艺术特色是什么？

上阳白发人[1]

白居易

【题解】

白居易(772—846)，字乐天，号香山居士，又号醉吟先生，祖籍山西太原，生于河南新郑。唐代"新乐府运动"的领袖，与元稹合称"元白"，与刘禹锡并称"刘白"。白居易的诗歌题材广泛，形式多样，语言平易通俗，有"诗魔"和"诗王"之称。官至翰林学士、左赞善大夫。有《白氏长庆集》传世，代表诗作有《长恨歌》《卖炭翁》《琵琶行》等。

【文献来源】

袁行霈，许逸民. 中国文学作品选注(第二卷)[M]. 北京：中华书局，2007：453-455.

天宝五载已后，杨贵妃专宠，后宫人无复进幸矣。六宫有美色者，辄置别所，上阳是其一也。贞元中尚存焉。

悯怨旷也。

> 上阳人，上阳人，红颜暗老白发新。
> 绿衣监使守宫门[2]，一闭上阳多少春。
> 玄宗末岁初选入，入时十六今六十[3]。
> 同时采择百余人，零落年深残此身。
> 忆昔吞悲别亲族，扶入车中不教哭。
> 皆云入内便承恩，脸似芙蓉胸似玉。
> 未容君王得见面，已被杨妃遥侧目。
> 妒令潜配上阳宫，一生遂向空房宿。
> 宿空房，秋夜长，夜长无寐天不明。
> 耿耿残灯背壁影[4]，萧萧暗雨打窗声。
> 春日迟，日迟独坐天难暮。
> 宫莺百啭愁厌闻，梁燕双栖老休妒[5]。
> 莺归燕去长悄然，春往秋来不记年。
> 唯向深宫望明月，东西四五百回圆。
> 今日宫中年最老，大家遥赐尚书号[6]。
> 小头鞋履窄衣裳[7]，青黛点眉眉细长。
> 外人不见见应笑，天宝末年时世妆。
> 上阳人，苦最多。
> 少亦苦，老亦苦，少苦老苦两如何！
> 君不见昔时吕向美人赋[8]，
> 又不见今日上阳白发歌！

【注释】

[1] 上阳：即上阳宫，在洛阳皇宫内苑的东面。

[2] 绿衣监使：管理宫女的太监。唐制：京都诸园苑设监一人，从六品下；副监一人，从七品下。六品服深绿，七品服浅绿。

[3] "入时十六"句：上阳宫女入宫已经四十五年。自"天宝末年"（天宝十四年，755）算起，四十五年后为贞元十六年(800)，与作者题注"贞元中尚存焉"合。

[4] 耿耿：明亮貌。宫女面对灯烛，背影映在壁上，即"形影相吊"，形容宫女孤独。

[5] "宫莺百啭"二句："宫莺百啭"与"梁燕双栖"，都带有挑动春情的意味，因为已经绝望，加上年老，所以宫女"厌闻""休妒"。

[6] 大家：宫中近侍及后妃等称皇帝位"大家"。尚书：宫中女官名。按《旧唐书·职官志》所言，内宫有尚宫、尚仪、尚服、尚食、尚寝、尚功，称为"宫官六尚书"，正五品，分掌宫内事务。因为上阳宫已为废宫，又远在洛阳，所以是"遥赐尚书号"，只是虚衔，并无实际职掌。

[7] 鞋、履：都指鞋。

[8] 美人赋：作者自注为"天宝末，有密采艳色者，当时号花鸟使。吕向献《美人赋》以讽之。"

【阅读提示】

《上阳白发人》写一个老宫女的痛苦生活,诗人进行了精心的构思,选材十分典型。他没有罗列众多宫女的种种遭遇,而是选取了一个终生幽禁冷宫的老宫女来描写,并重点叙写了她垂老之年的凄凉、孤独、绝望的处境,以此来概括无数宫女的共同悲惨命运,反映这些宫女青春和幸福被葬送的严酷事实,从而鞭挞了封建朝廷广选妃嫔的罪恶,揭露了封建统治者对人性的摧残。如此深刻、尖锐的政治讽喻诗,在唐代众多的宫怨题材诗作中是极为少有的。

从全诗来看,作者在写宫女的幽闭生活时,叙事、抒情、写景三者结合,诗句间具有浓郁的悲剧氛围。这首诗的语言具有质朴平易、"意深词浅,思苦言甘"(袁枚《续诗品》)、"用常得奇"(刘熙载《艺概》)的特点,充分发扬了乐府民歌语言的优良传统。全诗以七字句为主,又时或掺杂三字句等,长短相间、错落有致。而"顶真"手法的运用,以及音韵转换之灵活,则使诗读来朗朗上口,有一气流转之妙。

【思考与讨论】

1. 请谈谈你对白居易诗歌通俗性的认识。

2. 谈谈你对古诗中宫怨及闺怨题材的看法,并举例说明。

无题二首(其一)

李商隐

【题解】

李商隐(约813—约858),字义山,号玉溪(谿)生、樊南生,祖籍河内(今河南省焦作市沁阳),出生于郑州荥阳。他擅长诗歌写作,骈文文学价值也很高,是晚唐最出色的诗人之一。李商隐和杜牧合称"小李杜",与温庭筠合称"温李",因诗文与同时期的段成式、温庭筠风格相近,三人都在家族里排行第十六,故并称为"三十六体"。因处于牛李党争的夹缝之中,一生抑郁不得志。其诗构思新奇,风格秾丽,尤其是一些爱情诗和无题诗写得缠绵悱恻,优美动人,广为传诵。但部分诗歌过于隐晦迷离,难于索解,金人元好问有"诗家总爱西昆好,独恨无人作郑笺"之说。有《李义山诗集》留世。

【文献来源】

全唐诗(下)[M]. 上海古籍出版社编. 上海: 上海古籍出版社,1986: 1364.

> 八岁偷照镜,长眉已能画。
>
> 十岁去踏青,芙蓉作裙衩。
>
> 十二学弹筝,银甲不曾卸。
>
> 十四藏六亲,悬知犹未嫁。
>
> 十五泣春风,背面秋千下。

【阅读提示】

这是一首具有兴寄的诗歌。诗人用一个美丽而多才多艺的女子来含蓄地表达自己的才情和抱负，以女子不遇良人来比喻自己的怀才不遇。

【思考与讨论】

1. 这首诗是否有兴寄？如何判断诗词是否有兴寄？
2. 如何评价李商隐诗歌的含蓄朦胧的特点？

李煜词二首

【题解】

李煜(937—978)，五代十国时南唐国君，字重光，初名从嘉，号钟隐、莲峰居士。南唐元宗李璟第六子，于宋建隆二年(961)继位，史称李后主。开宝八年(975)，宋军破南唐都城，李煜降宋，被俘至汴京，封为右千牛卫上将军、违命侯。后因作感怀故国的名词《虞美人》而被宋太宗毒死。李煜不通政治，但艺术天分极高，才华横溢。精书法，善绘画，通音律，诗文均有一定造诣，尤以词的成就最高。写有千古杰作《虞美人》《浪淘沙》《乌夜啼》等词。在政治上失败的李煜，却在词坛上留下了不朽的篇章，被称为"千古词帝"。

清平乐·别来春半

别来春半，触目愁肠断。砌下落梅如雪乱，拂了一身还满。

雁来音信无凭，路遥归梦难成。离恨恰如春草，更行更远还生。

【文献来源】

李煜. 李煜词集[M]. 王兆鹏，导读. 上海：上海古籍出版社，2009：21-23.

【阅读提示】

公元971年秋，李煜派弟弟李从善去宋朝进贡，被扣留在汴京。公元974年，李煜请求宋太祖让李从善回国，未获允许。《别来春半》可能是李从善入宋的第二年春天，李煜为思念弟弟而作。

全词以离愁别恨为中心，线索明晰而内蕴，上段言愁之欲去仍来，犹雪花之拂了又满；下段言人之愈离愈远，犹草之更远还生，皆加倍写出离愁。且借花草取喻以渲染词句，更见婉妙。上下两片浑然一体而又层层递进，感情的抒发和情绪的渲染都十分到位。词中纯用白描手法，以画法入词，尤其是比喻手法的运用生动形象，独到而别致，使这首词具备了不同凡品的艺术魅力。

望江南·多少恨

多少恨，昨夜梦魂中。还似旧时游上苑，车如流水马如龙。花月正春风。

【文献来源】

李煜. 李煜诗集[M]. 王兆鹏，导读. 上海：上海古籍出版社，2009：18.

【阅读提示】

《多少恨》仅五句二十七字，却内容丰富、寓意深刻。作者以反写正，以乐写悲，以欢情写凄苦，昔与今的对比形成了极大的反差，但也蕴寓了极深的用意，给人以回味无穷之感。全词一气呵成，语白意真，直叙深情，是一首情辞俱佳的小词。

"多少恨，昨夜梦魂中。"开头陡起，有荡气回肠之沉痛，小词中罕见。"还似旧时游上苑，车如流水马如龙。花月正春风。"这三句紧承开头的梦，直接描写热闹繁华梦境，给人历历在目的印象。"花月正春风"，不但点明了游赏的时间及观赏对象，渲染出热闹繁华的气氛，还具有某种象征意味——象征着他生活中最美好，最无忧无虑、春风得意的时刻。"花月"与"春风"之间，以一"正"字勾连，景之秾丽、情之浓烈，一齐呈现。这一句将梦游之乐推向最高潮，而词就在这高潮中陡然结束，含无尽情思于言外，震撼人心。

【思考与讨论】

1. 品读李煜词作，谈谈对其作品风格的认识。
2. 谈谈李煜对词坛的贡献。

踏 莎 行

欧阳修

【题解】

欧阳修(1007—1072)，字永叔，号醉翁、六一居士，吉州永丰(今江西省吉安市永丰县)人，北宋政治家、文学家。因吉州原属庐陵郡，以"庐陵欧阳修"自居。官至翰林学士、枢密副使、参知政事，谥号"文忠"，世称欧阳文忠公。累赠太师、楚国公。与韩愈、柳宗元、苏轼、苏洵、苏辙、王安石、曾巩合称"唐宋八大家"，并与韩愈、柳宗元、苏轼被后人合称"千古文章四大家"。

欧阳修在宋代文学史上是最早开创一代文风的文坛领袖：领导了北宋诗文革新运动，继承并发展了韩愈的古文理论，主张文以明道，反对"弃百事不关于心"(《答吴充秀才书》)，主张文以致用，反对"舍近取远"(《与张秀才第二书》)，强调文道结合，二者并重，提倡平易自然之文，反对浮艳华靡的文风。其散文《朋党论》《与高司谏书》《新五代史·伶官传序》等政论、史论，或针砭时弊，或以古鉴今；其《醉翁亭记》《秋声赋》等抒情散文，或寄情山水，或以景抒怀，平易流畅、委婉曲折；其诗主要有《食糟民》《南獠》《生查子·元夕》《画眉鸟》《戏答元珍》等，意境别颖，清丽秀美，耐人寻味；其词多写男女感情，如《踏莎行》(候馆梅残)、《蝶恋花》(庭院深深)、《生查子·元夕》等，情思深远，婉转清丽，与晏殊词风相近。部分词作表现了个人志趣抱负，如《采桑子》《朝中措》(平山栏槛)等。而其《六一诗话》则开历代诗话之先河，影响深远；在史学方面，也有较高成就，他曾主修《新唐书》，并独撰《新五代史》。有《欧阳文忠集》传世。

【文献来源】

唐圭璋. 唐宋词鉴赏辞典[M]. 江苏：江苏古籍出版社，1986：291-294.

候馆梅残[1]，溪桥柳细，草熏风暖摇征辔[2]。离愁渐远渐无穷，迢迢不断如春水。寸寸柔肠，盈盈粉泪，楼高莫近危栏倚[3]。平芜尽处是春山[4]，行人更在春山外。

【注释】

[1] 候馆：旅舍。

[2] 征辔：马缰绳。

[3] 危栏：高楼上的栏杆。

[4] 平芜：平坦的草地。

【阅读提示】

《踏莎行》是一首通过离别来写爱情相思的词作，是欧阳修词中具有代表性的作品之一。上片写旅途中所见所感。以时空的转换，写人在旅途，漂泊无际，且无止期，从而展示了游子剪不断的离愁。下片写旅人想象中的思妇对他的怀念，一种相思，两处闲愁，使离愁更沉重。

此词最为人称道的是比喻贴切。特别是上下片结尾两句，比喻生动形象。"离恨渐远渐无穷，迢迢不断如春水"两句，虽然可以使人联想到李煜《清平乐》中"离恨恰如春草，更行更远还生"和《虞美人》中"问君能有几多愁，恰似一江春水向东流"、秦观《江城子》"便作春江都是泪，流不尽，许多愁"这样一些名句，但因作者善于变换句法，并且使这一生动比喻跟全词的整体形象，跟词的意境结合得十分紧密，故貌似仿效，而实则是创新，浑然天成，不露痕迹。下片以"春山"喻远，引出佳人登高遥望，更觉委婉缠绵，别饶韵味。

欧阳修虽受"花间"和冯延巳的影响较深，但就本篇来看，他摒弃了"花间"铺金缀玉的积习，洗净了浓脂艳粉的气息，发展了词的抒情性与形象性的特长。

【思考与讨论】

1. 谈谈这首词的艺术特点。

2. 谈谈冯延巳、晏殊、欧阳修词的异同。

柳永词二首

【题解】

柳永(约987—约1053)，原名三变，字景庄，后改名永，字耆卿，排行第七，又称柳七。世称柳屯田。由于殿试时被宋仁宗黜落，从此自称"奉旨填词柳三变"，以毕生精力作词，并以"白衣卿相"自诩。其词多描绘城市风光和歌妓生活，尤长于抒写羁旅行役之情。铺叙刻画，情景交融，语言通俗，音律谐婉，在当时流传极其广泛，人称"凡有井水饮处，皆能歌柳词"，是婉约派最具代表性的作家之一。他不仅开拓了词的题材内容，而且制作了大量的慢词，发展了铺叙手法，促进了词的通俗化、口语化，在词史上产生了较大的影响。有《乐章集》留世，存二百多首词，所用词调竟有150个之多，并大部分为前所未见的、以旧腔改造或自制的新调，又十之七八为长调慢词，对词的进步做出了巨大贡献。代表作有《雨霖铃》《八声甘州》等。

定 风 波[1]

自春来、惨绿愁红，芳心是事可可[2]。日上花梢，莺穿柳带，犹压香衾卧。暖酥消、腻云亸，终日厌厌倦梳裹。无那[3]。恨薄情一去，音书无个。

早知恁么，悔当初、不把雕鞍锁。向鸡窗[4]，只与蛮笺象管，拘束教吟课。镇相随[5]、莫抛躲，针线闲拈伴伊坐。和我，免使年少，光阴虚过。

【文献来源】

唐圭璋. 唐宋词鉴赏辞典[M]. 江苏：江苏古籍出版社，1986: 212-214.

【注释】

[1] 定风波：唐玄宗时教坊曲名，又名《定风流》《卷春空》《定风波令》《醉琼枝》。

[2] 可可：平常。

[3] 无那：无聊。

[4] 鸡窗：书房。

[5] 镇：常常，久长。

【阅读提示】

《定风波》是柳永俚词的代表作之一。词中描写了一位闺中少妇，丈夫客居在外，春色惊动芳心，她感到百无聊赖和心灰意懒。在无可奈何的情况下，她怨恨丈夫薄情，后悔不该让丈夫远离家园，渴望能与夫君整日厮守在一起，过着"镇相随，莫抛躲，针线闲拈伴伊坐"的生活。

从艺术上看，这首词的特点是语言通俗，口吻自然，纯用白描，扩大了"俚词"的创作阵地，丰富了词的内容和词的表现力。以深切的同情，抒写了沦落于社会下层的歌伎们的思想感情，反映了她们对幸福生活的追求与向往，以及内心的烦恼与悔恨。上片融情入景，以明媚的春光反衬人物的厌倦与烦恼情绪。下片通过细腻的心理刻画，反映歌伎对自由幸福生活的渴望与追求。

望 海 潮

东南形胜，三吴都会，钱塘自古繁华。烟柳画桥，风帘翠幕，参差十万人家。云树绕堤沙。怒涛卷霜雪，天堑无涯。市列珠玑，户盈罗绮竞豪奢。

重湖叠巘清嘉。有三秋桂子，十里荷花。羌管弄晴，菱歌泛夜，嬉嬉钓叟莲娃。千骑拥高牙。乘醉听箫鼓，吟赏烟霞。异日图将好景，归去凤池夸。

【文献来源】

唐圭璋. 唐宋词鉴赏辞典[M]. 江苏：江苏古籍出版社，1986: 223-227.

【阅读提示】

《望海潮》词调始见于《乐章集》，为柳永所创的新声。据罗大经《鹤林玉露》载，此词为词人献给当时驻节杭州的两浙转运使孙何的。但词的主要内容仍然是咏叹杭州湖山的美丽、城市的繁华，而且这首词一反柳永惯常的风格，以大开大阖、波澜起伏的笔法，浓墨重彩地铺叙展现了杭州的繁荣、壮丽景象，可谓"音律谐婉，语意妥帖，承平气象，形容曲尽"(见陈振孙《直斋书录解题》)。在艺术构思上匠心独运：上片写杭州，下片写西湖，以点带面，明暗交叉，铺叙晓畅，形容得体。

【思考与讨论】

1. 柳永词最突出的艺术特点是什么？

2. "凡有井水饮处，皆能歌柳词"，谈谈你对柳永词广为流传的看法。

3. 雅俗共赏是柳永词突出的特点，请用柳永词说明其雅俗的表现。

苏轼诗词二首

【题解】

苏轼(1037—1101)，字子瞻，又字和仲，号铁冠道人、东坡居士，世称苏东坡、苏仙。眉州眉山(今四川省眉山市)人，祖籍河北栾城，北宋著名文学家、政治家、书法家、画家。

苏轼一生因北宋新旧党争而仕途坎坷。嘉祐二年(1057)，苏轼进士及第。宋神宗时曾在凤翔、杭州、密州、徐州、湖州等地任职。元丰三年(1080)，因"乌台诗案"被贬为黄州团练副使。宋哲宗即位后，曾任翰林学士、侍读学士、礼部尚书等职，并出知杭州、颍州、扬州、定州等地，晚年因新党执政被贬惠州、儋州。宋徽宗时获大赦北还，途中于常州病逝。宋高宗时追赠太师，谥号"文忠"。

作为北宋中期文坛领袖，苏轼在诗、词、散文、书、画等方面都取得了很高的成就。其诗题材广阔，清新豪健，善用夸张比喻，独具风格，与黄庭坚并称"苏黄"；其词开豪放一派，与辛弃疾同是豪放派代表，并称"苏辛"；其散文著述宏富，豪放自如，与欧阳修并称"欧苏"，为"唐宋八大家"之一。苏轼亦善书，为"宋四家"之一；工于画，尤擅墨竹、怪石、枯木等。有《东坡七集》《东坡易传》《东坡乐府》等传世。

六月二十日夜渡海

参横斗转欲三更[1]，苦雨终风也解晴。

云散月明谁点缀？天容海色本澄清[2]。

空余鲁叟乘桴意[3]，粗识轩辕奏乐声[4]。

九死南荒吾不恨[5]，兹游奇绝冠平生。

【文献来源】

(宋)苏轼. 苏东坡全集[M]. 北京：中国书店出版社，1986：530.

【注释】

[1] 参横斗转：参、斗，星宿名。横、转，指星座位置的移动。参星横斜，北斗星转向，说明时值夜深。

[2] "天容"句：青天碧海本来就是澄清明净的，此处用来比喻自己的清白。

[3] 鲁叟：指孔子。桴，小筏子。据《论语·公冶长》载，孔子曾说："道不行，乘桴浮于海。"

[4] 奏乐声：这里形容涛声，也隐指老庄玄理。《庄子·天运》中说，黄帝在洞庭湖边演奏《咸池》乐曲，并借音乐说了一番玄理。轩辕：即黄帝。

[5] 南荒：僻远荒凉的南方。恨：悔恨。

【阅读提示】

《六月二十日夜渡海》能见出诗人豁达的胸襟、乐观的态度。"乌台诗案"之后，苏轼一再被贬谪、流放，一路由北而南，到过英州、惠州，最远到了儋州，直到 1100 年，63 岁的苏轼才从海南被赦回家。此诗既是诗人渡海的亲身经历，却又将自己的人生经历、仕途沉浮及达观的人生观寄寓其中，读来使人感慨唏嘘的同时又能领略诗人豁达、积极乐观的人生态度，散发出迷人的人格魅力。

临江仙·夜饮东坡醒复醉

夜饮东坡醒复醉，归来仿佛三更。家童鼻息已雷鸣，敲门都不应，倚杖听江声。
长恨此身非我有，何时忘却营营。夜阑风静縠纹平，小舟从此逝，江海寄余生。

【文献来源】

(宋)苏轼. 苏轼词集[M]. 刘石，导读. 上海: 上海古籍出版社，2009: 96-98.

【阅读提示】

《夜饮东坡醒复醉》作于神宗元丰五年(1082)九月，即苏轼因"乌台诗案"被贬黄州的第三年。全词风格清旷而飘逸，写作者深秋之夜在东坡雪堂开怀畅饮，醉后返归临皋亭寓所的情景，虽然所写的是生活中的一件小事，但却表现了词人退避社会、厌弃世间的人生理想、生活态度和渴望彻底解脱的出世意念。叶梦得《避暑录话》记载，因为词中有"小舟从此逝，江海寄余生"二句，第二天，人们议论纷纷，谓苏轼夜作此词，已"挂冠服江边，拏舟长啸去矣"。于是，这便使黄州郡守徐君猷惊且惧，他唯恐走失了"罪人"，急忙派人查看，结果发现，苏轼正在家中沉睡。这虽然是一种传说，但却生动地反映了苏轼求超脱而未能的人生遭际，也从社会效应上说明了苏轼此词具有巨大的艺术感染力。

【思考与讨论】

1. 谈谈苏轼的人格魅力体现在什么地方。
2. 李清照说苏轼词是"句读不葺之诗尔"，你如何看待？

满庭芳·山抹微云

秦观

【题解】

秦观(1049—1100)，字少游、太虚，别号邗沟居士，高邮(今江苏省高邮市)人。少有才名，研习经史，喜读兵书。熙宁十年(1077)，往谒苏轼于徐州，次年作《黄楼赋》，苏轼以为"有屈、宋姿"。元丰八年进士及第，授定海主簿，调蔡州教授。元祐三年(1088)，应制科，进策论，除宣教郎、太学博士，校正秘书省书籍。元祐六年，迁秘书省正字。预修《神宗实录》。时黄庭坚、晁补之、张耒亦京师，观与同游苏轼之门，人称"苏门四学士"。绍圣元年(1094)，坐元祐党籍，出为杭州通判，再贬监处州(今浙江省丽水市)酒税。三年又因写佛书削秩徙郴州(今湖南省郴州市)。明年，编管横州(今广西省横县)。元符元年(1098)再贬雷州(今广东省雷州市)。徽宗即位，复宣德郎，允北归，途中卒于藤州(今广西省藤县)，年五十二。存《淮海集》四十卷，另有《淮海词》单刻本。其诗、词、文皆工，而以词著称。所写诗词，高古沉重，寄托身世，感人至深。作为婉约派正宗代表，其词作内容多写男女情爱，颇多伤感之作。

【文献来源】

袁行霈，许逸民. 中国文学作品选注(第三卷)[M]. 北京：中华书局，2007：117-118.

山抹微云，天连衰草[1]，画角声断谯门[2]。暂停征棹，聊共引离尊[3]。多少蓬莱旧事[4]，空回首、烟霭纷纷。斜阳外，寒鸦万点，流水绕孤村[5]。

销魂[6]。当此际，香囊暗解，罗带轻分[7]。谩赢得、青楼薄倖名存[8]。此去何时见也？襟袖上、空惹啼痕。伤情处，高城望断，灯火已黄昏。

【注释】

[1] 连：唐李绅《上家山》载"高低入云树，芜没连天草。"唐杜牧《奉和门下相公送西川公兼领相印出镇全蜀诗十八韵》载"回首峥嵘尽，连天草树芳。"用法略同。"连"一作"黏"，于意似更优。唐韩愈《祭河南张员外文》载"洞庭漫汗，黏天无壁。"宋黄庭坚《四月末天气徒然如秋遂御袷衣游北沙亭观江涨》载"远水黏天吞钓舟。"

[2] 画角：乐器。竹木或铜质制成，外敷以彩，故名。多用于军中，警昏晓，振士气，类似今日军营之号。谯门：建有望楼的城门。谯，通"瞧"，瞭望。

[3] 征棹：行船。征，行。棹，船桨，代指船。

[4] 蓬莱旧事：指包括与越妓情事在内的越州生活。宋胡仔《苕溪渔隐丛话》后集卷三三引《艺苑雌黄》："程公辟守会稽，少游客焉，馆之蓬莱阁。一日席上有所悦，自尔眷眷不能忘情。因赋长短句，所谓'多少蓬莱旧事，空回首、烟霭纷纷'也。"秦观同时所作《别程公辟给事》亦有"买舟江上辞公去，回首蓬莱嵊中"句。蓬莱，阁名。宋范仲淹《清白堂记》："会稽府署据卧龙山之南足，北上有蓬莱阁。"秦观在越州与程师孟游近八月。

[5] "寒鸦"二句：隋杨广诗"寒鸦千万点，流水绕孤村。"

[6] 销魂：形容某种情绪臻于极端的状态。此指极度愉悦。

[7] "香囊"二句：指离别定情。香囊：盛香料的小袋，多为男性饰物。罗带：女子所系。古人常以二者为定情之物。汉繁钦《定情诗》："何以致扣扣，香囊系肘后。"五代韦庄《清平乐》："罗带悔结同心，独凭朱栏思深。"

[8] "谩赢得"句：唐杜牧《遣怀》："十年一觉扬州梦，赢得青楼薄幸名。"谩：通"漫"，徒然。青楼：妓院。薄倖：薄情，负心。

【阅读提示】

秦观善写离情别绪，这首《满庭芳·山抹微云》更是名噪一时，于元丰年间已"盛行于淮楚"一带(见叶梦得《避暑录话》)，致有杭城歌妓琴操改韵之说(见吴曾《能改斋漫录》)，虽是赞扬琴操的才思敏捷，却也说明了此词传唱之广，影响之深。这首词写诗人与他所眷恋的一个女子的离别情景，充满了低沉婉转的感伤情调。上片描写别时的景色及对往事的回忆。下片抒写离别时的留恋、惆怅之情。全词把凄凉秋色与伤别之情融为一体，通过对凄凉景色的描写，用宛转语调表达伤感的情绪，将事、情、景三者融汇一气是这首词的主要艺术特色。全词叙事仅两处："暂停征棹，聊共引离尊"和"香囊暗解，罗带轻分"，却是抒情的基础，即所谓即事抒情。词的上片以写景为主，景中寓情；下片以抒情为主，情中有景。景色从微云度山写入，继之以斜阳归鸦，收之以灯火黄昏，时间逐步推移，景色渐次昏暝，人事则由停棹钱饮，到赠囊话别，到舟发人远，脉络清晰，层次井然。而融贯全词的则是"黯然销魂"的无限伤离之情。

【思考与讨论】

1. 谈谈秦观词的艺术特点。

2. 晁补之《评本朝乐章》说"近世以来，作者皆不及秦少游"，谈谈你对秦观词的认识。

李清照词二首

李清照

【题解】

李清照(1084—1155)，号易安居士，山东省济南章丘人。婉约词派代表，有"千古第一才女"之称。她擅长书画，通晓金石，而尤精于诗词。她的词作独步一时，流传千古，被誉为"词家一大宗"。她的词分前期和后期。前期多写其悠闲生活，多描写爱情生活、自然景物，韵调优美，如《一剪梅·红藕香残玉簟秋》等。后期多慨叹身世，怀乡忆旧，情调悲伤，如《声声慢·寻寻觅觅》。形式上善用白描手法，自辟蹊径，语言清丽。论词强调协律，崇尚典雅，提出词"别是一家"之说，反对以写诗作文之法作词。能诗，留存不多，部分篇章感时咏史，情辞慷慨，与其词风不同。有《易安居士文集》《易安词》，已散佚。后人有《漱玉词》辑本。今有《李清照集校注》。

减字木兰花·卖花担上[1]

卖花担上，买得一枝春欲放[2]。泪染轻匀[3]，犹带彤霞晓露痕。

怕郎猜道[4]，奴面不如花面好。云鬓斜簪，徒要教郎比并看[5]。

【文献来源】

(南宋)李清照. 李清照集[M]. 杨合林，编. 长沙：岳麓书社，1999：6.

【注释】

[1] 减字木兰花：词牌名，《木兰花》的变体。词由花及人，表现词人对生活的热爱、对青春美的充分自信，当为李清照婚后不久之作。

[2] 一枝春：指梅花。南朝宋陆凯《赠范晔》："江南无所有，聊赠一枝春。"

[3] 泪染：梅花带露如美人含泪，楚楚动人。匀：分布。

[4] 猜道：思量。道，语助词。

[5] 比并：比较。

【阅读提示】

陈祖美《李清照简明年表》："公元 1101 年，(李清照)18 岁，适赵明诚。赵李两家均居汴京。《减字木兰花》《庆清朝》诸阕当作于是年前后。"其时词人与夫君赵明诚新婚燕尔，心中充满对爱情的热情执着。《减字木兰花·卖花担上》巧妙地截取新婚生活的一个侧面进行描绘，通过买花、赏花、戴花、比花，生动地表现了年轻词人天真、活泼的个性，反映新婚夫妇的幸福生活，可谓达到了"乐而不淫"的艺术境界。全词语言生动活泼，富有浓郁的生活气息，是一首独特的闺情词。

孤雁儿[1] · 藤床纸帐朝眠起

世人作梅词，下笔便俗。予试作一篇，乃知前言不妄耳。

藤床纸帐朝眠起[2]，说不尽无佳思。沈香断续玉炉寒，伴我情怀如水。笛声三弄[3]，梅心惊破[4]，多少春情意。

小风疏雨萧萧地，又催下千行泪。吹箫人去玉楼空[5]，肠断与谁同倚。一枝折得，人间天上，没个人堪寄[6]。

【文献来源】

(南宋)李清照. 李清照集[M]. 杨合林，编. 长沙：岳麓书社，1999：36-37.

【注释】

[1] 孤雁儿：词牌名，又名《御街行》。词咏梅花，为赵明诚去世后的悼念追思之作。

[2] 藤床：藤条编织的床。据明高濂《遵生八笺》记载，藤制，上有倚圈靠背，后有活动撑脚，便于调节高低。纸帐：茧纸做的帐子，亦名梅花纸帐。据宋林洪《山家清供》云，其上作大方形帐顶，四周用细白布制成帐罩，中置布单、楮衾、菊枕、蒲褥。

[3] 三弄：即"梅花三弄"，又名"梅花落"，或称"梅花引"，汉代横吹曲名，曲调甚为凄怨。

[4] 梅心惊破：指梅花闻笛而心伤。

[5] 吹箫人去：《列仙传》载"萧史者，秦穆公时人也，善吹箫，能致孔雀、白鹤于庭。穆公有女字弄玉，好之。公遂以女妻焉。日教弄玉作凤鸣。居数年，吹似凤声，凤凰来止其屋。公为作凤台，夫妇止其上，不下数年。一旦皆随凤凰飞去。故秦人为作凤女祠于雍，宫中时有箫声而已。"此言其夫赵明诚之去世。

[6] "一枝折得"三句：化用陆凯《赠范晔》诗意。折梅本为送人，如今丈夫故去，所以说没人堪寄。

【阅读提示】

《孤雁儿·藤床纸帐朝眠起》明为咏梅，实为悼亡，寄托了词人对亡夫赵明诚的深挚感情和凄楚哀思。全词以景衬情，将环境描写与心理刻画融为一体，营造出一种孤寂凄婉的意境，取得了感人至深的艺术效果。词调原名《御街行》，后变格为《孤雁儿》，专写离别悼亡等悲伤之情。词人取后者，盖以自况。

上片主要写自己的凄冷孤苦，下片正面抒写悼亡之情，词境由晴而雨，跌宕之中意脉相续。这首词妙在化用典故，宛若己出；咏梅悼亡，浑然一体；口语入词，以俗写雅，独树一帜。

【思考与讨论】

1. 比较李清照前后词作，说说其风格的变化。
2. 如何理解李清照"词别是一家"的词论主张。

辛弃疾词二首

【题解】

辛弃疾(1140—1207)，原字坦夫，后改字幼安，号稼轩，山东济南府历城县人。南宋豪放派词人，有"词中之龙"之称。与苏轼合称"苏辛"，与李清照并称"济南二安"。

辛弃疾一生以恢复为志，以功业自许，却命运多舛、备受排挤、壮志难酬。但他恢复中原的爱国信念始终没有动摇，把满腔激情和对国家兴亡、民族命运的关切、忧虑，全部寄寓于词作之中。作为南宋词坛一代大家，辛弃疾的作品热情洋溢，慷慨悲壮，笔力雄厚，艺术风格多样，以豪放为主，风格沉雄豪迈又不乏细腻柔媚之处。其词题材广阔又善化用典故入词，抒写力图恢复国家统一的爱国热情，倾诉壮志难酬的悲愤，对当时执政者的屈辱求和颇多谴责；也有不少吟咏祖国河山的作品。现存词六百多首，有《稼轩长短句》。今人辑有《辛稼轩诗文钞存》。

南乡子·登京口北固亭有怀[1]

何处望神州？满眼风光北固楼。千古兴亡多少事？悠悠。不尽长江滚滚流。

年少万兜鍪[2]，坐断东南战未休[3]。天下英雄谁敌手？曹刘。生子当如孙仲谋[4]。

【文献来源】

辛弃疾词选评[M]. 施议对，撰. 上海：上海古籍出版社，2002：142-145.

【注释】

[1] 南乡子：唐教坊名。因多用于歌咏南国水乡风物，故名。京口：今江苏省镇江市。《元和郡县志》载，"孙权自吴徙治丹徒，号曰京城。后徙建业，于此置京口镇。"北固亭：在今镇江市北固山上，下临长江，三面环水，又名北固楼。

[2] 年少：年轻。据历史记载，孙权十九岁继父兄之业统治江东，西征黄祖，北拒曹操，独据一方。赤壁之战大破曹兵，年方二十七岁。兜鍪：原指古代作战时兵士所带的头盔，这里代指士兵。

[3] 坐断：占领着、占住。东南：指吴国在三国时地处东南方。

[4] 生子当如孙仲谋：曹操率领大军南下，见孙权的军队雄壮威武，喟然而叹："生子当如孙仲谋，刘景升儿(刘琮)若豚犬耳。"

【阅读提示】

《南乡子·登京口北固亭有怀》是辛弃疾于嘉泰四年和开禧元年(1204—1205)知镇江府(三国吴时始于镇江置京口镇，故镇江又称京口)时所作。北固亭(又称北固楼)在镇江北固山头，下临长江，形势险峻。此亭建于东晋，后来废毁，宋孝宗、光宗时，守镇江府的官吏又先后在旧址上重建起来。作者晚年登北固山，感慨历史的兴衰，因作此词。

本篇在写作技巧上有三个特点：一是把写景与抒情、议论紧密结合起来，而且都是围绕着"登北固楼"的主题，大处落笔，视野开阔，远眺只写风光无限，近处只写滚滚流水，抒情则只集中于慨叹"千古兴亡"的悠远难追；议论也仅仅赞扬在京口开创伟业的少年英雄孙权，气魄极其宏大雄壮。能在小令中包含如此重大的题材内容，气势又如此壮阔，古今词作中实不多见。二是全词的层次极为分明。整篇三问三答，自相呼应，创前所未有的意境。三是融化古人言语入词，曹操的两句话被巧妙地安排在下片，很自然地形成一问一答，活用典故成语，毫无斧凿痕迹。熔经铸史，驱遣自如，为稼轩词的一大特点，而在这首词中，更达到了出神入化的境地。

【思考与讨论】

1. 同样是登京口北固亭，辛弃疾写出了两首不同的词——《南乡子·登京口北固亭有怀》

和《永遇乐·京口北固亭怀古》。请谈谈你对这两首词的认识。

2. 如何理解词里表达的对三国英雄人物特别是对孙权的赞赏？

贺新郎·甚矣吾衰矣

邑中园亭[1]，仆皆为赋此词。一日，独坐停云[2]，水声山色，竞来相娱，意溪山欲援例者，遂作数语，庶几仿佛渊明思亲友之意云[3]。

甚矣吾衰矣[4]。怅平生、交游零落，只今余几。白发空垂三千丈[5]，一笑人间万事。问何物，能令公喜[6]？我见青山多妩媚，料青山见我应如是[7]。情与貌，略相似。

一尊搔首东窗里[8]。想渊明、停云诗就，此时风味。江左沉酣求名者，岂识浊醪妙理[9]。回首叫，云飞风起[10]。不恨古人吾不见[11]，恨古人不见吾狂耳。知我者，二三子[12]。

【文献来源】

辛弃疾词选评[M]. 施议对，撰. 上海：上海古籍出版社，2002：135-136.

【注释】

[1] 邑：指铅山县。辛弃疾在江西铅山期思渡建有别墅，带湖居所失火后举家迁之。

[2] 停云：停云堂，在瓢泉别墅。

[3] 思亲友：陶潜《停云》诗序"停云，思亲友也。"

[4] 甚矣吾衰矣：这是孔丘慨叹自己"道不行"的话。《论语·述而》："子曰：'甚矣吾衰也，久矣吾不复梦见周公。'"作者借此感叹自己的壮志难酬。

[5] 白发句：用李白《秋浦歌》"白发三千丈，缘愁似个长"句。

[6] 能令公喜：语出《世说新语·宠礼篇》"王珣、郗超并有奇才，为大司马所眷拔，……于时荆州为之语曰：'髯参军，短主簿，能令公喜，能令公怒。'"

[7] "我见"二句：《新唐书·魏徵传》载"帝曰：'人言徵举动疏慢，我但见其妩媚耳。'"妩媚，神情、形貌美好端正。

[8] 搔首东窗：语出陶潜《停云》诗"静寄东轩，春醪独抚。良朋悠邈，搔首延伫。"又"有酒有酒，闲饮东窗。愿言怀人，舟车靡从。"借指陶潜《停云》诗就，自得之意。

[9] "江左"二句：江左，江东。原指江苏南部一带，此指南朝之东晋。沉酣求名，苏轼《和陶渊明饮酒》："江左风流人，醉中亦求名。渊明独清真，谈笑得此生。"浊醪妙理，谓酒中真趣。杜甫《晦日寻崔戢李封》："浊醪有妙理，庶用慰沉浮。"

[10] 云飞风起：汉高祖刘邦《大风歌》载"大风起兮云飞扬，威加海内兮归故乡，安得猛士兮守四方。"

[11] "不恨"句：语出《南史·张融传》"融常叹云：'不恨我不见古人，所恨古人不见我。'"

[12] 知我者，二三子：引《论语》的典故"二三子以我为隐乎？"

【阅读提示】

《贺新郎·甚矣吾衰矣》是辛弃疾闲居铅山县瓢泉时所作。词序中说他写作此词是为了效仿陶渊明的《停云》诗，表达"思亲友"的情怀。实际上抒发了作者从福建再次罢官归来后寂寞孤愤、寄情山水的思想感情。这也是辛稼轩的得意之作。据岳珂《桯史》(卷三)记载："稼轩以词名，每燕必命侍妓歌其所作。特好歌《贺新郎》一词，自诵其警句曰：'我见青山多妩媚，料青山、见我应如是。'每至此，辄拊髀自笑，顾问坐客何如，皆叹誉如出一口。"可见这首词在当时的士大夫阶层中已获得一定的轰动效应。"我见青山多妩媚，料青山见我应如是""不恨古人吾不见，恨古人不见吾狂耳"，这两联托物言志、以古喻今，虽属用典却能翻新出奇，反映了作者在孤独的环境中不甘寂寞，与青山为侣，在古人中寻找知音的精神状态，挥洒自如，意蕴深远，为全词生色不少，确实是难得的名句。

全词感情浓烈，波澜起伏，在悲凉的气氛中表现了豪放不羁的风格，给读者留下了许多值得思考的问题。

【思考与讨论】

1. 辛弃疾与苏轼同为豪放词派代表，请谈谈他们词作风格的异同。

2. 辛弃疾作词好用典故，人称"掉书袋"。请谈谈你对诗词中大量用典的认识。

病 起 书 怀[1]

陆游

【题解】

陆游(1125—1210)，字务观，号放翁。越州山阴(今浙江省绍兴市)人。南宋文学家、史学家、爱国诗人。陆游具有多方面文学才能，一生著述丰富，有《剑南诗稿》《渭南文集》等数十种存世，存诗9000多首，是我国现有存诗最多的诗人。其中许多诗篇抒写了抗金杀敌的豪情，风格雄奇奔放，沉郁悲壮，洋溢着强烈的爱国主义激情，在思想上、艺术上取得了卓越成就。词作量不如诗篇巨大，但和诗同样贯穿了气吞残房的爱国主义精神。有《放翁词》一卷，《渭南词》二卷。陆游亦有史才，他的《南唐书》，"简核有法"，史评色彩鲜明，具有很高的史料价值。

【文献来源】

陆放翁全集[M]. 北京：中国书店出版社，1986：116.

> 病骨支离纱帽宽[2]，孤臣万里客江干。
> 位卑未敢忘忧国，事定犹须待阖棺。
> 天地神灵扶庙社，京华父老望和銮[3]。
> 出师一表通今古，夜半挑灯更细看。

【注释】

[1] 病起：病愈。

[2] 病骨：指多病瘦损的身躯。支离：憔悴，衰疲。

[3] 京华：京城之美称。因京城是文物、人才汇集之地，故称。和銮：同"和鸾"，古代车上的铃铛，挂在车前横木上称"和"，挂在轭首或车架上称"銮"。诗中代指"君主御驾亲征，收复祖国河山"的美好景象。

【阅读提示】

《病起书怀》作于宋孝宗淳熙三年(1176)四月，陆游时年五十二岁。被免官后病了二十多天，移居成都城西南的浣花村，病愈之后仍为国担忧，为了表现要效法诸葛亮北伐，统一中原的决心，挑灯夜读《出师表》，挥笔泼墨，写下此诗。

《病起书怀》载于《剑南诗稿》，此诗贯穿了诗人忧国忧民的爱国情怀，表现了中华子民热爱祖国的伟大精神，揭示了百姓与国家的血肉关系。"位卑未敢忘忧国"这一传世警句，是诗人内心的真实写照，也是历代爱国志士爱国之心的真实写照，这也是它能历尽沧桑、历久常新的原因所在。诗人想到自己一生屡遭挫折，壮志难酬，而年已老大，自然有着深深的慨叹和感伤；但他在诗中说一个人盖棺方能论定，表明诗人对前途仍然充满着希望。

【思考与讨论】

1. 阅读陆游诗歌，谈谈宋诗与唐诗的区别。
2. 谈谈爱国主义精神在诗歌中的传承。
3. 比较诗歌与词作对爱国主义的表达有何异同？

第四章

元明清文化与文学

元明清文化与文学概述

元明清文化与文学在中国文化及文学发展史上具有划时代的意义。文化上，元清时期，蒙、满两游牧民族入主中原，不仅打破了原本相对稳定的中华文化圈，而且给中原文化注入了外来文明的新鲜血液，丰富了中原文化的成因。明清时期的西学东渐，给中国传统文化带来冲击的同时，在客观上推动了中国文明的进程。文学领域内，最明显的是叙事性文学第一次居于文坛的主导地位。元明清文学中人本主义精神的成长，构成了中国古代文学与现代文学之间的重要联系。作家与下层人民的联系更加密切，文学创作赢得了更多的读者，在社会上产生了更为广泛的影响。同时，群众的接受情况，又制约着文学的创作，促进了作家审美观念的变化。

元朝(1271—1368)历时98年，是我国历史上第一个由少数民族统治者建立的统一政权。蒙古族统治者一向看重实利，鼓励商业，明方孝孺称："元以功利诱天下"。工商业的发展使城市经济繁荣起来。在政治上，蒙古族统治者自进入中原始，就越来越多地接受了汉族的传统文化，也试图使用儒学，但蒙古民族粗犷豪放的性格和重视实利的习惯，与这种抑制性的思想学说不相融，所以，在元代，儒家思想作为精神统治的力量是相当薄弱的。元代废除科举制度长达七十八年之久，并实行严酷的民族压迫和民族歧视，致使知识分子"干禄无阶，入仕无路"，沦为社会底层，当时有所谓"九儒十丐"的说法。然而，由于城市经济造就了具有相当规模的文化消费需求，元代的知识分子既然无法依附国家政权，则可以通过向社会出卖自己的智力以谋取生活资料，因而既加强了个人的独立意识，也获得了对真实人生的亲切感受。就这样，元代社会造就了一群杰出的非传统类型的文人，他们开始具备自由职业者的某些特征，从而促成了一代文学——元曲的繁荣。

元曲，乃广义的称呼，实则包括两种文学体裁：一为剧曲，即元杂剧，乃戏剧之属；一为散曲(包括小令和套数)，乃诗歌之属。足以代表一代之文学，能与唐诗、宋词并称者，实为元杂剧，散曲无此成就。中国戏曲无论是创作数量还是思想内容，在元朝都臻巅峰状态，当时有姓名可考的杂剧作家，有八十余人，见于书面记载的作品，约有五百余种。元杂剧最兴盛的时期是在前期，产生了伟大的戏曲家关汉卿、王实甫、康进之、纪君祥、石君宝、马致远、白朴等。后期杂剧中心逐渐南移，虽然也出现了郑光祖、宫天挺等著名剧作家，但杂剧已日趋衰微，脱离现实和宣扬封建道德的倾向日益严重。金元时期在北方民间流行起来的新的诗歌样式——散曲，对戏曲而言，它是一种不具备表演内容的歌曲；对诗词而言，它是一种新兴的诗体。一般杂剧作家，如关汉卿、马致远、白朴，往往兼擅散曲，他们的作品具有较深刻的社会内容和朴素豪放的风格；后期的散曲作家如乔吉、张可久等，他们的作品词句华美，典雅清丽。

明朝(1368—1644)共计 276 年的历史。伴随社会政治经济的变化，文学发展也相应呈现出不同的态势。元明之际的社会动荡，形成了一股人心思治、崇拜英雄的思潮。罗贯中的《三国演义》和施耐庵的《水浒传》是两部划时代的巨著。两书都表现英雄、歌颂英雄，后人曾把它们合刻为《英雄谱》。

明开国以来一百多年时间内，社会比较安定，经济在经历了一段恢复、发展的时期以后，开始出现了比较繁荣的局面。正因为这样，封建统治者所实行的专制文化思想的措施，就更容易收到成效。这一时期文坛上是比较黯淡的。从弘治、正德时期开始，政治统治开始变得松弛，阶级矛盾进一步加剧。而社会经济在经过一百多年的积累之后，有了较大的发展。在政治危机与经济繁荣的双重刺激下，各种与正统思想相区别的思潮发展起来，最为显著的是儒学的变异。产生于明中叶的王阳明学说以"心即理"的哲学命题对程朱理学提出修正，在客观上有利于人的自我意识的觉醒。王氏心学一出，很快产生了巨大的影响。在这种社会风尚的影响之下，文学开始关注生活、关注自我、关注人的内在情感，在一定程度上突破了明初文学的观念和形式。明中期文学的复苏，首先表现于两个文学集团——"吴中四才子"(祝允明、唐寅、文徵明、徐祯卿)和以李梦阳和何景明为首的"前七子"所掀起的第一个文学高潮。随后，在嘉靖、隆庆年间，出现了唐顺之、王慎中为首的"唐宋派"与以李攀龙、王世贞为首的"后七子"之间的对峙。明传奇也快速发展起来。此期杂剧的名作主要是徐渭的《四声猿》。

明朝社会的重大变革发生在晚明时期，最为显著的是经济的高度繁荣。在经济发展的基础之上，社会思潮也异常活跃。"心"学在王阳明的门生王艮手中有了创造性的发展，他提出"百姓日用即道"。泰州学派的传人李贽更是一面反传统的旗帜，他提出"除去穿衣吃饭，无伦理矣"，反对程朱理学之禁欲，充分肯定人之私欲，由此形成反传统、重人欲、尚个性的社会思潮。在文学领域，李贽提倡"童心说"。他认为"天下之至文，未有不出于童心焉者也"。所谓"童心"，即是"绝假纯真，最初一念之本心也"，亦即真心。他这种崭新的文学主张，受到了进步文学家的赞赏和支持，在他们的共同努力下，晚明文学进入鼎盛时期，取得了丰硕的成果。小说特别是通俗小说的文学成就，超过了正统的诗文词而成为文学的主流。典型的代表作品有《西游记》《金瓶梅》《封神演义》、"三言""二拍"等。明传奇进入全面繁荣期，有以沈璟为代表的吴江派和以汤显祖为代表的临川派。作为传统文体的诗歌与散文，在变革历程中步履相对艰难。李贽及公安派的出现，才更为明显地表现了一些新的特点。

清朝(1644—1911)是中国最后一个封建王朝，共计 267 年。1840 年鸦片战争开始，随着外国列强的侵略，清王朝的架子虽然没倒，但社会性质却发生了根本性的变化，中国历史从此进入了近代。满人入主中原之后，为了巩固统治，加紧钳制人民思想，大兴程朱理学。同时，大兴文字狱和组织大量人力物力编纂大型文化典籍，迫使、引导知识分子脱离现实，盲目度日。这样一来，从思想到文学都兴起一股复古主义的思潮。然而，历史前进的步伐是不容阻挡的。清中叶即十八世纪的中国，清王朝的政治统治相对而言是相当稳固的。社会的相对稳定，促使商业、金融业和海外贸易有了发展，在东南沿海一带的不少城市中，一度消歇的资本主义萌芽又开始出现。清中叶再次兴起个性解放思潮，其代表人物是戴震。他们论证人欲的合理性，维护人们正常的情感，唤醒了人们沉睡的心灵。清后期，清王朝连同整个封建政治制度走向崩溃，外患内乱连年不断，西方文化如潮涌入，中国和中国文化的前景变得极不明朗。

清代文学集封建文学发展之大成，是三千年古代文学的一个光辉总结。清代文学的成就是多方面的：①诗歌。清初诗人有抗清爱国志士如顾炎武、黄宗羲、王夫之，仕清又忏悔者如钱谦益、吴伟业。他们提出了一些较有影响的诗歌创作主张，诸如康熙年间有王士祯的神韵说，乾隆时代有沈德潜的"格调说"、翁方纲的"肌理说"、袁枚的"性灵说"等。②词。词在元明一度衰落，到了清代出现复兴的势头。以陈维崧为主的阳羡词派、以朱彝尊为领袖的浙西词派、以张惠言为代表的常州词派，以及被称为"北宋以来，一人而已"的纳兰性德，在词创作方面都极有建树。③散文。清初有顾炎武、黄宗羲、王夫之等学者的经世致用之文。侯方域、魏禧、汪琬也都较有成就。康熙至乾隆年间产生的桐城派，是清代规模最大、影响最大的散文流派，代表人物是方苞、刘大櫆、姚鼐。④戏曲。清代戏曲的成就主要体现在传奇方面。清初传奇创作有三种流派：以李玉为首的苏州派，以吴伟业、尤侗为代表的文人派，以李渔为代表的形式派。洪昇的《长生殿》和孔尚任的《桃花扇》代表清代戏剧的最高成就。⑤小说。小说创作的繁荣是清代文学的主要成就。优秀的作品有清初蒲松龄的《聊斋志异》、清中叶吴敬梓的《儒林外史》和曹雪芹的《红楼梦》，这些作家和作品把我国古典小说的创作推到了顶峰。清末有《海上花列传》《官场现形记》《二十年目睹之怪现状》《老残游记》《孽海花》等，在题材和内容方面发生了许多新的变化。

【参考书目】

[1] 游国恩，王起. 中国文学史[M]. 北京：人民文学出版社，2002.

[2] 袁行霈. 中国文学史(四卷本)[M]. 北京：高等教育出版社，2009.

[3] 骆玉明. 简明中国文学史[M]. 上海：复旦大学出版社，2010.

南吕[1]·一枝花·不伏老

关汉卿

【题解】

关汉卿(1225?—1300?)，字汉卿，号已斋叟，大都(今北京市)人。我国古代伟大的戏剧家，元杂剧的奠基人。他长期混迹勾栏瓦肆之中，有时甚至"面傅粉墨"，亲自演出，成为名震大都的梨园领袖。他的创作以杂剧和散曲为主，杂剧雅俗并举，贴近下层社会生活，散曲富有生活气息，泼辣有力。所作杂剧多达六十余种，现存十八种中，以《窦娥冤》《救风尘》《单刀会》最为有名。

【文献来源】

张月中，王钢. 全元曲[M]. 郑州：中州古籍出版社，1996：2448.

【一枝花】攀出墙朵朵花[2]，折临路枝枝柳[3]。花攀红蕊嫩，柳折翠条柔，浪子风流[4]。凭着我折柳攀花手，直煞得花残柳败休[5]。半生来折柳攀花，一世里眠花卧柳[6]。

【梁州】我是个普天下郎君领袖，盖世界浪子班头[7]。愿朱颜不改常依旧，花中消遣，酒内忘忧。分茶攧竹[8]，打马藏阄[9]。通五音六律滑熟[10]，甚闲愁到我心头！伴的是银筝女银台前理银筝笑倚银屏[11]，伴的是玉天仙携玉手并玉肩同登玉楼[12]，伴的是金钗客歌《金缕》捧金樽满泛金瓯[13]。你道我老也，暂休。占排场风月功名首[14]，更玲珑又剔透[15]。我是个锦阵花营都帅头，曾玩府游州[16]。

【隔尾】子弟每是个茅草岗、沙土窝初生的兔羔儿乍向围场上走[17]，我是个经笼罩、受索网苍翎毛老野鸡蹅踏的阵马儿熟[18]。经了些窝弓冷箭镴枪头[19]，不曾落人后。恰不道"人到中年万事休"[20]，我怎肯虚度了春秋。

【尾】我是个蒸不烂、煮不熟、捶不匾、炒不爆、响当当一粒铜豌豆[21]，恁子弟每谁教你钻入他锄不断、斫不下、解不开、顿不脱慢腾腾千层锦套头[22]？我玩的是梁园月，饮的是东京酒，赏的是洛阳花，攀的是章台柳[23]。我也会围棋、会蹴鞠、会打围、会插科、会歌舞、会吹弹、会咽作、会吟诗、会双陆[24]。你便是落了我牙、歪了我嘴、瘸了我腿、折了我手，天赐与我这几般儿歹症候[25]，尚兀自不肯休[26]。则除是阎王亲自唤，神鬼自来勾，三魂归地府，七魄丧冥幽[27]。天那！那其间才不向烟花路儿上走[28]！

【注释】

[1] 南吕：宫调名，"一枝花"和"梁州"等均属这一宫调的曲牌。把同一宫调的若干曲子连缀起来表达同一主题，就是所谓"套数"。

[2] 攀出墙朵朵花：宋叶绍翁《游园不值》诗中有句："春色满园关不住，一枝红杏出墙来。"后人往往以"红杏出墙"喻妻子与人偷情。此处以墙花喻指妓女。

[3] 折临路枝枝柳：临路柳亦喻指妓女。语出无名氏《敦煌曲子词·望江南》："我是曲江临池柳，者(这)人折了那人攀，恩爱一时间。"

[4] 浪子风流：这里作者以浪子风流自居，主要是指长期从事戏曲创作、演出活动，便是"偶倡优而不辞"(与倡优为伍并不觉得有什么不光彩)。此套曲通篇语意双关，将狎妓与从事戏曲创作、演出活动有意混淆，不可狭隘理解。

[5] 煞：俗"杀"字，这里指摧残。休：语气助词。

[6] 折柳攀花、眠花卧柳：均喻狎妓。

[7] "我是个"二句："郎君"与"浪子"对举，"领袖"与"班头"互文，皆言精通诸种技艺。这里主要是指从事戏曲创作、演出活动。

[8] 分茶：古代一种茶道。攧(diān)竹：博戏名。游戏时颠动竹筒使筒中某支竹签首先跌出，视签上标志以决胜负。攧，投、掷。

[9] 打马：古代的一种博戏，在圆牌上刻良马名，掷骰子以决胜负。藏阄(jiū)：即藏钩，古代猜拳的一种游戏。饮酒时手握小物件，使人探猜，输者饮酒。

[10] 五音六律滑熟：泛指对音乐之娴熟。五音，宫、商、角、徵(zhǐ)、羽。六律，古代乐音标准名。十二律中单数为律，双数为吕，统称律吕。六律是指黄钟、太蔟、姑洗、蕤(ruí)宾、夷则、无射(yì)六种音调。滑熟，十分圆熟、惯熟。

[11] 银筝女：歌女。银台：本指仙女居处，此指女子所用镜台。银屏：银白色屏风。

[12] 玉天仙：泛指美人。

[13] 金钗客：歌姬。金缕：唐曲调名，即《金缕衣》。樽、瓯(ōu)：都是古代对酒杯的叫法。

[14] 占排场风月功名首：在风月排场中占得首位。排场，指戏曲、歌舞演出。风月，亦即男女情爱。

[15] 玲珑又剔透：指聪明伶俐，滑稽多智，亦与精通诸种技艺有关。

[16] 锦阵花营：指歌妓与演员群集的场所。玩府游州：游历很多地方。

[17] 子弟每：子弟们，此指风流子弟。每，人称代词的复数"们"。兔羔儿：比喻未经世故的年轻人。乍：刚，才。围场：风月场，此指勾栏、妓院。

[18] 苍翎毛老野鸡：作者自比。苍翎毛，就是长出老翎，翅膀够硬。笼罩、索网：都是指围场上惊险的场面。蹅(chǎ)踏：践踏、糟蹋，此指踏阵冲突。阵马儿：阵势。

[19] 窝弓冷箭镴枪头：指被人暗算。窝弓，猎人藏在草丛内射杀猎物的弓弩。镴(là)枪头，表面像银，实为铅锡合金即焊锡的枪头，往往指中看不中用的人。

[20] 恰不道：岂不闻。恰，岂，难道。

[21] 匾：同"扁"。铜豌豆：宋元人对老于世故、饱经风月的老狎客的切口，这里借用来表示自己坚强不屈，难以摧挫。

[22] 恁(nèn)：通"那"。斫(zhuó)：用刀、斧头砍。锦套头：锦绳结成的套头，比喻圈套、陷阱。

[23] 梁园：又名"梁苑""兔苑"，为汉代梁孝王刘武所建，位于河南开封东南。东京：汉代以洛阳为东京，宋代以汴州(今开封市)为东京。洛阳花：指牡丹，古时洛阳以产牡丹花著名。章台柳：代指妓女。章台：汉长安街名，娼妓所居。《太平广记·柳氏传》载，唐韩翃与妓女柳氏有婚约，安史之乱，两人分离，韩赋诗以表思念："章台柳，章台柳，昔日青青今在否？纵使长条似旧垂，亦应攀折他人手。"

[24] 蹴鞠(cù jū)：古代一种踢球技艺。这种球外面是皮革，里面实以物。打围：即打猎，相对于围场之说。插科：戏曲演员在表演中穿插的引人发笑的动作，常同"打诨"合用，称"插科打诨"。咽作：即说唱。或以为一种以口吞吐物品的技艺。双陆：又名"双六"，古代一种类似下棋的博戏。

[25] 歹症候：坏毛病，不良嗜好。歹，不好。

[26] 兀自：仍旧，还是。尚兀自：仍然还。

[27] 则除是：除非是。

[28] 烟花路儿：指嫖妓，此主要指从事戏剧创作、演出活动。

【阅读提示】

《南吕·一枝花·不伏老》是关汉卿的著名套数之一，其中"南吕"是宫调名称，"一枝花"是第一支曲，"不伏老"是套数主题的表达，相当于现在的题目。此曲重彩浓墨，层层晕染，集中而又夸张地塑造了"浪子"的形象，可视为一篇浪子的立世宣言。这形象之中固然有关氏本人的影子，也可视作以关氏为代表的书会才人精神面貌的写照。当然，曲中刻意渲染的玩世不恭游戏人生的态度并不可取，结合元代特定的历史环境来看，不难发现，在这一"浪子"的形象身上所体现的对传统文人道德规范的叛逆精神、任性所为无所顾忌的个体生命意识，以及不屈不挠顽强抗争的意志，实际上是向市民意识、市民文化认同的新型文人人格的一种表现。从艺术上看，此套曲构思奇特，人物形象个性鲜明，开了以套曲来塑造人物形象的风气之先。通篇语言泼辣，比喻生动，谐谑之中见奇警，斩钉截铁、誓不回头的主人公形象给人留下了深刻印象。大量地添加衬字，娴熟地运用排比句、连环句，造成一种气韵镗镗的艺术感染力。

【思考与讨论】

1. 根据本篇散曲，谈谈你对关汉卿人格的理解。

2. 关汉卿重视戏剧表演效果，读了这篇散曲，你知道他成功的原因吗？请用简洁的话说说你的理解。

长 亭 送 别

王实甫

【题解】

王实甫，名德信，大都(今北京市)人，元代剧坛最杰出的作家之一。其生卒年不详，主要活动时期约在元贞、大德间(1295—1307)。所作杂剧十四种，其代表作即中外驰名的《西厢记》。《西厢记》描写书生张生在寺庙中遇见崔相国之女崔莺莺，两人一见钟情，通过婢女红娘的帮助，历经坎坷，终于冲破封建礼教束缚而结合的故事。《西厢记》在中国文学史上第一次鲜明地提出了"愿天下有情的都成了眷属"的美好愿望，表达了强烈地反对封建礼教，要求爱情自由、婚姻自主的思想。它体制宏伟，人物形象鲜明生动，文辞华美，洋溢着诗情画意。

【文献来源】

朱东润. 中国历代文学作品选(下册)[M]. 上海：上海古籍出版社，2001：150-153.

(夫人、长老上，云[1])今日送张生赴京，就十里长亭，安排下筵席。我和长老先行，不见张生小姐来到。(旦、末、红同上，旦云)今日送张生上朝取应去。早是[2]离人伤感，况值那暮秋天气，好烦恼人也呵！"悲欢聚散一杯酒，南北东西万里程。"(旦唱)

【正宫】【端正好】碧云天，黄花地，西风紧，北雁南飞。晓来谁染霜林醉？总是离人泪[3]。

【滚绣球】恨相见得迟，怨归去得疾。柳丝长玉骢难系，恨不得倩疏林挂住斜晖[4]。马儿迍迍行，车儿快快随[5]，却告了相思回避，破题儿又早别离[6]。听得道一声"去也"，松了金钏[7]；遥望见十里长亭，减了玉肌。此恨[8]谁知！

(红云)姐姐今日怎么不打扮？(旦云)红娘啊，你那里知道我的心里哩！(旦唱)

【叨叨令】见安排着车儿、马儿，不由人熬熬煎煎的气；有甚么心情花儿、靥儿[9]，打扮得娇娇滴滴的媚；准备着被儿、枕儿，则索昏昏沉沉的睡；从今后衫儿、袖儿，都揾湿做重重叠叠的泪。兀的不闷杀人也么哥，兀的不闷杀人也么哥！久已后书儿、信儿，索与我恓恓惶惶的寄。

(做到了科，见夫人了)(夫人云)张生和长老坐，小姐这壁坐，红娘将酒来。张生，你向前来，是自家亲眷，不要回避。俺今日将莺莺与你，到京师休辱末了俺孩儿，挣揣[10]一个状元回来者。(末云)小生托夫人余荫，凭着胸中之才，视官如拾芥耳[11]。(洁[12]云)夫人主张不差，张生不是落后的人。(把酒了，坐)(旦长吁了)(旦唱)

【脱布衫】下西风黄叶纷飞，染寒烟衰草萋迷。酒席上斜签着坐地[13]，蹙愁眉死临侵地[14]。

【小梁州】我见他阁泪汪汪不敢垂，恐怕人知。猛然见了把头低，长吁气，推整素罗衣[15]。

【幺】虽然久后成佳配，奈时间[16]怎不悲啼。意似痴，心如醉，昨宵今日，清减了小腰围。

(夫人云)小姐把盏者！(红递酒了，旦把盏了)(旦唱)

【上小楼】合欢未已，离愁相继。想着俺前暮私情，昨夜成亲，今日别离。我谂[17]知，这几日相思滋味，却元来比别离情更增十倍。

【幺】年少呵轻远别，情薄呵易弃掷。全不想腿儿相压，脸儿相偎，手儿相携。你与俺崔相国做女婿，妻荣夫贵[18]，但得一个并头莲，强似状元及第。

(红云)姐姐，不曾吃早饭，饮一口儿汤水。(旦云)红娘呵，甚么汤水咽得下。(唱)

【满庭芳】供食太急，须臾对面，顷刻别离。若不是酒席间子母每当回避[19]，有心待与他举案齐眉[20]。

【幺】虽然是厮守得一时半刻，也合着俺夫妻每共桌而食。眼底空流意，寻思起就里[21]，险化做望夫石[22]。

(夫人云)红娘把盏者。(红把酒科了)(旦唱)

【快活三】将来的酒共食，尝着似土和泥；假若便是土和泥，也有些土气息、泥滋味。

【朝天子】煖溶溶玉杯，白泠泠似水，多半是相思泪。眼面前茶饭怕不待要[23]吃，恨塞满愁肠胃。蜗角虚名[24]，蝇头微利[25]，拆鸳鸯在两下里。一个这壁，一个那壁，一递一声长吁气。

(夫人云)辆[26]起车儿，俺先回去，小姐随后和红娘来。(下)(末辞洁科)(洁云)此一行别无话说，贫僧准备买登科录[27]，看做亲的茶饭，少不得贫僧的。先生在意，鞍马上保重者。"从今经忏无心礼，专听春雷第一声[28]。"(下)(旦唱)

【四边静】霎时间杯盘狼藉，车儿投东，马儿向西。两意徘徊，落日山横翠。知他今宵宿在那里？在梦也难寻觅。

(旦云)张生，此一行，得官不得官，疾早便回来。(末云)小姐心儿里艰难。小生这一去，白夺一个状元，真乃是："青霄有路终须到，金榜无名誓不归[29]。"(旦云)君行别无所赠，口占一绝[30]，为君送行："弃掷今何在，当时且自亲。还将旧来意，怜取眼前人[31]。"(末云)小姐之意差矣，张珙更敢怜谁？谨赓[32]一绝，以剖寸心："人生长远别，孰与最关亲？不遇知音者，谁怜长叹人？"(旦唱)

【耍孩儿】淋漓襟袖啼红泪，比司马青衫更湿[33]。伯劳东去燕西飞[34]，未登程先问归期。虽然眼底人千里，且尽生前酒一杯。未饮心先醉，眼中流泪，心内成灰。

【五煞】到京师服水土，趁程途，节饮食[35]，顺时自保揣身体[36]。荒村雨露宜眠早，野店风霜要起迟！鞍马秋风里，最难调护，最要扶持。

【四煞】这忧愁诉与谁？相思只自知，老天不管人憔悴。泪添九曲黄河溢，恨压三峰华岳低[37]。到晚来闷把西楼倚，见了些夕阳古道，衰柳长堤。

【三煞】笑吟吟一处来，哭啼啼独自归。归家若到罗帏里，昨日个绣衾[38]香暖留春住，今夜个翠被生寒有梦知。留恋你别无意，见据鞍上马，阁不住泪眼愁眉。

(末云)有甚言语嘱咐小生咱？(旦唱)

【二煞】你休忧文齐福不齐，我则怕你停妻再娶妻[39]。你休要"一春鱼雁无消息"！我这里

"青鸾[40]有信频须寄"，你却休"金榜无名誓不归"。此一节君须记：若见了那异乡花草，再休似此处栖迟[41]。

(末云)再谁似小姐？小生又生此念？仆童，赶早行一程儿，早寻个宿处。(末念)泪随流水急，愁逐野云飞。（下)(旦唱)

【一煞】青山隔送行，疏林不做美，淡烟暮霭相遮蔽。夕阳古道无人语，禾黍秋风听马嘶。我为甚么懒上车儿内？来时甚急，去后何迟！

(红云)夫人去好一会，姐姐，咱家去。(旦唱)

【收尾】四围山色中，一鞭残照里。遍人间烦恼填胸臆，量这些大小车儿如何载得起？(旦、红下)

【注释】

[1] 云：即说话的意思。

[2] 早是：犹云"本是""已是"。此处与下句"况值"相呼应。

[3] "碧云天"一曲(【正宫】【端正好】)：这是一支脍炙人口的曲子，历来为人们所称赏。全曲营造一种情景交融的诗的意境。它与前面说白中的"早是离人伤感，况值那暮秋天气"相映衬，形成了浓重的离别氛围。

[4] "柳丝长"二句：为莺莺的想象之辞。她恨不能令长长的柳丝化为绳索，拴住张生的马；她祈求疏林高枝挂住夕阳，使时间静止。玉骢(cōng)：马名，一种青白色的骏马。倩(qìng)：请人代己做事。

[5] "马儿"二句：张生骑马，走在前，莺莺乘车，跟在后，必是马走慢些，车赶快些，二人才能相随相望，多厮守些时刻。极写崔、张难分难舍的心情。迍(zhūn)迍：行动缓慢的样子。

[6] "却告"二句：谓刚刚结束了苦苦的相思，转瞬间又开始别离。却，这里是刚刚之意。破题，唐宋诗赋多于开头几句点破题意，元曲中用以比喻开端、起始或第一次。

[7] 钏(chuàn)：古代称臂环为钏，今谓之手镯。

[8] 恨：遗憾，不满意，与今天"仇恨""怨恨"的恨相别。

[9] 靥(yè)儿：原指嘴边的酒窝，此处是指妇女装扮面部的一种首饰。

[10] 挣揣：争取、夺得。

[11] 拾芥：喻轻而易举，言功名富贵唾手可得。芥，小草。

[12] 洁：即长老。元代民间称和尚为"洁郎"，简称"洁"。

[13] 斜签着坐：侧身半坐，封建时代晚辈在长辈面前不能实坐。

[14] 死临侵地：呆呆地，没精打采的样子。

[15] 推整素罗衣：意谓装作整理衣裳。推，借口，这里有"假装"的意思。

[16] 时间：目下，眼前。

[17] 谂(shěn)：与"审"同，知悉。

[18] 妻荣夫贵：本指妻子可以依靠丈夫的爵位而尊贵，这里反其义用之，意谓说你与崔相国家做女婿，本已因妻而贵，大可不必再去求取功名了。

[19] "若不是"句：指老夫人在场，不得与张生亲近。

[20] 举案齐眉：东汉时，孟光与其夫梁鸿感情融洽，常在饭时把盛食具的托盘高举齐眉，以表示对丈夫的敬爱。后人多用此比喻和睦夫妻。

[21] 就里：犹言"内中""内幕"。

[22] 望夫石：民间传说，有一位丈夫出门远行，妻子整日站立在山上，盼望着丈夫归来。因等待时间久长，她便化成了石头。

[23] 怕不待要：难道不想、何尝不想之意。

[24] 蜗角虚名：蜗角极细极微，喻微小之浮名。

[25] 蝇头微利：比喻因小利而忘危难。

[26] 辆：动词，驾好，套好。

[27] 登科录：登载录取进士姓名的名册。

[28] "从今经忏"二句：为法本的下场诗。经忏，指佛教经义。春雷第一声，进士试于春天二月举行，故称中第消息为春雷第一声。

[29] "青霄"二句：此为当时成语，青霄路即置身青云之路。

[30] 口占(zhàn)一绝：随口吟出一首绝句诗。不打草稿，随口成文叫口占。

[31] "弃掷今何在"四句：为元稹《莺莺传》传奇中莺莺后来谢绝张生的一首诗。意为当时两人那样亲热，现在为什么抛弃我呢？你还是将原来对我的那一片情，去爱你眼前的新欢吧。这里则是表达莺莺的担忧，怕张生薄情变心，可以与下文"二煞"曲联系起来解读。

[32] 赓(gēng)：续作。

[33] "淋漓襟袖"二句：王嘉《拾遗记·魏》中说，薛灵芝被选入宫时，告别父母，泪流不止，以玉壶盛泪，壶即呈红色。到了京城，壶中泪水更凝成血状。后多将美人的泪水称作红泪。比司马青衫更湿，化用白居易《琵琶行》中"座中泣下谁最多？江州司马青衫湿"句。

[34] 伯劳东去燕西飞：指莺莺与张生分别后各奔东西。《玉台新咏·古词〈东飞伯劳歌〉》："东飞伯劳西飞燕，黄姑织女时相见。"伯劳，一种小鸟，也叫鶪(jú)或鴃(jué)，背呈棕红色，翼与尾墨色，锐喙长尾。

[35] 趁程途，节饮食：意谓路途中要节制饮食。趁，赶。趁程途，赶路。

[36] 顺时自保揣身体：估量自己的身体情况，适应季节变化，自己保重。

[37] "泪添"二句：上句以水喻愁之多，下句以山喻愁之重。华岳三峰，即西岳华山的莲花峰、毛女峰、松桧峰。

[38] 绣衾(qīn)：被子的美称。

[39] "你休忧"二句：文齐福不齐，意为文章写得好而没有考中的福分。"齐"通"济"。停妻再娶妻，谓抛弃未离异的妻子再与别人结婚，犹言重婚。封建社会士子金榜题名后，多有仰攀权贵之家、停妻再娶之事，故莺莺流露出担心与忧虑。

[40] 青鸾：古代传说中能报信之神鸟。相传汉武帝时，西王母降临之前，先由青鸟来报信。这里青鸾代指书信。

[41] 栖迟：流连，逗留。

【阅读提示】

《长亭送别》是《西厢记》的第四本第三折，是剧中最为脍炙人口的精彩片段之一，在凄凉的气氛和痛苦的内心独白中表现了两种不同思想的对立，充分表现了一对恋人被迫分离时内心的痛苦和怨恨。莺莺送别张生，百感交集，难舍难分。在长亭之上，她表白心迹，流露出对爱情的珍惜，对功名的轻视。这是她叛逆精神的集中表现。剧作家运用景物衬托人物心情，不仅营造出浓重的环境氛围，而且在细致的人物心理描写中巧妙熔铸古典诗词，在加强曲词的艺术感染力等方面，堪称古代戏曲中的典范之笔。

【思考与讨论】

1. 分析本文所运用的情景交融的艺术手法。

2. 结合选文谈谈《西厢记》的唱词之美。

青梅煮酒论英雄

罗贯中

【题解】

罗贯中，名本，字贯中，号湖海散人，祖籍东原(今山东省东平县)，流寓杭州，生活在元末明初，约在 1315 年至 1385 年之间。《三国演义》约成书于明初。他还是《水浒传》的编写者之一。

《三国演义》是我国章回小说的开山之作，也是我国古代历史演义中成就最高、影响最大的小说。这部小说取材于东汉末年和魏、蜀、吴三国的历史，描绘了惊心动魄的战争和复杂的政治斗争。《三国演义》的作者是以儒家的政治道德观念为核心，同时也糅合了千百年来广大民众的心理，表现了对导致天下大乱的昏君贼臣的痛恨，对创造清平世界的明君良臣的渴慕。

【文献来源】

罗贯中. 三国演义[M]. 北京：人民文学出版社，1973：186-188.

一日，关、张不在，玄德正在后园浇菜，许褚、张辽引数十人入园中曰："丞相有命，请使君便行。"玄德惊问曰："有甚紧事？"许褚曰："不知。只教我来相请。"玄德只得随二人入府见操。操笑曰："在家做得好大事！"唬得玄德面如土色。操执玄德手，直至后园，曰："玄德学圃[1]不易！"玄德方才放心，答曰："无事消遣耳。"操曰："适见枝头梅子青青，忽感去年征张绣时，道上缺水，将士皆渴，吾心生一计，以鞭虚指曰：'前面有梅林。'军士闻之，口皆生唾，由是不渴。今见此梅，不可不赏。又值煮酒正熟，故邀使君小亭一会。"玄德心神方定。随至小亭，已设樽俎[2]。盘置青梅，一樽煮酒。二人对坐，开怀畅饮。

酒至半酣，忽阴云漠漠，骤雨将至。从人遥指天外龙挂[3]，操与玄德凭栏观之。操曰："使君知龙之变化否？"玄德曰："未知其详。"操曰："龙能大能小，能升能隐；大则兴云吐雾，小则隐介藏形；升则飞腾于宇宙之间，隐则潜伏于波涛之内。方今春深，龙乘时变化，犹人得志而纵横四海。龙之为物，可比世之英雄。玄德久历四方，必知当世英雄。请试指言之。"玄德曰："备肉眼安识英雄？"操曰："休得过谦。"玄德曰："备叨[4]恩庇，得仕于朝。天下英雄，实有未知。"操曰："既不识其面，亦闻其名。"玄德曰："淮南袁术，兵粮足备，可为英雄？"操笑曰："冢中枯骨，吾早晚必擒之！"玄德曰："河北袁绍，四世三公，门多故吏；今虎踞冀州之地，部下能事者极多，可为英雄？"操笑曰："袁绍色厉胆薄，好谋无断；干大事而惜身，见小利而忘命，非英雄也。"玄德曰："有一人名称八俊，威镇九州——刘景升可为英雄？"操曰："刘表虚名无实，非英雄也。"玄德曰："有一人血气方刚，江东领袖——孙伯符乃英雄也？"操曰："孙策藉父之名，非英雄也。"玄德曰："益州刘季玉，可为英雄乎？"操曰："刘璋虽系宗室，乃守户之犬耳，何足为英雄！"玄德曰："如张绣、张鲁、韩遂等辈皆何如？"操鼓掌大笑曰："此等碌碌小人，何足挂齿！"玄德曰："舍此之外，备实不知。"操曰："夫英雄者，胸怀大志，腹有良谋，有包藏宇宙之机，吞吐天地之志者也。"玄德曰："谁能当之？"操以手指玄德，后自指，曰："今天下英雄，惟使君与操耳！"玄德闻言，吃了一惊，手中所执匙箸[5]，不觉落于地下。时正值大雨将至，雷声大作。玄德乃从容俯首拾筯曰："一震之威，乃至于此。"操笑曰："丈夫亦畏雷乎？"玄德曰："圣人迅雷风烈必变[6]，安得不畏？"将闻言失箸缘故，轻轻掩饰过了。操遂不疑玄德。后人有诗赞曰：

勉从虎穴暂趋身，说破英雄惊杀人。

巧借闻雷来掩饰，随机应变信如神。

【注释】

[1] 学圃：学习种菜。

[2] 樽俎：樽，酒器。俎，盛肉器皿。樽俎同"尊俎"，常用为宴席的代称。

[3] 龙挂：龙卷风。古人认为是施雨的龙在下挂吸水。

[4] 叨(tāo)：受到(好处)。

[5] 筯(zhù)：通"箸"，筷子。

[6] 迅雷风烈必变：语出《论语·乡党》，孔子遇到疾雷暴风，必定要改变容色，以示对上天的敬畏。迅雷风烈，迅雷烈风。

【阅读提示】

《青梅煮酒论英雄》所述故事发生在曹操于白门楼勒杀吕布后，带着刘关张三人回到许昌，刘备说自己是中山靖王之后、孝景皇帝阁下玄孙，汉献帝和刘备攀上了亲戚，并称刘备为皇叔。谋臣劝说曹操早日杀掉刘备，免得刘备日后壮大，曹操嘴上说："实在吾掌握之内，吾何惧哉？"实则还是有所顾虑，刘备之仁义天下皆知，而关羽、张飞都是虎狼之将，于是就发生了曹操试探刘备这一精彩的片断。这段描写，篇幅虽短小，但却把两个人物形象刻画得栩栩如生，跃然纸上。曹操如飞龙，跃于云上，虎视天下，他长歌当啸，豪气冲天，指点群雄。而刘备似潜龙，寄人篱下，一味谦恭，所以他在谈吐中步步后退，在危急时刻又能急中生智，巧渡难关。

【思考与讨论】

1. 你是如何评价曹操、刘备这两个人物形象的？

2. 对于曹操的英雄观，你是否认同？你心目中的英雄应具备怎样的素质？

游 园 惊 梦

汤显祖

【题解】

汤显祖(1550—1616)，字义仍，号海若，又号若士，别署清远道人，江西临川人，明代杰出的戏曲家。代表作有《牡丹亭》(一名《还魂记》)《紫钗记》《南柯记》《邯郸记》，合称"玉茗堂四梦"(又名"临川四梦")。诗文有《玉茗堂全集》等。

《牡丹亭》是我国戏曲史上浪漫主义的杰作。作品通过杜丽娘和柳梦梅生死离合的爱情故事，表现了追求个人幸福、呼唤个性解放、反对封建制度的浪漫主义理想，感人至深。它文词典丽，宾白饶有机趣，曲词兼有北曲泼辣动荡及南词宛转精丽的长处。

【文献来源】

汤显祖. 牡丹亭[M]. 徐朔方，杨笑梅，校注. 北京：人民文学出版社，1963：42-47.

【绕池游】(旦上)梦回莺啭，乱煞年光遍[1]。人立小庭深院。(贴[2])炷尽沉烟[3]，抛残绣线，恁今春关情似去年[4]？

【乌夜啼】(旦)晓来望断梅关[5]，宿妆残。(贴)你侧著宜春髻子[6]恰凭栏。(旦)剪不断，理还乱[7]，闷无端。(贴)已分付催花莺燕借春看。(旦)春香，可曾叫人扫除花径？(贴)分付了。(旦)取镜台衣服来。(贴取镜台衣服上)"云髻罢梳还对镜，罗衣欲换更添香[8]。"镜台衣服在此。

【步步娇】(旦)袅晴丝[9]吹来闲庭院，摇漾春如线。停半晌，整花钿[10]。没揣菱花，偷人半面，迤逗的彩云偏[11]。(行介[12])步香闺怎便把全身现！

(贴)今日穿插的好。

【醉扶归】(旦)你道翠生生出落的裙衫儿茜[13]，艳晶晶花簪八宝填[14]，可知我常一生儿爱好是天然[15]。恰三春好处[16]无人见。不提防沉鱼落雁鸟惊喧[17]，则怕的羞花闭月花愁颤[18]。

(贴)早茶时了，请行。(行介)你看：画廊金粉半零星，池馆苍苔一片青。踏草怕泥[19]新绣袜，惜花疼煞小金铃[20]。(旦)不到园林，怎知春色如许！

【皂罗袍】原来姹紫嫣红开遍[21]，似这般都付与断井颓垣[22]。良辰美景奈何天，赏心乐事谁家院[23]！恁般景致，我老爷和奶奶再不提起。(合)朝飞暮卷[24]，云霞翠轩；雨丝风片，烟波画船——锦屏人忒看的这韶光贱[25]！

(贴)是花都放了，那牡丹还早。

【好姐姐】(旦)遍青山啼红了杜鹃[26]，荼蘼外烟丝醉软[27]。春香呵，牡丹虽好，他春归怎占的先[28]！(贴)成对儿莺燕呵。(合)闲凝眄[29]，生生燕语明如翦[30]，呖呖莺歌溜的圆。

(旦)去罢。(贴)这园子委是观之不足也。(旦)提他怎的！(行介)

【隔尾】观之不足由他缱[31]，便赏遍了十二[32]亭台是枉然。到不如兴尽回家闲过遣[33]。

(作到介)(贴)"开我西阁门，展我东阁床[34]。瓶插映山紫[35]，炉添沉水香[36]。"小姐，你歇息片时，俺瞧老夫人去也。(下)(旦叹介)"默地游春转，小试宜春面[37]。"春呵，得和你两留连，春去如何遣？咳，恁般天气，好困人也。春香那里？(作左右瞧介)(又低首沉吟介)天呵，春色恼人，信有之乎？常观诗词乐府，古之女子，因春感情，遇秋成恨，诚不谬矣。吾今年已二八，未逢折桂之夫[38]；忽慕春情，怎得蟾宫之客？昔日韩夫人得遇于郎[39]，张生偶逢崔氏[40]，曾有《题红记》、《崔徽传》二书。此佳人才子，前以密约偷期，后皆得成秦晋[41]。(长叹介)吾生于宦族，长在名门，年已及笄[42]，不得早成佳配，诚为虚度青春。光阴如过隙耳。(泪介)可惜妾身颜色如花，岂料命如一叶乎！

【山坡羊】没乱里春情难遣[43]，蓦地里怀人幽怨。则为俺生小婵娟[44]，拣名门一例、一例里神仙眷。甚良缘，把青春抛的远！俺的睡情谁见？则索因循腼腆[45]。想幽梦谁边，和春光暗流转？迁延，这衷怀那处言？淹煎，泼残生，除问天[46]！

身子困乏了，且自隐几而眠[47]。(睡介)(梦生介)(生持柳枝上)"莺逢日暖歌声滑，人遇风情笑口开。一径落花随水入，今朝阮肇到天台[48]"。小生顺路儿跟着杜小姐回来，怎生不见？(回看介)呀，小姐，小姐！(旦作惊起介)(相见介)(生)小生那一处不寻访小姐来，却在这里！(旦作斜视不语介)(生)恰好花园内，折取垂柳半枝。姐姐，你既淹通书史，可作诗以赏此柳枝乎？(旦作惊喜，欲言又止介)(背想)这生素昧平生，何因到此？(生笑介)小姐，咱爱杀你哩。

【山桃红】则为你如花美眷，似水流年，是答儿闲寻遍[49]。在幽闺自怜。小姐，和你那答儿讲话去。(旦作含笑不行)(生作牵衣介)(旦低问)那边去？(生)转过这芍药栏前，紧靠着湖山石边。(旦低问)秀才，去怎的？(生低答)和你把领扣松，衣带宽，袖梢儿揾着牙儿苫也，则待你忍耐温存一晌眠。(旦作羞)(生前抱)(旦推介)(合)是那处曾相见，相看俨然，早难道这好处相逢无一言？(生强抱旦下)

(末扮花神束发冠，红衣插花上)"催花御史惜花天[50]，检点春工又一年。蘸客伤心红雨下[51]，勾人悬梦采云边。"吾乃掌管南安府后花园花神是也。因杜知府小姐丽娘，与柳梦梅秀才，后日有姻缘之分。杜小姐游春感伤，致使柳秀才入梦。咱花神专掌惜玉怜香，竟来保护他，要他云雨十分欢幸也。

【鲍老催】(末)单则是混阳蒸变，看他似虫儿般蠢动把风情搧。一般儿娇凝翠绽魂儿颠[52]。这是景上缘，想内成，因中见[53]。呀！淫邪展污了花台殿。咱待拈片落花儿惊醒他。(向鬼门丢花介)他梦酣春透了怎留连？拈花闪碎的红如片。

秀才才得到半梦儿；梦毕之时，好送杜小姐仍归香阁。吾神去也。(下)

【山桃红】(生、旦携手上)(生)这一霎天留人便，草借花眠。小姐可好？(旦低头介)(生)则把云鬟点，红松翠偏。小姐，休忘了呵，见了你紧相偎，慢厮连，恨不得肉儿般团成片也，逗的个日下胭脂雨上鲜。(旦)秀才，你可去呵？(合)是那处曾相见，相看俨然，早难道这好处相逢无一言？

(生)姐姐，你身子乏了，将息，将息。(送旦依前作睡介)(轻拍旦介)姐姐，俺去了。(作回顾介)姐姐，你可十分将息，我再来瞧你那。"行来春色三分雨，睡去巫山一片云。"(下)(旦作惊醒，低叫介)秀才，秀才，你去了也？(又作痴睡介)(老旦上)"夫婿坐黄堂[54]，娇娃立绣窗。怪他裙衩上，花鸟绣双双。"孩儿，孩儿，你为甚瞌睡在此？(旦作醒，叫秀才介)咳也！(老旦)孩儿怎的来？(旦作惊起介)奶奶到此。(老旦)我儿，何不做些针指[55]，或观玩书史，舒展情怀？因何昼寝于此？(旦)孩儿适花园中闲玩，忽值春暄恼人，故此回房。无可消遣，不觉困倦少息。有失迎接，望母亲恕儿之罪！(老旦)孩儿，这后花园中冷静，少去闲行。(旦)领母亲严命。(老旦)孩儿，学堂看书去。(旦)先生不在，且自消停。(老旦叹介)女孩儿长成，自有许多情态，且自由他。正是："宛转随儿女，辛勤做老娘。"(下)(旦长叹介)(看老旦下介)哎也，天那！今日杜丽娘有些侥幸也。偶到后花园中，百花开遍，睹景伤情。没兴而回，昼眠香阁。忽见一生，年可弱冠[56]，丰姿俊妍。于园中折得柳丝一枝，笑对奴家说："姐姐既淹通书史，何不将柳枝题赏一篇？"那时待要应他一声，心中自忖，素昧平生，不知名姓，何得轻与交言。正如此想间，只见那生向前说了几句伤心话儿，将奴搂抱去牡丹亭畔，芍药栏边，共成云雨之欢。两情和合，真个是千般爱惜，万种温存。欢毕之时，又送我睡眠，几声"将息"。正待自送那生出门，忽值母亲来到，唤醒将来。我一身冷汗，乃是南柯一梦。忙身参礼母亲，又被母亲絮了许多闲话。奴家口虽无言答应，心内思想梦中之事，何曾放怀。行坐不宁，自觉如有所失。娘呵，你教我学堂看书去，知他看那一种书消闷也。(作掩泪介)

【绵搭絮】雨香云片[57]，才到梦儿边。无奈高堂，唤醒纱窗睡不便。泼新鲜冷汗粘煎，闪的俺心悠步躽[58]，意软鬟偏。不争多费尽神情[59]，坐起谁忺则待去眠[60]。

(贴上)"晚妆销粉印，春润费香篝[61]。"小姐，薰了被窝睡罢。

【尾声】〔旦〕困春心游赏倦，也不索香薰绣被眠。天呵，有心情那梦儿还去不远。

春望逍遥出画堂，(张说)间梅遮柳不胜芳。(罗隐)

可知刘阮逢人处，(许浑)回首东风一断肠。(韦庄)

【注释】

[1] 梦回：梦醒。啭(zhuàn)：鸟鸣。乱煞年光遍：使人眼花缭乱的春光到处都是。

[2] 贴：贴旦，扮演次要女角，此指丫鬟春香。

[3] 炷：焚烧。沉烟：指点燃的沉香。

[4] 恁(nèn)：为什么。似：介词，用于比较，表示程度更甚，相当于"于""过"。此句意为：为什么今年的春情比去年的浓呢？

[5] 梅关：今江西大庾岭，宋代蔡挺置，这里是虚指。

[6] 侧：歪。宜春髻子：古时立春日，妇女剪纸为燕形，上贴"宜春"二字戴头上，此指一种发髻样式。

[7] 剪不断，理还乱：语出南唐李煜《乌夜啼》词。这里比喻杜丽娘无法摆脱由于长期禁锢而产生的苦闷。

[8] "云髻"二句：语出唐薛逢《宫词》。

[9] 袅(niǎo)晴丝：细长柔软的游丝在晴空中飘荡。袅，飘忽不定。

[10] 花钿(diàn)：古代妇女鬓发边的饰物。

[11] 迤(yǐ)逗：挑逗，牵引。彩云：此指漂亮的发髻。整句意为：想不到镜子偷偷地照见了她，害得她羞答答地把发髻也弄歪了。

[12] 介：南戏传奇中表演动作的提示，即元明杂剧中的"科"。

[13] 翠生生：形容色彩鲜艳。出落：显得。茜(qiàn)：旧时常指大红色。

[14] 艳晶晶：光彩夺目。花簪八宝填：意为镶嵌有多种珍宝的发簪。填，镶嵌。

[15] 爱好(hǎo)：爱美。天然：天性使然。

[16] 三春好处：喻自己的年轻美貌。

[17] 沉鱼落雁：形容女子的美丽。庄子《齐物论》："毛嫱、丽姬，人之所美也，鱼见之深入，鸟见之高飞。"

[18] 羞花闭月：形容女子的美丽。李白《西施》："秀气掩今古，荷花羞玉颜。"曹植《洛神赋》："仿佛兮若轻云之蔽月。"蔽月，即闭月。

[19] 泥(nì)：沾污。

[20] "惜花"句：事见《开元天宝遗事》："天宝初，宁王至春时，于后园中纫红丝为绳，密缀金铃，系于花梢之上。每有鸟鹊翔集，则令园吏掣铃索以惊之。盖惜花之故也。"此句意为因惜花驱鸟而频频扯铃，使小金铃痛得要命。

[21] 姹(chà)紫嫣(yān)红：形容花的鲜艳、绚丽。

[22] 颓(tuí)：坍塌。垣(yuán)：墙。

[23] "良辰"二句：东晋谢灵运《拟魏太子邺中集诗序》："天下良辰、美景、赏心、乐事，四者难并。"奈何天：愁闷无聊、伤心抑郁的生活。谁家：哪一家。两句意为：大好春光明媚，美丽景物宜人，我杜丽娘却生活在愁闷无聊之中；赏心悦目、快意当前，又在哪一家庭院呢？

[24] 朝飞暮卷：形容轩阁的高旷。唐王勃《滕王阁诗》："画栋朝飞南浦云，珠帘暮卷西山雨。"

[25] 锦屏人：指幽居深闺、不能领略自然美景的人。忒(tè)：太。韶光：春光。

[26] 啼红了杜鹃：据晋常璩《华阳国志·蜀志》等记载，古蜀国国君望帝死后，其魂化为子规鸟，日夜悲鸣，泪洒如血染红了山上的杜鹃花。这里形容杜鹃花的盛开。

[27] 荼蘼(mí)：落叶小灌木，晚春开花，黄白色，有香味。这里指荼蘼架。烟丝：即游丝。

[28] "牡丹虽好"二句：皮日休咏牡丹诗有"独占人间第一春"句。牡丹当春尽才开花，故有此反问。整句意为：牡丹虽美，但它开花太迟，怎能占春花中第一呢？这里寓有杜丽娘对自己的美好青春在深闺中虚度的幽怨和伤感。

[29] 凝眄(miǎn)：注视。

[30] 生生：形容清脆的鸣叫声。明：明快。翦(jiǎn)：同剪。此句形容燕语声明快清脆。

[31] 缱(qiǎn)：留恋。

[32] 十二：虚指，犹言所有。

[33] 过遣：过活，打发日子。明朱有燉《神仙会》杂剧第二折旦白："只是家常过遣，奉母安居。"

[34] "开我"二句：互文句法，语本《木兰诗》："开我东阁门，坐我西阁床。"

[35] 映山紫：映山红(杜鹃花)的一种。

[36] 沉水香：沉香的别称。

[37] 宜春面：指立春时节所化新妆。

[38] 折桂之夫：喻科举及第之婿，与下句"蟾宫之客"用意相同。

[39] 韩夫人得遇于郎：唐僖宗时，宫女韩夫人在红叶上题诗，从御沟中流出，为书生于佑拾得。于佑也在红叶上题诗，从御沟上游流入宫内，恰又被韩夫人拾取。后僖宗放宫女出宫，韩、于二人终结为夫妻。见刘斧《青琐高议》所收张子京《流红记》。

[40] 张生偶逢崔氏：指唐元稹《莺莺传》(亦称《会真记》)传奇所描写的张生与崔莺莺的爱情故事。元代王实甫据此写成《西厢记》杂剧。下文提到的《崔徽传》乃写崔徽与裴敬中爱情故事(见《丽情集》)，与崔、张事无涉，《崔徽传》恐是《莺莺传》之误。

[41] 得成秦晋：谓结成夫妻。春秋时秦、晋两国世为婚姻，后遂以两姓联姻通婚为秦晋之好。

[42] 及笄(jī)：古时女子十五岁开始束发，以簪总之，簪又称笄，见《礼记·内则》。这里是说到了婚配的年纪。

[43] 没乱里春情难遣：是说不由得青春觉醒了，心绪烦乱。

[44] 则为俺生小婵娟：只因生在富贵之家为名门闺秀。后面三句表现了杜丽娘对父母为她在名门贵族中择婿不以为然，说名门中不会有什么良缘，不过是断送大好青春，徒有虚名罢了。

[45] 则索因循腼腆：意为外表还得要矜持。则索，只得、还须。腼腆，害羞的样子。

[46] 泼残生，除问天：苦命如此只有天知道。"泼"本是骂人话，这里是厌恶的意思，犹言这该死的命运。承上文"淹煎"(受煎熬、遭磨难)而来，含怨尤之意。

[47] 隐几而眠：靠着几案睡觉。

[48] 阮肇到天台：谓见到意中人。刘晨与阮肇进天台山采药迷路，于桃源洞遇二仙女，被邀至家中。事见南朝刘义庆《幽明录》。

[49] 是答儿闲寻遍：意为到处寻找。是，凡是。答儿，地方。下文"那答儿"，即那边，那个地方。

[50] 催花御史惜花天：唐穆宗"每宫中花开，则以重顶帐篷蒙蔽栏槛，置惜花御史掌之"。事见《说郛》卷二十七《云仙散录》引《玉麈集》。这里暗示花神身份。

[51] 蘸客伤心红雨下：是说落花如雨，令客中人伤情无限。蘸，沾着。红雨，指落花。

[52] "单则是"三句：从花神的视角来形容杜、柳梦中幽会，男女欢爱。

[53] 这是景上缘：佛家说法，人世姻缘短暂而虚幻，而一切事物又都是由因缘所造成。景：即影，其与下文的"想""因"对举互义。见：现。

[54] 黄堂：指太守之职。古代太守衙门的正厅称黄堂，后因以黄堂代指太守。

[55] 针指：又作针织，指古代妇女针线刺绣类手工活，往往与女红(工)连用。

[56] 弱冠：古代男子二十岁行冠礼，表示已成人，但身体还较弱，故称弱冠。二十岁曰弱，三十岁曰壮。

[57] 雨香云片：指梦中幽会欢情。

[58] 步嚲(duǒ)：脚步偏斜。嚲，下垂。

[59] 不争多费尽神情：差不多筋疲力尽。不争多，几乎，就要。

[60] 坐起谁忺(xiān)则待去眠：是说坐着、站起都不适意，只好去睡了。忺，惬意，高兴。

[61] 香篝：即香笼，熏香用。

【阅读提示】

《游园惊梦》是《牡丹亭》第十出，由【绕池游】和【山坡羊】两套组成。【绕池游】一套为"游园"，主要描写在春香的鼓动下，杜丽娘违背父母、塾师的训诫，走出深闺，看到了一个美丽的新天地。她痛惜自己的青春埋没在小庭院中，随即引发其个性的觉醒。这里有对礼教的不满，有对自然和青春的热爱，有对春色的惊叹和对命运的感伤。【山坡羊】一套为"惊梦"，写杜丽娘在春光感召下青春觉醒，恍然入梦，在梦中与柳梦梅缠绵幽会。从这几支曲子里，可以看到封建社会妇女内心的痛苦和对自由的向往。作者通过人物欲藏又露的神态动作、主客交融的景物观照、回肠九曲的心灵告白等表现手法，把读者观众引进了人物的内心世界。该段曲辞优美，在表现杜丽娘青春觉醒的同时，也为后文的寻梦等剧情作了铺垫。

【思考与讨论】

1. 比较崔莺莺和杜丽娘这两个人物形象的异同。

2. 你认为是什么原因使"《牡丹亭》一出，家传户诵，几令《西厢》减价"？

潘金莲害死官哥儿

兰陵笑笑生

【题解】

《金瓶梅词话》是《金瓶梅》现存最早的版本系统，为万历四十五年(1617)东吴弄珠客及欣欣子序，一百回，所谓"词话"是指书中插有大量的诗词曲赋和韵文，这个本子及其传刻本，统称词话本。关于《金瓶梅》的作者，到现在还是一个谜。《金瓶梅词话》卷首欣欣子所作的序称"兰陵笑笑生作"。古称"兰陵"之地有二：一为今山东峄县，另一为今江苏常州市武进区，现在尚难考定何者为是。"笑笑生"显然是笔名，现有王世贞、李开先、屠隆、徐渭、汤显祖、李渔等多种说法，但都缺乏确凿的佐证。

《金瓶梅》主要写西门庆的暴发暴亡和以潘金莲、李瓶儿为主的妻妾间的争宠妒恨，由一家而写及天下国家，从暴露社会的矛盾走向剖视扭曲的人性。它是我国第一部文人独立创作的白话长篇小说，是白话长篇小说发展的里程碑。

【文献来源】

(明)兰陵笑笑生. 金瓶梅词话[M]. 陶慕宁，校注. 北京：人民文学出版社，2000：732-738.

　　却说潘金莲房中，养活的一只白狮子猫儿。浑身纯白，只额儿上带龟背一道黑，名唤"雪里送炭"，又名雪狮子。又善会口衔汗巾儿，拾扇儿。西门庆不在房中，妇人晚夕常抱着他在被窝里睡，又不撒尿屎在衣服上。妇人吃饭，常蹲在肩上喂他饭，呼之即至，挥之即去。妇人常唤他是"雪贼"。每日不吃牛肝干鱼，只吃生肉半斤，调养得十分肥壮，毛内可藏一鸡弹。甚是爱惜他，终日抱在膝上摸弄。不是生好意，因李瓶儿官哥儿平昔怕猫，寻常无人处，在房里用红绢裹肉，令猫扑而挝[1]食。也是合当有事，官哥儿心中不自在，连日吃刘婆子药，略觉好些。李瓶儿与他穿上红段衫儿，安顿在外间炕上，铺着小褥子儿顽耍。迎春守着，奶子便在旁拿着碗吃饭。不料金莲房中这雪狮子，正蹲在护炕上，看见官哥儿在炕上穿着红衫儿一动动的顽耍，只当平日哄喂他肉食一般，猛然望下一跳，扑将官哥儿身上，皆抓破了。只听那官哥儿呱的一声，倒咽了一口气，就不言语了，手脚俱被风搐起来。慌的奶子丢下饭碗，搂抱在怀，只顾唾哕[2]，与他收惊。那猫还来赶着他要挝，被迎春打出外边去了。如意儿实承望孩子搐过一阵好了，谁想只顾常连，一阵不了一阵搐起来。李瓶儿入在后边，一面使迎春："后边请娘去，哥儿不好了，风搐着哩，叫娘快来！"

　　那李瓶儿不听便罢，听了正是惊损六叶连肝肺，唬坏三毛七孔心。连月娘慌的两步做一步走，径扑到房中，见孩子搐的两只眼直往上吊，通不见黑眼睛珠儿，口中白沫流出，呷呷犹如小鸡叫，手足皆动。一见心中犹如刀割相侵一般，连忙搂抱起来，脸揾着他嘴儿，大哭道："我的哥哥，我出去好好儿，怎么的搐起来？"迎春与奶子悉把被五娘房里猫所唬一节说了。那李瓶儿越发哭起来，说道："我的哥哥，你紧不可公婆意，今日你只当脱不了，打这条路儿去了。"月娘听了，一声儿没言语，一面叫将金莲来，问他说："是你屋里的猫唬了孩子？"金莲问："是谁说的？"月娘指着："是奶子和迎春说来。"金莲道："你看这老婆子这等张睛[3]！俺猫在屋里好好儿的卧着不是？你每乱道怎的！把孩子唬了，没的赖人起来，瓜儿只拣软处捏，俺每这屋里是好缠的！"月娘道："他的猫怎得来这屋里？"迎春道："每常也来这边屋里走跳。"那金莲接过来道："早时你说，每常怎的不挝他？可可今日儿就挝起来？你这丫头也跟着他恁张眉瞪眼儿，六说白道的！将就些儿罢了，怎的要把弓儿扯满了，可可儿俺每自恁没时运来？"于是使性子，抽身往房里去了。看官听说：常言道花枝叶下犹藏刺，人心怎保不怀毒。这潘金莲平日见李瓶儿从有了官哥儿，西门庆百依百随，要一奉十，每日争妍竞宠，心中常怀嫉妒不平之气，今日故行此阴谋之事，驯养此猫，必欲唬死其子，使李瓶儿宠衰，教西门庆复亲于己。就如昔日屠岸贾养神獒，害赵盾丞相一般。正是：

　　　　湛湛青天不可欺，未曾举意早先知。

　　　　休道眼前无报应，古往今来放过谁？

　　月娘众人见孩子只顾搐起来，一面熬姜汤灌他，一面使来安儿快叫刘婆去。不一时，刘婆子来到，看了脉息，只顾跌脚，说道："此遭惊唬重了，是惊风，难得过来。"急令快熬灯心薄荷金银汤，取出一丸金箔丸来，向钟儿内研化。牙关紧闭，月娘连忙拔下金簪来，撬开口，灌下去。"过得来便罢。如过不来，告过主家奶奶，必须要灸几蘸[4]才好。"月娘道："谁敢耽，必须还等他爹来，问了他爹。不然灸了，惹他来家吆喝。"李瓶儿道："大娘救他命罢！若等来家，只恐迟了。若是他爹骂，等我承当就是了。"月娘道："孩儿是你的孩儿，随你灸，我不敢张主。"当下，刘婆子把官哥儿眉攒、脖根、两手关尺[5]并心口，共灸了五蘸，放他睡下。那孩子昏昏沉沉，直睡到日暮时分，西门庆来家，还不醒。那刘婆见西门庆来家，月娘与了他五钱银子药钱，一溜烟从夹道内出去了。

西门庆归到上房，月娘把孩子风搐不好，对西门庆说了。西门庆连忙走到前边来看视，见李瓶儿哭的眼红红的，问："孩儿怎的风搐起来？"李瓶儿满眼落泪，只是不言语。问丫头、奶子，都不敢说。西门庆又见官哥儿手上皮儿去了，灸的满身火艾，心中焦躁，又走到后边问月娘。月娘隐瞒不住，只得把金莲房中猫惊唬之事说了，"刘婆子刚才看，说是急惊风，若不针灸，难过得来。若等你来，又恐怕迟了。他娘母子主张，教他灸了孩儿身上五蘸，才放下他睡了，这半日还未醒。"西门庆不听便罢，听了此言，三尸暴跳，五脏气冲。怒从心上起，恶向胆边生。直走到潘金莲房中，不由分说，寻着猫，提溜着脚，走向穿廊，望石台基轮起来只一摔[6]，只听响亮一声，脑浆迸万朵桃花，满口牙零噙碎玉。正是：不在阳间擒鼠耗，却归阴府作狸仙。那潘金莲见他拿出猫去摔死了，坐在炕上风纹也不动。待西门庆出了门，口里喃喃呐呐骂道："贼作死的强盗，把人妆出去杀了，才是好汉！一个猫儿碍着你味屎[7]，亡神也似走的来摔死了。他到阴司里，明日还向你要命，你慌怎的？贼不逢好死变心的强盗！"

这西门庆走到李瓶儿房里，因说奶子、迎春："我教你们好生看着孩儿，怎的教猫唬了他，把他手也挝了！又信个刘婆子那老淫妇，平白把孩子灸的怎样的。若好便罢，不好把这老淫妇拿到衙门里，与他个两拶[8]！"李瓶儿道："你看孩儿紧自不得命，你又是怎样的！孝顺是医家[9]，他也巴不得要好哩。"当下李瓶儿只指望孩儿好来，不料被艾火把风气反于内，变为慢风，内里抽搐的肠肚儿皆动，尿屎皆出，大便厨出五花颜色，眼目忽睁忽闭，终朝只是昏沉不省，奶也不吃了。李瓶儿慌了，到处求神、问卜、打卦，皆有凶无吉。月娘瞒着西门庆，又请刘婆子来家调神[10]，又请小儿科太医来看。都用接鼻散试之，"若吹在鼻孔内打鼻涕，还看得；若无鼻涕出来，则看阴鸷，守他罢了。"于是吹下去，茫然无知，并无一个喷嚏出来。越发昼夜守着，哭涕不止，连饮食都减了。

看看到八月十五日将近，月娘因他不好，连自家生日都回了不做。亲戚内眷，就送礼来也不请。家中止有吴大妗子、杨姑娘并大师父来相伴。那薛姑子和王姑子两个，在印经处争分钱不平，又使性儿彼此互相揭调[11]。十四日，贲四同薛姑子催讨，将经卷挑将来，一千五百卷都完了。李瓶儿又与了一吊钱，买纸马香烛。十五日，同陈经济早往岳庙里进香纸，把经来看着都散施尽了，走来回李瓶儿话。乔大户家一日一遍，使孔嫂儿来看，又举荐了一个看小儿的鲍太医来看，说道："这个变成天吊客忤[12]，治不得了。"白与了他五钱银子，打发去了。灌下药去，也不受，还吐出来了。只是把眼合着，口中咬的牙格吱吱响。李瓶儿通衣不解带，昼夜口接在怀中，眼泪不干的只是哭。西门庆也不往那里去，每日衙门中来家，就进来看孩儿。那时正值八月下旬天气，李瓶儿守着官哥儿睡在床上，桌上点着银灯，丫鬟养娘都睡熟了。觑着满窗月色，更漏沉沉，见那孩儿只是昏昏不省人事，一向愁肠万结，离思千端。正是：人逢喜事精神爽，闷来愁肠瞌睡多。但见：

银河耿耿，玉漏迢迢。穿窗皓月耿寒光，透户凉风吹夜气。雁声嘹亮，孤眠才子梦魂惊；蛩韵凄凉，独宿佳人情绪苦。谯楼禁鼓，一更未尽一更敲；别院寒砧，千捣将残千捣起。画檐前叮当铁马，敲碎仕女情怀；银台上闪烁灯光，偏照佳人长叹。一心只想孩儿好，谁料愁来在梦多。

当下李瓶儿卧在床上，似睡不睡，梦见花子虚从前门外来，身穿白衣，恰像活时一般。见了李瓶儿，厉声骂道："泼贼淫妇，你如何抵盗我财物与西门庆？如今我告你去也！"被李瓶儿一手扯住他衣袖，央及道："好哥哥，你饶恕我则个。"花子虚一顿，撒手惊觉，却是南柯一梦。醒来手里扯着，却是官哥儿的衣衫袖子。连哕[2]了几口，道："怪哉，怪哉！"一听更鼓时，正打三更三点。这李瓶儿唬的浑身冷汗，毛发皆竖起来。到次日，西门庆进房来，把梦中之事告诉与西门庆。西门庆道："知道他死到那里去了，此是你梦想旧境。只把心来放正着，休要理他。你休害怕，如今我使小厮拿轿子接了吴银儿，晚夕来与你做伴儿。再把老冯叫来服侍你两个。"玳安打院里接了吴银儿来。

那消到日西时分，那官哥儿在奶子怀里只搐气儿了。慌的奶子叫李瓶儿："娘，你来看哥哥！这黑眼睛珠儿只往上翻，口里气儿只有出来的，没有进去的。"这李瓶儿走来，抱到怀中，一面哭起来，叫丫头："快请你爹去！你说孩子待断气也。"可好常时节又走来说话，告诉房子儿寻下了，门面两间，二层，大小四间，只要三十五两银子。西门庆听见后边官哥儿重了，就打发常时节起身，说："我不送你罢，改日我使人拿银子和你看去。"急急走到李瓶儿房中。月娘众人连吴银儿、大妗子，都在房里瞧着，那孩子在他娘怀里，把嘴一口口搐气儿。西门庆不忍看他，走到明间椅子上坐着，只长吁短叹。那消半盏茶时，官哥儿呜呼哀哉，断气身亡。时八月廿三日申时也，只活了一年零两个月。合家大小放声号哭。

【注释】

[1] 扠(zhuā)：同"抓"，多见于早期白话。

[2] 哕(yuě)：呕吐。

[3] 张睛：张眼露睛，喻夸大其词。

[4] 蘸(zhàn)：在液体、粉末或糊状的东西里沾一下就拿出来。

[5] 关尺：中医切脉，自腕以分寸口、关上、尺中三段。此指关上、尺中。

[6] 捽(zuó)：意为摔。

[7] 㫰(chuáng)屎：骂人话，吃屎。

[8] 拶(zǎn)：压紧，此处指用拶子夹手指，是旧时的一种酷刑。

[9] 孝顺是医家：做医生的出于职业责任感，总是希望病人康复，也会尽心照料病人。

[10] 调神：调理精神，安抚灵魂。

[11] 揭调：揭发挑拨。

[12] 天吊客忤：星命术语，指冲犯了煞星邪祟。

【阅读提示】

《潘金莲害死官哥儿》是《金瓶梅词话》第五十九回"西门庆摔死雪狮子　李瓶儿痛哭官哥儿"的节选。选文所写这场看似意外的悲剧其实早有预谋，因为母以子贵的李瓶儿一向是潘金莲的眼中钉，于是，潘金莲有意驯养一只猫，最终害死了官哥儿，也间接害死了李瓶儿。在这里，我们可以看到潘金莲的人性扭曲到何种程度。潘金莲似乎被社会的规范、封闭的家庭、单调的生活挤压得只知道人生最低层次的追求。她将肉欲变成了生命的原动力，在与其他妻妾争风吃醋、钩心斗角的漩涡中变得心狠手辣，乃至谋害人命，最后也因贪"淫"而葬送了年轻的生命。这就使《金瓶梅》并不只是停留在一般的道德劝惩层次上的戒贪、戒淫，而是在更深层次上告诫人们：兽性毕竟不等于人性。

【思考与讨论】

1. 你是如何评价潘金莲、李瓶儿、西门庆这三位人物形象的？
2. 为什么说《金瓶梅》是中国古代白话长篇小说发展的里程碑？

婴 宁[1]

蒲松龄

【题解】

蒲松龄(1640—1715)，字留仙，一字剑臣，别号柳泉先生，淄川(今山东省淄博市)人，清初小说家。代表作品为《聊斋志异》，其诗、文、俗曲等作品今汇编为《蒲松龄集》。《聊斋志异》将近五百篇，综合六朝志怪与唐传奇之长，借谈鬼说狐，曲折地批判社会，表达理想，是中国古代短篇文言小说的顶峰之作。

【文献来源】

蒲松龄. 聊斋志异[M]. 长沙：岳麓书社，1988: 45-49.

王子服，莒[2]之罗店人，早孤。绝惠，十四入泮[3]。母最爱之，寻常不令游郊野。聘萧氏，未嫁而夭，故求凰[4]未就也。

会上元[5]，有舅氏子吴生邀同眺瞩，方至村外，舅家有仆来招吴去。生见游女如云，乘兴独遨。有女郎携婢，拈梅花一枝，容华绝代，笑容可掬。生注目不移，竟忘顾忌。女过去数武[6]，顾婢子笑曰："个儿郎[7]目灼灼似贼！"遗花地上，笑语自去。生拾花怅然，神魂丧失，怏怏遂返。至家，藏花枕底，垂头而睡，不语亦不食。母忧之。醮禳[8]益剧，肌革锐减。医师诊视，投剂发表[9]，忽忽若迷。母抚问所由，默然不答。适吴生来，嘱密诘之。吴至榻前，生见之泪下。吴就榻慰解，渐致研诘。生具吐其实，且求谋画。吴笑曰："君意亦痴！此愿有何难遂？当代访之。徒步于野，必非世家。如其未字[10]，事固谐矣，不然，拼以重赂，计必允遂。但得痊瘳[11]，成事在我。"生闻之，不觉解颐[12]。吴出告母，物色女子居里，而探访既穷，并无踪绪。母大忧，无所计。然自吴去后，颜顿开，食亦略进。数日吴复来，生问所谋。吴绐[13]之曰："已得之矣。我以为谁何人，乃我姑之女，即君姨妹，今尚待聘。虽内戚有婚姻之嫌，实告之，无不谐者。"生喜溢眉宇，问："居何里？"吴诡曰："西南山中，去此可三十余里。"生又付嘱再四，吴锐身自任[14]而去。

生由是饮食渐加，日就平复。探视枕底，花虽枯，未便雕落。凝思把玩，如见其人。怪吴不至，折柬[15]招之。吴支托[16]不肯赴招。生忿怒，悒悒不欢。母虑其复病，急为议姻，略与商榷，辄摇首不愿，惟日盼吴。吴迄无耗[17]，益怨恨之。转思三十里非遥，何必仰息他人？怀梅袖中，负气自往，而家人不知。伶仃独步，无可问程，但望南山行去。约三十余里，乱山合沓，空翠爽肌，寂无人行，止有鸟道。遥望谷底丛花乱树中，隐隐有小里落。下山入村，见舍宇无多，皆茅屋，而意甚修雅。北向一家，门前皆丝柳，墙内桃杏尤繁，间以修竹，野鸟格磔[18]其中。意其园亭，不敢遽入。回顾对户，有巨石滑洁，因坐少憩。俄闻墙内有女子长呼"小荣！"其声娇细。方伫听间，一女郎由东而西，执杏花一朵，俯首自簪；举头见生，遂不复簪，含笑拈花而入。审视之，即上元途中所遇也。心骤喜，但念无以阶进。欲呼姨氏，顾从无还往，惧有诒误。门内无人可问，坐卧徘徊，自朝至于日昃[19]，盈盈望断[20]，并忘饥渴。时见女子露半面来窥，似讶其不去者。忽一老媪扶杖出，顾生曰："何处郎君，闻自辰刻[21]来，以至于今。意将何为？得勿饥也？"生急起揖之，答云："将以探亲[22]。"媪聋聩不闻。又大言之。乃问："贵戚何姓？"生不能答。媪笑曰："奇哉！姓名尚自不知，何亲可探？我视郎君亦书痴耳。不如从我来，啖以粗粝[23]，家有短榻可卧。待明朝归，询知姓氏，再来探访。"生方腹馁思啖，又从此渐近丽人，大喜。

从媪入，见门内白石砌路，夹道红花片片坠阶上，曲折而西，又启一关[24]，豆棚花架满庭中。肃客入舍[25]，粉壁光明如镜，窗外海棠枝朵，探入室中，裀藉[26]几榻，罔不洁泽。甫坐，即有人自窗外隐约相窥。媪唤："小荣！可速作黍[27]。"外有婢子嗷声而应[28]。坐次，具展宗阀[29]。媪曰："郎君外祖，莫姓吴否？"曰："然。"媪惊曰："是吾甥也！尊堂，我妹子。年来以家屡贫，又无三尺之男，遂至音问梗塞。甥长成如许，尚不相识。"生曰："此来即为姨也，匆遽遂忘姓氏。"媪曰："老身秦姓，并无诞育。弱息[30]亦为庶产[31]，渠母改醮[32]，遗我鞠养[33]。颇亦不钝，但少教训，嬉不知愁。少顷，使来拜识。"未几，婢子具饭，雏尾盈握[34]。媪劝餐已，婢来敛具。媪曰："唤宁姑来。"婢应去。良久，闻户外隐有笑声。媪又唤曰："婴宁，汝姨兄在此。"户外嗤嗤笑不已。婢推之以入，犹掩其口，笑不可遏。媪嗔目曰："有客在，咤咤叱叱，是何景象？"女忍笑而立，生揖之。媪曰："此王郎，汝姨子。一家尚不相识，可笑人也。"生问："妹子年几何矣？"媪未能解，生又言之。女复笑，不可仰视。媪谓生曰："我言少教诲，此可见矣。年已十六，呆痴裁[35]如婴儿。"生曰："小于甥一岁。"曰："阿甥已十七矣，得非庚午属马者耶？"生首应之。又问："甥妇阿谁？"答曰："无之。"曰："如甥才貌，何十七岁犹未聘？婴宁亦无姑家，极相匹敌，惜有内亲之嫌。"生无语，目注婴宁，不遑他瞬。婢向女小语云："目灼灼贼腔未改！"女又大笑，顾婢曰："视碧桃开未？"遽起，以袖掩口，细碎连步而出。至门外，笑声始纵。媪亦起，唤婢襆被[36]，为生安置。曰："阿甥来不易，宜留三五日，迟迟送汝归。如嫌幽闷，舍后有小园，可供消遣，有书可读。"

次日至舍后，果有园半亩，细草铺毡，杨花糁径[37]，有草舍三楹[38]，花木四合其所。穿花小步，闻树头苏苏有声，仰视，则婴宁在上，见生来，狂笑欲堕。生曰："勿尔，堕矣！"女且下且笑，不能自止。方将及地，失手而堕，笑乃止。生扶之，阴捘[39]其腕，女笑又作，倚树不能行，良久乃罢。生俟其笑歇，乃出袖中花示之。女接之，曰："枯矣！何留之？"曰："此上元妹子所遗，故存之。"问："存之何意？"曰："以示相爱不忘也。自上元相遇，凝思成病，自分化为异物[40]，不图得见颜色，幸垂怜悯。"女曰："此大细事。至戚何所靳[41]惜？待郎行时，园中花，当唤老奴来，折一巨捆负送之。"生曰："妹子痴耶？"女曰："何便是痴？"生曰："我非爱花，爱拈花之人耳。"女曰："葭莩之情[42]，爱何待言。"生曰："我所为爱，非瓜葛[43]之爱，乃夫妻之爱。"女曰："有以异乎？"曰："夜共枕席耳。"女俯首思良久，曰："我不惯与生人睡。"语未已，婢潜至，生惶恐遁去。少时会母所，母问："何往？"女答以园中共话。媪曰："饭熟已久，有何长言，周遮[44]乃尔。"女曰："大哥欲我共寝。"言未已，生大窘，急目瞪之，女微笑而止。幸媪不闻，犹絮絮究诘，生急以他词掩之。因小语责女，女曰："适此语不应说耶？"生曰："此背人语。"女曰："背他人，岂得背老母？且寝处亦常事，何讳之？"生恨其痴，无术可以悟之。

食方竟，家中人捉双卫[45]来寻生。先是，母待生久不归，始疑，村中搜觅已遍，竟无踪兆。因往询吴。吴忆曩言，因教于西南山村行觅。凡历数村，始至于此。生出门，适相值，便入告媪，且请偕女同归。媪喜曰："我有志，匪伊朝夕[46]。但残躯不能远涉，得甥携妹子去，识认阿姨，大好！"呼婴宁，宁笑至。媪曰："有何喜，笑辄不辍？若不笑，当为全人。"因怒之以目。乃曰："大哥欲同汝去，可便装束。"又饷家人酒食，始送之出，曰："姨家田产丰裕，能养冗人。到彼且勿归，小学诗礼，亦好事翁姑。即烦阿姨择一良匹与汝。"二人遂发。至山坳回顾，犹依稀见媪倚门北望也。

抵家，母睹姝丽，惊问为谁，生以姨女对。母曰："前吴郎与儿言者，诈也。我未有姊，何以得甥？"问女，女曰："我非母出。父为秦氏，没时儿在襁中，不能记忆。"母曰："我一姊适秦氏良确，然殂谢[47]已久，那得复存？"因审诘面庞、志赘[48]，一一符合。又疑曰："是矣。然亡已多年，何得复存？"疑虑间，吴生至，女避入室。吴询得故，惘然久之，忽曰："此女名婴宁耶？"生然之，吴极称怪事。问所自知，吴曰："秦家姑去世后，姑丈鳏居[49]，祟于狐，病瘵死。狐生女，名婴宁，绷卧床上，家人皆见之。姑丈没，狐犹时来。后求天师[50]符粘壁间，狐遂携女去。将勿此耶？"彼此疑参[51]。但闻室中嗤嗤，皆婴宁笑声。母曰："此女亦太憨生[52]。"吴生请面之。母入室，女犹浓笑不顾。母促令出，始极力忍笑，又面壁移时方出。才一展拜，翻然遽入，放声大笑。满室妇女，为之粲然[53]。

吴请往觇其异[54]，就便执柯[55]。寻至村所，庐舍全无，山花零落而已。吴忆葬处仿佛不远，然坟垄湮没，莫可辨识，诧叹而返。母疑其为鬼，入告吴言，女略无骇意。又吊其无家，亦殊无悲意，孜孜憨笑而已。众莫之测。母令与少女同寝止。昧爽即来省问[56]，操女红[57]精巧绝伦。但善笑，禁之亦不可止，然笑处嫣然，狂而不损其媚，人皆乐之。邻女少妇，争承迎之。母择吉将为合卺[58]，而终恐为鬼物。窃于日中窥之，形影殊无少异。

至日，使华装行新妇礼，女笑极不能俯仰，遂罢。生以憨痴，恐泄漏房中隐事，而女殊密秘，不肯道一语。每值母忧怒，女至一笑即解。奴婢小过，恐遭鞭楚，辄求诣母共话，罪婢投见恒得免。而爱花成癖，物色遍戚党，窃典金钗，购佳种，数月，阶砌藩溷[59]无非花者。庭后有木香一架，故邻西家。女每攀登其上，摘供簪玩。母时遇见辄诃之，女卒不改。

一日，西人子见之，凝注倾倒。女不避而笑。西人子谓女意属己，心益荡。女指墙底笑而下，西人子谓示约处，大悦。及昏而往，女果在焉。就而淫之，则阴如锥刺，痛彻于心，大号而踣。细视，非女，则一枯木卧墙边，所接乃水淋窍也。邻父闻声，急奔研问，呻而不言。妻来，始以实告。爇[60]火烛窍，见中有巨蝎，如小蟹然，翁碎木，捉杀之。负子至家，半夜寻卒。邻人讼生，讦[61]发婴宁妖异。邑宰[62]素仰生才，稔知其笃行士[63]，谓邻翁讼诬，将杖责之。生为乞免，逐释而出。母谓女曰："憨狂尔尔，早知过喜而伏忧也。邑令神明，幸不牵累，设鹘突[64]官宰，必逮妇女质公堂，我儿何颜见戚里？"女正色，矢不复笑。母曰："人罔不笑，但须有时。"而女由是竟不复笑，虽故逗之，亦终不笑，然竟日未尝有戚容[65]。

一夕，对生零涕。异之。女哽咽曰："曩以相从日浅，言之恐致骇怪。今日察姑及郎，皆过爱无有异心，直告或无妨乎？妾本狐产。母临去，以妾托鬼母，相依十余年，始有今日。妾又无兄弟，所恃者惟君。老母岑寂山阿[66]，无人怜而合厝[67]之，九泉辄为悼恨。君倘不惜烦费，使地下人消此怨恫[68]，庶养女者不忍溺弃。"生诺之，然虑坟冢迷于荒草，女但言无虑。刻日，夫妻舆櫬[69]而往。女于荒烟错楚[70]中，指示墓处，果得媪尸，肤革犹存。女抚哭哀痛。异归，寻秦氏墓合葬焉。是夜，生梦媪来称谢，寤而述之。女曰："妾夜见之，嘱勿惊郎君耳。"生恨不邀留。女曰："彼鬼也，生人多，阳气胜，何能久居？"生问小荣，曰："是亦狐，最黠，狐母留以视妾，每摄饵相哺，故德之常不去心[71]。昨问母，云已嫁之。"由是岁值寒食[72]，夫妇登秦墓，拜扫无缺。女逾年生一子，在怀抱中，不畏生人，见人辄笑，亦大有母风云。

异史氏[73]曰："观其孜孜憨笑，似全无心肝者；而墙下恶作剧，其黠孰甚焉。至凄恋鬼母，反笑为哭，我婴宁何常憨耶。窃闻山中有草，名'笑矣乎'[74]，嗅之，则笑不可止。房中植此一种，则合欢、忘忧[75]，并无颜色矣。若解语花，正嫌其作态耳[76]。"

【注释】

[1] "婴宁"似出于《庄子·大宗师》，其中有所谓"撄宁"，指合乎天道、保持自然本色的人生。

[2] 莒(jǔ)：莒县，今属山东。

[3] 入泮(pàn)：考取秀才。春秋时鲁国学宫在泮水之旁，后遂称考得生员资格为入泮或游泮。

[4] 求凰：指男子求偶。相传司马相如以"凤求凰"琴曲向卓文君求婚。

[5] 上元：元宵节。

[6] 数武：几步。古以六尺为步，半步为武。

[7] 个儿郎：这小伙子。个，这。

[8] 醮禳(jiào ráng)：请僧道祈祷做法事。

[9] 发表：中医的一种治疗方法，即通过让患者出汗使其体内邪毒发散出来。

[10] 未字：还没有订婚。女子订婚称"字"。

[11] 痊瘳(chōu)：病愈。瘳，病愈。

[12] 解颐：开怀欢笑。

[13] 绐(dài)：欺骗。

[14] 锐身自任：挺身担起责任。锐身，挺身。

[15] 折柬：裁纸写信。

[16] 支托：支吾推托。

[17] 耗：消息。

[18] 格磔：鸟鸣声。

[19]　日昃(zè)：过午。昃，日偏。

[20]　盈盈望断：望穿双眼。盈盈，形容眼波流动，明澈如水。

[21]　辰刻：上午七点至九点的时间。

[22]　探亲：探望亲戚。

[23]　粗粝(lì)：糙米，比喻粗茶淡饭。

[24]　启一关：开了一道门。关，门。

[25]　肃客：迎客。肃，引导、迎接。

[26]　裀藉(yīn jiè)：坐垫，坐席。

[27]　作黍：做饭。

[28]　嗷声而应：高声答应。

[29]　具展宗阀：各自述说家世。宗阀，家世。阀，本指官宦人家门前记录功业的柱子，后泛指功业或家世。

[30]　弱息：幼弱的子女，这里指婴宁。

[31]　庶产：妾所生的孩子。

[32]　改醮(jiào)：改嫁。

[33]　鞠养：抚养，养育。

[34]　雏尾盈握：指肥嫩的雏鸡。盈握，满一把。

[35]　裁：才。

[36]　襆(pú)被：指被子。

[37]　杨花糁(sǎn)径：白色的杨花星星点点地散落在小路上。糁，碎米屑，引申指散落。

[38]　三楹：三间。

[39]　阴捘(zùn)：暗地里捏。

[40]　自分化为异物：自以为要死了。

[41]　靳(jìn)：吝惜，不肯给予。

[42]　葭莩(jiā fú)：芦苇中的薄膜。多指疏远的亲戚(取"薄"的喻义)，但也可泛指亲戚。这里即为泛指。

[43]　瓜葛：指亲戚。

[44]　周遮：啰唆，唠叨。

[45]　捉双卫：牵着两头驴。卫，驴的别名。

[46]　匪伊朝夕：不止一朝一夕。匪，非。伊，语助词。

[47]　殂谢：死亡。

[48]　志赘：指人身上的特征。志，同"痣"。赘，赘疣。

[49]　鳏居：丧妻后独居。

[50]　天师：指张天师。汉代张道陵传播道教，元朝封张道陵为天师。其后世子孙在江西龙虎山从事炼丹画符等宗教活动，世人亦称为天师。

[51]　疑参：疑惑不定。

[52]　太憨生：过于憨痴。憨，痴傻。生，语助词。

[53]　粲然：露齿而笑。

[54]　觇(chān)其异：察看有无异常。觇，观察。

［55］执柯：比喻做媒。

［56］昧爽：晚上和早晨。省(xǐng)问：问安，旧礼子女必须早晚向父母请安。

［57］女红(gōng)：指女子所作的纺织、缝纫、刺绣等事。

［58］合卺(jǐn)：古代婚礼仪式之一，即新婚夫妇在新房内共饮合欢酒，举行于新郎亲迎新妇进入家门以后。本用匏(葫芦)一剖为二，即卺，新婚夫妇各拿其一来饮酒。后改用杯盛，乃称交杯酒。

［59］阶砌藩溷(hùn)：台阶、围墙，甚至厕所。这里是无所不在的意思。

［60］爇(ruò)：燃烧，点燃。

［61］讦(jié)：揭发、攻击他人的隐私、过错或短处。

［62］邑宰：县令。下文"邑令"义同。

［63］笃行士：品行淳厚之士。

［64］鹘(hú)突：即糊涂。

［65］戚容：忧伤的样子。

［66］岑寂山阿：孤寂地居处于山坳中。

［67］合厝(cuò)：合葬。厝，埋葬。

［68］恸(tōng)：哀痛。

［69］舆櫬(chèn)：用车子运载棺材。

［70］错楚：灌木丛。

［71］德之常不去心：感激她，常常心中惦念。德，名词用作动词。

［72］寒食：清明节的前两天为寒食节，旧俗这天不点火而吃冷饭。寒食到清明是扫墓的日子。

［73］异史氏：蒲松龄自称。

［74］笑矣乎：传说有一种菌，因人吃了会无故发笑，便名"笑矣乎"。

［75］合欢、忘忧：合欢花、忘忧草。因为这两种花草的名字带有开怀之意，所以拿来与"笑矣乎"比较。

［76］"若解语花"二句：唐玄宗称杨贵妃为"解语花"，意谓像花一样美丽而又善解人意，后世用以比喻善于迎合人意的美女。这里是说"解语花"迎合他人，不是天性的自然流露。作态，造作，不自然。

【阅读提示】

在《聊斋志异》中，蒲松龄精心塑造了一批敢于冲破封建礼教束缚而又个性鲜明的狐女形象，如娇娜、青凤、红玉、莲香等。在这众多美丽的狐女中，最引人注目的一个便是本篇的女主人公婴宁。婴宁是一个拈花含笑、憨态可掬、言笑随心、天真烂漫、率性自然的可爱少女形象。她是"真性情"的化身，在她身上寄托了作者对真善美的追求，对纯真人性的向往。但是后来，婴宁在现实的压力下，她"矢不复笑"，这是对封建礼教压抑、窒息女性健康天性的揭露和批判，透露作者深深的悲哀。《婴宁》在艺术上极有特色：①人物性格特征鲜明生动。作者抓住婴宁"爱笑"的性格多角度地进行描写渲染。②环境描写烘托人物性格。在环境描写方面，作者主要抓住"鲜花"，使"笑"与"花"成为少女天真的个性鲜明的象征性因素。

【思考与讨论】

1. 作品中是怎样描写婴宁"笑"的音容姿态的？又是怎样描写围绕着婴宁的鲜花的？这些笔墨艺术效果如何？

2. 当个体与群体发生冲突时，我们应当怎样既保持自己的个性，同时又不触犯公共规则？

却奁

孔尚任

【题解】

孔尚任(1648—1718),字聘之,又字季重,号东塘,别号岸堂,自称云亭山人。山东曲阜人,孔子第六十四代孙,清初诗人、戏曲作家。康熙三十八年(1699),其经营十载、三易其稿的传奇《桃花扇》脱稿。《桃花扇》的成功,使孔氏誉满文坛,时人将之与《长生殿》作者洪昇并论,称"南洪北孔"。

《桃花扇》是写南明王朝兴亡的历史剧。作品以侯方域、李香君的爱情故事为线索,集中地反映了明末腐朽、动荡的社会现实及统治阶级内部的矛盾和斗争,即作者所说的"借离合之情,写兴亡之感"。这是全剧的主题思想,同时也体现了作者的艺术构思。

【文献来源】

孔尚任. 桃花扇[M]. 王季思,苏寰中,校注. 北京: 人民文学出版社,1958: 49-54.

【夜行船】(末)人宿平康深柳巷[1],惊好梦门外花郎[2]。绣户未开,帘钩才响,春阻十层纱帐。

下官杨文骢[3],早来与侯兄[4]道喜。你看院门深闭,侍婢无声,想是高眠未起。(唤介)保儿[5],你到新人窗外,说我早来道喜。(杂)昨夜睡迟了,今日未必起来哩。老爷请回,明日再来罢。(末笑介)胡说! 快快去问。(小旦[6]内问介)保儿! 来的是那一个? (杂)是杨老爷道喜来了。(小旦忙上)倚枕春宵短,敲门好事多。(见介)多谢老爷,成了孩儿一世姻缘。(末)好说。(问介)新人起来不曾? (小旦)昨晚睡迟,都还未起哩。(让坐介)老爷请坐,待我去催他。(末)不必,不必。(小旦下)

【步步娇】(末)儿女浓情如花酿,美满无他想,黑甜共一乡[7]。可也亏了俺帮衬[8],珠翠辉煌,罗绮飘荡,件件助新妆,悬出风流榜。

(小旦上)好笑,好笑! 两个在那里交扣丁香[9],并照菱花[10],梳洗才完,穿戴未毕。请老爷同到洞房,唤他出来,好饮扶头卯酒[11]。(末)惊却好梦,得罪不浅。(同下)(生、旦艳妆上)

【沈醉东风】(生、旦)这云情接着雨况[12],刚搔了心窝奇痒,谁搅起睡鸳鸯。被翻红浪,喜匆匆满怀欢畅。枕上余香,帕上余香,消魂滋味,才从梦里尝。

(末、小旦上)(末)果然起来了,恭喜,恭喜! (一揖,坐介)(末)昨晚催妆拙句[13],可还说的入情么。(生揖介)多谢! (笑介)妙是妙极了,只有一件。(末)那一件? (生)香君虽小,还该藏之金屋[14]。(看袖介)小生衫袖,如何着得下? (俱笑介)(末)夜来定情,必有佳作。(生)草草塞责,不敢请教。(末)诗在那里? (旦)诗在扇头[15]。(旦向袖中取出扇介)(末接看介)是一柄白纱宫扇。(嗅介)香的有趣。(吟诗介)妙,妙! 只有香君不愧此诗。(付旦介)还收好了。(旦收扇介)

【园林好】(末)正芬芳桃香李香,都题在宫纱扇上;怕遇着狂风吹荡,须紧紧袖中藏,须紧紧袖中藏。

(末看旦介)你看香君上头[16]之后，更觉艳丽了。(向生介)世兄有福，消此尤物[17]。(生)香君天姿国色，今日插了几朵珠翠，穿了一套绮罗，十分花貌，又添二分，果然可爱。(小旦)这都亏了杨老爷帮衬哩。

【江儿水】送到缠头锦，百宝箱，珠围翠绕流苏帐[18]，银烛笼纱通宵亮，金杯劝酒合席唱。今日又早早来看，恰似亲生自养，赔了妆奁[19]，又早敲门来望。

(旦)俺看杨老爷，虽是马督抚至亲[20]，却也拮据作客，为何轻掷金钱，来填烟花之窟？在奴家受之有愧，在老爷施之无名；今日问个明白，以便图报。(生)香君问得有理，小弟与杨兄萍水相交，昨日承情太厚，也觉不安。(末)既蒙问及，小弟只得实告了。这些妆奁酒席，约费二百余金，皆出怀宁[21]之手。(生)那个怀宁？(末)曾做过光禄的阮圆海。(生)是那皖人阮大铖么？(末)正是。(生)他为何这样周旋？(末)不过欲纳交足下之意。

【五供养】(末)羡你风流雅望，东洛才名[22]，西汉文章[23]。逢迎随处有，争看坐车郎[24]。秦淮妙处[25]，暂寻个佳人相傍，也要些鸳鸯被、芙蓉妆；你道是谁的，是那南邻大阮[26]，嫁衣全忙。

(生)阮圆老原是敝年伯[27]，小弟鄙其为人，绝之已久。他今日无故用情，令人不解。(末)圆老有一段苦衷，欲见白于足下。(生)请教。(末)圆老当日曾游赵梦白之门[28]，原是吾辈。后来结交魏党，只为救护东林[29]，不料魏党一败，东林反与之水火。近日复社[30]诸生，倡论攻击，大肆殴辱，岂非操同室之戈乎？圆老故交虽多，因其形迹可疑，亦无人代为分辩。每日向天大哭，说道："同类相残，伤心惨目，非河南侯君，不能救我。"所以今日谆谆纳交。(生)原来如此，俺看圆海情辞迫切，亦觉可怜。就便真是魏党，悔过来归，亦不可绝之太甚，况罪有可原乎。定生、次尾[31]，皆我至交，明日相见，即为分解。(末)果然如此，吾党之幸也。(旦怒介)官人是何等说话，阮大铖趋附权奸，廉耻丧尽；妇人女子，无不唾骂。他人攻之，官人救之，官人自处于何等也？

【川拨棹】不思想，把话儿轻易讲。要与他消释灾殃，要与他消释灾殃，也提防旁人短长。官人之意，不过因他助俺妆奁，便要徇私废公；那知道这几件钗钏衣裙，原放不到我香君眼里。(拔簪脱衣介)脱裙衫，穷不妨；布荆人[32]，名自香。

(末)阿呀！香君气性，忒也刚烈。(小旦)把好好东西，都丢一地，可惜，可惜！(拾介)(生)好，好，好！这等见识，我倒不如，真乃侯生畏友也。(向末介)老兄休怪，弟非不领教，但恐为女子所笑耳。

【前腔】(生)平康巷，他能将名节讲；偏是咱学校朝堂，混贤奸不问青黄。那些社友平日重俺侯生者，也只为这点义气；我若依附奸邪，那时群起来攻，自救不暇，焉能救人乎。节和名，非泛常；重和轻，须审详。

(末)圆老一段好意，也还不可激烈。(生)我虽至愚，亦不肯从井救人[33]。(末)既然如此，小弟告辞了。(生)这些箱笼，原是阮家之物，香君不用，留之无益，还求取去罢。(末)正是"多情反被无情恼，乘兴而来兴尽还。"(下)(旦恼介)(生看旦介)俺看香君天姿国色，摘了几朵珠翠，脱去一套绮罗，十分容貌，又添十分，更觉可爱。(小旦)虽如此说，舍了许多东西，到底可惜。

【尾声】金珠到手轻轻放，惯成了娇痴模样，辜负俺辛勤做老娘。

(生)些须东西，何足挂念，小生照样赔来。(小旦)这等才好。

(小旦)花钱粉钞[34]费商量，(旦)裙布钗荆也不妨。

(生)只有湘君能解佩[35]，(旦)风标不学世时妆。

【注释】

[1] 平康深柳巷：平康、柳巷均指妓馆。平康，唐代长安里名，妓女聚居处，后世多泛指妓院。柳巷，俗称妓馆会集处为花街柳巷。

[2] 花郎：这里指卖花人。

[3] 杨文骢：即杨龙友，南明弘光朝曾任常州、镇江二府巡抚，他是混迹于各种政治势力之间的人物，曾不辨是非出面替阉党阮大铖等开脱游说，也曾在关键时刻做出正义之举，多次保护李香君，后参与抗清，兵败而死。

[4] 侯兄：侯方域(1618—1654)，字朝宗，河南商丘人。晚明复社重要人物，与冒辟疆、陈贞慧、吴应箕合称"四公子"，以文名世。早年游金陵，阮大铖愿与之交，不肯往。后阮大铖得势，兴党狱，欲杀方域，方域往依高杰而免。入清后，应河南乡试，中副榜。

[5] 保儿：对妓馆中佣人的称呼。

[6] 小旦：角色名，这里扮演香君假母李贞丽，李贞丽也是明末秦淮名妓。

[7] 黑甜共一乡：指夜间两人熟睡在一起。俗以熟睡为"黑甜乡"。

[8] 帮衬：帮助，资助。

[9] 丁香：花名，这里以丁香花蕾形容衣服的纽扣。

[10] 菱花：镜子。古代铜镜常饰以菱图案，故往往以菱花来代指。

[11] 扶头卯酒：即扶头酒，早晨喝的酒。扶头，振奋提神的意思。卯，卯时，早晨五点至七点。

[12] 云情接着雨况：指男女交欢时的情况。

[13] 催妆拙句：祝贺女子出嫁时的诗句，指本剧第六出《眠香》中杨龙友所做的《催妆》诗："生小倾城是李香，怀中婀娜袖中藏；缘何十二巫女峰，梦里偏来见楚王。"

[14] 藏之金屋：用汉武帝金屋藏娇之典。据《汉武故事》：汉武帝做太子时，其姑母欲将女儿阿娇嫁给他，他高兴地说："若得阿娇做妇，当作金屋储之。"金屋，华丽精美的房屋。

[15] 诗在扇头：指本剧中第六出中侯方域题于纱扇上的定情诗："夹道朱楼一径斜，王孙初御富平车。青溪尽是辛夷树，不及东风桃李花。"

[16] 上头：女子婚后发饰须作成人装束，称为上头。这里指成婚。

[17] 尤物：指具有特殊姿色的美人。

[18] 流苏帐：用流苏装饰的帷帐。流苏，下垂的穗子，用五彩羽毛或丝线制成。

[19] 妆奁：嫁妆。

[20] 马督抚：指马士英，时任凤阳总督。弘光朝以拥立功，累升大学士兼兵部尚书，总揽朝政，极为奸邪。清兵南下，被俘后被杀。杨文骢是马士英妻弟，故谓"至亲"。

[21] 怀宁：即安徽怀宁人阮大铖，字园海。初依东林名士左光斗得官，不久转而投靠魏忠贤。魏党败，被废斥。南明时，与马士英拥立福王有功，任兵部尚书。清兵南下时投降，从攻仙霞岭，触石死。

[22] 东洛才名：晋左思用十年时间写成《三都赋》，时人竞相传抄，出现洛阳纸贵景象。这里借指侯方域文学才名极高。

[23] 西汉文章：西汉司马迁、司马相如等人的文学作品成就很高，这里是说侯方域的文章写得很好。

[24] 争看坐车郎：晋代潘安貌美，他坐车出游，总引得妇女争看，并投以果饵。这里是说侯方域的风流美貌。

[25] 秦淮：秦淮河，流经南京，城南河之两侧古时多为妓女所居，为歌舞声乐繁华之地。

[26] 南邻大阮：晋代有南北阮，南阮指阮籍、阮咸叔侄，他们并有文名，同为"竹林七贤"之一，世称大小阮。大阮指阮籍，此代指阮大铖。

[27] 敝：敝人，侯方域自称。年伯：父亲的同年。阮大铖与侯方域之父侯恂同年考中进士，故称之。

[28] 赵梦白：即赵南星，字梦白，明末天启间吏部尚书，东林党领袖之一，因反对魏忠贤专权而被贬。

[29] 东林：明末万历年间顾宪成、高攀龙等在无锡东林书院讲学，抨击宦官政治及魏忠贤，世称东林党。

[30] 复社：明末由张溥等人组织的文人政治社团，继东林党后与阉党魏忠贤等对立。南明弘光时，复社遭到权奸马士英等的打击。顺治九年(1652)，复社正式被清政府取缔。

[31] 定生：陈贞慧字，江苏宜兴人，明亡不仕。次尾：吴应箕字，安徽贵池人，明亡后抗清，被俘牺牲。二人均为复社后期的重要人物。

[32] 布荆：布衣与荆钗，古代贫穷妇女的服饰。

[33] 从井救人：意谓无益于人而有损于己，这里指不顾自己的名节去救助别人。

[34] 花钱粉钞：妇女用于花粉装饰之资，借指妆奁之资。

[35] 湘君能解佩：屈原《九歌·湘君》载，"遗余佩兮醴浦。""湘君"谐"香君"，此句形容香君的却奁。佩，衣带之装饰物。

【阅读提示】

《却奁》是《桃花扇》第七出。【夜行船】前原有一段保儿的说白，节选时删除。该出写阮大铖利用杨文骢去巴结、笼络侯方域，为李香君置办妆奁，李香君识破这个阴谋，毅然退掉妆奁。此出戏说明李香君有着清醒的政治头脑，深明大义，能在民族的生死存亡之际，辨别出清浊忠奸，坚持正确的立场，充分表现了她坚决不与邪恶势力同流合污的高贵气节和敢于斗争的可贵精神。李香君的坚定正直，与侯方域的软弱动摇、杨龙友的帮闲无聊、李贞丽的平庸世俗，构成了鲜明的对比，从而使李香君这一形象更加光彩夺目。

【思考与讨论】

1. 分析《桃花扇》的艺术构思。
2. 分析《桃花扇》中李香君这一艺术形象。

抄检大观园

曹雪芹

【题解】

曹雪芹(1715？—1764？)，名霑，字梦阮，号雪芹，又号芹圃、芹溪。清代伟大的小说家。曹雪芹祖籍辽阳，很早入了满籍。从曾祖父起，三代四人相继担任江宁织造。曹雪芹少年时代生活在这一豪贵之家，到雍正初年，因受朝廷政治斗争的牵连，其父曹𫖯被革职抄家，举家迁居北京，从此家业衰落。曹雪芹晚年生活艰难，贫病而卒，留下一部未完成的伟大著作《红楼梦》。

《红楼梦》以贾、王、史、薛四大家族为背景，以贾宝玉、林黛玉的爱情悲剧为主要线索，着重描写了贾家荣、宁二府由盛到衰的过程，从多方面对封建社会和封建礼教进行了深刻地揭露和批判，客观上显示出中国封建社会行将灭亡的历史趋势，对贵族阶级中具有叛逆精神的青年争取男女平等、婚姻自由的思想行为进行了热情的歌颂。小说规模宏大、结构严谨，塑造了众多具有典型性格的艺术形象，是中国古典长篇小说的高峰。

【文献来源】

曹雪芹，高鹗. 红楼梦[M]. 俞平伯，校；启功，注. 北京：人民文学出版社，2000: 838-844.

至晚饭后，待贾母安寝了，宝钗等入园时，王家的便请了凤姐一并入园，喝命将角门皆上锁，便从上夜的婆子处抄检起，不过抄检出些多余攒下蜡烛灯油等物。王善保家的道："这也是贼，不许动，等明儿回过太太再动。"于是先就到怡红院中，喝命关门。当下宝玉正因晴雯不自在，忽见这一干人来，不知为何直扑了丫头们的房门去，因迎出凤姐来，问是何故。凤姐道："丢了一件要紧的东西，因大家混赖，恐怕有丫头们偷了，所以大家都查一查去疑儿。"一面说，一面坐下吃茶。王家的等搜了一回，又细问这几个箱子是谁的，都叫本人来亲自打开。袭人因见晴雯这样，知道必有异事；又见这番抄检，只得自己先出来打开了箱子并匣子，任其搜检一番，不过是平常动用之物。随放下，又搜别人的，挨次都一一搜过。到了晴雯的箱子，因问："是谁的，怎不开了让搜？"袭人等方欲代晴雯开时，只见晴雯挽着头发闯进来，嚯一声，将箱子掀开，两手提着底子朝天，往地下尽情一倒，将所有之物尽都倒出。王善保家的也觉没趣，看了一看，也无甚私弊之物。回了凤姐，要往别处去。凤姐儿道："你们可细细的查。若这一番查不出来，难回话的。"众人都道："都细翻看了，没什么差错东西。虽有几样男人物件，都是小孩子的东西，想是宝玉的旧物件，没甚关系的。"凤姐听了，笑道："既如此，咱们就走，再瞧别处去。"说着，一径出来，因向王善保家的道："我有一句话，不知是不是。要抄检，只抄检咱们家的人，薛大姑娘屋里，断乎检抄不得的。"王善保家的笑道："这个自然。岂有抄起亲戚家来。"凤姐点头道："我也这样说呢。"一头说，一头到了潇湘馆内。

黛玉已睡了，忽报这些人来，也不知为甚事。才要起来，只见凤姐已走进来，忙按住他不许起来，只说："睡着罢，我们就走。"这边且说些闲话。那个王善保家的带了众人，到丫鬟房中，也一一开箱倒笼，抄检了一番。因从紫鹃房中抄出两副宝玉常换下来的寄名符儿[1]，一副束带上的披带，两个荷包并扇套，套内有扇子。打开看时皆是宝玉往年夏日手内曾拿过的。王善保家的自为得了意，遂忙请凤姐过来验视，又说："这些东西从那里来的？"凤姐笑道："宝玉和他们从小儿在一处混了几年，这自然是宝玉的旧东西。这也不算什么罕事，撂下再往别处去是正经。"紫鹃笑道："直到如今，我们两下里的账也算不清。要问这一个，连我也忘了是那年月日有的了。"王善保家的听凤姐如此说，也只得罢了。

又到探春院内，谁知早有人报与探春了。探春也就猜着必有原故，所以引出这等丑态来，遂命众丫鬟秉烛开门而待。一时众人来了。探春故问何事。凤姐笑道："因丢了一件东西，连日访察不出人来，恐怕旁人赖这些女孩子们，所以越性大家搜一搜，使人去疑，倒是洗净他们的好法子。"探春冷笑道："我们的丫头自然都是些贼。我就是头一个窝主。既如此，先来搜我的箱柜，他们所偷了来的，都交给我藏着呢。"说着，便命丫鬟们把箱一齐打开，将镜奁[2]、妆盒、衾袱、衣包，若大若小之物，一齐打开，请凤姐去抄阅。凤姐赔笑道："我不过是奉太太的命来，妹妹别错怪我。何必生气。"因命丫鬟们快快关上。平儿丰儿等忙着替侍书等关的关，收的收。

探春道："我的东西倒许你们搜阅；要想搜我的丫头，这却不能。我原比众人歹毒，凡丫头所有的东西，我都知道，都在我这里间收着，一针一线，他们也没的收藏，要搜，所以只来搜我。你们不依，只管去回太太，只说我违背了太太，该怎么处治，我去自领。你们别忙，自然连你们抄的日子有呢。你们今日早起不曾议论甄家自己家里好好的抄家，果然今日真抄了。咱们也渐渐的来了。可知这样大族人家，若从外头杀来，一时是杀不死的。这是古人曾说的：'百足之虫，死而不僵[3]'，必须先从家里自杀自灭起来，才能一败涂地。"说着，不觉流下泪来。凤姐只看着众媳妇们。周瑞家的便道："既是女孩子的东西全在这里，奶奶且请到别处去罢，也让姑娘好安寝。"凤姐便起身告辞。探春道："可细细的搜明白了。若明日再来，我就不依了。"凤姐笑道："既然丫头们的东西都在这里，就不必搜了。"探春冷笑道："你果然倒乖。连我的包袱都打开了，还说没翻。明日敢说我护着丫头们，不许你们翻了。你趁早说明，若还要翻，不妨再翻一遍。"凤姐知道探春素日与众不同的，只得赔笑道："我已经连你的东西都搜查明白了。"探春又问众人："你们也都搜明白了不曾？"周瑞家的等赔笑说："都翻明白了。"那王善保家的本是个心内没成算[4]的人，素日虽闻探春的名，那是为众人没眼力没胆量罢了，那里一个姑娘家，就这样起来；况且又是庶出，他敢怎么。他自恃是邢夫人陪房，连王夫人尚另眼相看，何况别个。今见探春如此，他只当是探春认真单恼凤姐，与他们无干。他便要趁势作脸献好，因越众向前，拉起探春的衣襟，故意一掀，嘻嘻笑道："连姑娘身上我都翻了，果然没有什么。"凤姐见他这样，忙说："妈妈走罢，别疯疯颠颠的。"一语未了，只听拍的一声，王家脸上早着了探春一掌。探春登时大怒，指着王家的问道："你是什么东西，敢来拉扯我的衣裳！我不过看着太太的面上，你又有年纪，叫你一声'妈妈'；你就狗仗人势，天天作耗[5]，专管生事。如今越性不得了。你打量我是同你们姑娘那样好性儿，由着你们欺负他，就错了主意。你搜检东西，我不恼；你不该拿我取笑。"说着，便亲自解衣卸裙，拉着凤姐儿细细的翻，"省得叫奴才来翻我身上。"凤姐平儿等忙与探春束裙整袂[6]，口内喝着王善保家的说："妈妈吃两口酒，就疯疯颠颠起来。前儿把太太也冲撞了。快出去，不要提起了。"又劝探春休得生气。探春冷笑道："我但凡有气，早一头碰死了。不然，岂许奴才来我身上翻贼赃呢！明儿一早我先回过老太太太太，然后过去给大娘赔礼。该怎么，我就领。"那王善保家的讨了个没意思，只在窗外说："罢了，罢了，这也是头一遭挨打。我明儿回了太太，仍回老娘家去罢。这个老命，还要他做什么！"探春喝命丫鬟道："你们没听他说话？还等我和他对嘴去不成！"侍书等听说，便出去说道："你果然回老娘家去，倒是我们的造化了。只怕你舍不得去。"凤姐笑道："好丫头，真是有其主必有其仆。"探春冷笑道："我们作贼的人，嘴里都有三言两语的。这还算笨的。背地里就只不会调唆主子。"平儿忙也赔笑解劝，一面又拉了侍书进来。周瑞家的等人劝了一番。凤姐直待伏侍探春睡下，方带着人往对过暖香坞来。

彼时李纨犹病在床上，他与惜春是紧邻，又与探春相近，故顺路先到这两处。因李纨才吃了药睡着，不好惊动，只到丫鬟们房中一一的搜了一遍，也没有什么东西，遂到惜春房中来。因惜春年少，尚未识事，吓的不知当有什么事，凤姐也少不得安慰他。谁知竟在入画箱中寻出一大包金银锞子[7]来，约共三四十个，又有一副玉带板子[8]，并一包男人的靴袜等物。入画也黄了脸。因问是那里来的，入画只得跪下，哭诉真情，说："珍大爷赏我哥哥的。因我们老子娘都在南方，如今只跟着叔叔过日子。我叔叔婶子只要吃酒赌钱，我哥哥怕交给他们又花了，所以每常得了，悄悄的烦那老妈妈带进来，叫我收着的。"惜春胆小，见了这个，也害怕说："我竟不知道。这还了得！二嫂子，你要打他，好歹带他出去打罢，我听不惯的。"凤姐笑道："这话若果真呢，也倒可恕；只是不该私自传送进来。这个可以传递得，什么不可以传递。这倒是传人的不是了。若这话不真，倘是偷来的，你可就别想活了。"入画跪哭道："我不敢扯谎。奶奶只管明日问我们奶奶和大爷去，若说不是赏的，就拿我和我哥哥一同打死无怨。"凤姐道："这个自然要问的。只是真赏的，也有不是。谁许你私自传送东西的！你且说是谁作接应，我便饶你。下次万万不可。"惜春道："嫂子别饶他这次方可。这里人多，若不拿一个人作法，那些大的听见了，又不知怎样呢。嫂子若饶他，我也不依。"凤姐道："素日我看他还好。谁没一个错。只这一次；二次犯下，二罪俱罚。——但不知传递是谁。"惜春道："若说传递，再无别个，必是后门上的张妈。他常肯和这些丫头们鬼鬼祟祟的，这些丫头们也都肯照顾他。"凤姐听说，便命人记下，将东西且交给周瑞家的暂拿着，等明日对明再议。于是别了惜春，方往迎春房内来。

迎春已经睡着了，丫鬟们也才要睡，众人叩门，半日才开。凤姐吩咐："不必惊动小姐。"遂往丫鬟们房里来。因司棋是王善保的外孙女儿，凤姐倒要看看王家的可藏私不藏，遂留神看他搜检。先从别人箱子搜起，皆无别物。及到了司棋箱中，搜了一回，王善保家的说："也没有什么东西。"才要关箱时，周瑞家的道："且住，这是什么？"说着，便伸手掣出一双男子的锦带袜并一双缎鞋来，又有一个小包袱。打开看时，里面有一个同心如意[9]并一个字帖儿，一总递与凤姐。凤姐因理家事，每每看开帖并账目，也颇识得几个字了；便看那帖子是大红双喜笺，帖上面写道："上月你来家后，父母已觉察你我之意。但姑娘未出阁，尚不能完你我之心愿。若园内可以相见，你可托张妈给一信息。我等在园内一见，倒比来家得说话。千万千万。再所赐香袋二个，今已查收外，特寄香珠一串，略表我心。千万收好。表弟潘又安拜具。"凤姐看罢，不怒而反乐。别人并不识字。王家的素日并不知道他姑表姊弟有这一节风流故事，见了这鞋袜，心内已是有些毛病[10]；又见有一红帖，凤姐又看着笑，他便说道："必是他们乱写的账目，不成个字，所以奶奶见笑。"凤姐笑道："正是这个账竟算不过来。你是司棋的老娘，他的表弟也该姓王，怎么又姓潘呢？"王善保家的见问得奇怪，只得勉强告道："司棋的姑妈给了潘家，所以他姑表兄弟姓潘。上次逃走了的潘又安，就是他表弟。"凤姐笑道："这就是了。"因道："我念给你听听。"说着，从头念了一遍，大家都吓一跳。这王家的一心只要拿人的错儿，不想反拿住了他外孙女儿，又气又臊。周瑞家的四人又都问着他："你老可听见了？明明白白，再没的话说了。如今据你老人家，该怎么样？"这王家的只恨没地缝儿钻进去。凤姐只瞅着他嘻嘻的笑，向周瑞家的笑道："这倒也好。不用你们作老娘的操一点儿心，他鸦雀不闻[11]的给你们弄了一个好女婿来，大家倒省心。"周瑞家的也笑着凑趣儿。王家的气无处泄，便自己回手打着自己的脸，骂道："老不死的娼妇，怎么造下孽了！说嘴打嘴，现世现报在人眼里。"众人见这般，俱笑个不住，又半劝半讽的。凤姐见司棋低头不语，也并无畏惧惭愧之意，倒觉可异。料此时夜深，且不必盘问；只怕他夜间自己去寻拙志，遂唤两个婆子监守起他来。带了人，拿了赃证回来，且自安歇，等待明日料理。

【注释】

[1] 寄名符儿：旧时迷信习俗，恐怕小孩夭折，给寺院或道观一定财物，在僧道前"寄名"为弟子，并制作饰物佩戴，以示受神灵保佑，避灾受福，延长寿命。

[2] 镜奁(lián)：古代妇女梳妆用的镜匣。

[3] 百足之虫，死而不僵：多足昆虫马陆虽然死了，也不会扑倒。百足，多足昆虫马陆的俗称。僵，扑倒。

[4] 成算：早已做好的打算。

[5] 狗仗人势，天天作耗：比喻走狗奴才倚仗主子的势力欺压别人，天天捣乱生事。

[6] 袂(mèi)：袖子。代指衣服。

[7] 锞(kè)子：金银铸成的小锭。

[8] 玉带板子：古代腰带上所嵌的装饰玉板。

[9] 同心如意：一种吉祥如意图案的金属小玩具，作两个"如意"交搭形状，作为男女青年互相赠送的信物。

[10] 毛病：担心。

[11] 鸦鹊不闻：比喻无声无息，默不作声。

【阅读提示】

《抄检大观园》选自《红楼梦》第七十四回。

抄检大观园，震动了大观园上下许多人，暴露了贾府内部矛盾日渐加深，主子与主子之间、主子与奴仆之间、奴仆与奴仆之间的纠葛纷争已到了剑拔弩张的地步。抄检大观园也是小说中一个大波澜，在抄检中，随着作者的笔锋所至，一个接一个的人物形象鲜明地出现在读者的面前。抄检结果逼死了司棋和晴雯，赶出了四儿和所有唱戏的女子，促成了芳官、藕官、蕊官的厌世出家，结束了大观园中的欢乐生活，从此贾府也越来越衰败，作品中的悲剧气氛也越发浓厚了。

抄检大观园，刻画了人物的不同性格特征。对于抄检，袭人、麝月等无不战战兢兢、俯首贴耳，晴雯则不然，她"挽着头发闯进来，嚯一声，将箱子掀开，两手提着底子朝天，往地下尽情一倒，将所有之物尽都倒出。"充分表现出对他们的蔑视。这一描写表现了晴雯机智泼辣、光明磊落的个性。探春不准别人动手翻自己丫头的箱子，并说自己是头一个窝主，要搜可搜她，并痛心地流泪道："你们别忙，自然连你们抄的日子有呢。你们今日早起不曾议论甄家自己家里好好的抄家，果然今日真抄了。咱们也渐渐的来了。可知这样大族人家，若从外头杀来，一时是杀不死的。这是古人曾说的：'百足之虫，死而不僵'，必须先从家里自杀自灭起来，才能一败涂地。"探春对封建大家族自杀自灭的预言击中要害，使人感到清醒。她并趁机打了狗仗人势、无事生非的王善保家的一个巴掌，真是大快人心。这显示出探春有才有智、有胆有识的个性。惜春则相反，当查出她的丫头入画的物品时，她却说："我竟不知，这还了得！"深怕连累自己，一个胆小懦弱又无情的女性跳入眼帘。

抄检大观园是不当家的邢夫人一伙与当家的王夫人一伙之间的一次较量。邢夫人的陪房王善保家的挟私报怨，给王夫人出主意，深夜抄检大观园，本想拿别人的错儿，谁知却抖出她外孙女司棋与表弟潘又安的私情，并最终导致司棋的死亡。真可谓搬起石头砸自己的脚，自作自受。

【思考与讨论】

1. 文中以抄检探春住所这个场面最为精彩。试通过这个场面分析探春的思想及个性。

2. 文中分别刻画了晴雯、入画、司棋三个丫鬟的形象，试分析作者是如何表现她们不同的性格特征的。

3. 为什么有人说"抄检大观园"是贾府被抄和颓败命运的缩影与写照？

第五章

中国现当代文化与文学

中国现当代文化与文学概述

中国现当代文化与文学的起点是 1915 年的新文化运动。这是一场由李大钊、陈独秀、鲁迅等受过新式教育者发起的一次"反传统、反孔教、反文言"的思想文化革新运动。新文化运动提倡民主与科学，对统治了 2000 多年的中国传统礼教构成了巨大冲击，启发了广大民众追求民主和科学，探索救国救民的真理，推动了现代自然科学在中国的发展，为马克思主义在中国的传播创造了条件，为五四运动奠定了思想基础。

新文化运动也是一场文学革命运动。在新文化运动的"四个提倡、四个反对"中，除了"提倡民主，反对独裁专制""提倡科学，反对迷信盲从""提倡新道德，反对旧道德"之外，还有一个提倡和一个反对就是"提倡新文学，反对旧文学"，其主要思想就是胡适在《文学改良刍议》中提出的八大主张。1919 年爆发的五四运动更是一场彻底反帝反封建的爱国运动。五四运动最初由广大爱国学生发起，最后演变为一个声势浩大、影响深远的群众运动。五四运动促进了马克思主义在中国的传播及其与中国工人运动的结合，对中国共产党的建立和发展起到了重要的作用。可以说，五四运动是新民主主义革命阶段的开端。

新文化运动和五四运动开启了中国文学新时代。各种文化团体和中国文学社团纷纷涌现，其中，文学研究会、创造社、新月社、语丝社被誉为中国现代文学史上的四大社团。大批文化名人和文学大家登上舞台，鲁迅、郭沫若、矛盾、叶圣陶等，影响尤为巨大和深远，他们的许多作品已经成为现当代文学的经典。作为作家的鲁迅的出现，则成为中国文学现代转型的标志。

关于中国现当代文学的阶段划分不一而足，我们可以将其大体划分为四个时期：1915—1949 年为孕育时期，1949—1976 年为发展时期，1976—2012 年为多元时期，2012 年之后为新发展时期。

中国现当代文学的孕育时期也可分为三个阶段。在第一个阶段，中国现当代文学首先是要以思想启蒙来引领人民大众反对封建主义思想，在文学上则以白话文为语言形式，去探索和表现人性，写作"人的文学"。鲁迅、叶圣陶、王统照等人的小说，周作人、冰心等人的散文，郭沫若等人的诗歌，田汉等人的戏剧，都体现出中国文学开始具有现代意识，体现出中国现当代文学的现代性。在第二阶段，左翼文学运动产生并得到了迅猛壮大，成为中国文学当时的主流。中国左翼作家联盟(简称"左联")成立后，很多作家开始把阶级斗争作为文学写作的主要对象，突出人物形象的阶级性，自觉地把文学与政治联结在一起。其中一些作家的创作带有模式化、概念化的痕迹，但真正起到指引方向、代表这个阶段中国文学最高成就的作家，如鲁迅、矛盾、巴金、曹禺、老舍、张天翼等人，则能够在作品中既反映广阔的现实世界和社会的主要矛盾，又着力去探究社会问题的根源，塑造了个性鲜明的艺术形象，作品具有高度的艺术性和深厚的思想性，对于中国的革命事业起到了积极的作用。在第三阶段，中国现当代文学分为解放区和国统区两个板块。在解放区，文学创作以"无产阶级大众文学"为旗帜，倡导文学为工农兵服务，追求大众化和民族化。赵树理、孙犁、丁玲等人的创作代表了解放区文学的最高水平。在国统区，钱钟书着重揭示知识分子的病态精神世界，张爱玲则体现了扭曲的人性和另类阴郁的女性意识。另外，张恨水强调言情小说以市民为对象，突出文学的消闲娱乐功能，成为那个时期的现当代中国文学中通俗文学的代表。

中国现当代文学的发展时期，主要延续的就是解放区文学的方向，继续走文学为工农兵服务、为人民服务的道路。解放之初一段时间，很多作家机械理解文学与政治的关系，作品带有脸谱化、公式化的倾向。实行"双百"方针并调整文艺政策之后，文学创作有了变化和发展，出现了很多优秀作品。许多早已成名的作家又恢复了创作青春和活力，也涌现出一批具有才华的新人，这些新老作家包括老舍、田汉、贺敬之、柳青、杨沫、李准、姚雪垠、梁斌、王蒙等人。这个时期的后半期，特别是文革时期文学的政治性更为突出，不能体现鲜明政治性的作品被否定甚至批判。"主题先行"论和"三突出"创作原则进一步被强化，脸谱化的人物形象、模式化的情节结构、语录式的语言文字，让文学沦为政治口号的图解，单纯地强调"文学为政治服务"，使文学丧失了本有的属性。

1976—2012年的多元时期，也可以分成三个阶段。1976—1989年是"新时期"。新时期"解放思想、实事求是"的思想路线使文学重新回到本位，文坛逐渐又变得繁荣。刘心武、卢新华等人最先显现出来并取得了巨大的轰动效应，王蒙、张贤亮、高晓声等人也不断推出新作，影响深远。"寻根文学""新潮小说""新写实小说""先锋文学"等在小说领域接踵而来，创作颇丰。诗坛上，舒婷、顾城等人以"朦胧诗"领风骚于一时。在这个阶段，文学介入现实社会生活，作家、作品成为大众聚焦的热点，获得极其广泛的声誉，这是中国现当代文学中从来没有过的现象。1989—1999年是文学的转换时期。随着社会转型，人们的生活内容越来越丰富，文学慢慢被边缘化，大众对文学的热情也逐渐淡化，但陈忠实等人的长篇小说仍然产生了广泛影响，成为当代文学中小说领域的代表性作品。第三阶段是进入21世纪之后到十八大之前，中国现当代文学真正变得"多元"起来。但同时，相对第一、第二阶段，文学对普通社会大众的影响力却在下降。

2012年之后，中国文学开始步入一个新的发展时期。2014年10月15日，习近平总书记《在文艺工作座谈会上的讲话》中指出，实现中华民族伟大复兴需要中华文化繁荣兴盛；他希望广大文艺工作者坚持以人民为中心的创作导向，创作无愧于时代的优秀作品；他提出要以中国精神作为社会主义文艺的灵魂，加强和改进党对文艺工作的领导。2021 年 12 月 14 日，习近平总书记《在中国文联十一大、中国作协十大开幕式上的讲话》中进一步对文学艺术界提出希望，一是希望广大文艺工作者心系民族复兴伟业，热忱描绘新时代新征程的恢宏气象，二是希望广大文艺工作者坚守人民立场，书写生生不息的人民史诗，三是希望广大文艺工作者坚持守正创新，用跟上时代的精品力作开拓文艺新境界，四是希望广大文艺工作者用情用力讲好中国故事，向世界展现可信、可爱、可敬的中国形象，五是希望广大文艺工作者坚持弘扬正道，在追求德艺双馨中成就人生价值。

习近平总书记为广大文艺工作者阐明了新时代文艺为谁服务的问题，明确了文学的创作方向和目标。有理由相信，伴随着中华民族的伟大复兴，中国文学也必定走向繁荣和兴盛！

伤　逝
——涓生的手记
鲁迅

【题解】

鲁迅(1881—1936)，中国文学家、思想家和革命家。原名周树人，字豫才，浙江绍兴人。出身于破落封建家庭。1902 年去日本留学，原在仙台医学院学医，后从事文艺工作，企图用以改变国民精神，于 1909 年回国。1918 年 5 月，首次用"鲁迅"的笔名，在《新青年》杂志上发表了中国现代文学史上第一篇白话小说《狂人日记》。1923 年出版第一部小说集《呐喊》，1926 年出版第二部小说集《彷徨》。鲁迅一生创作近 400 万字，翻译 500 多万字，整理古籍近 60 万字，对中国的文化事业做出了巨大的贡献，是中国现代文学的奠基人，有《鲁迅全集》。

【文献来源】

鲁迅. 鲁迅全集: 第 2 卷[M]. 北京: 人民文学出版社，1995: 113-134.

如果我能够，我要写下我的悔恨和悲哀，为子君，为自己。

会馆[1]里的被遗忘在偏僻里的破屋是这样地寂静和空虚。时光过得真快，我爱子君，仗着她逃出这寂静和空虚，已经满一年了。事情又这么不凑巧，我重来时，偏偏空着的又只有这一间屋。依然是这样的破窗，这样的窗外的半枯的槐树和老紫藤，这样的窗前的方桌，这样的败壁，这样的靠壁的板床。深夜中独自躺在床上，就如我未曾和子君同居以前一般，过去一年中的时光全被消灭，全未有过，我并没有曾经从这破屋子搬出，在吉兆胡同创立了满怀希望的小小的家庭。

不但如此。在一年之前，这寂静和空虚是并不这样的，常常含着期待；期待子君的到来。在久待的焦躁中，一听到皮鞋的高底尖触着砖路的清响，是怎样地使我骤然生动起来呵！于是就看见带着笑涡的苍白的圆脸，苍白的瘦的臂膊，布的有条纹的衫子，玄色的裙。她又带了窗外的半枯的槐树的新叶来，使我看见，还有挂在铁似的老干上的一房一房的紫白的藤花。

然而现在呢，只有寂静和空虚依旧，子君却决不再来了，而且永远，永远地！

子君不在我这破屋里时，我什么也看不见。在百无聊赖中，顺手抓过一本书来，科学也好，文学也好，横竖什么都一样；看下去，看下去，忽而自己觉得，已经翻了十多页了，但是毫不记得书上所说的事。只是耳朵却分外地灵，仿佛听到大门外一切往来的履声，从中便有子君的，而且橐橐地逐渐临近，——但是，往往又逐渐渺茫，终于消失在别的步声的杂沓中了。我憎恶那不像子君鞋声的穿布底鞋的长班[2]的儿子，我憎恶那太像子君鞋声的常常穿着新皮鞋的邻院的搽雪花膏的小东西！

莫非她翻了车么？莫非她被电车撞伤了么？……

我便要取了帽子去看她，然而她的胞叔就曾经当面骂过我。

蓦然，她的鞋声近来了，一步响于一步，迎出去时，却已经走过紫藤棚下，脸上带着微笑的酒窝。她在她叔子的家里大约并未受气；我的心宁帖了，默默地相视片时之后，破屋里便渐渐充满了我的语声，谈家庭专制，谈打破旧习惯，谈男女平等，谈伊孛生，谈泰戈尔，谈雪莱[3]……。她总是微笑点头，两眼里弥漫着稚气的好奇的光泽。壁上就钉着一张铜板的雪莱半身像，是从杂志上裁下来的，是他的最美的一张像。当我指给她看时，她却只草草一看，便低了头，似乎不好意思了。这些地方，子君就大概还未脱尽旧思想的束缚，——我后来也想，倒不如换一张雪莱淹死在海里的记念像或是伊孛生的罢；但也终于没有换，现在是连这一张也不知那里去了。

"我是我自己的，他们谁也没有干涉我的权利！"

这是我们交际了半年，又谈起她在这里的胞叔和在家的父亲时，她默想了一会之后，分明地，坚决地，沉静地说了出来的话。其时是我已经说尽了我的意见，我的身世，我的缺点，很少隐瞒；她也完全了解的了。这几句话很震动了我的灵魂，此后许多天还在耳中发响，而且说不出的狂喜，知道中国女性，并不如厌世家所说那样的无法可施，在不远的将来，便要看见辉煌的曙色的。

送她出门，照例是相离十多步远；照例是那鲇鱼须的老东西的脸又紧帖在脏的窗玻璃上了，连鼻尖都挤成一个小平面；到外院，照例又是明晃晃的玻璃窗里的那小东西的脸，加厚的雪花膏。她目不邪视地骄傲地走了，没有看见；我骄傲地回来。

"我是我自己的，他们谁也没有干涉我的权利！"这彻底的思想就在她的脑里，比我还透澈，坚强得多。半瓶雪花膏和鼻尖的小平面，于她能算什么东西呢？

我已经记不清那时怎样地将我的纯真热烈的爱表示给她。岂但现在，那时的事后便已模糊，夜间回想，早只剩了一些断片了；同居以后一两月，便连这些断片也化作无可追踪的梦影。我只记得那时以前的十几天，曾经很仔细地研究过表示的态度，排列过措辞的先后，以及倘或遭了拒绝以后的情形。可是临时似乎都无用，在慌张中，身不由己地竟用了在电影上见过的方法了。后来一想到，就使我很愧恧，但在记忆上却偏只有这一点永远留遗，至今还如暗室的孤灯一般，照见我含泪握着她的手，一条腿跪了下去……

不但我自己的，便是子君的言语举动，我那时就没有看得分明；仅知道她已经允许我了。但也还仿佛记得她脸色变成青白，后来又渐渐转作绯红，——没有见过，也没有再见的绯红；孩子似的眼里射出悲喜，但是夹着惊疑的光，虽然力避我的视线，张皇地似乎要破窗飞去。然而我知道她已经允许我了，没有知道她怎样说或是没有说。

她却是什么都记得：我的言辞，竟至于读熟了的一般，能够滔滔背诵；我的举动，就如有一张我所看不见的影片挂在眼下，叙述得如生，很细微，自然连那使我不愿再想的浅薄的电影的一闪。夜阑人静，是相对温习的时候了，我常是被质问，被考验，并且被命复述当时的言语，然而常须由她补足，由她纠正，像一个丁等的学生。

这温习后来也渐渐稀疏起来。但我只要看见她两眼注视空中，出神似的凝想着，于是神色越加柔和，笑窝也深下去，便知道她又在自修旧课了，只是我很怕她看到我那可笑的电影的一闪。但我又知道，她一定要看见，而且也非看不可的。

然而她并不觉得可笑。即使我自己以为可笑，甚而至于可鄙的，她也毫不以为可笑。这事我知道得很清楚，因为她爱我，是这样地热烈，这样地纯真。

去年的暮春是最为幸福，也是最为忙碌的时光。我的心平静下去了，但又有别一部分和身体一同忙碌起来。我们这时才在路上同行，也到过几回公园，最多的是寻住所。我觉得在路上时时遇到探索，讥笑，猥亵和轻蔑的眼光，一不小心，便使我的全身有些瑟缩，只得即刻提起我的骄傲和反抗来支持。她却是大无畏的，对于这些全不关心，只是镇静地缓缓前行，坦然如入无人之境。

寻住所实在不是容易事，大半是被托辞拒绝，小半是我们以为不相宜。起先我们选择得很苛酷，——也非苛酷，因为看去大抵不像是我们的安身之所；后来，便只要他们能相容了。看了二十多处，这才得到可以暂且敷衍的处所，是吉兆胡同一所小屋里的两间南屋；主人是一个小官，然而倒是明白人，自住着正屋和厢房。他只有夫人和一个不到周岁的女孩子，雇一个乡下的女工，只要孩子不啼哭，是极其安闲幽静的。

我们的家具很简单，但已经用去了我的筹来的款子的大半；子君还卖掉了她唯一的金戒指和耳环。我拦阻她，还是定要卖，我也就不再坚持下去了；我知道不给她加入一点股分去，她是住不舒服的。

和她的叔子，她早经闹开，至于使他气愤到不再认她做侄女；我也陆续和几个自以为忠告，其实是替我胆怯，或者竟是嫉妒的朋友绝了交。然而这倒很清静。

每日办公散后，虽然已近黄昏，车夫又一定走得这样慢，但究竟还有二人相对的时候。我们先是沉默的相视，接着是放怀而亲密的交谈，后来又是沉默。大家低头沉思着，却并未想着什么事。我也渐渐清醒地读遍了她的身体，她的灵魂，不过三星期，我似乎于她已经更加了解，揭去许多先前以为了解而现在看来却是隔膜，即所谓真的隔膜了。

子君也逐日活泼起来。但她并不爱花，我在庙会[4]时买来的两盆小草花，四天不浇，枯死在壁角了，我又没有照顾一切的闲暇。然而她爱动物，也许是从官太太那里传染的罢，不一月，我们的眷属便骤然加得很多，四只小油鸡，在小院子里和房主人的十多只在一同走。但她们却认识鸡的相貌，各知道那一只是自家的。还有一只花白的叭儿狗，从庙会买来，记得似乎原有名字，子君却给它另起了一个，叫作阿随。我就叫它阿随，但我不喜欢这名字。

这是真的，爱情必须时时更新，生长，创造。我和子君说起这，她也领会地点点头。

唉唉，那是怎样的宁静而幸福的夜呵！

安宁和幸福是要凝固的，永久是这样的安宁和幸福。我们在会馆里时，还偶有议论的冲突和意思的误会，自从到吉兆胡同以来，连这一点也没有了；我们只在灯下对坐的怀旧谭中，回味那时冲突以后的和解的重生一般的乐趣。

子君竟胖了起来，脸色也红活了；可惜的是忙。管了家务便连谈天的工夫也没有，何况读书和散步。我们常说，我们总还得雇一个女工。

这就使我也一样地不快活，傍晚回来，常见她包藏着不快活的颜色，尤其使我不乐的是她要装作勉强的笑容。幸而探听出来了，也还是和那小官太太的暗斗，导火线便是两家的小油鸡。但又何必硬不告诉我呢？人总该有一个独立的家庭。

这样的处所，是不能居住的。

我的路也铸定了，每星期中的六天，是由家到局，又由局到家。在局里便坐在办公桌前钞，钞，钞些公文和信件；在家里是和她相对或帮她生白炉子，煮饭，蒸馒头。我的学会了煮饭，就在这时候。

但我的食品却比在会馆里时好得多了。做菜虽不是子君的特长，然而她于此却倾注着全力；对于她的日夜的操心，使我也不能不一同操心，来算作分甘共苦。

况且她又这样地终日汗流满面，短发都粘在脑额上；两只手又只是这样地粗糙起来。

况且还要饲阿随，饲油鸡，……都是非她不可的工作。我曾经忠告她：我不吃，倒也罢了；却万不可这样地操劳。她只看了我一眼，不开口，神色却似乎有点凄然；我也只好不开口。然而她还是这样地操劳。

我所豫期的打击果然到来。双十节的前一晚，我呆坐着，她在洗碗。听到打门声，我去开门时，是局里的信差，交给我一张油印的纸条。我就有些料到了，到灯下去一看，果然，印着的就是：

> 奉
>
> 局长谕史涓生着毋庸到局办事
>
> 秘书处启 十月九号

这在会馆里时，我就早已料到了；那雪花膏便是局长的儿子的赌友，一定要去添些谣言，设法报告的。到现在才发生效验，已经要算是很晚的了。其实这在我不能算是一个打击，因为我早就决定，可以给别人去钞写，或者教读，或者虽然费力，也还可以译点书，况且《自由之友》的总编辑便是见过几次的熟人，两月前还通过信。但我的心却跳跃着。那么一个无畏的子君也变了色，尤其使我痛心；她近来似乎也较为怯弱了。

"那算什么。哼，我们干新的。我们……。"她说。

她的话没有说完；不知怎地，那声音在我听去却只是浮浮的；灯光也觉得格外黯淡。人们真是可笑的动物，一点极微末的小事情，便会受着很深的影响。我们先是默默地相视，逐渐商量起来，终于决定将现有的钱竭力节省，一面登"小广告"去寻求钞写和教读，一面写信给《自由之友》的总编辑，说明我目下的遭遇，请他收用我的译本，给我帮一点艰辛时候的忙。

"说做，就做罢！来开一条新的路！"

我立刻转身向了书案，推开盛香油的瓶子和醋碟，子君便送过那黯淡的灯来。

我先拟广告；其次是选定可译的书，迁移以来未曾翻阅过，每本的头上都满漫着灰尘了；最后才写信。

我很费踌蹰，不知道怎样措辞好，当停笔凝思的时候，转眼去一瞥她的脸，在昏暗的灯光下，又很见得凄然。我真不料这样微细的小事情，竟会给坚决的，无畏的子君以这么显著的变化。她近来实在变得很怯弱了，但也并不是今夜才开始。我的心因此更缭乱，忽然有安宁的生活的影像——会馆里的破屋的寂静，在眼前一闪，刚刚想定睛凝视，却又看见了昏暗的灯光。

许久之后，信也写成了，是一封颇长的信；很觉得疲劳，仿佛近来自己也较为怯弱了。于是我们决定，广告和发信，就在明日一同实行。大家不约而同地伸直了腰肢，在无言中，似乎又都感到彼此的坚忍崛强的精神，还看见从新萌芽起来的将来的希望。

外来的打击其实倒是振作了我们的新精神。局里的生活，原如鸟贩子手里的禽鸟一般，仅有一点小米维系残生，决不会肥胖；日子一久，只落得麻痹了翅子，即使放出笼外，早已不能奋飞。现在总算脱出这牢笼了，我从此要在新的开阔的天空中翱翔，趁我还未忘却了我的翅子的扇动。

小广告是一时自然不会发生效力的；但译书也不是容易事，先前看过，以为已经懂得的，一动手，却疑难百出了，进行得很慢。然而我决计努力地做，一本半新的字典，不到半月，边上便有了一大片乌黑的指痕，这就证明着我的工作的切实。《自由之友》的总编辑曾经说过，他的刊物是决不会埋没好稿子的。

可惜的是我没有一间静室，子君又没有先前那么幽静，善于体帖了，屋子里总是散乱着碗碟，弥漫着煤烟，使人不能安心做事，但是这自然还只能怨我自己无力置一间书斋。然而又加以阿随，加以油鸡们。加以油鸡又大起来了，更容易成为两家争吵的引线。

加以每日的"川流不息"的吃饭；子君的功业，仿佛就完全建立在这吃饭中。

吃了筹钱，筹来吃饭，还要喂阿随，饲油鸡；她似乎将先前所知道的全都忘掉了，也不想到我的构思就常常为了这催促吃饭而打断。即使在坐中给看一点怒色，她总是不改变，仍然毫无感触似的大嚼起来。

使她明白了我的工作不能受规定的吃饭的束缚，就费去五星期。她明白之后，大约很不高兴罢，可是没有说。我的工作果然从此较为迅速地进行，不久就共译了五万言，只要润色一回，便可以和做好的两篇小品，一同寄给《自由之友》去。

只是吃饭却依然给我苦恼。菜冷，是无妨的，然而竟不够；有时连饭也不够，虽然我因为终日坐在家里用脑，饭量已经比先前要减少得多。这是先去喂了阿随了，有时还并那近来连自己也轻易不吃的羊肉。她说，阿随实在瘦得太可怜，房东太太还因此嗤笑我们了，她受不住这样的奚落。

于是吃我残饭的便只有油鸡们。这是我积久才看出来的，但同时也如赫胥黎[5]的论定"人类在宇宙间的位置"一般，自觉了我在这里的位置：不过是叭儿狗和油鸡之间。

后来，经多次的抗争和催逼，油鸡们也逐渐成为肴馔，我们和阿随都享用了十多日的鲜肥；可是其实都很瘦，因为它们早已每日只能得到几粒高粱了。从此便清静得多。只有子君很颓唐，似乎常觉得凄苦和无聊，至于不大愿意开口。我想，人是多么容易改变呵！

但是阿随也将留不住了。我们已经不能再希望从什么地方会有来信，子君也早没有一点食物可以引它打拱或直立起来。冬季又逼近得这么快，火炉就要成为很大的问题；它的食量，在我们其实早是一个极易觉得的很重的负担。于是连它也留不住了。

倘使插了草标[6]到庙市去出卖，也许能得几文钱罢，然而我们都不能，也不愿这样做。终于是用包袱蒙着头，由我带到西郊去放掉了，还要追上来，便推在一个并不很深的土坑里。

我一回寓，觉得又清静得多多了；但子君的凄惨的神色，却使我很吃惊。那是没有见过的神色，自然是为阿随。但又何至于此呢？我还没有说起推在土坑里的事。

到夜间，在她的凄惨的神色中，加上冰冷的分子了。

"奇怪。——子君，你怎么今天这样儿了？"我忍不住问。

"什么？"她连看也不看我。

"你的脸色……"

"没有什么，——什么也没有。"

我终于从她言动上看出，她大概已经认定我是一个忍心的人。其实，我一个人，是容易生活的，虽然因为骄傲，向来不与世交来往，迁居以后，也疏远了所有旧识的人，然而只要能远走高飞，生路还宽广得很。现在忍受着这生活压迫的苦痛，大半倒是为她，便是放掉阿随，也何尝不如此。但子君的识见却似乎只是浅薄起来，竟至于连这一点也想不到了。

我拣了一个机会，将这些道理暗示她；她领会似的点头。然而看她后来的情形，她是没有懂，或者是并不相信的。

天气的冷和神情的冷，逼迫我不能在家庭中安身。但是，往那里去呢？大道上，公园里，虽然没有冰冷的神情，冷风究竟也刺得人皮肤欲裂。我终于在通俗图书馆里觅得了我的天堂。

那里无须买票；阅书室里又装着两个铁火炉。纵使不过是烧着不死不活的煤的火炉，但单是看见装着它，精神上也就总觉得有些温暖。书却无可看：旧的陈腐，新的是几乎没有的。

好在我到那里去也并非为看书。另外时常还有几个人，多则十余人，都是单薄衣裳，正如我，各人看各人的书，作为取暖的口实。这于我尤为合式。道路上容易遇见熟人，得到轻蔑的一瞥，但此地却决无那样的横祸，因为他们是永远围在别的铁炉旁，或者靠在自家的白炉边的。

那里虽然没有书给我看，却还有安闲容得我想。待到孤身枯坐，回忆从前，这才觉得大半年来，只为了爱，——盲目的爱，——而将别的人生的要义全盘疏忽了。第一，便是生活。人必生活着，爱才有所附丽。世界上并非没有为了奋斗者而开的活路；我也还未忘却翅子的扇动，虽然比先前已经颓唐得多……

屋子和读者渐渐消失了，我看见怒涛中的渔夫，战壕中的兵士，摩托车[7]中的贵人，洋场上的投机家，深山密林中的豪杰，讲台上的教授，昏夜的运动者和深夜的偷儿……。子君，——不在近旁。她的勇气都失掉了，只为着阿随悲愤，为着做饭出神；然而奇怪的是倒也并不怎样瘦损……

冷了起来,火炉里的不死不活的几片硬煤,也终于烧尽了,已是闭馆的时候。又须回到吉兆胡同,领略冰冷的颜色去了。近来也间或遇到温暖的神情,但这却反而增加我的苦痛。记得有一夜,子君的眼里忽而又发出久已不见的稚气的光来,笑着和我谈到还在会馆时候的情形,时时又很带些恐怖的神色。我知道我近来的超过她的冷漠,已经引起她的忧疑来,只得也勉力谈笑,想给她一点慰藉。然而我的笑貌一上脸,我的话一出口,却即刻变为空虚,这空虚又即刻发生反响,回向我的耳目里,给我一个难堪的恶毒的冷嘲。子君似乎也觉得的,从此便失掉了她往常的麻木似的镇静,虽然竭力掩饰,总还是时时露出忧疑的神色来,但对我却温和得多了。

我要明告她,但我还没有敢,当决心要说的时候,看见她孩子一般的眼色,就使我只得暂且改作勉强的欢容。但是这又即刻来冷嘲我,并使我失却那冷漠的镇静。

她从此又开始了往事的温习和新的考验,逼我做出许多虚伪的温存的答案来,将温存示给她,虚伪的草稿便写在自己的心上。我的心渐被这些草稿填满了,常觉得难于呼吸。我在苦恼中常常想,说真实自然须有极大的勇气的;假如没有这勇气,而苟安于虚伪,那也便是不能开辟新的生路的人。不独不是这个,连这人也未尝有!

子君有怨色,在早晨,极冷的早晨,这是从未见过的,但也许是从我看来的怨色。我那时冷冷地气愤和暗笑了;她所磨练的思想和豁达无畏的言论,到底也还是一个空虚,而对于这空虚却并未自觉。她早已什么书也不看,已不知道人的生活的第一着是求生,向着这求生的道路,是必须携手同行,或奋身孤往的了,倘使只知道捶着一个人的衣角,那便是虽战士也难于战斗,只得一同灭亡。

我觉得新的希望就只在我们的分离;她应该决然舍去,——我也突然想到她的死,然而立刻自责,忏悔了。幸而是早晨,时间正多,我可以说我的真实。我们的新的道路的开辟,便在这一遭。

我和她闲谈,故意地引起我们的往事,提到文艺,于是涉及外国的文人,文人的作品:《诺拉》,《海的女人》[8]。称扬诺拉的果决……也还是去年在会馆的破屋里讲过的那些话,但现在已经变成空虚,从我的嘴传入自己的耳中,时时疑心有一个隐形的坏孩子,在背后恶意地刻毒地学舌。

她还是点头答应着倾听,后来沉默了。我也就断续地说完了我的话,连余音都消失在虚空中了。

"是的。"她又沉默了一会,说,"但是,……涓生,我觉得你近来很两样了。可是的?你,——你老实告诉我。"

我觉得这似乎给了我当头一击,但也立即定了神,说出我的意见和主张来:新的路的开辟,新的生活的再造,为的是免得一同灭亡。

临末,我用了十分的决心,加上这几句话:

"……况且你已经可以无须顾虑,勇往直前了。你要我老实说;是的,人是不该虚伪的。我老实说罢:因为,因为我已经不爱你了!但这于你倒好得多,因为你更可以毫无挂念地做事……"

　　我同时豫期着大的变故的到来，然而只有沉默。她脸色陡然变成灰黄，死了似的；瞬间便又苏生，眼里也发了稚气的闪闪的光泽。这眼光射向四处，正如孩子在饥渴中寻求着慈爱的母亲，但只在空中寻求，恐怖地回避着我的眼。

　　我不能看下去了，幸而是早晨，我冒着寒风径奔通俗图书馆。

　　在那里看见《自由之友》，我的小品文都登出了。这使我一惊，仿佛得了一点生气。我想，生活的路还很多，——但是，现在这样也还是不行的。

　　我开始去访问久已不相闻问的熟人，但这也不过一两次；他们的屋子自然是暖和的，我在骨髓中却觉得寒冽。夜间，便蜷伏在比冰还冷的冷屋中。

　　冰的针刺着我的灵魂，使我永远苦于麻木的疼痛。生活的路还很多，我也还没有忘却翅子的扇动，我想。——我突然想到她的死，然而立刻自责，忏悔了。

　　在通俗图书馆里往往瞥见一闪的光明，新的生路横在前面。她勇猛地觉悟了，毅然走出这冰冷的家，而且，——毫无怨恨的神色。我便轻如行云，漂浮空际，上有蔚蓝的天，下是深山大海，广厦高楼，战场，摩托车，洋场，公馆，晴明的闹市，黑暗的夜……。

　　而且，真的，我豫感得这新生面便要来到了。

　　我们总算度过了极难忍受的冬天，这北京的冬天；就如蜻蜓落在恶作剧的坏孩子的手里一般，被系着细线，尽情玩弄，虐待，虽然幸而没有送掉性命，结果也还是躺在地上，只争着一个迟早之间。

　　写给《自由之友》的总编辑已经有三封信，这才得到回信，信封里只有两张书券[9]：两角的和三角的。我却单是催，就用了九分的邮票，一天的饥饿，又都白挨给于己一无所得的空虚了。

　　然而觉得要来的事，却终于来到了。

　　这是冬春之交的事，风已没有这么冷，我也更久地在外面徘徊；待到回家，大概已经昏黑。就在这样一个昏黑的晚上，我照常没精打采地回来，一看见寓所的门，也照常更加丧气，使脚步放得更缓。但终于走进自己的屋子里了，没有灯火；摸火柴点起来时，是异样的寂寞和空虚！

　　正在错愕中，官太太便到窗外来叫我出去。

　　“今天子君的父亲来到这里，将她接回去了。”她很简单地说。

　　这似乎又不是意料中的事，我便如脑后受了一击，无言地站着。

　　“她去了么？”过了些时，我只问出这样一句话。

　　“她去了。”

　　“她，——她可说什么？”

　　“没说什么。单是托我见你回来时告诉你，说她去了。”

　　我不信；但是屋子里是异样的寂寞和空虚。我遍看各处，寻觅子君；只见几件破旧而黯淡的家具，都显得极其清疏，在证明着它们毫无隐匿一人一物的能力。我转念寻信或她留下的字迹，也没有；只是盐和干辣椒，面粉，半株白菜，却聚集在一处了，旁边还有几十枚铜元。这是我们两人生活材料的全部，现在她就郑重地将这留给我一个人，在不言中，教我借此去维持较久的生活。

　　我似乎被周围所排挤，奔到院子中间，有昏黑在我的周围；正屋的纸窗上映出明亮的灯光，他们正在逗着孩子玩笑。我的心也沉静下来，觉得在沉重的迫压中，渐渐隐约地现出脱走的路径：深山大泽，洋场，电灯下的盛筵；壕沟，最黑最黑的深夜，利刃的一击，毫无声响的脚步……

　　心地有些轻松，舒展了，想到旅费，并且嘘一口气。

　　躺着，在合着的眼前经过的豫想的前途，不到半夜已经现尽；暗中忽然仿佛看见一堆食物，这之后，便浮出一个子君的灰黄的脸来，睁了孩子气的眼睛，恳托似的看着我。我一定神，什么也没有了。

　　但我的心却又觉得沉重。我为什么偏不忍耐几天，要这样急急地告诉她真话的呢？现在她知道，她以后所有的只是她父亲——儿女的债主——的烈日一般的严威和旁人的赛过冰霜的冷眼。此外便是虚空。负着虚空的重担，在严威和冷眼中走着所谓人生的路，这是怎么可怕的事呵！而况这路的尽头，又不过是——连墓碑也没有的坟墓。

　　我不应该将真实说给子君，我们相爱过，我应该永久奉献她我的说谎。如果真实可以宝贵，这在子君就不该是一个沉重的空虚。谎语当然也是一个空虚，然而临末，至多也不过这样地沉重。

　　我以为将真实说给子君，她便可以毫无顾虑，坚决地毅然前行，一如我们将要同居时那样。但这恐怕是我错误了。她当时的勇敢和无畏是因为爱。

　　我没有负着虚伪的重担的勇气，却将真实的重担卸给她了。她爱我之后，就要负了这重担，在严威和冷眼中走着所谓人生的路。

　　我想到她的死……我看见我是一个卑怯者，应该被摈于强有力的人们，无论是真实者，虚伪者。然而她却自始至终，还希望我维持较久的生活……

　　我要离开吉兆胡同，在这里是异样的空虚和寂寞。我想，只要离开这里，子君便如还在我的身边；至少，也如还在城中，有一天，将要出乎意表地访我，像住在会馆时候似的。

　　然而一切请托和书信，都是一无反响；我不得已，只好访问一个久不问候的世交去了。他是我伯父的幼年的同窗，以正经出名的拔贡[10]，寓京很久，交游也广阔的。

　　大概因为衣服的破旧罢，一登门便很遭门房的白眼。好容易才相见，也还相识，但是很冷落。我们的往事，他全都知道了。

　　"自然，你也不能在这里了，"他听了我托他在别处觅事之后，冷冷地说，"但那里去呢？很难。——你那，什么呢，你的朋友罢，子君，你可知道，她死了。"

　　我惊得没有话。

　　"真的？"我终于不自觉地问。

　　"哈哈。自然真的。我家的王升的家，就和她家同村。"

　　"但是，——不知道是怎么死的？"

　　"谁知道呢。总之是死了就是了。"

　　我已经忘却了怎样辞别他，回到自己的寓所。我知道他是不说谎话的；子君总不会再来的了，像去年那样。她虽是想在严威和冷眼中负着虚空的重担来走所谓人生的路，也已经不能。她的命运，已经决定她在我所给与的真实——无爱的人间死灭了！

自然，我不能在这里了；但是，"那里去呢？"

四围是广大的空虚，还有死的寂静。死于无爱的人们的眼前的黑暗，我仿佛一一看见，还听得一切苦闷和绝望的挣扎的声音。

我还期待着新的东西到来，无名的，意外的。但一天一天，无非是死的寂静。

我比先前已经不大出门，只坐卧在广大的空虚里，一任这死的寂静侵蚀着我的灵魂。死的寂静有时也自己战栗，自己退藏，于是在这绝续之交，便闪出无名的，意外的，新的期待。

一天是阴沉的上午，太阳还不能从云里面挣扎出来，连空气都疲乏着。耳中听到细碎的步声和咻咻的鼻息，使我睁开眼。大致一看，屋子里还是空虚；但偶然看到地面，却盘旋着一匹小小的动物，瘦弱的，半死的，满身灰土的……

我一细看，我的心就一停，接着便直跳起来。

那是阿随。它回来了。

我的离开吉兆胡同，也不单是为了房主人们和他家女工的冷眼，大半就为着这阿随。但是，"那里去呢？"新的生路自然还很多，我约略知道，也间或依稀看见，觉得就在我面前，然而我还没有知道跨进那里去的第一步的方法。

经过许多回的思量和比较，也还只有会馆是还能相容的地方。依然是这样的破屋，这样的板床，这样的半枯的槐树和紫藤，但那时使我希望，欢欣，爱，生活的，却全都逝去了，只有一个虚空，我用真实去换来的虚空存在。

新的生路还很多，我必须跨进去，因为我还活着。但我还不知道怎样跨出那第一步。有时，仿佛看见那生路就像一条灰白的长蛇，自己蜿蜒地向我奔来，我等着，等着，看看临近，但忽然便消失在黑暗里了。

初春的夜，还是那么长。长久的枯坐中记起上午在街头所见的葬式，前面是纸人纸马，后面是唱歌一般的哭声。我现在已经知道他们的聪明了，这是多么轻松简截的事。

然而子君的葬式却又在我的眼前，是独自负着虚空的重担，在灰白的长路上前行，而又即刻消失在周围的严威和冷眼里了。

我愿意真有所谓鬼魂，真有所谓地狱，那么，即使在孽风怒吼之中，我也将寻觅子君，当面说出我的悔恨和悲哀，祈求她的饶恕；否则，地狱的毒焰将围绕我，猛烈地烧尽我的悔恨和悲哀。

我将在孽风和毒焰中拥抱子君，乞她宽容，或者使她快意……

但是，这却更虚空于新的生路；现在所有的只是初春的夜，竟还是那么长。我活着，我总得向着新的生路跨出去，那第一步，——却不过是写下我的悔恨和悲哀，为子君，为自己。

我仍然只有唱歌一般的哭声，给子君送葬，葬在遗忘中。

我要遗忘；我为自己，并且要不再想到这用了遗忘给子君送葬。

我要向着新的生路跨进第一步去，我要将真实深深地藏在心的创伤中，默默地前行，用遗忘和说谎做我的前导……

一九二五年十月二十一日毕

【注释】

[1] 会馆：旧时都市中同乡会或同业公会设立的馆舍，供同乡或同业旅居、聚会之用。

[2] 长班：旧时官员的随身仆人，也用来称呼一般的"听差"。

[3] 伊孛生：(H.Ibsen，1828—1906)通译易卜生，挪威剧作家。泰戈尔(R.Tagore，1861—1941)，印度诗人。1924 年曾来过我国。当时他的诗作译成中义的有《新月集》《飞鸟集》等。雪莱(P.B.Shelley，1792—1822)，英国诗人。曾参加爱尔兰民族独立运动，因传播革命思想和争取婚姻自由屡遭迫害，后在海里覆舟淹死。他的《西风颂》《云雀颂》等著名短诗在五四运动后被介绍到我国。

[4] 庙会：又称"庙市"，旧时在节日或规定的日子，设在寺庙或其附近的集市。

[5] 赫胥黎：(T.H.Huxley，1825—1895)英国生物学家。他的《人类在宇宙间的位置》(今译《人类在自然界的位置》)，是宣传达尔文的进化论的重要著作。

[6] 草标：旧时在被卖的人身或物品上插置的草杆，作为出卖的标志。

[7] 摩托车：当时对小汽车的称呼。

[8] 《诺拉》：通译《娜拉》(又译作《傀偶之家》)；《海的女人》：通译《海的夫人》，都是易卜生的著名剧作。

[9] 书券：购书用的代价券，可按券面金额到指定书店选购。旧时有的报刊用它代替现金支付稿酬。

[10] 拔贡：清代科举考试制度，在规定的年限(原定六年，后改为十二年)选拔"文行兼优"的秀才，保送到京师，贡入国子监，称为"拔贡"，是贡生的一种。

【阅读提示】

《伤逝》选自鲁迅小说集《彷徨》，是鲁迅唯一一部以青年男女恋爱婚姻为题材的作品。

恋爱自由、婚姻自由是"五四"青年普遍关心和身体力行的一种时尚。"五四"时期，以娜拉出走为喜剧结局的作品风行一时，写在"五四"退潮时的《伤逝》则从这一喜剧结局出发，描绘了一出令人深思的社会悲剧，体现了鲁迅对"娜拉出走以后怎样"的问题的关注。

作品以涓生手记的形式，以小说主人公的切身感受，回顾跟子君从恋爱到激情破灭一年间的经历。通过涓生的反思和悔恨，揭示出恋爱和婚姻问题不可能是一个孤立的问题，它的最终解决不能仅靠着个性解放，而应该是整个社会解放的一个组成部分。

【思考与讨论】

1. 谈谈你对涓生、子君爱情悲剧的看法。

2. 《伤逝》超出"五四"时期同类爱情题材小说的地方在哪里？

3. 试析《伤逝》的艺术特色。

凤 凰 涅 槃[1]

郭沫若

【题解】

郭沫若(1892—1978)，本名郭开贞，字鼎堂，号尚武，四川乐山人，中国现代作家、历史学家、考古学家。1914 年赴日本留学，后弃医从文。与成仿吾、郁达夫等组织"创造社"，积极从事新文学运动。1921 年，出版第一部诗集《女神》。1923 年后系统学习马克思主义理论，提倡无产阶级文学，创作了历史剧《屈原》《虎符》等和大量杂文、随笔、诗歌。新中国成立后，从事政治和文化科学的组织与领导工作，主要作品有诗集《新华颂》《东风集》，历史剧《蔡文姬》《武则天》等，主编《中国史稿》和《甲骨文合集》。全部作品编成《郭沫若全集》38 卷。

郭沫若的代表诗集《女神》摆脱了中国传统诗歌的束缚，充分反映了"五四"时代精神，在中国文学史上开拓了新一代诗风，是当代最优秀的革命浪漫主义诗作。

【文献来源】

朱栋霖，龙泉明. 中国现代文学作品选(1917～2000)[M]. 北京：高等教育出版社，2002：3-14.

天方国古有神鸟名"菲尼克司"(Phoenix)，满五百岁后，集香木自焚，复从死灰中更生，鲜美异常，不再死。

按此鸟殆即中国所谓凤凰：雄为凤，雌为凰。《孔演图》云："凤凰火精，生丹穴。"《广雅》云："凤凰……雄鸣曰即即，雌鸣曰足足。"

序曲

除夕将近的空中，
飞来飞去的一对凤凰，
唱着哀哀的歌声飞去，
衔着枝枝的香木飞来，
飞来在丹穴山[2]上。

山右有枯槁了的梧桐，
山左有消歇了的醴泉，
山前有浩茫茫的大海，
山后有阴莽莽的平原，
山上是寒风凛冽的冰天。

天色昏黄了，
香木集高了，
凤已飞倦了，
凰已飞倦了，
他们的死期将近了。

凤啄香木，
一星星的火点迸飞。
凰扇火星，
一缕缕的香烟上腾。

凤又啄，
凰又扇，
山上的香烟弥散，
山上的火光弥满。

夜色已深了，
香木已燃了，
凤已啄倦了，
凰已扇倦了，
他们的死期已近了。

啊啊！
哀哀的凤凰！
凤起舞，低昂！
凰唱歌，悲壮！
凤又舞，
凰又唱，
一群的凡鸟，
自天外飞来观葬。

凤歌

即即！即即！即即！
即即！即即！即即！

茫茫的宇宙，冷酷如铁！
茫茫的宇宙，黑暗如漆！
茫茫的宇宙，腥秽如血！

宇宙呀，宇宙，
你为什么存在？
你自从哪里来？
你坐在哪里在？
你是个有限大的空球？
你是个无限大的整块？
你若是有限大的空球，
那拥抱着你的空间
他从哪里来？
你的当中为什么又有生命存在？
你到底还是个有生命的交流？
你到底还是个无生命的机械？

昂头我问天，
天徒矜高，莫有点儿知识。
低头我问地，
地已死了，莫有点儿呼吸。
伸头我问海，
海正扬声而鸣唈。

啊啊！
生在这样个阴秽的世界当中，
便是把金刚石的宝刀也会生锈！
宇宙呀，宇宙，
我要努力地把你诅咒：
你脓血污秽着的屠场呀！
你悲哀充塞着的囚牢呀！
你群鬼叫号着的坟墓呀！
你群魔跳梁着的地狱呀！
你到底为什么存在？

我们飞向西方，
西方同是一座屠场。
我们飞向东方，
东方同是一座囚牢。

我们飞向南方，
南方同是一座坟墓。
我们飞向北方，
北方同是一座地狱。
我们生在这样个世界当中，
只好学着海洋哀哭。

凰歌
足足！足足！足足！
足足！足足！足足！
五百年来的眼泪倾泻如瀑。
五百年来的眼泪淋漓如烛。
流不尽的眼泪，
洗不净的污浊，
浇不熄的情炎，
荡不去的羞辱，
我们这飘渺的浮生，
到底要向哪儿安宿？

啊啊！
我们这飘渺的浮生，
好像那大海里的孤舟，
左也是漶漫，
右也是漶漫，
前不见灯台，
后不见海岸，
帆已破，
樯已断，
楫已漂流，
柁已腐烂，
倦了的舟子只是在舟中呻唤，
怒了的海涛还是在海中泛滥，

啊啊！
我们这飘渺的浮生，
好像这黑夜里的酣梦，
前也是睡眠，
后也是睡眠，
来得如飘风，

去得如轻烟，
来如风，
去如烟，
眠在后，
睡在前，
我们只是这睡眠当中得
一刹那的风烟。

啊啊！
有什么意思？
有什么意思？
痴！痴！痴！
只剩些悲哀，烦恼，寂寥，衰败，
环绕着我们活动着的死尸，
贯串着我们活动着的死尸。

啊啊！
我们年轻时候的新鲜哪儿去了？
我们年轻时候的甘美哪儿去了？
我们年轻时候的光华哪儿去了？
我们年轻时候的欢爱哪儿去了？
去了！去了！去了！
一切都已去了，
一切都要去了。
我们也要去了，
你们也要去了。
悲哀呀！烦恼呀！寂寥呀！衰败呀！

凤凰同歌

啊啊！
火光熊熊了。
香气蓬蓬了。
时期已到了。
死期已到了。
身外的一切！
身内的一切！
一切的一切！
请了！请了！

群鸟歌

岩鹰：
哈哈，凤凰！凤凰！
你们枉为这禽中的灵长！
你们死了吗？你们死了吗？
从今后该我为空界的霸王！

孔雀：
哈哈，凤凰！凤凰！
你们枉为这禽中的灵长！
你们死了吗？你们死了吗？
从今后请看我花翎上的威光！

鸱枭：
哈哈，凤凰！凤凰！
你们枉为这禽中的灵长！
你们死了吗？你们死了吗？
哦！是哪儿来的鼠肉的馨香？

家鸽：
哈哈，凤凰！凤凰！
你们枉为这禽中的灵长！
你们死了吗？你们死了吗？
从今后请看我们驯良百姓的安康！

鹦鹉：
哈哈，凤凰！凤凰！
你们枉为这禽中的灵长！
你们死了吗？你们死了吗？
从今后请听我们雄辩家的主张！

白鹤：
哈哈，凤凰！凤凰！
你们枉为这禽中的灵长！
你们死了吗？你们死了吗？
从今后请看我们高蹈派的徜徉！

凤凰更生歌

鸡鸣：
听潮涨了，
听潮涨了，

死了的光明更生了。

春潮涨了，
春潮涨了，
死了的宇宙更生了。

生潮涨了，
生潮涨了，
死了的凤凰更生了。

凤凰和鸣：
我们更生了，
我们更生了。
一切的一，更生了。
一的一切，更生了。
我们便是他，他们便是我，
我中也有你，你中也有我。
我便是你，
你便是我。
火便是凰。
凤便是火。
翱翔！翱翔！
欢唱！欢唱！

我们新鲜，我们净朗，
我们华美，我们芬芳，
一切的一，芬芳。
一的一切，芬芳。
芬芳便是你，芬芳便是我。
芬芳便是他，芬芳便是火。
火便是你。
火便是我。
火便是他。
火便是火。
翱翔！翱翔！
欢唱！欢唱！

我们热诚，我们挚爱。
我们欢乐，我们和谐。
一切的一，和谐。

一的一切，和谐。
和谐便是你，和谐便是我。
和谐便是他，和谐便是火。
火便是你。
火便是我。
火便是他。
火便是火。
翱翔！翱翔！
欢唱！欢唱！

我们生动，我们自由。
我们雄浑，我们悠久。
一切的一，悠久。
一的一切，悠久。
悠久便是你，悠久便是我。
悠久便是他，悠久便是火。
火便是你。
火便是我。
火便是他。
火便是火。
翱翔！翱翔！
欢唱！欢唱！

我们欢唱，我们翱翔。
我们翱翔，我们欢唱。
一切的一，常在欢唱。
一的一切，常在欢唱。
是你在欢唱？是我在欢唱？
是他在欢唱？是火在欢唱？
欢唱在欢唱！
欢唱在欢唱！
只有欢唱！
只有欢唱！
欢唱！
欢唱！
欢唱！

1920 年 1 月 20 日初稿
1928 年 1 月 3 日改删

【注释】

[1] 凤凰涅槃：指凤凰浴火重生，并得到永生。涅槃，佛教用语，即死亡，为避讳而称"涅槃"。在中国古代神话传说中并无凤凰会浴火重生的说法。

[2] 丹穴山：《山海经·南次三经》云："又东五百里，曰丹穴之山，其上多金玉。丹水出焉，而南流注于渤海，有鸟焉，其状如鸡，五采而文。名曰凤皇。首文曰德，翼文曰义，背文曰礼，膺文曰仁，腹文曰信。是鸟也，饮食自然，自歌自舞，见则天下安宁。"

【阅读提示】

《凤凰涅槃》最初发表于 1920 年 1 月上海《时事新报》，后收入诗集《女神》。

诗人以凤凰的传说为素材，通过凤凰集木自焚，从烈火中重生的故事，表达了彻底埋葬旧社会、争取民族和国家自由解放的思想，体现了彻底反帝反封建的"五四"精神。全诗基调雄浑悲壮，具有鲜明的浪漫主义特色，是中国现代文学史上最优秀的诗作之一。

《凤凰涅槃》充满了对黑暗社会的深恶痛绝，体现了决不妥协、反抗黑暗世界到底的强烈精神，同时饱含着诗人对祖国深深的眷恋之情。凤凰的形象，既寄寓着诗人对新的理想社会的热烈追求，也是富有叛逆精神的诗人的自我写照，体现了"五四"时代个性解放的鲜明要求。

【思考与讨论】

1. 深入了解郭沫若创作《凤凰涅槃》的时代背景。
2. 岩鹰、孔雀、鸱枭、家鸽、鹦鹉、白鹤等群鸟代表当时什么社会群体？

桨声灯影里的秦淮河

朱自清

【题解】

朱自清(1898—1948)，原名自华，号实秋，后改名自清，字佩弦。原籍浙江绍兴，出生于江苏省东海县(今连云港市东海县平明镇)，后随父定居扬州。中国现代散文家、诗人、学者、民主战士。代表作有《背影》《匆匆》《春》等。作品语言读起来使人感到朴实、自然而又清新，写景抒情不失细腻生动又有一种诗味。

【文献来源】

朱自清. 朱自清散文集[M]. 北京：西苑出版社，2006：5-14.

一九二三年八月的一晚，我和平伯同游秦淮河；平伯是初泛，我是重来了。我们雇了一只"七板子"[1]，在夕阳已去，皎月方来的时候，便下了船。于是桨声汩——汩，我们开始领略那晃荡着蔷薇色的历史的秦淮河的滋味了。

秦淮河里的船，比北京万牲园、颐和园的船好，比西湖的船好，比扬州瘦西湖的船也好。这几处的船不是觉着笨，就是觉着简陋、局促；都不能引起乘客们的情韵，如秦淮河的船一样。秦淮河的船约略可分为两种：一是大船；一是小船，就是所谓"七板子"。大船舱口阔大，可容二三十人。里面陈设着字画和光洁的红木家具，桌上一律嵌着冰凉的大理石面。窗格雕镂颇细，使人起柔腻之感。窗格里映着红色蓝色的玻璃；玻璃上有精致的花纹，也颇悦人目。"七板子"规模虽不及大船，但那淡蓝色的栏干，空敞的舱，也足系人情思。而最出色处却在它的舱前。舱前是甲板上的一部，上面有弧形的顶，两边用疏疏的栏干支着。里面通常放着两张藤的躺椅。躺下，可以谈天，可以望远，可以顾盼两岸的河房。大船上也有这个，但在小船上更觉清隽[2]罢了。舱前的顶下，一律悬着灯彩；灯的多少，明暗，彩苏的精粗，艳晦，是不一的，但好歹总还你一个灯彩。这灯彩实在是最能钩人的东西。夜幕垂垂地下来时，大小船上都点起灯火。从两重玻璃里映出那辐射着的黄黄的散光，反晕出一片朦胧的烟霭；透过这烟霭，在黯黯的水波里，又逗起缕缕的明漪。在这薄霭和微漪里，听着那悠然的间歇的桨声，谁能不被引入他的美梦去呢？只愁梦太多了，这些大小船儿如何载得起呀？我们这时模模糊糊的谈着明末的秦淮河的艳迹，如《桃花扇》及《板桥杂记》里所载的。我们真神往了。我们仿佛亲见那时华灯映水，画舫凌波[3]的光景。于是我们的船便成了历史的重载了。我们终于恍然秦淮河的船所以雅丽过于他处，而又有奇异的吸引力的，实在是许多历史的影象使然了。

秦淮河的水是碧阴阴的；看起来厚而不腻，或者是六朝金粉所凝么？我们初上船的时候，天色还未断黑，那漾漾的柔波是这样恬静，委婉，使我们一面有水阔天空之想，一面又憧憬着纸醉金迷之境了。等到灯火明时，阴阴的变为沉沉了：黯淡的水光，像梦一般；那偶然闪烁着的光芒，就是梦的眼睛了。我们坐在舱前，因了那隆起的顶棚，仿佛总是昂着首向前走着似的；于是飘飘然如御风而行的我们，看着那些自在的湾泊着的船，船里走马灯般的人物，便像是下界一般，迢迢的远了，又像在雾里看花，尽朦朦胧胧的。这时我们已过了利涉桥，望见东关头了。沿路听见断续的歌声：有从沿河的妓楼飘来的，有从河上船里度来的。我们明知那些歌声，只是些因袭的言词，从生涩的歌喉里机械的发出来的；但它们经了夏夜的微风的吹漾和水波的摇拂，袅娜着到我们耳边的时候，已经不单是她们的歌声，而混着微风和河水的密语了。于是我们不得不被牵惹着，震撼着，相与浮沉于这歌声里了。从东关头转湾，不久就到大中桥。大中桥共有三个桥拱，都很阔大，俨然是三座门儿；使我们觉得我们的船和船里的我们，在桥下过去时，真是太无颜色了。桥砖是深褐色，表明它的历史的长久；但都完好无缺，令人太息[4]于古昔工程的坚美。桥上两旁都是木壁的房子，中间应该有街路？这些房子都破旧了，多年烟熏的迹，遮没了当年的美丽。我想象秦淮河的极盛时，在这样宏阔的桥上，特地盖了房子，必然是髹漆[5]得富富丽丽的；晚间必然是灯火通明的，现在却只剩下一片黑沉沉！但是桥上造着房子，毕竟使我们多少可以想见往日的繁华；这也慰情聊胜无了。过了大中桥，便到了灯月交辉，笙歌彻夜的秦淮河；这才是秦淮河的真面目哩。

大中桥外，顿然空阔，和桥内两岸排着密密的人家的景象大异了。一眼望去，疏疏的林，淡淡的月，衬着蔚蓝的天，颇像荒江野渡光景；那边呢，郁丛丛的，阴森森的，又似乎藏着无边的黑暗：令人几乎不信那是繁华的秦淮河了。但是河中眩晕着的灯光，纵横着的画舫，悠扬着的笛韵，夹着那吱吱的胡琴声，终于使我们认识绿如茵陈酒的秦淮水了。此地天裸露着的多些，故觉夜来的独迟些；从清清的水影里，我们感到的只是薄薄的夜——这正是秦淮河的夜。大中桥外，本来还有一座复成桥，是船夫口中的我们的游踪尽处，或也是秦淮河繁华的尽处了。我的脚曾踏过复成桥的脊，在十三四岁的时候。但是两次游秦淮河，却都不曾见着复成桥的面；

明知总在前途的，却常觉得有些虚无缥缈似的。我想，不见倒也好。这时正是盛夏。我们下船后，借着新生的晚凉和河上的微风，暑气已渐渐消散；到了此地，豁然开朗，身子顿然轻了——习习的清风荏苒在面上，手上，衣上，这便又感到了一缕新凉了。南京的日光，大概没有杭州猛烈；西湖的夏夜老是热蓬蓬的，水像沸着一般，秦淮河的水却尽是这样冷冷地绿着。任你人影的憧憧，歌声的扰扰，总像隔着一层薄薄的绿纱面幂似的；它尽是这样静静的，冷冷的绿着。我们出了大中桥，走不上半里路，船夫便将船划到一旁，停了桨由它宕[6]着。他以为那里正是繁华的极点，再过去就是荒凉了；所以让我们多多赏鉴一会儿。他自己却静静的蹲着。他是看惯这光景的了，大约只是一个无可无不可。这无可无不可，无论是升的沉的，总之，都比我们高了。

那时河里热闹极了；船大半泊着，小半在水上穿梭似的来往。停泊着的都在近市的那一边，我们的船自然也夹在其中。因为这边略略的挤，便觉得那边十分的疏了。在每一只船从那边过去时，我们能画出它的轻轻的影和曲曲的波，在我们的心上；这显着是空，且显着是静了。那时处处都是歌声和凄厉的胡琴声，圆润的喉咙，确乎是很少的。但那生涩的，尖脆的调子能使人有少年的，粗率不拘的感觉。也正可快我们的意。况且多少隔开些儿听着，因为想象与渴慕的做美，总觉更有滋味；而竞发的喧嚣，抑扬的不齐，远近的杂沓，和乐器的嘈嘈切切，合成另一意味的谐音，也使我们无所适从，如随着大风而走。这实在因为我们的心枯涩久了，变为脆弱；故偶然润泽一下，便疯狂似的不能自主了。但秦淮河确也腻人。即如船里的人面，无论是和我们一堆儿泊着的，无论是从我们眼前过去的，总是模模糊糊的，甚至渺渺茫茫的；任你张圆了眼睛，揩净了眦垢[7]，也是枉然。这真够人想呢。在我们停泊的地方，灯光原是纷然的；不过这些灯光都是黄而有晕的。黄已经不能明了，再加上了晕，便更不成了。灯愈多，晕就愈甚；在繁星般的黄的交错里，秦淮河仿佛笼上了一团光雾。光芒与雾气腾腾的晕着，什么都只剩了轮廓了；所以人面的详细的曲线，便消失于我们的眼底了。但灯光究竟夺不了那边的月色；灯光是浑的，月色是清的。在浑沌的灯光里，渗入一派清辉，却真是奇迹！那晚月儿已瘦削了两三分，她晚妆才罢，盈盈的上了柳梢头。天是蓝得可爱，仿佛一汪水似的；月儿便更出落得精神了。岸上原有三株两株的垂杨树，淡淡的影子，在水里摇曳着。它们那柔细的枝条浴着月光，就像一支支美人的臂膊，交互的缠着，挽着；又像是月儿披着的发。而月儿偶尔也从它们的交叉处偷偷窥看我们，大有小姑娘怕羞的样子。岸上另有几株不知名的老树，光光的立着；在月光里照起来，却又俨然是精神矍铄[8]的老人。远处——快到天际线了，才有一两片白云，亮得现出异彩，像是美丽的贝壳一般。白云下便是黑黑的一带轮廓；是一条随意画的不规则的曲线。这一段光景，和河中的风味大异了。但灯与月竟能并存着，交融着，使月成了缠绵的月，灯射着渺渺的灵辉；这正是天之所以厚秦淮河，也正是天之所以厚我们了。

这时却遇着了难解的纠纷。秦淮河上原有一种歌妓，是以歌为业的。从前都在茶舫上，唱些大曲之类。每日午后一时起；什么时候止，却忘记了。晚上照样也有一回，也在黄晕的灯光里。我从前过南京时，曾随着朋友去听过两次。因为茶舫里的人脸太多了，觉得不大适意，终于听不出所以然。前年听说歌妓被取缔了，不知怎的，颇涉想了几次——却想不出什么。这次到南京，先到茶舫上去看看，觉得颇是寂寥，令我无端[9]的怅怅了。不料她们却仍在秦淮河里挣扎着，不料她们竟会纠缠到我们，我于是很张皇[10]了。她们也乘着"七板子"，她们总是坐在舱前的。舱前点着石油汽灯，光亮眩人眼目；坐在下面的，自然是纤毫毕见了——引诱客人们的力量，也便在此了。舱里躲着乐工等人，映着汽灯的余辉蠕动着；他们是永远不被注意的。每船的歌妓大约都是二人；天色一黑，她们的船就在大中桥外往来不息的兜生意。无论行着的船，泊着的船，都要来兜揽的。这都是我后来推想出来的。那晚不知怎样，忽然轮着我们的船了。我们的船好好的停着，一只歌舫划向我们来了；渐渐和我们的船并着了。铄铄的灯光逼得我们皱起了眉头；我们的风尘色全给它托出来了，这使我不安。那时一个伙计跨过船来，拿着摊开的歌折，就近塞向我的手里，说，"点几出吧！"他跨过来的时候，我们船上似乎有许多眼光跟着。同时相近的别的船上也似乎有许多眼睛炯炯的向我们船上看着。我真窘了！我也装出大方的样子，向歌妓们瞥了一眼，但究竟是不成的！我勉强将那歌折翻了一翻，却不曾看清了几字；便赶紧递还那伙计，一面不好意思地说："不要，我们……不要。"他便塞给平伯，平伯掉转头去，摇手说，"不要！"那人还腻[11]着不走。平伯又回过脸来，摇着头道，"不要！"于是那人重到我处，我窘着再拒绝了他。他这才有所不屑似的走了。我的心立刻放下，如释了重负一般。我们就开始自白了。

我说我受了道德律的压迫，拒绝了她们；心里似乎很抱歉的。这所谓抱歉，一面对于她们，一面对于我自己。她们于我们虽然没有很奢的希望；但总有些希望的。我们拒绝了她们，无论理由如何充足，却使她们的希望受了伤；这总有几分不做美了。这是我觉得很怅怅的。至于我自己，更有一种不足之感。我这时被四面的歌声诱惑了，降服了；但是远远的，远远的歌声总仿佛隔着重衣搔痒似的，越搔越搔不着痒处。我于是憧憬着贴耳的妙音了。在歌舫划来时，我的憧憬，变为盼望；我固执的盼望着，有如饥渴。虽然从浅薄的经验里，也能够推知，那贴耳的歌声，将剥去一切的美妙；但一个平常的人像我的，谁愿凭了理性之力去丑化未来呢？我宁愿自己骗着了。不过我的社会感性是很敏锐的；我的思力能拆穿道德律的西洋镜，而我的感情却终于被它压服着。我于是有所顾忌了，尤其是在众目昭彰的时候。道德律的力，本来是民众赋予的；在民众的面前，自然更显出它的威严了。我这时一面盼望，一面却感到了两重的禁制：一，在通俗的意义上，接近妓者总算一种不正当的行为；二，妓是一种不健全的职业，我们对于她们，应有哀矜[12]勿喜之心，不应赏玩的去听她们的歌。在众目睽睽之下，这两种思想在我心里最为旺盛。她们暂时压倒了我的听歌的盼望，这便成就了我的灰色的拒绝。那时的心实在异常状态中，觉得颇是昏乱。歌舫去了，暂时宁静之后，我的思绪又如潮涌了。两个相反的意思在我心头往复：卖歌和卖淫不同，听歌和狎妓不同，又干道德甚事——但是，但是，她们既被逼的以歌为业，她们的歌必无艺术味的；况她们的身世，我们究竟该同情的。所以拒绝倒也是正办[13]。但这些意思终于不曾撇开我的听歌的盼望。它力量异常坚强；它总想将别的思绪踏在脚下。从这重重的争斗里，我感到了浓厚的不足之感。这不足之感使我的心盘旋不安，起坐都不安宁了。唉！我承认我是一个自私的人！平伯呢，却与我不同。他引周启明先生的诗，"因为我有妻子，所以我爱一切的女人，因为我有子女，所以我爱一切的孩子。"他的意思可以见了。他因为推及的同情，爱着那些歌妓，并且尊重着她们，所以拒绝了她们。在这种情形下，他自然以为听是对于她们的一种侮辱。但他也是想听歌的，虽然不和我一样。所以在他的心中，当然也有一番小小的争斗；争斗的结果，是同情胜了。至于道德律，在他是没有什么的；因为他很有蔑视一切的倾向，民众的力量在他是不大觉着的。这时他的心意的活动比较简单，又比较松弱，故事后还怡然自若；我却不能了。这里平伯又比我高了。

在我们谈话中间，又来了两只歌舫。伙计照前一样的请我们点戏，我们照前一样的拒绝了。我受了三次窘，心里的不安更甚了。清艳的夜景也为之减色。船夫大约因为要赶第二趟生意，催着我们回去；我们无可无不可的答应了。我们渐渐和那些晕黄的灯光远了，只有些月色冷清清的随着我们的归舟。

我们的船竟没个伴儿，秦淮河的夜正长哩！到大中桥近处，才遇着一只来船。这是一只载妓的板船，黑漆漆的没有一点光。船头上坐着一个妓女；暗里看出，白地小花的衫子，黑的下衣。她手里拉着胡琴，口里唱着青衫的调子。她唱得响亮而圆转；当她的船箭一般驶过去时，余音还袅袅的在我们耳际，使我们倾听而向往。想不到在弩末的游踪里，还能领略到这样的清歌！这时船过大中桥了，森森的水影，如黑暗张着巨口，要将我们的船吞了下去。我们回顾那渺渺的黄光，不胜依恋之情；我们感到了寂寞了！这一段地方夜色甚浓，又有两头的灯火招邀着；桥外的灯火不用说了，过了桥另有东关头疏疏的灯火。我们忽然仰头看见依人的素月，不觉深悔归来之早了！走过东关头，有一两只大船湾泊着，又有几只船向我们来着。嚣嚣的一阵歌声人语，仿佛笑我们无伴的孤舟哩。东关头转弯，河上的夜色更浓了；临水的妓楼上，时时从帘缝里射出一线一线的灯光；仿佛黑暗从醋睡里眨了一眨眼。我们默然的对着，静听那汩——汩的桨声，几乎要入睡了；朦胧里却温寻着适才的繁华的余味。我那不安的心在静里愈显活跃了！这时我们都有了不足之感，而我的更其浓厚。我们却又不愿回去，于是只能由懊悔而怅惘了。船里便满载着怅惘了。直到利涉桥下，微微嘈杂的人声，才使我豁然一惊；那光景却又不同。右岸的河房里，都大开了窗户，里面亮着晃晃的电灯，电灯的光射到水上，蜿蜒曲折，闪闪不息，正如跳舞着的仙女的臂膊。我们的船已在她的臂膊里了；如睡在摇篮里一样，倦了的我们便又入梦了。那电灯下的人物，只觉得像蚂蚁一般，更不去萦念。这是最后的梦；可惜是最短的梦！黑暗重复落在我们面前，我们看见傍岸的空船上一星两星的，枯燥无力又摇摇不定的灯光。我们的梦醒了，我们知道就要上岸了；我们心里充满了幻灭的情思。

一九二三年十月十一日作完，于温州。

【注释】

[1] 七板子：也称"七板儿"；《官场现形记》第二九回："窗户外头河下一只七板子，坐着一位小姑娘。"秦淮河上的歌妓所乘的一种有篷而周围无走沿的小游艇。

[2] 清隽(juàn)：清新隽永。

[3] 凌波：指船儿在水面航行。

[4] 太息：感叹、叹息。

[5] 髹漆(xiū qī)：亦作"髹漆"。这里是动词，指油漆。

[6] 宕：飘荡。

[7] 眦垢(zì gòu)：眼眵，俗称眼屎。

[8] 矍铄(jué shuò)：形容老年人很有精神的样子。

[9] 无端：没有理由地。

[10] 张皇：惊慌，不知所措。

[11] 腻：赖，纠缠。

[12] 哀矜：哀怜；怜悯。

[13] 正办：正当的办法。《儒林外史》第四三回：雷太守道："大老爷此议，原是正办……"

【阅读提示】

时值五四运动过后四年多的 1923 年 10 月，新文化运动的两位干将朱自清和俞平伯，相约游览秦淮河，要在冷落的时局里，排遣寂寞怅惘，寻找心灵抚慰。两人乘兴而来，惆怅而去，感触良多，于是相约同题各写下一篇散文。朱自清的这篇《桨声灯影里的秦淮河》1924 年 1 月 25 日发表于《东方杂志》。

游程的前半段，作者着力描绘秦淮河的自然景观。在光影声色的交汇下，秦淮河不同时间、不同情境中的绰约风姿，得以细腻精巧地呈现出来，营造出了一个如梦似幻的精神世界。自然景观的描摹中蕴含着对历史影像缅怀，颇能引发阅读者的思古幽情。游程的后半段由于歌妓的出现，游者从历史回到现实。想听歌，却又碍于道德束缚；想超越现实，却不能忘却现实的矛盾心情，被展现得淋漓尽致。

文中体现的那种"幻灭的情思"，以及那种"遇着了难解的纠纷"，是那个时代具有普遍性的精神写照。富有诗情画意是这篇文章的最大特色。语言美、比较美、意境美、真情美，使其成为"五四"散文创作的代表。

【思考与讨论】

1. 作者游程的前半段和后半段，心境各是怎样？变化是怎样产生的？

2. 苏轼曾赞王维的诗和画"诗中有画，画中有诗"。朱自清此文也有这个特色，请结合具体文段予以说明。

清华大学王观堂先生纪念碑铭

陈寅恪

【题解】

陈寅恪(1890—1969)，字鹤寿，江西省修水县人。中国现代历史学家、古典文学研究家、语言学家、诗人。早年留学日本、西欧，后又到美国和德国研究梵文。1926 年回国后，先后任清华大学、西南联合大学、岭南大学、中山大学等校教授，中央研究院院士，中国科学院哲学社会科学学部委员，中央文史馆副馆长等职。一生致力于魏晋南北朝及隋唐史的研究。对佛经翻译、校勘、解释，以及对音韵学、蒙古源流、李唐氏族渊源、府兵制源流、中印文化交流等课题的研究，均有重要贡献。著有《隋唐制度渊源略论稿》《唐代政治史述论稿》《元白诗笺证稿》《寒柳堂集》《金明馆丛稿初编》《金明馆丛稿二编》《柳如是别传》等。

【文献来源】

陈寅恪. 金明馆丛稿二编[M]. 北京：三联书店，2001：246.

海宁王先生[1]自沈[2]后二年，清华研究院同仁咸怀思不能自已。其弟子受先生之陶冶煦育[3]者有年，尤思有以永其念。佥[4]曰，宜铭之贞珉[5]，以昭示于无竟[6]。因以刻石之词命寅恪，数辞不获已，谨举先生之志事，以普告天下后世。其词曰：士之读书治学，盖将以脱心志于俗谛[7]之桎梏，真理因得以发扬。思想而不自由，毋宁死耳。斯古今仁圣所同殉之精义，夫岂庸鄙之敢望。先生以一死见其独立自由之意志，非所论于一人之恩怨，一姓之兴亡[8]。呜呼！树兹石于讲舍，系哀思而不忘。表哲人之奇节，诉真宰[9]之茫茫。来世不可知者也，先生之著述，或有时而不章[10]。先生之学说，或有时而可商。惟此独立之精神，自由之思想，历千万祀，与天壤而同久，共三光[11]而永光。

【注释】

[1] 海宁王先生：即王国维(1977－1927)，浙江海宁人，字静安，号观堂，现代学者，为清华研究院"四大导师"之一。1927年自沉于北京颐和园昆明湖。生平著作共六十余种，研究领域涉及文学、戏曲、甲骨文、金文、音韵学、汉晋简牍以及历代石经的考释等，均有划时代的伟大贡献。著作收入《海宁王静安先生遗书》。

[2] 自沈：同"自沉"。

[3] 煦育：养育。

[4] 佥(qiān)：全，都。

[5] 贞珉(mín)：石刻碑铭的美称。珉，似玉的美石。

[6] 无竟：永恒。

[7] 俗谛：佛教名词，指世俗的道理，对"真谛"而言。这里指利害的计较。

[8] "非所论"二句：王国维自沉后，对其死因众说纷纭，或说缘于罗振玉的恩怨，或说为溥仪小朝廷殉节。本文就是针对这些议论而写的。

[9] 真宰：天为万物的主宰，故称真宰。

[10] 章：同"彰"，彰显。

[11] 三光：日、月、星。《三字经》："三光者，日月星。"

【阅读提示】

本文高度概括了王国维的文化人格，同时也是陈寅恪思想的集中表达。

王国维之死，是现代中国一个具有深远影响的文化历史事件。王国维在遗书中写道："五十之年，只欠一死。经此世变，义无再辱。"关于王国维自沉原因的分析探讨，自他辞世之日起，即有多种不同意见：或云殉清，或云与罗振玉发生矛盾，或云受叔本华悲观主义哲学影响而厌世，或云担心受北伐革命军侮辱而死，不一而足。陈寅恪在《王观堂先生挽词并序》中说："凡一种文化值衰落之时，为此文化所化之人，必感苦痛，其表现此文化之程量愈宏，则其所受之苦痛愈甚；迨既达极深之度，殆非出于自杀无以求一己之心安而义尽也。" 此文论曰："先生以一死见其独立自由之意志，非所论于一人之恩怨，一姓之兴亡。"由此可以看出，陈寅恪认为王国维之死是为殉行将毁灭的中国传统文化。文化界多以为陈寅恪意见最中肯。

碑铭是古代常见的文体。曹丕在《典论·论文》中说："铭诔尚实，诗赋欲丽。"陆机在《文赋》中认为："碑披文以相质，诔缠绵而凄怆，铭博约而温润。"可见，质实、博约、温润是碑铭文字的根本特点。陈寅恪的这篇碑文，以其标举独立之精神，自由之思想，成为现代思想文化史上的经典之作。全文主题突出，简洁清晰，叙、论、辩结合，说明了立碑之原由，为学之目的，王国维自沉之动机，他的根本价值之所在，以及对他的高度评价和赞颂，既质且实，博而能约，温润深沉。

【思考与讨论】

如何理解"独立之精神，自由之思想"这句话的内涵？

雷雨(节选)

曹禺

【题解】

曹禺(1910—1996)，原名万家宝，字小石，祖籍湖北潜江，出生于天津一个没落的封建官僚家庭，中国杰出的现代话剧剧作家。其代表作品有《雷雨》《日出》《原野》《北京人》等。

【文献来源】

朱栋霖，龙泉明. 中国现代文学作品选(1917～2000)[M]. 北京：高等教育出版社，2002：227-239.

第 一 幕

开幕时舞台全黑，隔十秒钟，渐明。

景——大致和序幕相同，但是全屋的气象是比较华丽的。这是十年前一个夏天的上午，在周宅的客厅里。

壁龛的帷幔还是深掩着，里面放着艳丽的盆花。中间的门开着，隔一层铁纱门，从纱门望出去，花园的树木绿荫荫的，并且听见蝉在叫。右边的衣服柜，铺上一张黄桌布，上面放着许多小巧的摆饰，最显明的是一张旧相片，很不调和地和这些精致东西放在一起。柜前面狭长矮几，放着华贵的烟具同一些零碎物件。右边炉上有一个钟同鲜花盆，墙上，挂一幅油画。炉前有两把圈椅，背朝着墙。中间靠左的玻璃柜放满了古玩，前面的小矮桌有绿花的椅垫，左角的长沙发还不旧，上面放着三、四个缎制的厚垫子。沙发前的矮几排置烟具等物，台中两个小沙发同圆桌都很华丽，圆桌上放着吕宋烟盒和扇子。

所有的帷幕都是崭新的，一切都是兴旺的气象，屋里家具非常洁净，有金属的地方都放着光。屋中很气闷，郁热逼人，空气低压着。外面没有阳光，天空灰暗，是将要落暴雨的神气。

开幕时，四凤在靠中墙的长方桌旁，背着观众滤药，她不时地摇着一把蒲扇，一面在揩汗，鲁贵(她的父亲)在沙发旁边擦着矮几上零碎的银家具，很吃力地；额上冒着汗珠。

四凤约有十七八岁，脸上红润，是个健康的少女。她整个的身体都很发育，手很白很大，走起路来，过于发育的乳房很显明地在衣服底下颤动着。她穿一件旧的白纺绸上衣，粗山东绸的裤子，一双略旧的布鞋。她全身都非常整洁，举动虽然很活泼，因为经过两年在周家的训练，她说话很大方，很爽快，却很有分寸。她的一双大而有长睫毛的水灵灵的眼睛能够很灵敏地转动，也能够一敛眉头，很庄严地注视着。她有大的嘴，嘴唇自然红艳艳的，很宽，很厚，当着她笑的时候，牙齿整齐地露出来，嘴旁也显着一对笑涡，然而她面部整个轮廓是很庄重地显露着诚恳。她的面色不十分白，天气热，鼻尖微微有点汗，她时时用手绢揸着。她很爱笑，她知道自己是好看的，但是她现在皱着眉头。

她的父亲——鲁贵——约莫有四十多岁的样子，神气萎缩，最令人注目的是粗而乱的眉毛同肿眼皮。他的嘴唇，松弛地垂下来，和他眼下凹进去的黑圈，都表示着极端的肉欲放纵。他的身体较胖，面上的肌肉宽弛地不肯动，但是总能很卑贱地谄笑着，和许多大家的仆人一样，他很懂事，尤其是很懂礼节。他的背略有些伛偻，似乎永远欠着身子向他的主人答应着"是"。他的眼睛锐利，常常贪婪地窥视着，如一只狼。他是很能计算的。虽然这样，他的胆量不算大；全部看去，他还是萎缩的。他穿的虽然华丽，但是不整齐的。现在他用一条布擦着东西，脚下是他刚擦好的黄皮鞋。时而，他用自己的衣襟揸脸上的油汗！

贵　(喘着气)四凤！

四　(只做听不见，依然滤她的汤药)

贵　四凤！

四　(看了她的父亲一眼)呵，真热。(走向右边的衣柜旁，寻一把芭蕉扇，又走回中间的茶几旁扇着)

贵　(望着她，停下工作)四凤，你听见了没有？

四　(厌烦地，冷冷地看着她的父亲)是！爸！干什么？

贵　我问你听见我刚才说的话了么？

四　都知道了。

贵　(一向是这样被女儿看待的，只好是抗议似地)妈的，这孩子！

四　(回过头来，脸正向观众)您少说闲话吧！(挥扇，嘘出一口气)呵！天气这样闷热，回头多半下雨。(忽然)老爷出门穿的皮鞋，您擦好了没有？(到鲁贵面前，拿起一只皮鞋不经意地笑着)这是您擦的！这么随随便便抹了两下，——老爷的脾气您可知道。

贵　(一把抢过鞋来)我的事不用你管。(将鞋扔在地上)四凤，你听着，我再跟你说一遍，回头见着你妈，别忘了把新衣服都拿出来给她瞧瞧。

四　(不耐烦地)听见了。

贵　(自傲地)叫她想想，还是你爸爸混事有眼力，还是她有眼力。

四　(轻蔑地笑)自然您有眼力啊！

贵　你还别忘了告诉你妈，你在这儿周公馆吃的好，喝的好，就是白天侍候太太少爷，晚上还是听她的话，回家睡觉。

四　那倒不用告诉，妈自然会问你。

贵　(得意)还有啦，钱，(贪婪地笑着)你手下也有许多钱啦！

四　钱！？

贵　这两年的工钱，赏钱，还有(慢慢地)那零零碎碎的，他们……

四　(赶紧接下去，不愿听他要说的话)那您不是一块两块都要走了么？喝了！赌了！

贵　(笑，掩饰自己)你看，你看，你又那样。急，急，急什么？我不跟你要钱。喂，我说，我说的是——(低声)他——不是也不断地塞给你钱花么？

四　(惊讶地)他？谁呀？

贵　(索性说出来)大少爷。

四　(红脸，声略高，走到鲁贵面前)谁说大少爷给我钱？爸爸，您别又穷疯了，胡说乱道的。

贵　(鄙笑着)好，好，好，没有，没有。反正这两年你不是存点钱么？(鄙吝地)我不是跟你要钱，你放心。我说啊，你等你妈来，把这些钱也给她瞧瞧，叫她也开开眼。

四　哼，妈不像您，见钱就忘了命。(回到中间茶桌滤药)

贵　(坐在长沙发上)钱不钱，你没有你爸爸成么？你要不到这儿周家大公馆帮主儿，这两年尽听你妈妈的话，你能每天吃着喝着，这大热天还穿得上小纺绸么？

四　(回过头)哼，妈是个本分人，念过书的，讲脸，舍不得把自己的女儿叫人家使唤。

贵　什么脸不脸？又是你妈的那一套！你是谁家的小姐？——妈的，底下人的女儿，帮了人就失了身份啦。

四　(气得只看父亲，忽然厌恶地)爸，您看您那一脸的油，——您把老爷的鞋再擦擦吧。

贵　(汹汹地)讲脸呢，又学你妈的那点穷骨头，你看她，她要脸！跑他妈的八百里外，女学堂里当老妈，为着一月八块钱，两年才回一趟家。这叫本分，还念过书呢；简直是没出息。

四　(忍气)爸爸，您留几句回家说吧，这是人家周公馆！

贵　咦，周公馆挡不住我跟我女儿谈家务啊！我跟你说，你的妈……

四　(突然)我可忍了好半天了。我跟您先说下，妈可是好容易才回一趟家。这次，也是看哥哥跟我来的。您要是再给她一个不痛快，我就把您这两年做的事都告诉哥哥。

贵　我，我，我做了什么啦？(觉得在女儿面前失了身份)喝点，赌点，玩点，这三样，我快五十的人啦，还怕他么？

四　他才懒得管您这些事呢！——可是他每月从矿上寄给妈用的钱，您偷偷地花了，他知道了，就不会答应您！

贵　那他敢怎么样，(高声地)他妈嫁给我，我就是他爸爸。

四　(羞愧)小声点！这没什么喊头。——太太在楼上养病呢。

贵　哼！(滔滔地)我跟你说，我娶你妈，我还抱老大的委屈呢。你看我这么个机灵人，这周家上上下下几十口子，哪一个不说我鲁贵呱呱叫。来这里不到两个月，我的女儿就在这公馆找上事；就说你哥哥，没有我，能在周家的矿上当工人么？叫你妈说，她成么？——这样，你哥哥同你妈还是一个劲儿地不赞成我。这次回来，你妈要还是那副寡妇脸子，我就当你哥哥的面不认她，说不定就离了她，别看她替我养个女儿，外带来你这个倒霉蛋的哥哥。

四　(不愿听)爸爸。

贵　哼，(骂得高兴了)谁知道哪个王八蛋养的儿子。

四　哥哥哪点对不起您，您这样骂他干什么？

贵　他哪一点对得起我？当大兵，拉包月车，干机器匠，念书上学，哪一行他是好好地干过？好容易我荐他到了周家的矿上去，他又跟工头闹起来，把人家打啦。

四　(小心地)我听说，不是我们老爷先叫矿上的警察开了枪，他才领着工人动的手么？

贵　反正这孩子混蛋，吃人家的钱粮，就得听人家的话。好好地，要罢工，现在又得靠我这老面子跟老爷求情啦！

四　您听错了吧，哥哥说他今天自己要见老爷，不是找您求情来的。

贵　(得意)可是谁叫我是他的爸爸呢，我不能不管啦。

四　(轻蔑地看着她的父亲，叹了一口气)好，您歇歇吧，我要上楼跟太太送药去了。(端起了药碗向左边饭厅走)

贵　你先停一停，我再说一句话。

四　(打岔)开午饭，老爷的普洱茶先泡好了没有？

贵　那用不着我，他们小当差早伺候到了。

四　(闪避地)哦，好极了，那我走了。

贵　(拦住她)四凤，你别忙，我跟你商量点事。

四　什么？

贵　你听啊，昨天不是老爷的生日么？大少爷也赏给我四块钱。

四　好极了，(口快地)我要是大少爷，我一个子也不给您。

贵　(鄙笑)你这话对极了！四块钱，够干什么的，还了点账，就干了。

四　(伶俐地笑着)那回头您跟哥哥要吧。

贵　四凤，别——你爸爸什么时候借钱不还账？现在你手下方便，随便匀给我七块八块好么？

四　我没有钱。(停一下放下药碗)您真是还账了么？

贵　(赌咒)我跟我的亲生女儿说瞎话是王八蛋！

四　您别骗我，说了实在的，我也好替您想想法。

贵　真的！？——说起来这不怪我。昨天那几个零钱，大账还不够，小账剩点零，所以我就耍了两把，也许赢了钱，不都还了么？谁知运气不好，连喝带输，还倒欠了十来块。

四　这是真的？

贵　(真心地)这可一句瞎话也没有。

四　(故意揶揄地)那我实实在在地告诉您，我也没有钱！(说毕就要拿起药碗)

贵　(着急)凤儿，你这孩子是什么心事？你可是我的亲生孩子。

四　(嘲笑地)亲生的女儿也没法把自己卖了，替您老人家还赌账啊？

贵　(严重地)孩子，你可放明白点，你妈疼你，只在嘴上，我可是把你的什么要紧的事情，都处处替你想。

四　(明白地，但是不知他闹的什么把戏)您心里又要说什么？

贵　(停一停，四面望了一望，更近地逼着四凤，佯笑)我说，大少爷常跟我提过你，大少爷，他说——

四　(管不住自己)大少爷！大少爷！您疯了！——我走了，太太就要叫我呢。

贵　别走，我问你一句，前天！我看见大少爷买衣料，——

四　(沉下脸)怎么样？(冷冷地看着鲁贵)

贵　(打量四凤周身)嗯——(慢慢地拿起四凤的手)你这手上的戒指，(笑着)不也是他送给你的么？

四　(厌恶地)您说话的神气真叫我心里想吐。

贵　(有点气，痛快地)你不必这样假门假事[1]，你是我的女儿。(忽然贪婪地笑着)一个当差的女儿，收人家点东西，用人家一点钱，没有什么说不过去的。这不要紧，我都明白。

四　好吧，那么你说吧，究竟要多少钱用？

贵　不多，三十块钱就成了。

四　哦？(恶意地)那您就跟这位大少爷要去吧。我走了。

贵　(恼羞)好孩子，你以为我真装糊涂，不知道你同这混账大少爷做的事么？

四　(惹怒)您是父亲么？父亲有跟女儿这样说话的么？

贵　(恶相地)我是你的爸爸，我就要管你。我问你，前天晚上——

四　前天晚上？

贵　我不在家，你半夜才回来，以前你干什么？

四　(掩饰)我替太太找东西呢。

贵　为什么那么晚才回家？

四　(轻蔑地)您这样的父亲没有资格来问我。

贵　好文明词[2]！你就说不上你上哪去呢。

四　那有什么说不上！

贵　什么？说！

四　那是太太听说老爷刚回来，又要我检老爷的衣服。

贵　哦，(低声，恐吓地)可是半夜送你回家的那位是谁？坐着汽车，醉醺醺，只对你说胡话的那位是谁呀？(得意地微笑)

四　(惊吓)那，那——

贵　(大笑)哦，你不用说了，那是我们鲁家的阔女婿！——哼，我们两间半破瓦房居然来了坐汽车的男朋友，找我这当差的女儿啦！(突然严厉)我问你，他是谁？你说。

四　他，他是——

【注释】

[1] 假门假事：装模作样。

[2] 好文明词：不掩饰，明明白白地。

【阅读提示】

曹禺23岁就读于清华大学时创作的《雷雨》，发表于1934年7月《文学季刊》。

《雷雨》以1925年前后的中国社会为背景，描写了一个带有浓厚封建色彩的资产阶级家庭的悲剧。故事梗概是：三十年前，涉世未深的周朴园爱上了家中女佣梅妈的女儿侍萍，并与她有了两个儿子。后来周家要周朴园娶门当户对的小姐，逼得侍萍抱着刚出生不久的小儿子大海投河自尽；侍萍母子侥幸被人救起后，侍萍带着小儿子流落他乡，靠做佣人为生，大儿子周萍则被留在周家。侍萍又嫁与鲁贵生女儿四凤；四凤又到了周家干活；大海也到周家矿上做工。周朴园所娶的小姐没有生儿育女便去世，周又娶繁漪，生儿子周冲。在周朴园封建家长意志下，繁漪过着枯寂的生活，后趁周朴园常年在外而与周的大儿子周萍相好、私通。后来，周萍因惧父亲的威严以及乱伦之羞耻，逐渐疏远繁漪，并移情四凤。周冲也向四凤求爱。周萍则想躲到矿上以逃离繁漪，繁漪为拉回变心的周萍而找来四凤之母侍萍，要求她将女儿带走。侍萍深怕女儿重蹈自己当年覆辙，来周家带走女儿，却与周朴园不期而遇。大海作为罢工代表来与周朴园交涉，和周萍发生争执且遭到殴打。夜晚，周萍跳窗进鲁家与四凤幽会，繁漪跟踪而至将窗户锁死。大海把周萍赶出，四凤出走。雷电交加之夜，两家人又聚集于周家客厅。周朴园以沉痛的口吻宣布了真相，周萍才发觉大海是自己的亲弟弟，四凤则是自己同母异父的妹妹。四凤羞愧而逃，触电而死，周冲因救四凤也触电而死。大海出走，周萍开枪自杀，侍萍和繁漪受打击变疯，独留周朴园一个人在深深忏悔。

剧中情节发展集中在二十四小时之内，以两个家庭、八个人物、三十年的恩怨为主线，展现了周鲁两家复杂尖锐的矛盾纠葛，具有深刻的批判性和浓厚的时代感。

该剧情节扣人心弦，人物各具特色。专制、冷酷和伪善的周朴园，热情而单纯的少年周冲，执着到变态而又被爱情伤得体无完肤的繁漪，痛悔于罪恶却又在无知中继续作恶的周萍，还有被侮辱被抛弃的侍萍，单纯地爱与被爱的四凤，受压迫的工人鲁大海等，无不性格鲜明，形象生动，让人难以忘怀。

《雷雨》是中国现代话剧成熟的标志。翻译家黎烈文曾说："亏了《雷雨》，我才相信中国确乎有了近代剧。"在中国现当代戏剧史上，《雷雨》至今仍享有"中国话剧现实主义的基石"之誉。

【思考与讨论】

1. 《雷雨》是一部具有中国风格中国气派的作品，充满诗意和抒情性。请结合作品对此进行论述。

2. 请谈谈法国新古典主义戏剧理论"三一律"在《雷雨》中的运用及其意义。

封　锁

张爱玲

【题解】

张爱玲(1920—1995)，原名张煐，笔名梁京，出身于名门，其祖父张佩纶为李鸿章的女婿。生于上海，原籍河北丰润，香港大学肄业。1942 年开始职业写作生涯，创作擅长心理分析，40年代以小说集《传奇》、散文集《流言》蜚声上海文坛。其主要作品有：散文集《流言》、散文小说合集《张看》、中短篇小说集《传奇》、长篇小说《倾城之恋》《秧歌》《赤地之恋》。晚年从事中国文学评价和《红楼梦》研究。

事实上，张爱玲在五十年代已完成她最主要的创作，包括《倾城之恋》《金锁记》《赤地之恋》《半生缘》等等。她的作品，主要以上海、南京和香港为故事场景，在荒凉和颓废的大城市中铺张旷男怨女，演义着堕落及繁华。其小说中蕴涵女性的细腻与古典的美感，对人物心理的把握令人惊异，而作者独特的人生态度在当时亦是极为罕见。她特别敏感都市生活的大雅大俗，独特的见解加上越轨的笔致，十分耐人玩味。

【文献来源】

张爱玲. 张爱玲文集: 第一卷[M]. 合肥: 安徽文艺出版社, 1992: 116-129.

开电车的人开电车。在大太阳底下，电车轨道像两条光莹莹的，水里钻出来的曲蟮，抽长了，又缩短了；抽长了，又缩短了，就这么样往前移——柔滑的，老长老长的曲蟮，没有完，没有完……开电车的人眼睛盯住了这两条蠕蠕的车轨，然而他不发疯。

如果不碰到封锁，电车的进行是永远不会断的。封锁了。

摇铃了。"叮玲玲玲玲玲，"每一个"玲"字是冷冷的一小点，一点一点连成了一条虚线，切断了时间与空间。

电车停了，马路上的人却开始奔跑，在街的左面的人们奔到街的右面，在右面的人们奔到左面。商店一律地沙啦啦拉上铁门。女太太们发狂一般扯动铁栅栏，叫道："让我们进来一会儿！我这儿有孩子哪，有年纪大的人！"然而门还是关得紧腾腾的。铁门里的人和铁门外的人眼睁睁对看着，互相惧怕着。

电车里的人相当镇静。他们有座位可坐，虽然设备简陋一点，和多数乘客的家里的情形比较起来，还是略胜一筹。街上渐渐地也安静下来，并不是绝对的寂静，但是人声逐渐渺茫，像睡梦里所听到的芦花枕头里的窸窣。这庞大的城市在阳光里盹着了，重重地把头搁在人们的肩上，口涎顺着人们的衣服缓缓流下去，不能想象的巨大的重量压住了每一个人。

上海似乎从来没有这么静过——大白天里！一个乞丐趁着鸦雀无声的时候，提高了喉咙唱将起来："阿有老爷太太先生小姐做做好事救救我可怜人哇？阿有老爷太太……"然而他不久就停了下来，被这不经见的沉寂吓噤住了。

还有一个较有勇气的山东乞丐，毅然打破了这静默。他的嗓子浑圆嘹亮："可怜啊可怜！一个人啊没钱！"悠久的歌，从一个世纪唱到下一个世纪。音乐性的节奏传染上了开电车的。开电车的也是山东人。他长长地叹了一口气，抱着胳膊，向车门上一靠，跟着唱了起来："可怜啊可怜！一个人啊没钱！"

电车里，一部分的乘客下去了。剩下的一群中，零零落落也有人说句把话。靠近门口的几个公事房里回来的人继续谈讲下去。一个人撒喇一声抖开了扇子，下了结论道："总而言之，他别的毛病没有，就吃亏在不会做人。"另一个鼻子里哼了一声，冷笑道："说他不会做人，他把上头敷衍得挺好的呢！"

一对长得颇像兄妹的中年夫妇把手吊在皮圈上，双双站在电车的正中，她突然叫道："当心别把裤子弄脏了！"他吃了一惊，抬起他的手，手里拎着一包熏鱼。他小心翼翼使那油汪汪的纸口袋与他的西装裤子维持二寸远的距离。他太太兀自絮叨道："现在干洗是什么价钱？做一条裤子是什么价钱？"

坐在角落里的吕宗桢，华茂银行的会计师，看见了那熏鱼，就联想到他夫人托他在银行附近一家面食摊子上买的菠菜包子。女人就是这样！弯弯扭扭最难找的小胡同里买来的包子必定是价廉物美的！她一点也不为他着想——一个齐齐整整穿着西装戴着玳瑁边眼镜提着公事皮包的人，抱着报纸里的热腾腾的包子满街跑，实在是不像话！然而无论如何，假使这封锁延长下去，耽误了他的晚饭，至少这包子可以派用场。他看了看手表，才四点半。该是心理作用罢？

他已经觉得饿了。他轻轻揭开报纸的一角，向里面张了一张。一个个雪白的，喷出淡淡的麻油气味。一部分的报纸粘住了包子，他谨慎地把报纸撕了下来，包子上印了铅字，字都是反的，像镜子里映出来的，然而他有这耐心，低下头去逐个认了出来："讣告……申请……华股动态……隆重登场候教……"都是得用的字眼儿，不知道为什么转载到包子上，就带点开玩笑性质。也许因为"吃"是太严重的一件事了，相形之下，其他的一切都成了笑话。吕宗桢看着也觉得不顺眼，可是他并没有笑，他是一个老实人。他从包子上的文章看到报上的文章，把半页旧报纸读完了，若是翻过来看，包子就得跌出来，只得罢了。他在这里看报，全车的人都学了样，有报的看报，没有报的看发票，看章程，看名片。任何印刷物都没有的人，就看街上的市招。他们不能不填满这可怕的空虚——不然，他们的脑子也许会活动起来。思想是痛苦的一件事。

只有吕宗桢对面坐着的一个老头子，手心里骨碌碌骨碌碌搓着两只油光水滑的核桃，有板有眼的小动作代替了思想。他剃着光头，红黄皮色，满脸浮油，打着皱，整个的头像一个核桃。他的脑子就像核桃仁，甜的，滋润的，可是没有多大意思。

老头子右首坐着吴翠远，看上去像一个教会派的少奶奶，但是还没有结婚。她穿着一件白洋纱旗袍，滚一道窄窄的蓝边——深蓝与白，很有点讣闻的风味。她携着一把蓝白格子小遮阳伞。头发梳成千篇一律的式样，唯恐唤起公众的注意。然而她实在没有过分触目的危险。她长得不难看，可是她那种美是一种模棱两可的，仿佛怕得罪了谁的美，脸上一切都是淡淡的，松弛的，没有轮廓。连她自己的母亲也形容不出她是长脸还是圆脸。

在家里她是一个好女儿，在学校里她是一个好学生。大学毕了业后，翠远就在母校服务，担任英文助教。她现在打算利用封锁的时间改改卷子。翻开了第一篇，是一个男生做的，大声疾呼抨击都市的罪恶，充满了正义感的愤怒，用不很合文法的，吃吃艾艾的句子，骂着"红嘴唇的卖淫妇……大世界……下等舞场与酒吧间"。翠远略略沉吟了一会，就找出红铅笔来批了一个"Ａ"字。若在平时，批了也就批了，可是今天她有太多的考虑的时间，她不由地要质问自己，为什么她给了他这么好的分数：不问倒也罢了，一问，她竟涨红了脸。她突然明白了：因为这学生是胆敢这么毫无顾忌地对她说这些话的唯一的一个男子。

他拿她当做一个见多识广的人看待；他拿她当做一个男人，一个心腹。他看得起她。翠远在学校里老是觉得谁都看不起她——从校长起，教授、学生、校役……学生们尤其愤慨得厉害："申大越来越糟了！一天不如一天！用中国人教英文，照说，已经是不应当，何况是没有出过洋的中国人！"翠远在学校里受气，在家里也受气。吴家是一个新式的，带着宗教背景的模范家庭。家里竭力鼓励女儿用功读书，一步一步往上爬，爬到了顶儿尖儿上——一个二十来岁的女孩子在大学里教书！打破了女子职业的新纪录。然而家长渐渐对她失掉了兴趣，宁愿她当初在书本上马虎一点，匀出点时间来找一个有钱的女婿。

她是一个好女儿，好学生。她家里都是好人，天天洗澡，看报，听无线电向来不听申曲滑稽京戏什么的，而专听贝多芬瓦格涅的交响乐，听不懂也要听。世界上的好人比真人多……翠远不快乐。

生命像圣经，从希伯莱文译成希腊文，从希腊文译成拉丁文，从拉丁文译成英文，从英文译成国语。翠远读它的时候，国语又在她脑子里译成了上海话。那未免有点隔膜。

翠远搁下了那本卷子，双手捧着脸。太阳滚热地晒在她背脊上。

隔壁坐着个奶妈，怀里躺着小孩，孩子的脚底心紧紧抵在翠远的腿上。小小的老虎头红鞋包着柔软而坚硬的脚……这至少是真的。

电车里，一位医科学生拿出一本图画簿，孜孜修改一张人体骨骼的简图。其他的乘客以为他在那里速写他对面盹着的那个人。大家闲着没事干，一个一个聚拢来，三三两两，撑着腰，背着手，围绕着他，看他写生。拎着熏鱼的丈夫向他妻子低声道："我就看不惯现在兴的这些立体派，印象派！"他妻子附耳道："你的裤子！"

那医科学生细细填写每一根骨头，神经，筋络的名字。有一个公事房里回来的人将折扇半掩着脸，悄悄向他的同事解释道："中国画的影响。现在的西洋画也时兴题字了，倒真是'东风西渐'！"

吕宗桢没凑热闹，孤零零地坐在原处。他决定他是饿了。大家都走开了，他正好从容地吃他的菠菜包子，偏偏他一抬头，瞥见了三等车厢里有他一个亲戚，是他太太的姨表妹的儿子。他恨透了这董培芝。培芝是一个胸怀大志的清寒子弟，一心只想娶个略具资产的小姐。吕宗桢的大女儿今年方才十三岁，已经被培芝睃在眼里，心里打着如意算盘，脚步儿越发走得勤了。吕宗桢一眼望见了这年青人，暗暗叫声不好，只怕培芝看见了他，要利用这绝好的机会向他进攻。若是在封锁期间和这董培芝困在一间屋子里，这情形一定是不堪设想！他匆匆收拾起公事皮包和包子，一阵风奔到对面一排座位上，坐了下来。现在他恰巧被隔壁的吴翠远挡住了，他表侄绝对不能够看见他。翠远回过头来，微微瞪了他一眼。糟了！这女人准是以为他无缘无故换了一个座位，不怀好意。他认得出那被调戏的女人的脸谱——脸板得纹丝不动，眼睛里没有笑意，嘴角也没有笑意，连鼻洼里都没有笑意，然而不知道什么地方有一点颤巍巍的微笑，随时可以散布开来。觉得自己太可爱了的人，是熬不住要笑的。

该死，董培芝毕竟看见了他，向头等车厢走过来了，谦卑地，老远地就躬着腰，红喷喷的长长的面颊，含有僧尼气息的灰布长衫——一个吃苦耐劳，守身如玉的青年，最合理想的乘龙快婿。宗桢迅疾地决定将计就计，顺水推舟，伸出一只手臂来搁在翠远背后的窗台上，不声不响宣布了他的调情的计划。他知道他这么一来，并不能吓退了董培芝，因为培芝眼中的他素来是一个无恶不作的老年人。由培芝看来，过了三十岁的人都是老年人，老年人都是一肚子的坏。培芝今天亲眼看见他这样下流，少不得一五一十要去报告给他太太听——气气他太太也好！谁叫她给他弄上这么一个表侄！气，活该气！

他不怎么喜欢身边这女人。她的手臂，白倒是白的，像挤出来的牙膏。她的整个的人像挤出来的牙膏，没有款式。

他向她低声笑道："这封锁，几时完哪？真讨厌！"翠远吃了一惊，掉过头来，看见了他搁在她身后的那只胳膊，整个身子就僵了一僵，宗桢无论如何不能容许他自己抽回那只胳膊。他的表侄正在那里双眼灼灼望着他，脸上带着点会心的微笑。如果他夹忙里跟他表侄对一对眼光，也许那小子会怯怯地低下头去——处女风韵的窘态；也许那小子会向他挤一挤眼睛——谁知道？

他咬一咬牙，重新向翠远进攻。他道："您也觉着闷罢？我们说两句话，总没有什么要紧！我们——我们谈谈！"他不由自主的，声音里带着哀恳的调子。翠远重新吃了一惊，又掉回头来看了他一眼。他现在记得了，他瞧见她上车的——非常戏剧化的一刹那，但是那戏剧效果是碰巧得到的，并不能归功于她。他低声道："你知道么？我看见你上车，前头的玻璃上贴的广告，撕破了一块，从这破的地方我看见你的侧面，就只一点下巴。"是乃络维奶粉的广告，画着一个胖孩子，孩子的耳朵底下突然出现了这女人的下巴，仔细想起来是有点吓人的。"后来你低下头去从皮包里拿钱，我才看见你的眼睛，眉毛，头发。"拆开来一部分一部分地看，她未尝没有她的一种风韵。

翠远笑了。看不出这人倒也会花言巧语——以为他是个靠得住的生意人模样！她又看了他一眼。太阳光红红地晒穿他鼻尖下的软骨。他搁在报纸包上的那只手，从袖口里出来，黄色的，敏感的——一个真的人！不很诚实，也不很聪明，但是一个真的人！她突然觉得炽热，快乐。她背过脸去，细声道："这种话，少说些罢！"

宗桢道："嗯？"他早忘了他说了些什么。他眼睛盯着他表侄的背影——那知趣的青年觉得他在这儿是多余的，他不愿得罪了表叔，以后他们还要见面呢，大家都是快刀斩不断的好亲戚；他竟退回三等车厢去了。董培芝一走，宗桢立刻将他的手臂收回，谈吐也正经起来。他搭讪着望了一望她膝上摊着的练习簿，道："申光大学……您在申光读书！"

他以为她这么年青？她还是一个学生？她笑了，没做声。

宗桢道："我是华济毕业的。华济。"她颈子上有一粒小小的棕色的痣，像指甲刻的印子。宗桢下意识地用右手捻了一捻左手的指甲，咳嗽了一声，接下去问道："您读的是哪一科？"

翠远注意到他的手臂不在那儿了，以为他态度的转变是由于她端凝的人格，潜移默化所致。这么一想，倒不能不答话了，便道："文科。您呢？"宗桢道："商科。"他忽然觉得他们的对话，道学气太浓了一点，便道："当初在学校里的时候，忙着运动，出了学校，又忙着混饭吃。书，简直没念多少！"翠远道："你公事忙么？"宗桢道："忙得没头没脑。早上乘电车上公事房去，下午又乘电车回来，也不知道为什么去，为什么来！我对于我的工作一点也不感到兴趣。说是为了挣钱罢，也不知道是为谁挣的！"翠远道："谁都有点家累。"宗桢道："你不知道——我家里——咳，别提了！"翠远暗道："来了！他太太一点都不同情他！世上有了太太的男人，似乎都是急切需要别的女人的同情。"宗桢迟疑了一会，方才吞吞吐吐，万分为难地说道："我太太——一点都不同情我。"

翠远皱着眉毛望着他，表示充分了解。宗桢道："我简直不懂我为什么天天到了时候就回家去。回到哪儿去？实际上我是无家可归的。"他褪下眼镜来，迎着亮，用手绢子拭去上面的水渍，道："咳！混着也就混下去了，不能想——就是不能想！"近视眼的人当众摘下眼镜子，翠远觉得有点秽亵，仿佛当众脱衣服似的，不成体统。宗桢继续说道："你——你不知道她是怎么样的一个女人！"翠远道："那么，你当初……"宗桢道："当初我也反对来着。她是我母亲给订下的。我自然是愿意让我自己拣，可是……她从前非常的美……我那时又年青……年青的人，你知道……"翠远点点头。

宗桢道："她后来变成了这么样的一个人——连我母亲都跟她闹翻了，倒过来怪我不该娶了她！她……她那脾气——她连小学都没有毕业。"翠远不禁微笑道："你仿佛非常看重那一纸文凭！其实，女子教育也不过是那么一回事！"她不知道为什么她说出这句话来，伤了她自己的心。宗桢道："当然哪，你可以在旁边说风凉话，因为你是受过上等教育的。你不知道她是怎么样的一个——"他顿住了口，上气不接下气，刚戴上了眼镜子，又褪下来擦镜片。翠远道："你说得太过分了一点罢？"宗桢手里捏着眼镜，艰难地做了一个手势道："你不知道她是——"翠远忙道:"我知道,我知道。"她知道他们夫妇不和,决不能单怪他太太,他自己也是一个思想简单的人。他需要一个原谅他,包涵他的女人。

街上一阵乱,轰隆轰隆来了两辆卡车,载满了兵。翠远与宗桢同时探头出去张望;出其不意地,两人的面庞异常接近。在极短的距离内,任何人的脸都和寻常不同,像银幕上特写镜头一般的紧张。宗桢和翠远突然觉得他们俩还是第一次见面。在宗桢的眼中,她的脸像一朵淡淡几笔的白描牡丹花,额角上两三根吹乱的短发便是风中的花蕊。

他看着她,她红了脸,她一脸红,让他看见了,他显然是很愉快。她的脸就越发红了。

宗桢没有想到他能够使一个女人脸红,使她微笑,使她背过脸去,使她掉过头来。在这里,他是一个男子。平时,他是会计师,他是孩子的父亲,他是家长,他是车上的搭客,他是店里的主顾,他是市民。可是对于这个不知道他的底细的女人,他只是一个单纯的男子。

他们恋爱着了。他告诉她许多话,关于他们银行里,谁跟他最好,谁跟他面和心不和,家里怎样闹口舌,他的秘密的悲哀,他读书时代的志愿……无休无歇的话,可是她并不嫌烦。恋爱着的男子向来是喜欢说,恋爱着的女人向来是喜欢听。恋爱着的女人破例地不大爱说话,因为下意识地她知道:男人彻底地懂得了一个女人之后,是不会爱她的。

宗桢断定了翠远是一个可爱的女人——白,稀薄,温热,像冬天里你自己嘴里呵出来的一口气。你不要她,她就悄悄地飘散了。她是你自己的一部分,她什么都懂,什么都宽宥你。你说真话,她为你心酸;你说假话,她微笑着,仿佛说:"瞧你这张嘴!"

宗桢沉默了一会,忽然说道:"我打算重新结婚。"翠远连忙做出惊慌的神气,叫道:"你要离婚?那……恐怕不行罢?"宗桢道:"我不能够离婚。我得顾全孩子们的幸福。我大女儿今年十三岁了,才考进了中学,成绩很不错。"翠远暗道:"这跟当前的问题又有什么关系?"她冷冷地道:"哦,你打算娶妾。"宗桢道:"我预备将她当妻子看待。我——我会替她安排好的。我不会让她为难。"翠远道:"可是,如果她是个好人家的女孩子,只怕她未见得肯罢?种种法律上的麻烦……"宗桢叹了口气道:"是的。你这话对。我没有这权利。我根本不该起这种念头……我年纪也太大了。我已经三十五了。"翠远缓缓地道:"其实,照现在的眼光看来,那倒也不算大。"宗桢默然。半晌方说道:"你……几岁?"翠远低下头去道:"二十五。"宗桢顿了一顿,又道:"你是自由的么?"翠远不答。宗桢道:"你不是自由的。即使你答应了,你的家里人也不会答应的,是不是?……是不是?"

翠远抿紧了嘴唇。她家里的人——那些一尘不染的好人——她恨他们!他们哄够了她。他们要她找个有钱的女婿,宗桢没有钱而有太太——气气他们也好!气,活该气!

车上的人又渐渐多了起来,外面许是有了"封锁行将开放"的谣言,乘客一个一个上来,坐下,宗桢与翠远给他们挤得紧紧的,坐近一点,再坐近一点。

宗桢与翠远奇怪他们刚才怎么这样的糊涂,就想不到自动地坐近一点,宗桢觉得她太快乐了,不能不抗议。他用苦楚的声音向她说:"不行!这不行!我不能让你牺牲了你的前程!你是上等人,你受过这样好的教育……我——我又没有多少钱,我不能坑了你的一生!"可不是,还是钱的问题。他的话有理。翠远想道:"完了。"以后她多半是会嫁人的,可是她的丈夫决不会像一个萍水相逢的人一般的可爱——封锁中的电车上的人……一切再也不会像这样自然。再也不会……呵,这个人,这么笨!这么笨!她只要他的生命中的一部分,谁也不希罕的一部分。

他白糟蹋了他自己的幸福。那么愚蠢的浪费！她哭了，可是那不是斯斯文文的，淑女式的哭。她简直把她的眼泪唾到他脸上。他是个好人——世界上的好人又多了一个！

向他解释有什么用？如果一个女人必须倚仗着她的言语来打动一个男人，她也就太可怜了。

宗桢一急，竟说不出话来，连连用手去摇撼她手里的阳伞。她不理他。他又去摇撼她的手，道："我说——我说——这儿有人哪！别！别这样！等会儿我们在电话上仔细谈。你告诉我你的电话。"翠远不答。他逼着问道："你无论如何得给我一个电话号码。"翠远飞快地说了一遍道："七五三六九。"宗桢道："七五三六九？"她又不做声了。宗桢嘴里喃喃重复着："七五三六九，"伸手在上下的口袋里掏摸自来水笔，越忙越摸不着。翠远皮包里有红铅笔，但是她有意地不拿出来。她的电话号码，他理该记得。记不得，他是不爱她，他们也就用不着往下谈了。

封锁开放了。"叮玲玲玲玲玲"摇着铃，每一个"玲"字是冷冷的一点，一点一点连成一条虚线，切断时间与空间。

一阵欢呼的风刮过这大城市。电车当当当往前开了。宗桢突然站起身来，挤到人丛中，不见了。翠远偏过头去，只做不理会。他走了。对于她，他等于死了。电车加足了速力前进，黄昏的人行道上，卖臭豆腐干的歇下了担子，一个人捧着文王神卦的匣子，闭着眼霍霍地摇。一个大个子的金发女人，背上背着大草帽，露出大牙齿来向一个意大利水兵一笑，说了句玩笑话。翠远的眼睛看到了他们，他们就活了，只活那么一刹那。车往前当当地跑，他们一个个的死去了。

翠远烦恼地合上了眼。他如果打电话给她，她一定管不住她自己的声音，对他分外的热烈，因为他是一个死去了又活过来的人。

电车里点上了灯，她一睁眼望见他遥遥坐在他原先的位子上。她震了一震——原来他并没有下车去！她明白他的意思了：封锁期间的一切，等于没有发生。整个的上海打了个盹，做了个不近情理的梦。

开电车的放声唱道："可怜啊可怜！一个人啊没钱！可怜啊可……"一个缝穷婆子慌里慌张掠过车头，横穿过马路。开电车的大喝道："猪猡！"

吕宗桢到家正赶上吃晚饭。他一面吃一面阅读他女儿的成绩报告单，刚寄来的。他还记得电车上那一回事，可是翠远的脸已经有点模糊——那是天生使人忘记的脸。他不记得她说了些什么，可是他自己的话他记得很清楚——温柔地："你——几岁？"慷慨激昂地："我不能让你牺牲了你的前程！"

饭后，他接过热手巾，擦着脸，踱到卧室里来，扭开了电灯。一只乌壳虫从房这头爬到房那头，爬了一半，灯一开，它只得伏在地板的正中，一动也不动。在装死么？在思想着么？整天爬来爬去，很少有思想的时间罢？然而思想毕竟是痛苦的。宗桢捻灭了电灯，手按在机括上，手心汗潮了，浑身一滴滴沁出汗来，像小虫子痒痒地在爬。他又开了灯，乌壳虫不见了，爬回窠里去了。

（一九四三年八月）

【阅读提示】

《封锁》是张爱玲的一篇短篇小说，初次发表于1943年的《天地》月刊。当时的张爱玲年仅 23 岁。这篇短篇小说写了抗战期间旧上海的空袭封锁期间，发生在一辆电车里的一个短暂爱情故事。男主人公吕宗桢是一家银行的会计师，"他是孩子的父亲，他是家长，他是车上的搭客，他是店里的主顾，他是市民"。女主人公吴翠远是大学的年轻教师，"她是一个好女儿，好学生，她家里都是好人，翠远永远不快乐"。他们偶然相遇了，事先谁也不认识谁。由于一个戏剧化的原因(侄子的出现)，吕宗桢坐在了吴翠远的身后，并低声地同她搭话。话题逐渐深入到隐私的空间，二人甚至开始了"恋爱"，然而最后，"封锁"开放了，人们的行动都回归正常，吕宗桢坐回"原先的位子"，封锁期间发生的一切等于没有发生。

在一切有序的生活轨道上，人与人都保持着恰如其分的"位置"，这个位置于生命深处也许有种种遗憾，那是对自己没有得到的一切所怀有的不甘心。电车上的"封锁"是人性的一个出逃机会，也是一场试验，它引发了人心蓄积已久的躁动，让人从常规中脱缰而出，然而"封锁"终究是短暂的，而这种短暂又意味着"安全"，让"封锁"中的男女有了现实中的退路。"封锁"中的情与爱终究是一场谢幕的演出。

有人曾评价张爱玲的作品是："都市千般繁华下的满目苍凉，温柔富贵中的凄情哀婉，张爱玲的笔宛若金针，貌似漫不经心地描龙绣凤，实际上却将字字句句都刺在了你的心上。"实为中肯。

【思考与讨论】

1. 如何理解"思想是痛苦的一件事"？

2. 封锁解除了，宗桢"遥遥坐在他原来的位子上……整个的上海打了个盹，做了个不近情理的梦"。你是如何理解这一故事结局？

3. 你是如何理解文本最后"乌壳虫"意象？

祖国啊，我亲爱的祖国

舒婷

【题解】

舒婷(1952—)，原名龚佩瑜，祖籍福建省泉州市，1952 年出生于福建省石码镇(漳州龙海)，生长在厦门。朦胧诗派的代表作家之一，与北岛、顾城齐名。1979 年开始发表诗歌作品。著有诗集《双桅船》《会唱歌的鸢尾花》《始祖鸟》，散文集《心烟》《秋天的情绪》《硬骨凌霄》《露珠里的"诗想"》《舒婷文集》(3 卷)等。诗歌《祖国啊，我亲爱的祖国》获 1980 年全国中青年优秀诗歌作品奖，《双桅船》获全国首届新诗优秀诗集奖、1993 年庄重文文学奖。

她的诗具有细腻、柔婉、浪漫的风格，忧伤而不绝望，沉郁而不悲观，充满对爱情的渴望，对理想的追寻，对传统的反思背叛和对人的自我价值的思考，具有强烈的主观色彩和理想主义色彩，深受当代青年的喜爱。

【文献来源】

阎月君，等. 朦胧诗选[M]. 沈阳：春风文艺出版社，1985：42-44.

我是你河边上破旧的老水车，
数百年来纺着疲惫的歌；
我是你额上熏黑的矿灯，
照你在历史的隧洞里蜗行摸索；
我是干瘪的稻穗，是失修的路基；
是淤滩[1]上的驳船
把纤绳深深
勒进你的肩膊，
——祖国啊！

我是贫困，
我是悲哀。
我是你祖祖辈辈
痛苦的希望啊，
是"飞天"[2]袖间
千百年未落到地面的花朵，
——祖国啊！

我是你簇新的理想，
刚从神话的蛛网里挣脱；
我是你雪被[3]下古莲[4]的胚芽；
我是你挂着眼泪的笑涡；
我是新刷出的雪白的起跑线；
是绯红的黎明
正在喷薄；
——祖国啊！

我是你的十亿分之一，
是你九百六十万平方的总和；
你以伤痕累累的乳房
喂养了
迷惘的我、深思的我、沸腾的我；
那就从我的血肉之躯上
去取得
你的富饶、你的荣光、你的自由；
——祖国啊，
我亲爱的祖国！

1979 年 4 月 20 日

【注释】

[1] 淤滩：河边、海边的淤泥沙滩。

[2] "飞天"：指佛教壁画或石刻中的空中飞舞的神。

[3] 雪被：像被子一样厚厚的雪。

[4] 古莲：即荷花。1951年在我国辽宁省新金县普兰店(现大连市普兰店区)出土了千年古莲子的实生苗，入水能成活。

【阅读提示】

舒婷的《祖国啊，我亲爱的祖国》，酝酿、初成于1976年，正式发表于1979年《诗刊》杂志。获中国作协"1979—1980年全国中青年优秀诗作奖"；1981年获全国优秀诗歌奖；1982年编入其诗集《双桅船》(上海文艺出版社)，获中国作协第一届新诗优秀诗集奖；1993年获庄重文文学奖。

《祖国啊，我亲爱的祖国》最大的特点是赋予了祖国全新的意象。诗人通过各种新颖的意象，写出了祖国经历的深重灾难，表达了对祖国沉重哀痛和无比热爱的情感。诗人感恩祖国，对祖国摆脱苦难昂扬奋起感到欢悦并受到激励，要与祖国同呼吸共命运，把自己的全身心投入进去，去取得祖国的富饶、荣光和自由。全诗从开头的舒缓低沉，发展为激情高昂，最后以欢欣奋发结束。

此诗表达的是流淌于整个中华民族历史长河，贯通在从仁人志士到普通黎民百姓所有中国人心中绵长而深沉的家国情怀。整体上看，《祖国啊，我亲爱的祖国》构思新颖、立意深刻，想象奇特、比喻新颖，情真意切，感人肺腑。正因此，该诗能迅疾"引起人们广泛的共鸣"，诗人也成为"朦胧诗派"的代表人物，至今仍是我们回眸那个时代时所不可忽视的篇目和名字。

【思考与讨论】

1. 本诗比喻新颖，想象奇特，请举例说明。

2. 以《祖国啊，我亲爱的祖国》为例，分析概括"朦胧诗"的特征。

棋王(节选)

阿城

【题解】

阿城(1949—)，原名钟阿城，生于北京市，祖籍重庆市江津区，作家、编剧。著作有小说《棋王》，散文《威尼斯日记》，担任电影《芙蓉镇》《小城之春》《刺客聂隐娘》等的编剧。2016年，出版作品集《阿城文集》。

【文献来源】

阿城. 棋王[M]. 北京：作家出版社，2000：32-40.

四

第二天一早儿，大家满身是土地起来，找水擦了擦，又约画家到街上去吃。画家执意不肯，正说着，脚卵来了，很高兴的样子。王一生对他说："我不参加这个比赛。"大家呆了，脚卵问："蛮好的，怎么不赛了呢？省里还下来人视察呢！"王一生说："不赛就不赛了。"我说了说，脚卵叹道："书记是个文化人，蛮喜欢这些的。棋虽然是家里传下的，可我实在受不了农场这个罪，我只想有个干净的地方住一住，不要每天脏兮兮的。棋不能当饭吃的，用它通一些关节，还是值的。家里也不很景气，不会怪我。"画家把双臂抱在胸前，抬起一只手摸了摸脸，看着天说："倪斌，不能怪你。你没有什么了不得的要求。我这两年，也常常犯糊涂，生活太具体了。幸亏我还会画画儿。何以解忧？唯有——唉。"王一生很惊奇地看着画家，慢慢转了脸对脚卵说："倪斌，谢谢你。这次比赛决出高手，我登门去与他们下。我不参加这次比赛了。"脚卵忽然很兴奋，攥起大手一顿，说："这样，这样！我呢，去跟书记说一下，组织一个友谊赛。你要是赢了这次的冠军，无疑是真正的冠军。输了呢，也不太失身份。"王一生呆了呆："千万不要跟什么书记说，我自己找他们下。要下，就与前三名都下。"

大家也不好再说什么，就去看各种比赛，倒也热闹。王一生只钻在棋类场地外面，看各局的明棋。第三天，决出前三名。之后是发奖，又是演出，会场乱哄哄的，也听不清谁得的是什么奖。

脚卵让我们在会场等着，过了不久，就领来两个人，都是制服打扮。脚卵作了介绍，原来是象棋比赛的第二、三名。脚卵说："这位是王一生，棋蛮厉害的，想与你们两位高手下一下，大家也是一个互相学习的机会。"两个人看了看王一生，问："那怎么不参加比赛呢？我们在这里呆了许多天，要回去了。"王一生说："我不耽误你们，与你们两人同时下。"两人互相看了看，忽然悟到，说："盲棋[1]？"王一生点一点头。两人立刻变了态度，笑着说："我们没下过盲棋。"王一生说："不要紧，你们看着明棋下。来，咱们找个地方儿。"话不知怎么就传了出去，立刻嚷动了，会场上各县的人都说有一个农场的小子没有赛着，不服气，要同时与亚、季军比试。百十个人把我们围了起来，挤来挤去地看，大家觉得有了责任，便站在王一生身边儿。王一生倒低了头，对两个人说："走吧，走吧，太扎眼。"有一个人挤了进来，说："哪个要下棋？就是你吗？我们大爷这次是冠军，听说你不服气，叫我来请你。"王一生慢慢地说："不必。你大爷要是肯下，我和你们三人同下。"众人都轰动了，拥着往棋场走去。到了街上，百十人走成一片。行人见了，纷纷问怎么回事，可是知青打架？待明白了，就都跟着走。走过半条街，竟有上千人跟着跑来跑去。商店里的店员和顾客也都站出来张望。长途车路这里开不过，乘客们纷纷探出头来，只见一街人头攒动，尘土飞起多高，轰轰的，乱纸踏得嚓嚓响。一个傻子呆呆地在街中心，咿咿呀呀地唱，有人发了善心，把他拖开，傻子就依了墙根儿唱。四五条狗窜来窜去，觉得是它们在引路打狼，汪汪叫着。

到了棋场，竟有数千人围住，土扬在半空，许久落不下来。棋场的标语标志早已摘除，出来一个人，见这么多人，脸都白了。脚卵上去与他交涉，他很快地看着众人，连连点头儿，半天才明白是借场子用，急忙打开门，连说"可以可以"，见众人都要进去，就急了。我们几个，马上到门口守住，放进脚卵、王一生和两个得了名誉的人。这时有一个人走出来，对我们说："高手既然和三个人下，多我一个不怕，我也算一个。"众人又嚷动了，又有人报名。我不知怎么办好，只得进去告诉王一生。王一生咬一咬嘴说："你们两个怎么样？"那两个人赶紧站起来，连说可以。我出去统计了，连冠军在内，对手共是十人。脚卵说："十不吉利的，九个人好了。"于是就九个人。冠军总不见来，有人来报，既是下盲棋，冠军只在家里，命人传棋。王一生想了想，说好吧。九个人就关在场里。墙外一副明棋不够用，于是有人拿来八张整开白纸，很快地画了格儿。又有人用硬纸剪了百十个方棋子儿，用红黑颜色写了，背后粘上细绳，挂在棋格儿的钉子上，风一吹，轻轻地晃成一片，街上人也嚷成一片。

人是越来越多。后来的人拼命往前挤，挤不进去，就抓住人打听，以为是杀人的告示。妇女们也抱着孩子们，远远围成一片。又有许多人支了自行车，站在后架上伸脖子看，人群一挤，连着倒，喊成一团。半大的孩子们钻来钻去，被大人们用腿拱出去。数千人闹闹嚷嚷，街上像半空响着闷雷。

王一生坐在场当中一个靠背椅上，把手放在两条腿上，眼睛虚望[2]着，一头一脸都是土，像是被传讯的歹人。我不禁笑起来，过去给他拍一拍土。他按住我的手，我觉出他有些抖。王一生低低地说："事情闹大了。你们几个朋友看好，一有动静，一起跑。"我说："不会。只要你赢了，什么都好办。争口气。怎么样？有把握吗？九个人哪！头三名都在这里！"王一生沉吟了一下，说："怕江湖的不怕朝廷的，参加过比赛的人的棋路我都看了，就不知道其他六个人会不会冒出冤家。书包你拿着，不管怎么样，书包不能丢。书包里有……"王一生看了看我，"我妈的无字棋。"他的瘦脸上又干又脏，鼻沟也黑了，头发立着，喉咙一动一动的，两眼黑得吓人。我知道他拼了，心里有些酸，只说："保重！"就离了他。他一个人空空地在场中央，谁也不看，静静的像一块铁。

棋开始了。上千人不再出声儿。只有自愿服务的人一会儿紧一会儿慢地用话传出棋步，外边儿自愿服务的人就变动着棋子儿。风吹得八张大纸哗哗地响，棋子儿荡来荡去。太阳斜斜地照在一切上，烧得耀眼。前几十排的人都坐下了，仰起来看，后面的人也挤得紧紧的，一个个土眉土眼，头发长长短短吹得飘，再没人动一下，似乎都要把命放在棋里搏。

我心里忽然有一种很古的东西涌上来[3]，喉咙紧紧地往上走。读过的书，有的近了，有的远了，模糊了。平时十分佩服的项羽、刘邦都目瞪口呆，倒是尸横遍野的那些黑脸士兵，从地下爬起来，哑了喉咙，慢慢移动。一个樵夫，提了斧在野唱[4]。忽然又仿佛见了呆子的母亲，用一双弱手一张一张地折书页。

我不由伸手到王一生的书包里去掏摸，捏到一个小布包儿，拽出来一看，是个旧蓝斜纹布的小口袋，上面用线绣了一只蝙蝠，布的四边儿都用线做了圈口，针脚很是细密。取出一个棋子，确实很小，在太阳底下竟是半透明的，像是一只眼睛，正柔和地瞧着。我把它攥在手里。

太阳终于落下去，立即爽快[5]了。人们仍在看着，但议论起来。里边儿传出一句王一生的棋步，外面的人就嚷动一下。专有几个人骑车为在家的冠军传送着棋步，大家就不太客气，笑话起来。

我又进去，看见脚卵很高兴的样子，心里就松开一些，问："怎么样？我不懂棋。"脚卵抹一抹头发，说："蛮好，蛮好。这种阵势，我从来也没有见过，你想想看，九个人与他一个人，九局连环！车轮大战！我要写信给我的父亲，把这次的棋谱都寄给他。"这时有两个人从各自的棋盘前站起来，朝着王一生一鞠躬，说："甘拜下风。"就捏着手出去了。王一生点点头儿，看了他们的位置一眼。

王一生的姿势没有变，仍旧是双手扶膝，眼平视着，像是望着极远极远的远处，又像是盯着极近的近处，瘦瘦的肩挑着宽大的衣服，土没拍干净，东一块儿，西一块儿。喉节[6]许久才动一下。我第一次承认象棋也是运动，而且是马拉松，是多一倍的马拉松！我在学校时，参加过长跑，开始后的五百米，确实极累，但过了一个限度，就像不是在用脑子跑，而像一架无人驾驶飞机，又像是一架到了高度的滑翔机，只管滑翔下去。可这象棋，始终是处在一种机敏的运动之中，兜捕对手，逼向死角，不能疏忽。我忽然担心起王一生的身体来。这几天，大家因为钱紧，不敢怎么吃，晚上睡得又晚，谁也没想到会有这么一个场面。看着王一生稳稳地坐在那里，我又替他赌一口气：死顶吧！我们在山上扛木料，两个人一根，不管路不是路，沟不是沟，也得咬牙，死活不能放手。谁若是顶不住软了，自己伤了不说，另一个也得被木头震得吐血。可这回是王一生一个人过沟坎儿，我们帮不上忙。我找了点儿凉水来，悄悄走近他，在他跟前一挡，他抖了一下，眼睛刀子似的看了我一下，一会儿才认出是我，就干干地笑了一下。我指指水碗，他接过去，正要喝，一个局号报了棋步。他把碗高高地平端着，水纹丝儿不动。他看着碗边儿，回报了棋步，就把碗缓缓凑到嘴边儿。这时下一个局号又报了棋步，他把嘴定在碗边儿，半晌，回报了棋步，才咽一口水下去，"咕"的一声儿，声音大得可怕，眼里有了泪花。他把碗递过来，眼睛望望我，有一种说不出的东西在里面游动，嘴角儿缓缓流下一滴水，把下巴和脖子上的土冲开一道沟儿。我又把碗递过去，他竖起手掌止住我，回到他的世界里去了。

我出来，天已黑了。有山民打着松枝火把，有人用手电筒照着，黄乎乎的，一团明亮。大约是地区的各种单位下班了，人更多了。狗也在人前蹲着，看人挂动棋子，眼神凄凄的，像是在担忧。几个同来的队上知青，各被人围了打听。不一会儿，"王一生""棋呆子""是个知青""棋是道家的棋"，就在人们嘴上传。我有些发噱[7]，本想到人群里说说，但又止住了，随人们传吧，我开始高兴起来。这时墙上只有三局在下了。

忽然人群发一声喊。我回头一看，原来只剩了一盘，恰是与冠军的那一盘。盘上只有不多几个子儿。王一生的黑子儿远远近近地峙在对方棋营格里，后方老帅稳稳地呆着，尚有一"士"伴着，好像帝王与近侍在聊天儿，等着前方将士得胜回朝；又似乎隐隐看见有人在伺候酒宴，点起尺把长的红蜡烛，有人在悄悄地调整管弦，单等有人跪奏捷报，鼓乐齐鸣。我的肚子拖长了音儿在响，脚下觉得软了，就拣个地方坐下，仰头看最后的围猎，生怕有什么差池。

红子儿半天不动，大家不耐烦了，纷纷看骑车的人来没有，嗡嗡地响成一片。忽然人群乱起来，纷纷闪开。只见一老者，精光头皮，由旁人搀着，慢慢走出来，嘴嚼嚼动着，上上下下看着八张定局残子[8]。众人纷纷传着，这就是本届地区冠军，是这个山区的一个世家后人，这次"出山"玩玩儿棋，不想就夺了头把交椅，评了这次比赛的大势，直叹棋道不兴。老者看完了棋，轻轻抻一抻衣衫，跺一跺土，昂了头，由人搀进棋场。众人都一拥而起。我急忙抢进了大门，跟在后面。只见老者进了大门，立定，往前看去。

王一生孤身一人坐在大屋子中央，瞪眼看着我们，双手支在膝上，铁铸一个细树桩，似无所见，似无所闻。高高的一盏电灯，暗暗地照在他脸上，眼睛深陷进去，黑黑的似俯视大千世界，茫茫宇宙。那生命像聚在一头乱发中，久久不散，又慢慢弥漫开来，灼得人脸热。

众人都呆了，都不说话。外面传了半天，眼前却是一个瘦小黑魂，静静地坐着，众人都不禁吸了一口凉气。

半晌，老者咳嗽一下，底气很足，十分洪亮，在屋里荡来荡去。王一生忽然目光短了，发觉了众人，轻轻地挣了一下，却动不了。老者推开搀的人，向前迈了几步，立定，双手合在腹前摩挲了一下，朗声叫道："后生，老朽身有不便，不能亲赴沙场。使人传棋，实出无奈。你小小年纪，就有这般棋道，我看了，汇道禅于一炉，神机妙算，先声有势，后发制人，遣龙治水，气贯阴阳，古今儒将，不过如此。老朽有幸与你接手，感触不少，中华棋道，毕竟不颓，愿与你做个忘年之交。老朽这盘棋下到这里，权做赏玩[9]，不知你可愿意平手言和，给老朽一点面子？"

王一生再挣了一下，仍起不来。我和脚卵急忙过去，托住他的腋下，提他起来。他的腿仍是坐着的样子，直不了，半空悬着。我感到手里好像只有几斤的份量，就暗示脚卵把王一生放下，用手去揉他的双腿。大家都拥过来，老者摇头叹息着。脚卵用大手在王一生身上、脸上、脖子上缓缓地用力揉。半晌，王一生的身子软下来，靠在我们手上，喉咙嘶嘶地响着，慢慢把嘴张开，又合上，再张开，"啊啊"着。很久，才呜呜地说："和了吧。"

老者很感动的样子，说："今晚你是不是就在我那儿歇了？养息两天，我们谈谈棋？"王一生摇摇头，轻轻地说："不了，我还有朋友。大家一起来的，还是大家在一起吧。我们到、到文化馆去，那里有个朋友。"画家就在人群里喊："走吧，到我那里去，我已经买好了吃的，你们几个一起去。真不容易啊。"大家慢慢拥了我们出来，火把一圈儿照着。山民和地区的人层层围了，争睹棋王风采，又都点头儿叹息。

我搀了王一生慢慢走，光亮一直随着。进了文化馆，到了画家的屋子，虽然有人帮着劝散，窗上还是挤满了人，慌得画家急忙把一些画儿藏了。

人渐渐散了，王一生还有一些木。我忽然觉出左手还攥着那个棋子，就张了手给王一生看。王一生呆呆地盯着，似乎不认得，可喉咙里就有了响声，猛然"哇"地一声儿吐出一些粘液，呜呜地说："妈，儿今天……妈——"大家都有些酸，扫了地下，打来水，劝了。王一生哭过，滞气调理过来，有了精神，就一起吃饭。画家竟喝得大醉，也不管大家，一个人倒在木床上睡去。电工领了我们，脚卵也跟着，一齐到礼堂台上去睡。

夜黑黑的，伸手不见五指。王一生已经睡死。我却还似乎耳边人声嚷动，眼前火把通明，山民们铁了脸，捎着柴火在林中走，咿咿呀呀地唱。我笑起来，想：不做俗人，哪儿会知道这般乐趣？家破人亡，平了头每日荷锄，却自有真人生在里面，识到了，即是幸，即是福。衣食是本，自有人类，就是每日在忙这个。可囿在其中，终于还不太像人。倦意渐渐上来，就拥了幕布，沉沉睡去。

【注释】

[1] 盲棋：不用或不看棋盘下棋。

[2] 虚望：看而不见。眼睛对着某样东西，但没有感觉到是什么。

[3] 心里忽然有一种很古的东西涌上来：在想象中回到了古代。

[4] 野唱：胡乱地唱，或者唱的东西听不懂。

[5] 爽快：凉爽，凉快。

［6］喉节：喉结。

［7］发噱(fā xué)：引人发笑，可笑。

［8］定局残子：输赢已定，棋盘上还剩下的棋子。

［9］赏玩：当作欣赏玩味；游戏。

【阅读提示】

《棋王》发表于 1984 年《上海文学》第 7 期，之后获福建省《中篇小说选刊》优秀作品奖、第 3 届中国优秀中篇小说奖。

《棋王》是"寻根文学"的扛鼎之作。韩少功在《文学的"根"》中说，"文学有根，文学之根应深植于民族传统的文化土壤中"，认为应该"在立足现实的同时又对现实世界进行超越，去揭示一些决定民族发展和人类生存的谜"。郑义也提出只有"跨越文化断裂带"，我们才有可能"走向世界"。(《跨越文化断裂带》)由此而言，寻根文学是要为文学寻找"文化之根"，目的是让文学具有民族性、独特性，以此而自立于世界。至于作为"文学之根"的民族传统文化本身是什么，寻根者对其态度如何，则呈现出复杂多样性。阿城的《棋王》属于对传统民族文化高度认同的那一类。

小说写了知识青年王一生三次"吃"和三次与人下棋的故事。"吃"喻指物质需求现实生存，下棋喻指精神追求观念世界，也就是"身"与"心"这一体之两面。三次吃饭，刻画了一个只求吃饱不求吃好的形象；三次下棋，描述了王一生从"棋呆子"到"棋王"的成长历程。这是一个体现着中国传统文化精神的"怪人""奇人"，不论现实状况如何，他都立足现实，而又超越现实，去追求更高远的东西并沉浸在里面。在他下棋时，他把现实世界放在了一边，把自己也放在了一边(身体)。但恰恰这样，他则"忘我而知人"，能够和九位高手同时下棋，破解所有人的路数，最终获得胜利。但是，他又不在乎输赢，寓意他不在乎外在的名利，只是在追求着自己理想的最高境界而已。

小说中通过老者之口道出王一生"汇道禅于一炉"，这其实也是阿城对于中国传统文化的认知。棋王形象的塑造，体现出作者对传统文化的理解和认同。对于作者而言，传统文化是一直延续着的，是我们民族得以生生不息成千上万年历久不衰发展至今的力量源泉，而且其所能达到的境界是至高无上的，令人景仰的。对于民族文化的这种理解和把握，使得我们可以用阿城自己的话说，他是"一个想得明白，也活得明白的人"。

【思考与讨论】

1. 阿城的小说短小精悍而不失思想深度，请结合作品对此进行论述。

2. 阅读其他"寻根派"作家的作品，谈谈阿城与他们的异同。

第六章

外国文化与文学

外国文化与文学概述

本章"外国文化与文学"主要指西方—欧美的文化与文学。西方文化与文学有两个来源，一是古希腊，一是古希伯来。前者予以西方政治思想、哲学、科学、语言文学和艺术等，后者则主要给了西方宗教思想及神话传说等。

以古希腊为起点的西方文学，可以分为这几个历史时期：古希腊—罗马文学，中世纪文学，文艺复兴时期文学，十七世纪古典主义文学，十八世纪启蒙主义文学，十九世纪浪漫主义文学和现实主义文学，现代主义文学。

1. 古希腊—罗马文学

古希腊文学主要包括神话、史诗、戏剧和诗歌。古希腊神话的基本内容包括神的故事与英雄传说两部分。神的故事讲述宇宙创生、万物生成和人类诞生，神的代系及他们的日常生活故事也有相当的比重。英雄传说主要反映人与自然的斗争，展现人类远古时代的生活状况。古希腊神话具有"神人同形同性"的特点，并且贯穿着浓郁的命运观念。古希腊史诗主要指荷马史诗《伊利昂记》《奥德修纪》。两部史诗塑造了众多性格鲜明的人物形象，具有宏伟的叙事结构和高超的叙事技巧，代表着古希腊文学的最高成就。古希腊的戏剧尤以其中的"命运悲剧"为著名。悲剧主题往往是人与命运的冲突，但悲剧英雄绝不甘屈服，而是奋力抗争，最后遭致牺牲、失败和毁灭，呈现出一种悲壮崇高之美。埃斯库罗斯、索福克勒斯和欧里庇得斯是古希腊悲剧的三座高峰。在诗歌方面，古希腊据称有九位著名诗人，与九位缪斯对应；其中女诗人萨福名气最大。此外，古希腊时期的文艺理论也有极高的成就，柏拉图和亚里士多德的相关著作一直对此后西方的文学思想发生重要影响。

古罗马的文化和文学难以与古希腊相比拟，但可以说是对古希腊的继承和模仿。古罗马的神话是对古希腊神话的改写和转述。在戏剧方面，古罗马的喜剧成就超过悲剧，著名的喜剧作家有普劳图斯和泰伦斯，悲剧作家的代表是塞内加。古罗马的诗歌成就主要集中在维吉尔身上，史诗《埃涅阿斯纪》是对荷马史诗的致敬之作，但也取得了很高的成就，既有"有所不及"之处，也有"青出于蓝"的地方。古罗马文艺理论方面的代表是贺拉斯，其《诗艺》中提出"寓教于乐"的观点，至今仍是文艺创作必须遵循的原则。

2. 中世纪文学

西方—欧洲的中世纪，基督教神学思想占统治地位，基督教文化渗透于世俗社会所有领域。教会文学是中世纪文学的主体，包括圣经故事、圣徒传、宗教叙事诗、赞美诗、祈祷文、宗教剧等，内容主要是宣传宗教教义，宣扬神的权威，鼓吹禁欲主义和来世思想。教会文学充满宗教色彩，具有浓厚的象征、寓意、梦幻特征。与受基督教统治的教会文学相对应，世俗层面则有骑士文学这种属于封建贵族的文学，主要反映骑士阶层的生活和理想。体裁主要为骑士抒情诗和骑士叙事诗两种，其中法国南部普罗旺斯的"破晓歌"最为著名。中世纪文学还包括英雄史诗和城市文学。英雄史诗最著名的有德国的《尼伯龙根之歌》、西班牙的《熙德之歌》、法国的《罗兰之歌》和俄罗斯的《伊戈尔远征记》等。法国的《列那狐的故事》，是城市文学最重要的作品。

被恩格斯称为"中世纪最后一位诗人，同时又是新时代的最初一位诗人"的但丁，其《神曲》作为一部划时代的里程碑式的巨著，毫无疑问是中世纪文学中最耀眼的光芒。

3. 文艺复兴时期文学

文艺复兴是一场新兴资产阶级的思想文化运动，是以"人文主义"对中世纪宗教神权统治进行的反抗。人文主义主张一切以人为本，反对神的绝对权威，把人从神学禁锢中解放出来。用人权反对神权，用个性解放反对禁欲主义；高举理性反对蒙昧主义；拥护中央集权反对封建割据，是人文主义的主要内容。

文艺复兴时期，占主导地位的是人文主义文学。意大利是文艺复兴的发源地，在这里诞生了人文主义文学的先驱彼特拉克及其《歌集》。薄伽丘则以短篇小说集《十日谈》对教会的腐败荒淫进行批判，并挑战宗教禁欲主义。法国紧随意大利，成为人文主义文学的重镇。拉伯雷的《巨人传》是法国文艺复兴时期著名的讽刺小说，塑造了西方最早具有人文主义思想的文化巨人形象。在法国还出现了第一个文学社团"七星诗社"，其代表作家龙沙以爱情诗为擅场，他的《给爱尔兰的十四行诗》是法国人文主义文学中的经典。

英国是西方—欧洲人文主义文学的高峰。被誉为"英国诗歌之父"的杰弗里·乔叟，是英国文学语言的奠基人。其《坎特伯雷故事集》对教会的腐败、虚伪进行了激烈批判，充分肯定现世生活的美好，表达了对人性的坚定信念。此外，托马斯·莫尔、埃德曼·斯宾塞、菲利普·西得尼、弗兰西斯·培根、克里斯托弗·马洛、本·琼生等，都是英国文艺复兴时期人文主义文学各个领域的杰出人物。

被马克思誉为"人类最伟大的戏剧天才"的莎士比亚，不仅是人文主义最杰出的代表，代表了英国文学的最高成就，而且是近代欧洲文学的奠基者之一。莎士比亚的创作涵盖诗歌、历史剧、悲剧、喜剧和传奇剧，其中悲剧则代表了莎士比亚一生创作中的最高成就。莎士比亚的悲剧，戏剧冲突激烈，形象丰满生动，语言丰富而极具个性化，并全面而深刻地展现了人文主义思想的基本内容。莎士比亚为世界戏剧艺术的发展起到了有力的推动作用，其作品已成为全人类宝贵的精神财富。

文艺复兴时期西方—欧洲其他国家的人文主义文学也取得了很高成就。例如，西班牙在诗歌、戏剧、小说等方面都有产生了重要影响的伟大作家和杰出作品，塞万提斯就是世界文学之林中的参天大树；《堂吉诃德》这部欧洲最早的长篇小说，为世界文学人物画廊，贡献了一个不朽的艺术形象。

4. 十七世纪古典主义文学

十七世纪古典主义文学的大本营是法国，以戏剧为主要代表。法国古典主义戏剧严守"三一律"，要求戏剧的情节、时间、地点必须保持一致。 高乃依是法国古典主义悲剧的创始人，代表作《熙德》被公认为是古典主义的奠基之作。拉辛是古典主义鼎盛时期的悲剧作家，代表作有《安德洛玛克》和《费德尔》。布瓦洛则是古典主义最重要的理论家，其《诗的艺术》是一部诗体文艺理论著作。英国十七世纪文学也受到了法国古典主义的影响，出现了一些伟大作家。约翰·弥尔顿的代表作《失乐园》《复乐园》和诗剧《力士参孙》，开始宣传资产阶级革命思想。

5. 十八世纪启蒙主义文学

十八世纪西方—欧洲启蒙主义文学，其土壤是社会生产力快速发展，与封建生产关系的矛盾冲突更为尖锐激烈。资产阶级的先进知识分子对此展开深入思考并发表看法，对教会神权和封建专制进行更猛烈而深刻的批判，促成了文艺复兴之后的又一次思想解放运动。启蒙主义文学是资产阶级在文学领域的代言。

英国是启蒙主义文学的诞生地。笛福吹响了启蒙主义文学的号角，经斯威夫特、理查生等人的推波助澜，最后到菲尔丁达到高峰。笛福在《鲁滨逊漂流记》中塑造了第一个资产者的正面形象。斯威夫特《格列弗游记》则以漫画式的手法塑造了一系列可憎的形象，对现实予以讽刺和批判。菲尔丁被誉为"从中古世纪到十九世纪间最伟大的戏剧家"(萧伯纳语)，他在《汤姆·琼斯》中，通过叙述弃儿汤姆·琼斯的遭遇，塑造了一个忠诚侠义的正直青年形象。该作展现了十八世纪英国城乡社会的广阔画卷，批判了封建婚姻的罪恶和道德的虚伪丑陋，赞扬了底层人民淳朴善良的美好品德。启蒙主义文学在法国取得了突出成就。法国启蒙主义文学的主要形式是"哲理小说"和"启蒙戏剧"，其中又以"哲理小说"这方面大家辈出，名作众多。勒萨日以《瘸腿魔鬼》和《吉尔·布拉斯》扬名；孟德斯鸠以《波斯人信札》享誉久远；伏尔泰作为多产作家，其史诗《亨利亚德》和小说《老实人》都取得了极高的成就；狄德罗作为启蒙运动后期的杰出代表，在美学、文艺理论和文学创作等方面都有重要贡献，《修女》《宿命论者雅克和他的主人》《拉摩的侄儿》是其最重要的哲理小说；《忏悔录》和《新爱洛依斯》则使卢梭奠定了最激进的启蒙主义思想家和文学家的地位。德国也是启蒙主义文学的中心地带。莱辛的《汉堡剧评》奠定了德国启蒙戏剧的理论基础。在"狂飙突进运动"中产生了赫尔德和歌德等重要思想家和作家。赫尔德作为理论家，主张打破清规戒律，崇尚天才，对古典主义进行了激烈否定。歌德以《少年维特之烦恼》，成为狂飙突进运动精神的代表。另外，席勒的《强盗》和《阴谋与爱情》，也是狂飙突进运动的重要成果。歌德作为德国启蒙运动的巨人，其耗费六十年心血铸就的诗剧《浮士德》，更是德国/欧洲启蒙主义文学的皇皇巨著，是世界文学中不朽的丰碑。

6. 十九世纪浪漫主义文学和现实主义文学

十九世纪西方文学可分为两个阶段。前期是浪漫主义文学阶段。德国是浪漫主义思潮的发源地，"浪漫主义"一词最早由施莱格尔兄弟创办的《雅典娜神殿》杂志提出。以施莱格尔兄弟、诺瓦利斯、蒂克等为主要成员组成的"耶拿派"是德国最早的浪漫主义文学流派。耶拿派强调想象与情感，强调文学创作的绝对自由；追求宗教神秘感和象征感。诗人海涅是德国浪漫主义文学的重要代表，早期代表作有《西里西亚纺织工人》，后期代表为政治抒情长诗《德国——一个冬天的童话》。英国浪漫主义文学的代表首推"湖畔派"华兹华斯、柯勒律治、骚塞等人，其中以华兹华斯成就最高。诗人雪莱被恩格斯称为"天才的预言家"，其《西风颂》《解放了的普罗米修斯》均广为人知，传颂久远。拜伦的组诗《东方叙事诗》享誉整个欧洲，诗剧《受弗雷德》和《该隐》更是他创作鼎盛时期的杰作。司各特是英国浪漫主义文学在小说领域的杰出作家，代表作是《艾凡赫》，他标志着英国浪漫主义文学达到高潮并走向终结。法国的浪漫主义是在与古典主义的斗争中走上历史舞台的，其先驱是夏多布里昂和史达尔夫人，雨果则以《〈克伦威尔〉序言》宣告了浪漫主义正式登场。此后，法国涌现出一大批优秀的浪漫主义作家，包括乔治·桑、缪塞、贝朗瑞、欧仁·苏和大仲马等。俄国和美国也开始在世界文学中崭露头角并迅速占据重要的一席之地。"俄国文学之父"普希金和十二月党诗人是俄国浪漫主义文学的主力军，此外，莱蒙托夫在诗歌方面也有很高成就。在小说领域，则有莱蒙托夫的《当代英雄》为代表。美国的华盛顿·欧文被称为"美国文学之父"，代表作是《见闻札记》；霍桑是美国浪漫主义小说的重要作家，代表作是《红字》；惠特曼是美国最伟大的浪漫主义诗人，代表作是《草叶集》。

十九世纪中后期，现实主义文学开始成为西方文学主流。这是西方文学的全盛时期，伟大作家如群星闪耀，佳作如林，为世界文学建立起了无数的思想高原，为人类后世留下了巨量的精神宝藏。

法国是现实主义文学的发源地，现实主义文学名家辈出。其中，司汤达是法国乃至欧洲批判现实主义文学的奠基人之一，除代表作《红与黑》等一系列杰出作品之外，他还在理论方面有重大建树——他的《拉辛与莎士比亚》是批判现实主义文学的第一部理论著作。巴尔扎克则以他的《人间喜剧》，使"现实主义文学"达到了辉煌的顶点，使他的名字成了"(批判)现实主义文学"的代名词。

在英国，出现了狄更斯、萨克雷、盖斯凯尔夫人、勃朗特姐妹和乔治·艾略特等"一批杰出的小说家"，其中狄更斯以《匹克威克外传》《大卫·科波菲尔》《荒凉山庄》《艰难时世》《双城记》等诸多优秀作品奠定了其伟大的现实主义作家地位。

俄国的现实主义文学伟大作家名单更长，包括屠格涅夫、冈察洛夫、赫尔岑、果戈理、陀思妥耶夫斯基、契诃夫、车尔尼雪夫斯基、奥斯特洛夫斯基，等等。托尔斯泰无疑是大师中的大师。名家名作众多之外，俄国的现实主义文学特别引人注目的还在于美学理论和文艺批评上。别林斯基、杜勃罗留波夫和车尔尼雪夫斯基三大批评家，对现实主义做出了深刻的阐释，给予了有力的捍卫，他们的美学思想和文艺理论著作至今仍具有世界性影响。

美国的现实主义文学，以斯托夫人的《汤姆叔叔的小屋》赢得了全球性声誉；德国则以诗人海涅为代表，《德国，一个冬天的神话》是他一生创作的顶峰。

十九世纪现实主义文学还包括无产阶级文学这重要的一极。在英国，产生了工人阶级的诗人即"宪章派"。其中比较著名的有威廉·林顿，代表作为《人民集会》；埃内斯特·琼斯，代表作是《未来之歌》。法国的"巴黎公社文学"更是无产阶级文学的光辉时刻。巴黎公社文学的杰出代表欧仁·鲍狄埃创作了震撼世界的《国际歌》；路易斯·米雪尔则被誉为"红色圣女"，她的《囚徒之歌》《红石竹花》等诗篇充满了革命激情和崇高的革命理想。

现实主义文学变异衍生出的自然主义文学，也产生了重要影响。自然主义文学以福楼拜为起点，以左拉为最大成就者，以莫泊桑的影响最为广泛而久远。

现实主义文学一直延续到二十世纪初中期，并且名家巨匠层出不穷。安徒生、易卜生、哈代、马克·吐温、罗曼·罗兰、高尔斯华绥、托马斯·曼、海尔曼·黑塞、莫里亚克、辛克莱·刘易斯、帕斯捷尔纳克、肖洛霍夫等，都是世人耳熟能详、有口皆碑的伟大作家。

7. 现代主义文学

西方的现代主义文学，发端于十九世纪中后期，全盛于二十世纪上半期。象征主义、唯美主义、印象主义、未来主义、表现主义、超现实主义及意识流小说等，各种现代主义文学流派都强调要有"现代意识"，这种现代意识是资本主义世界全面危机在人内心产生的危机感和荒诞感。现代主义文学要表现的就是资本主义世界的荒诞，资本主义社会中人的困惑与彷徨。

现代主义文学各种流派都产生了非常有影响的作家和代表性作品。

象征主义的代表作家有瓦莱里、里克尔、庞德、叶芝和艾略特等。叶芝的代表作为《驶向拜占庭》，他因"表达了整个民族精神"而获得1923年度诺贝尔文学奖。T.S.艾略特的《荒原》被认为是英美现代诗歌的里程碑，他以诗集《四个四重奏》获得了1948年的诺贝尔文学奖。

唯美主义文学起源于法国，后兴盛于英国，具有明显的个人主义、享乐主义倾向。唯美主义文学追求惊世骇俗，对于充满拜金主义的庸俗世界具有强烈的反抗精神。奥斯卡·王尔德是唯美主义文学的倡导者和实践者，代表作品有《道林·格雷的画像》《莎乐美》等。

印象主义文学在法国主要以龚古尔兄弟为代表，他们合写的小说有《夏尔·德马依》《热曼妮·拉瑟顿》和《玛耐特·萨洛蒙》等；皮埃尔·洛蒂也被看作印象主义作家，著有小说《冰岛渔夫》《菊子夫人》等。在德国，德特勒夫·封·李利恩克龙、理查·戴默尔、古斯塔夫·法尔克，以及胡戈·封·霍夫曼斯塔尔和阿尔诺·霍尔茨等人的诗作，具有印象主义的特征。

未来主义最初由意大利诗人马里内蒂于1908年提出，后来在意大利文艺界形成了一个庞大的流派。诗人阿波利奈尔是未来主义在法国的代表，苏联则有未来主义的最大阵营。十月革命之后，许多苏联诗人都转变成了未来主义者，其中以诗人马雅可夫斯基最为著名，他1915年发表的长诗《穿裤子的云》，可谓未来主义文学的旗帜性作品。

表现主义文学的发轫是瑞典作家斯特林堡。表现主义小说的杰出代表是奥地利的卡夫卡，作品有《城堡》《审判》《变形记》等。表现主义戏剧的代表是美国的尤金·奥尼尔，代表作品为《琼斯皇》和《毛猿》。

超现实主义是第一次世界大战后在法国兴起的文学流派，由达达主义发展而来。以布勒东的《超现实主义宣言》发表并成立"超现实主义研究室"为其诞生标志，贬斥理性是其基本思想倾向，"自动写作法"是其主要创作方法。超现实主义代表作家、作品有：布勒东及其小说《娜嘉》、诗歌《警觉》；艾吕雅及其诗歌《恋人》；阿拉贡及其诗集《欢乐之火》；勒内·夏尔及其诗集《没有主人的铁锤》。英国的盖斯·科因也是超现实主义文学的代表人物，代表作为《人生就是这块肉》。

意识流小说，20世纪初兴起于西方。"意识流"概念出自美国心理学家威廉·詹姆斯，他认为人的意识活动类似于河流一样流动的，以意识流的形态进行的。意识流小说代表作有伍尔夫的《到灯塔去》、普鲁斯特的《追忆逝水年华》、乔伊斯的《尤利西斯》，及福克纳的《喧哗与骚动》等。

二十世纪前半叶也是西方文学从现代主义转向后现代主义的时期，各种文学思潮文学流派摩肩接踵纷至沓来。比较有代表性的有"存在主义"，主要作家包括萨特、加缪、波伏瓦、海勒等，小说代表作有萨特的《恶心》和加缪《局外人》。"荒诞派戏剧"，以尤奈斯库为奠基人，成名作是《秃头歌女》，贝克特《等待戈多》则是最经典的荒诞派戏剧。"黑色幽默"，以美国作家海勒为旗帜，代表作是《第二十二条军规》。"迷惘的一代"，代表作家作品是海明威及其小说《太阳依旧升起》。"垮掉的一代"，代表作家是金斯堡，代表作是《嚎叫》。"魔幻现实主义"，产生于拉丁美洲，以马尔克斯的长篇小说《百年孤独》为标志。

从十九世纪后期到二十世纪中后期，以高尔基为代表的苏联社会主义文学，在西方文学的发展进程中占有非常独特而显目的地位。苏联社会主义文学是真正属于广大人民群众的文学。无产阶级作家们在他们的作品中塑造出了有理想有信念，真正充满人性的美丽动人的艺术形象。但正如西方世界普遍拒绝马克思主义一样，这些文学作品也一直没有得到真正的重视，没有获得它们应有的地位，这是了解和学习西方文学必须注意到的。

十日谈(节选)

薄伽丘

【题解】

乔万尼·薄伽丘(1313—1375)，一译卜伽丘，意大利文艺复兴运动的杰出代表，人文主义者。他的作品的共同特点都是以爱情为主题，借鉴古希腊古罗马诗歌、神话、传奇，显示了中世纪传统和骑士文学的痕迹，但又摆脱了俗套，充满对人世生活和对幸福的追求，谴责禁欲主义。代表作《十日谈》批判宗教守旧思想，主张"幸福在人间"，被视为文艺复兴的宣言。其与但丁、彼特拉克合称"文学三杰"。

【文献来源】

薄伽丘. 十日谈[M]. 方平，王科一，译. 上海：上海译文出版社，2006: 3-17.

第一日 故事第一

亲爱的小姐们，我们无论做什么事都应当以伟大神圣的造物者的名字作为起始。既然我第一个开始讲故事，我就打算拣一件天主的奇迹做题材，大家听了，好对于永恒不变的我主的信心更其坚定，而且怀着更大的热诚永远赞美他。

世间万物，原来是匆促短暂、生死无常，而且还要忍受身心方面种种困厄、苦恼，遭受无穷的灾祸；我们人类寄迹在天地万物中间，而且就是这万物中间的一分子，实在柔弱无能，既无力抵御外界的侵凌，也忍受不了重重折磨——幸亏大恩大德的天主把力量和智慧赐给了我们。

可是我们应该相信，这恩宠却并不是仗着我们自己的功德而得来的；别那么想，要知道这是全凭了天主的慈悲和诸圣的祈祷！

那些圣徒们，当初也是凡人，跟我们并没两样；但是他们在世时，一刻也忘不了主的意旨，因此如今在天上受祝福、得永生了。我们在祷告中，不敢直接向那么崇高的审判者诉述自己的私愿；只得向圣徒们倾吐自己切身的要求，请他们代为上达天听——因为他们本着自身的经验，洞悉人性的弱点。

我们凡人的俗眼虽然无从窥测神旨的奥妙，但是确知天主的慈悲是广大无边的。有时候，我们凡人受了欺蒙，竟会错找那永远遭受放逐、再不能觐见圣座的人来传达祈祷；天主可是不受欺蒙的。虽然这样，天主还是鉴于祈祷者的真心诚意，宽容了他的愚昧，也不计较那被放逐者的深重罪孽，依旧垂听那错把罪徒当作了天主座前的圣者的祷告。在我所要讲的这个故事中，这一层就表明得最清楚；我说"最清楚"，并不是就天主的判断而论，而是对我们人类而言的。

从前法国有个大商人，叫做缪夏托·法兰西兹，他因为有钱有势，所以做了朝廷上的爵士。那时候，法国国王的弟弟查理奉了教皇卜尼法斯的召见，正要到托斯卡纳去，他被派作随从，一同前去。像通常的商人一样，临到要起程了，他发觉还有好多事务得料理，而行程仓促，来不及在顷刻之间就办妥，只得设法把一应大小事务交托了人；只是有一件极难处置的事不曾托付妥当，那就是说，他放给好多勃艮第[1]人的债，还找不到一个可靠的人去催收。是因为他知道这班勃艮第人都泼辣得要命，不顾信用，又不讲道理；因此踌躇不决，一时倒很难想出一个精明的人，可以对付得了他们的霸道行为。

他考虑好久，才想起有一个身材矮小、衣饰华丽、时常在他巴黎的寓所里出入的人物。那人名叫恰贝莱洛·达·普拉托。那些法国人不知道"恰贝莱洛"是"木桩"的讹音，只看到他衣饰入时，还道这字跟"卡贝洛"(花冠)是相同的，于是就把它变做了"恰泼莱托"(花冠的爱称)，这样就"恰泼莱托""恰泼莱托"地叫开了，他的真名倒反没人知道了。

说起这位先生，他的为人可真够你瞧呢。他干的是公证人这个行当，可是他的拿手好戏却是编造假文书，如果他真写了一份绝无弊端的契据，那反而教他羞愧得无地自容，好在文契一由他经手，作伪作假的多，真实完整的少；更妙的是你并不要出多少钱去求他；他肯白给你一份假文书，他情愿奉送！给人发假誓，那是他最高兴不过的事了，你求他也罢，不求他也罢，他总不肯错过这机会。那时候，法国人民对于发誓是十二分重视的，不敢胡乱发誓；可是每逢法庭上要他出席作证、凭着他的信仰起誓时，他总是毫不在乎地发一个大大的假誓，所以每次他都靠这种无赖手段胜诉。

他还孜孜不倦地不管在人家骨肉、朋友中间，还是在不相干的人中间挑拨是非，散布仇恨，乱子闹得越大，他就越得意。逢到人家找他谋害人命，或是干其他的好差使时，他总是一口答应下来，从没推辞过；遭他暗算因而送命的人也不知有多少。对于天主和诸圣，他一味亵渎，哪怕是为了一点不相干的事情都可以暴跳如雷。他从没踏进过教堂；提到圣礼圣餐，他总是使用着最难听的字眼，好像在讲着不值一提的东西似的。另一方面，酒店和下流的场所，却难得缺少他的踪迹。他离不开女人，就象恶狗少不了一根棒子，再没有哪一个恶徒像他那样有伤风化、违反人道的了。他做起抢劫的勾当来心安理得，就像是修士向天主奉献牺牲一般。他好吃好喝[2]，把自己的身子都糟蹋坏了。他又是个出名的赌棍，专门做手脚、掷铅骰子[3]，去骗别人的钱。

可是我何必多啰嗦呢，从古以来恐怕再也找不出一个象他那样的坏蛋了。总之，有一个时期，他凭他的奸诈给缪夏托效劳，而缪夏托也仗着自己的财势庇护他，把他从受害人的手里、从法律的掌握里救了出来，不止一次。

现在缪夏托就想起了他来，恰泼莱托的历史全在他肚里，他认为要对付那些狡黠的勃艮第人就非他去不可。他差人去把他请了来，向他说道：

"恰泼莱托，你知道，我要出国去了，以后不知哪天才得回来，可是还有些债务没跟勃艮第人了结，这班人可真刁猾，我想要不劳驾你走一遭，就再没哪个可以把我的钱收回来了。再说，你眼前也是空闲着，要是你愿意去的话，我将来自会给你向朝廷讨一份护照，你收账回来，便从账款里提出一笔相当的数目来给你做酬劳。"

恰泼莱托这时正没事可干，手头很紧，如果向来照应他、庇护他的朋友一走，那情景越发困难了，所以他毫不考虑，一口答应了下来。两人谈妥之后，缪夏托就启程了。

恰泼莱托带着委托证明书和皇家的护照。也来到了勃艮第。那里的人谁都认不得他；而他居然一反向来的本性，用温和公平的态度来催收账款，行为检点、尽他本分的职务，好像他有多少邪恶的手段他都要藏起来，准备到最后才一下子使用出来。

他寄居在两个放高利贷的佛罗伦萨[4]人家里。他们是兄弟俩，看恰泼莱托是缪夏托派来的人，着实优待他。不想他在他们家里病倒了。他们随即给他把大夫请了来，还打发仆役侍候他，凡能尽力的地方都尽力做到。

可是一切都不见功效。他年纪老了，从前的生活过得又荒唐，眼看病势一天比一天沉重；到最后，医生回说没救了，弄得那兄弟两个十分焦急。有一天，他们在紧贴着病室的一间房里商量起来了。一个问另一个说道：

"我们怎样打发这个病人呢？这件事可不好办哪，要说把病人撵出门外吧，情理上说不通，一定要受人指责。大家看见我们把他招留进来，后来又忙着替他请医、派人服侍他，现在临到人快要死了，断不会再做出什么得罪我们的事来，却忽然看见我们把他撵了出去，这怎么成呢？再反过来讲，他平生是一个邪恶的人，断不肯忏悔认罪、接受教会的圣礼；一旦死了，教堂一定不肯收容他的尸体，他岂不是要像死狗一般给扔在沟里吗？就算他认罪吧，他的罪案这样多，罪孽又这样重，不管神父或是修士，没有一个肯赦他的罪，或是能够给他赦罪的。要是他得不到赦免，那还不是给扔到了沟里去？若是闹出了这样的事，那当地的人们平时就恨我们操着这行当，天天在骂我们是不义之徒，就会抓住这机会，一窝蜂冲进我们的宅子来抢劫钱财，一边高喊道：

'这班伦巴第[5]狗子们，连教堂都不肯收容他们，快给我们滚吧！'"

"他们这么直冲进来，不但抢劫我们的财货，说不定还要害我们的命。所以说来说去，一旦那个人死了，我们可要受累啦。"

方才说过，恰泼莱托只跟他们隔着一层板壁，病人的听觉又格外敏锐，所以他们所说的话给他听了去。他把那兄弟俩请到了自己的房中来，这样向他们说道：

"请你们不必担心或是顾虑我会连累你们。方才你们在隔壁房内所说的话，我全都听到了；要是事情真是照你们所预测的那样发展下去，那么当然会落到这样的结果。可是我有办法把这局面转变过来。我一生违背着天主行事，不知犯了多少罪孽，要是在临死之前，再犯一次，那也反正是这么一回事了。快去请一个最虔诚、最有德行的神父来——假使天下真有这样一种人。其余一切你全不用管，我自有办法把事情弄得面面俱到，叫你们感到满意。"

这兄弟俩虽然并不抱着多大希望，但仍然赶到了修道院里去，说是家里有一个伦巴第人快断气了，要请一个圣洁而有学问的神父来行终敷礼[6]。修道院便派了一个十分圣洁、极有学问、精通《圣经》、为全城所敬重的神父跟他们同去。

神父走进病房，在床边坐下，先用好话安慰了病人几句，接着就问他跟最后一次忏悔已隔开多少时候了。恰泼莱托这一辈子从没忏悔过，却回答道：

"圣父，我向来每星期忏悔一次，有时还不止一次呢。可是说真的，自从病了以后，这八天中还不曾忏悔过，我就给病魔害得这么苦！"

神父就说："孩子，你这样做很好，你应该坚持你这个习惯。既然你经常认罪，也就无须我多听多问了。"

病人说道："神父，不要那么说，不管我忏悔了多少次，我还是时时渴望把我所记得起来的一生罪恶——从我落地出生起直到此刻做着忏悔为止，原原本本吐露出来。所以，好神父，请你就把我当作从来没有认过罪一般，详详细细地考问我吧，不要因为我躺在病床上就宽容了我。我宁可牺牲自己肉体的舒适，也不愿我的救主用他那宝贵的鲜血赎回来的灵魂沉沦在深渊中！"

神父听了他的话，大为高兴，认为这就是心地纯洁的证明，着实称道他的虔诚。于是就询问他可曾跟妇女犯了奸淫罪。恰拨莱托叹着气回答道：

"神父，关于这种事，我不好意思向你说真话，怕的是我会犯自负罪。"

神父回说道："尽管说好了，只要你说的是真话，那么不管是在忏悔，还是在旁的场合，你决不会犯罪的。"

"既你这么说，"恰泼莱托答道，"我就照实说了，我还是一个童身呢，就像我初出娘胎时那样清白！"

"啊，愿天主赐福给你！"神父嚷道，"这是难得的品德啊，你自动发愿，保守清白，功德远胜过我们和其余受着戒律束缚的人。"

神父接着又问，他可曾冒着天主的不悦而犯了贪图口腹之罪。

恰拨莱托连声叹着气说：犯过，这种罪他也不知犯了多少次。除了像旁的信徒那样年年遵守着四旬斋[7]的禁食外，他还每星期至少斋戒三天，只吃些面包和清水；可是他喝起水来——尤其是当他祈祷累了，或是在朝圣的路程中走累的时候——却放量大喝，而且还喝得津津有味呢，就跟酒徒在喝酒时一模一样。还有，他好多次真想尝尝妇女们上城去所拌的那种普通的生菜；有时候，吃东西会引起他的快感，对于像他那样修心斋戒的人那实在是不应该的。

"我的孩子，"神父说道，"这些过失也是人情之常，算不上什么的，你也不必过于责备自己的良心。每个人都是这样，不管多么虔诚，在长期斋戒之后进食，在疲乏的当儿喝水，精神也会为之一爽的。"

"啊，神父，"恰泼莱托说，"别拿这些话来安慰我吧，你知道我并非不明白，凡是跟侍奉天主有关的事，都要真心诚意、毫无怨尤地做去，否则就是犯了罪。"

神父听了大为高兴，就回他道："你有这一片心，我非常高兴，我也不禁要赞美你那纯洁善良的心地。可是告诉我。你有没有犯过贪婪罪呢？——譬如追求不义之财啊，或是占有了你名分以外的财物。"

"神父，"恰泼莱托说，"请不要看我住在高利贷者的家里就怀疑我，我和他们是没有瓜葛的。不，我来这里本是为了想劝告他们，要他们洗心革面，从此不干那重利盘剥的勾当；我相信我原可能做到的，要不是天主来把我召唤去。你还要知道，我的父亲是很有钱的，他老人家故世的时候，遗给我一大笔财产；这笔财产，我一大半倒是拿来施舍给别人。我为了维持自己的生计，也为了可以周济贫苦，做了一点小本生意，想博取一些利润，可我总是把赚来的钱均分为二，一半留给自己需用，一半送给了穷苦无告、信奉天主的人们。蒙天主的恩典，我干得很顺利，业务逐渐地兴旺起来。"

"你这样做好极了，"神父说，"不过你是不是常常容易动怒呢？"

"噢，"恰泼莱托说，"我只能告诉你，那是常有的事！谁能看着人们整天为非作歹，全不把天主的戒律和最后的审判放在心里，而耐得住一腔怒火呢？我一天里有好几次宁可离开这个世界，也不愿活着眼看青年人追逐虚荣、诅天咒地、发假誓，在酒店里进进出出，却从不跨进教堂一步，他们只知道朝着世俗的路走，不知道追随天主的光明大道。"

"我的孩子，"神父说，"这是正义的愤怒，我不能要你把这事当作罪恶忏悔。不过你有没有逞着一时之忿，杀人、伤人、污蔑了人，或是委屈了人呢？"

"唉，神父，"病人回答道，"看你是个天主的弟子，怎么也会问出这等的话来呢？像你所说的种种罪恶，别说当真做了出来，就是存着一丁点儿想头吧，你难道以为天主还能一直这么容忍着我吗？这些都是盗贼恶汉的行径呀，我一见了这些人，没有哪一次不是对他们说：'去吧，愿天主来感化你们！'"

"愿天主降福于你！"神父说，"可是告诉我，我的孩子，你有没有做过假见证来陷害人，有没有诋毁过他人？旁人的东西你有没有侵占过？"

"唉，神父，当真的，"恰泼莱托说，"我当真毁谤过人，我从前有一个邻居，往往平白无故地殴打他的妻子，我看不过了，有一次就去告诉她的娘家，说他怎样怎样不好——我真是替那个不幸的妇人难过，他喝醉了酒打起女人来，天知道有多么狠毒。"

于是神父又问："你说过你是个商人，那么你有没有像一般商人一样使用过欺骗的手段？"

"啊，神父，当真有过这么一回，"恰泼莱托说，"可是我无从知道那吃亏的人是谁了。他赊了我的布去，后来还钱的时候我当场没数，就扔进了钱箱，隔了一个月，我拿出来一数，发觉多了四文钱。就把这钱另外放开，好归还原主，可是等了他一年还不见他来，我这才把这四文钱舍施给了穷人。"

"这是件小事，"神父说，"你处理得也很妥当。"

于是他再提出了一些其他的问题，恰泼莱托又像方才那样一一作了回答。最后，神父正想替他行赦罪礼的时候，他大声嚷道：

"神父，我还有一件罪恶不曾向你忏悔呢。"

神父忙问他是什么事，他就说："我记得有一个礼拜六做过午祷之后，我叫女仆打扫屋子，我应该尊重我主的'圣安息日[8]'，而我却没有遵守！"

"喔，我的孩子，"神父说，"那也是一件小事。"

"不，"恰泼莱托说，"你别那么讲：这是一件小事，圣安息日是我主复活的节日，应当受到多大的崇敬啊。"

神父又问道："那么还有别的罪过没有？"

"唉，神父，"恰泼莱托回答道，"有一次，我自个儿也不知道在干些什么，竟在天主的教堂里随口吐了口水。"

那神父微笑说道："这种事你不必放在心里，我的孩子；我们做修士的也天天在那里吐口水呢。"

"那你们就大大地不应该了，"他回答道，"旁的一切还在其次，天主的圣殿却是献祭的场所，理应保持十分洁净才是呀。"

总之，他还说了许多诸如此类的事；后来他却开始呻吟起来，末了又索性放声大哭了——只要他高兴，他是能够把悲伤绝望的神情摹仿得惟妙惟肖的。神父慌忙问道："孩子，为什么这样伤心？"

"唉，神父，"恰泼莱托回答说，"我还有件罪恶一直隐瞒着没说出来哪，我没有勇气说，因为我惭愧极了，我只要一想起这回事来，就哭得像你所看到的那样子，照我看来，天主是永远也不会宽恕我这件罪恶了！"

神父就说："别哭吧，我的孩子，话不是这样说的。哪怕世间一切的罪恶，甚至是直到世界末日，人类所要犯的一切罪恶完全集中在一个人身上，只要他果真能痛改前非，像我所看到你的这副光景，那么天主的仁爱和恩德是无边无涯的，只要罪人供认了，天主便会赦免他。所以你尽管放心向我说吧。"

恰泼莱托还是哭个不停，他一边哭一边说："唉，我的神父，我罪孽深重，除非你帮助我，你的祷告感动了天主，我是怎么也不敢存着被赦免的希望了。"

神父就说道："只管说吧，我答应一定为你祷告。"

恰泼莱托仍然哭着，只是不肯说；那神父劝了半天，他才深深叹了一口气说：

"神父，你既然答应为我祷告，我就说出来吧。你要知道，我小时候，曾经有一次咒骂过自己的亲娘呢。"说完，他又号啕大哭起来。

"我的孩子，"神父说，"你把这看成是这么一件重大的罪恶吗？不知道有多少人天天都在诅咒天主；可是亵渎天主的人只要一旦忏悔，主就会宽赦他们。你只犯了这么一点点罪过，就以为永远得不到主的赦免了吗？别哭啦，宽心吧，听我说，你能够这么痛切地悔过，像我现在看到你的这一副光景，那就是你跟人一起把耶稣钉在十字架上，也一定能够受到主的赦免的。"

"唉，我的神父，你这说的是什么话呀？"恰泼莱托回答说，"我的亲娘十月怀胎才把我生下来。千百次抚抱才把我拉扯大了，我竟然诅咒她，这真是罪大恶极呀，要是你不替我在天主面前祷告，我就永远得不到赦免了！"

神父看见恰泼莱托再没什么忏悔了，就给他行了赦罪礼，为他祝了福，只道他说的句句都是真话，把他看成了世间最虔敬的人。这些话都出自一个临终的人的口里，说得又那么恳切，谁听了能不相信呢？仪式举行之后，神父又说：

"恰泼莱托先生，凭着天主的帮助，你的病不久就要好了，但是如果天主的意旨要把你那圣洁、善良的灵魂召唤到他跟前，你可愿意让你的遗体安葬在我们的修道院中？"

"当然十分愿意，神父，"恰泼莱托回答说，"我不愿意葬在别的场所，因为你答应了替我向天主祷告；再说，我对于你们的教派怀着特别的崇敬。所以我求你回去之后，就把你们每天早晨供奉在圣坛上的我主的'真身'[9]送到我这里来，因为我虽然不配有这光荣，可还是希望能得到你的允许，领受圣餐，此后就行'终敷礼'，这样，我活着的时候虽然是个罪徒，死的时候至少也可以像个天主教徒了。"

那善良的神父听了非常高兴，说是他那些话讲得非常好，并且答应立即给他把圣餐送来。他去了一会之后，圣餐果然送来了。

再说那兄弟俩，他们把神父请了来，可是总不放心，害怕恰泼莱托会有意作弄他们，所以躲在另一间屋子里。隔着一层板壁偷听着，恰泼莱托向神父所说的那些话，他们句句听了去。有好几次，他们几乎忍不住要笑出来。他们私下谈道：

"这个人可真了不起，衰老也罢、疾病也罢，都奈何不了他，他也不管死亡就在眼前、再过一会儿就要站到天主的座前去受审判了，却还是施出他那奸刁的伎俩，临死都不改！"可是既然他凭着弥天大谎，能够葬在教堂里，他们也就顾不得这许多了。

恰泼莱托随即受了圣礼，病况越来越严重了，又受了终敷礼；就在他深深忏悔的当天，晚祷过后，断气了。那兄弟俩就拿着恰泼莱托的钱，替他郑重铺排丧事，同时打发人到修道院去请修士到来，按照习俗，为死者举行夜祷，又请他们第二天早晨主持殡仪，料理一切事宜。

那听取他忏悔的神父得了报丧的通知后，便来到院长跟前，打钟召集了全体修士，告诉他们死者是一个多么圣洁的正人君子——你只要听听他的忏悔就可以知道了。他希望天主将通过他而显示许多奇迹，所以劝告大家应当怀着最大的尊敬和虔诚去把他的遗体迎来。院长和众修士给他这么一说，都非常相信，一致同意了他的建议。

那天晚上，他们全体来到停放恰泼莱托的遗骸的地方，为他举行了庄严盛大的夜祷。第二天早晨，个个都穿戴起法帽法袍，手拿《圣经》，胸前挂着十字架，沿途唱着圣歌，用最隆重的仪式去迎接他的遗体。这件事哄动了全城，男男女女差不多全都紧跟在他们后面走。等灵柩抬进教堂，那听取死者忏悔的有道的神父便登上法坛，宣扬恰泼莱托的一生奇迹，把他的斋戒、童贞、清白和圣洁等等都讲到了，在这种种善行之中，他尤其提到那好人怎样痛哭流涕，向他忏悔他自以为是最深重的罪孽，他好不容易才叫那圣洁的人相信天主会赦免他的罪过。说到这里，他就斥责坛下的听众道：

"可是你们，主所不容的人，连脚下绊着根草，都要亵渎天主、圣母和天上的诸圣！"

此外，他还把他的忠诚和圣洁宣扬了一番。总之，听众相信了他这番话，大受感动，仪式一完，就拥上前来，争先恐后地亲吻死者的手和脚，把他的衣服扯个粉碎，连背部都露了出来；要抢得那么一小片碎布，就觉得有了洪福。结果只得把他的尸体终日停放在那儿，好让大家都可以瞻仰他的遗容，到了晚上，才庄重地把他放入小教堂里的一个大理石冢内。第二天，人们络绎不绝地赶来，手执蜡烛，向他祈祷许愿，以后来还愿，就在他的神龛前挂了许多蜡像。

他的圣名越传越响了，人们对于他的敬仰真是与日俱增，甚至到后来，凡是遇到患难，就只向他祈求，再也记不起其他的圣徒了。他们称他"圣恰泼莱托"，直到现在还是使用这个称呼；还说，天主假着他的手，显示了好多奇迹；就在眼前，只要你诚心求他，也还是天天可以发生奇迹的。

恰贝莱洛·达·普拉托就是这么活着，这么死去，又这么变做了圣徒，这一切诸位都已听到了；我不打算说他不可能在天主面前蒙受祝福；他的一生虽然作恶多端，但是在临死的那一刻，他可能痛心悔过，而天主也可能对他特别宽大，把他收容进天国，不过这都是我们无从窥测的事了。我们只能拿显而易见的常情常理来猜度，他此刻应该是在地狱里，在魔鬼的手里，而不是在天堂跟天使们待在一起。果真是这样的话，我们就可以认识到天主加于我们的恩惠是何等深厚了。他不计较我们的愚昧，只鉴察我们的真心诚意；不管我们错把主的仇敌当作是主的友人，而向他倾吐我们的心愿。天主同样垂听我们的祈祷，就像我们所选的代祷人是一个真正的圣徒一样。

我们靠着天主的恩惠，才能像眼前这么快乐逍遥，欢聚在一起，好安然无恙地度过这次灾难。那么让我们来赞美他吧——我们也就是以赞美他的名义开始讲故事的；崇拜他吧，在困难的时候虔诚地向他祈求吧，他一定会听取我们的祷告的。

潘菲洛的故事说到这里，就完了。

【注释】

[1] 勃艮第：勃艮第在西欧各历史时期所指范围各异，除常指十七八世纪法国中部的勃艮第省外，另拥有其他广大领土的两个王国和一个公国。勃艮第人，是日耳曼语民族之一。勃艮第盛产葡萄和葡萄酒。

[2] 好(hào)吃好(hào)喝：贪吃贪喝。

[3] 铅骰子：这里的铅指水银。在骰子中灌水银，是赌徒作弊的惯用伎俩。灌水银的骰子，投掷前先把水银摇晃到想要摇出号码的对面，有水银那一面重，掷出去后一定朝下。

[4] 佛罗伦萨：欧洲文艺复兴运动发源地，欧洲文化中心，至今仍为著名的世界艺术之都。

[5] 伦巴第：在意大利北部，是意大利最重要的经济区。伦巴第人以善理财闻名。

[6] 终敷礼：基督徒临终之际，神父将橄榄油涂抹其面部，听其忏悔并为其行赦罪礼，以使其得到天主赦免。

[7] 四旬斋：基督徒复活节前为期四十天的斋戒。

[8] 圣安息日：复活祭前的礼拜六。

[9] 真身：指圣餐礼中的面包。

【阅读提示】

14 世纪中叶，意大利佛罗伦萨发生了一场可怕的瘟疫——鼠疫(黑死病)，几个月里就死了10 万人以上；原本繁华的城市，变得尸骨遍野，阴森恐怖。意大利作家乔万尼·薄伽丘深受其影响，为了保存这场灾难的记忆，他以这场瘟疫为背景，历时 5 年，创作完成了《十日谈》这部欧洲文学史上第一部现实主义巨著。

小说名"十日谈"，是因为侥幸逃出佛罗伦萨的七女三男，相约到郊外的一座别墅躲避瘟疫，他们每天每人讲一个故事，讲了十天，共一百个故事；全书就是由这一百个故事，加上作者的"原序"，以及作者对十个男女集合的缘由作的一个"说明"所构成。

《十日谈》被称为"文艺复兴的宣言",发出了人文主义的先声。通过青年男女讲述的故事,薄伽丘揭露了教会的罪恶,批判了僧侣们道貌岸然外表下的男盗女娼、贪婪欺诈的丑陋面孔。鼓吹追求爱情、及时行乐乃至肉欲的满足,对传统的伦理道德进行了肆无忌惮的亵渎和挑战,为新兴资产阶级登上历史舞台,提供了舆论准备和思想工具。

【思考与讨论】

1. 查阅资料,了解欧洲中世纪发生大规模黑死病的原因。

2. 现当代西方社会思潮中的自由、平等、博爱观念,是与文艺复兴时期的人文主义者们,与薄伽丘《十日谈》宣扬的思想是一脉相承的。请结合《十日谈》的内容,深入理解"自由、平等、博爱"的内涵。

李尔王(节选)

莎士比亚

【题解】

莎士比亚(1564—1616),英国文艺复兴时期伟大的剧作家、诗人,欧洲文艺复兴时期人文主义文学的集大成者。莎士比亚的代表作有四大悲剧《哈姆雷特》《奥赛罗》《李尔王》《麦克白》,著名喜剧《仲夏夜之梦》《威尼斯商人》《第十二夜》《皆大欢喜》,历史剧《亨利四世》《亨利五世》《查理二世》等。他还写过154首十四行诗、两首长诗。本·琼森称他为"时代的灵魂",马克思称他和古希腊的埃斯库罗斯为"人类最伟大的戏剧天才"。莎士比亚的作品从生活真实出发,深刻地反映了时代风貌和社会本质。他认为,戏剧"仿佛要给自然照一面镜子:给德行看一看自己的面貌,给荒唐看一看自己的姿态,给时代和社会看一看自己的形象和印记"。

【文献来源】

莎士比亚. 莎士比亚全集(下)[M]. 朱生豪,译. 南京:译林出版社,1998:1-32.

剧中人物

李尔　不列颠国王

法兰西国王

勃艮第公爵

康华尔公爵

奥本尼公爵

肯特伯爵

葛罗斯特伯爵

埃德加　葛罗斯特之子

埃德蒙　葛罗斯特之庶子

克伦　朝臣

奥斯华德 戈纳瑞的管家

老翁 葛罗斯特的佃户

医生

弄人

埃德蒙属下一军官

科迪利娅一侍臣

传令官

康华尔的众仆

戈纳瑞、里甘、科迪利娅 李尔之女

扈从李尔的骑士、军官、使者、兵士及侍从等

地点

不列颠

<h2 style="text-align:center">第 一 幕</h2>

第一场 李尔王宫中大厅

　　肯特、葛罗斯特及埃德蒙上。

肯特　　　我原来以为王上对奥本尼公爵比对康华尔公爵更有好感。

葛罗斯特　我们一向都觉得是这样；可是这次在国土的划分中，却看不出来他对这两位公爵中的谁更看重；因为他分配得那么平均，无论他们怎样斤斤较量，都不能说对方比自己占了便宜。

肯特　　　大人，这位是您的令郎吗？

葛罗斯特　他的出生要归我负责；我常常不得不红着脸承认他，现在惯了，也就脸皮厚了。

肯特　　　我不懂您的意思。

葛罗斯特　不瞒您说，这小子的母亲没有嫁人就大了肚子生下他来。您想这应该不应该？

肯特　　　生下的儿子这样好，我不能但愿这错误不曾发生。

葛罗斯特　我还有一个合法的儿子，年纪比他大一岁，然而我并不更喜欢他。这畜生虽然不等召唤就自己莽莽撞撞来到这世上，可是他的母亲是个迷人的东西，我们在制造他的时候，曾经有过一场销魂的游戏，这孽种我不能不承认他。埃德蒙，你认识这位贵人吗？

埃德蒙　　不认识，父亲。

葛罗斯特　肯特伯爵。从此以后，你该记着他是我的尊贵的朋友。

埃德蒙　　大人，我愿意为您效劳。

肯特　　　我一定喜欢你，希望以后能够常常见面。

埃德蒙　　大人，我一定尽力不辜负您的垂爱。

葛罗斯特　他已经在国外九年，不久还是要出去的。王上来了。

　　喇叭奏花腔。李尔、康华尔、奥本尼、戈纳瑞、里甘、科迪利娅及侍从等上。

李尔　　　葛罗斯特，你去招待招待法兰西国王和勃艮第公爵。

葛罗斯特　是，陛下。(下)

· 181 ·

李尔	现在我要向你们说明我的心事。把那地图给我。告诉你们吧，朕已经把朕的国土划成三部分；朕因为自己年纪老了，决心摆脱一切公务和操心事的牵累[1]，把责任交卸给年轻力壮之人，让自己好脱去负担，慢慢地走向死亡。康华尔和奥本尼两位贤婿，为了预防他日的争执，我想还是趁现在把我的几个女儿的嫁奁加以公布。法兰西和勃艮第两位君主正在竞争我的小女儿的爱情，他们为了求婚而住在朕的宫廷里已经有好多时候了，现在该得到答复。孩子们，在我即将放弃我的统治权、领土和国事的重任的时候，告诉我，你们中间哪一个人最爱我？我要看看谁的天性之爱最值得奖赏，我就给她最大的恩惠。戈纳瑞，我的大女儿，你先说。
戈纳瑞	父亲，我对您的爱，不是言语所能表达；我爱您胜过视力、世界和自由；超越一切可以估价的贵重稀有的事物；不亚于兼有天恩、健康、美貌和荣誉的生命；不曾有一个女儿这样爱过他的父亲，也不曾有一个父亲这样被他的女儿所爱；这一种爱使口舌和言辞都无能为力；我对您的爱比所有上述都加起来还要多。
科迪利娅	(旁白)科迪利娅应该怎么好呢？默默地爱着吧。
李尔	在这些疆界以内，从这条线到这条线，所有浓密的森林、膏腴的平原、富庶的河流、广大的牧场，都要奉你为女主人；这一块土地永远为你和奥本尼的子孙所有。我的二女儿，最亲爱的里甘，康华尔的夫人，你怎么说？
里甘	我跟姐姐是一样的，您凭着她就可以判断我。在我的真心之中，我觉得她刚才所说的话，正是我爱您的实际的情形，不过她还说得不够：我宣布厌弃敏锐的知觉所能感受到的其他一切快乐，只有您陛下的爱才是我的幸福。
科迪利娅	(旁白)那么，科迪利娅就可怜了！可是也不尽然，因为我深信我的爱心比我的口才更为丰富。
李尔	这一块从朕的美好的王国中划分出来的三分之一的沃壤，将是你和你的子孙永远世袭的产业，和戈纳瑞所得到的一份同样的广大，同样的富庶，也是同样的佳美。现在，我的宝贝，虽然是最后的一个，却并非最不重要的；法兰西的葡萄和勃艮第的牛奶在竞争得到你的青春之爱；你有些什么话，可以换到一份比你的两个姐姐更富庶的土地？说吧。
科迪利娅	父亲，我没有话说。
李尔	没有？
科迪利娅	没有。
李尔	没有只能换到没有；重新说过。
科迪利娅	可叹我不会把我的心事从嘴里说出来；我爱您只是按照我的义务，一分不多，一分不少。
李尔	怎么，科迪利娅！把你的话修补一下，否则你要毁了你自己的幸运了。
科迪利娅	父亲，您生我，养我，爱我，我理当尽义务回报，服从您，爱您，敬重您。如果我的姐姐们说要用她们整个的心来爱您，那她们为什么要有丈夫呢？有一天我出嫁了，那接受我的忠诚誓约的丈夫，将要得到我的一半的爱、我的一半的关心和义务；假如我只爱我的父亲，我一定不会像我的姐姐们一样去嫁人的。

李尔	这些话果然是从你心里说出来的吗？
科迪利娅	是的，好父亲。
李尔	年纪这样轻，却这样没有良心吗？
科迪利娅	父亲，我年纪虽轻，心却是忠实的。
李尔	好，那么让你的忠实做你的嫁奁吧。凭着太阳神圣的光辉，凭着黑夜的神秘，凭着主宰人类生死的星球的运行，我在这里宣布和你断绝一切父女之情和血亲的关系，今后永远把你当作一个路人看待。啖食自己儿女的野蛮的生番[2]，比起你，我的旧日的女儿来，也不会更受我的憎恨。
肯特	陛下——
李尔	闭嘴，肯特！不要来批怒龙的逆鳞[3]。我本来最爱她，想要在她的殷勤看护之下终养我的天年。去，不要让我看见你！让坟墓做我安息的眠床，我从此割断对她的父爱了！叫法兰西王来！都是死人吗？叫勃艮第来！康华尔和奥本尼，你们已经分到我的两个女儿的嫁奁，现在把我第三个女儿的那一份也拿去分了吧；让骄傲，她自己称之为坦白的，和她结婚吧。我把我的权力、至高无上的地位和君主一切的尊荣一起给了你们。我自己只保留一百名骑士，在你们两人的地方按月轮流居住，由你们负责供养。我只保留国王的名义和尊号，所有行政的大权、国库的收入和大小事务的处理，完全交在你们手里；为了证实我的话，两位贤婿，我赐给你们这一顶宝冠，归你们分享。
肯特	尊严的李尔，我一向敬重您为君王，爱您如父亲，追随您为主人，我在祈祷中总是祝福您为伟大的恩主——
李尔	弓已经弯好拉满，你留心躲开箭锋吧。
肯特	让它落下来吧，即使箭镞会刺进我的心里。李尔既发了疯，肯特只好不顾礼貌了。你究竟要怎样，老头儿？你以为在权力向谄媚低头的时候，尽忠守职的臣僚就不敢说话了吗？君主干下愚蠢的事情，直言极谏就是光荣的。保留你的权力，仔细考虑一下，停止这一可怕而鲁莽[4]的举措吧。我以生命担保我的判断；你的小女儿并不是爱你最少的一个；微弱的声音也并不反映空虚和假心假意。
李尔	肯特，你要是想活命，赶快住嘴。
肯特	我的生命本来是预备向你的仇敌抛掷的；为了你的安全，我也不怕把它失去。
李尔	走开，不要让我看见你！
肯特	瞧明白些，李尔，还是让我永远留在你的眼前吧。
李尔	凭着阿波罗起誓——
肯特	凭着阿波罗，老王，你向神明发誓也是没用的。
李尔	啊，可恶的奴才！(以手按剑)
奥本尼、康华尔	陛下请息怒。
肯特	好，杀了你的医生，把你的恶病养得一天比一天厉害吧。赶快撤销你的赠与，否则只要我的喉舌尚在，我就要大声疾呼，告诉你你做了错事啦。
李尔	听着，逆贼！如果你还是臣子，听我说！你想要使我毁弃我的不容更改的誓言，

以你不法的傲慢对我的命令和权力妄加阻挠，这种态度，我的天性和地位都不能容忍；为了维持王命的尊严，不能不给你应得的处分。我现在宽容你五天的时间，让你预备些应用的衣服、食物，以抵御尘世的困苦；在第六天上，你那可憎的身体必须离开我的王国；要是在此后十天之内，我们的领土上再发现了你的踪迹，那时候就要把你当场处死。滚吧！凭着朱庇特发誓，这一个判决是无可改变的。

肯特　　　再会，国王；你既不知悔改，

囚笼里也没有自由存在。(向科迪利娅)

神明庇护你，善良的女郎！

你想的正确，说得十分恰当。(向里甘、戈纳瑞)

愿你们照你们的夸口去做，

爱的言辞会变成事实。

各位王子，肯特从此远去；

到新的国土走他的旧路。(下)

　　　　喇叭奏花腔。葛罗斯特带法兰西王、勃艮第及侍从等重上。

葛罗斯特　陛下，法兰西国王和勃艮第公爵来到。

李尔　　　勃艮第公爵，现在我先对您说话；您跟这位国王争着要得到我的女儿。您希望她至少要有多少陪嫁的奁资，否则宁愿放弃对她的追求？

勃艮第　　最尊敬的陛下，照着您所已经答应的数目，我就很满足了；想来您也不会再吝惜的。

李尔　　　尊贵的勃艮第，当她为我所宠爱的时候，我是把她看得非常珍重的，可是现在她的价格已经跌落了。公爵，她站在那儿，一个弱小的身躯，要是除了我的憎恨以外，我什么都不给她，而您仍然觉得她有中意的地方，或者整个儿使您满意，那么她就在那儿，您把她带去好了。

勃艮第　　我不知道怎样回答。

李尔　　　她只是纤弱一身，没有亲友的照顾，新近遭到我的憎恨，咒诅是她的嫁奁，我已经发誓和她断绝关系，您还是愿意要她呢，还是把她放弃？

勃艮第　　恕我，陛下，在这种条件之下，决定取舍是不可能的事。

李尔　　　那么放弃她吧，公爵；凭着造物主起誓，我已经告诉您她的全部财富。(向法兰西王)至于您，伟大的国王，我不愿把一个我所憎恶的人匹配于您而致失去您的友谊；所以请您还是丢开这个几乎为自然所羞于承认的人，另找一个更值得的佳偶吧。

法兰西王　这太奇怪了，她刚才还是您的眼中的珍宝、您的赞美的题目、您的老年的安慰、您的最心爱的人儿，怎么转瞬间就会干下这么一件罪大恶极的行为，以致丧失了您的深恩厚爱！她所犯的一定是违背天性的恶性，不然一定是您以前公开宣布的爱心变了质；可是除非那是一桩奇迹，我无论如何不相信她会干那样的事。

科迪利娅　我再次请求陛下——如果我缺少油滑的口才，不会讲违心的话，因为凡是我心里想到的事情，我总是先做后说——我请求您让世人知道，我所以失去您的欢心，并不是因为我有什么丑恶的污点、淫邪的行动，或是不名誉的举止；而只是因为我缺少像人家那样的一双经常献媚乞求的眼睛，一条我认为可耻的善于逢迎的舌头，虽然没有了这些使我失去您的宠爱，可是唯其如此，却使我格外充实。

李尔　你不能讨我高兴，还不如没有把你生养下来的好。

法兰西王　只是为了这一个原因吗？一种天生的口吃的迟钝，它常常使想做的事未经说出？勃艮第公爵，您对这位公主意下如何？爱情要是掺杂了和它本身不相关涉的考虑，那就不是真的爱情。您愿不愿意娶她？她自己就是一注无价的嫁奁。

勃艮第　尊严的李尔，只要把您原来已经允许过的那一份嫁奁给我，我现在就可以使科迪利娅成为勃艮第公爵的夫人。

李尔　什么都不给；我已经发过誓，我已经决定了。

勃艮第　那么我很遗憾，您失去父亲的方式使您必须再失去一个丈夫了。

科迪利娅　愿勃艮第平安！既然他所爱的只是财产，我也不愿做他的妻子。

法兰西王　最美丽的科迪利娅！你因为贫穷，所以是最富有的；因为被遗弃，所以是最可宝贵的；因为遭轻视，所以最蒙我怜爱。我现在把你和你的美德一起攫在我的手里；人弃我取是合法的。天啊天！想不到他们的冷酷的轻视，却激起我热烈的敬爱。陛下，您的没有嫁奁的女儿由命运掷了给我，现在是我的王后、我全部财产的王后、我们美丽的法兰西的王后了；沼泽之邦的勃艮第所有的公爵都不能从我手里买去这无价之宝的女郎。科迪利娅，向他们告别吧，虽然他们是这样无情；你失去了故国，将要得到一个更好的家乡。

李尔　你带了她去吧，法兰西王，让她归你吧，我没有这样的女儿，也再不要看见她的脸，因此走吧，既没有我的恩宠和爱，也没有我的祝福。来，尊贵的勃艮第。

　　喇叭奏花腔。李尔、勃艮第、康华尔、奥本尼、葛罗斯特、埃蒙德及侍从等同下。

法兰西王　向你的姐姐们告别。

科迪利娅　父亲眼中的两颗宝玉，科迪利娅用泪洗过的眼睛向你们告别。我知道你们是怎样的人；因为碍着姊妹的情分，我不愿直言指斥你们的错处。好好对待父亲；你们自己说是孝敬他的，我把他托付给你们了。可是，唉！要是我没有失去他的欢心，我一定给他找一个更好的地方。再会了，两位姐姐。

里甘　用不到你教训我们尽责。

戈纳瑞　你还是去小心侍候你的丈夫吧，他接受你是作为命运的施舍；你自己不愿服从，今天空手而去也是活该。

科迪利娅　时间将会显示奸诈所包藏的是什么；谁掩饰过错，最后免不了出乖露丑。愿你们繁荣昌盛！

法兰西王　来，我美丽的科迪利娅。(与科迪利娅同下)

戈纳瑞　二妹，我有许多对我们两人切身有关的事要跟你谈。我想，父亲今晚就要离开此地。

里甘　　　那当然，他要住到你们那儿去；下个月跟我们住。

戈纳瑞　　你瞧他现在老了，脾气多么变化不定；我们已多次注意到他这点了。他一向最爱小妹，现在他把她撵走，可见他多么糊涂。

里甘　　　这是他老年的昏愦，而且他向来缺乏自知之明。

戈纳瑞　　他年轻健壮的时候性子就很急躁，现在他老了，我们得准备不仅对付他的长期形成的坏习惯，而且对付身体衰弱加火性给他带来的喜怒无常了。

里甘　　　他把肯特也放逐了。我们也可能会遇到他这种突如其来的任性行为。

戈纳瑞　　法王回国，跟他还有一番辞行的礼节。让我们商量一下；要是父亲凭着他这种脾气滥施威权起来，这一次的让权只会损害我们。

里甘　　　我们还要仔细考虑一下。

戈纳瑞　　我们必须想个办法，而且要趁热打铁。(同下)

第二场　葛罗斯特伯爵城堡中的厅堂

埃德蒙持信上。

埃德蒙　　大自然，你是我的女神，我为你的法律尽职效劳。为什么我要受习俗的欺凌，让世人的挑剔剥夺我的权益，只因为我比哥哥迟生了一年或是十四个月？为什么我叫私生子？为什么我卑贱？我的身材匀称，心灵高贵，容貌端正，哪一点比不上正夫人所出？为什么他们要给我加上庶出、贱种、私生子的恶名？贱种、贱种、贱种？难道在天性热烈的偷情里剩下的孩子，倒不及拥着一个毫无欢趣的老婆，在半睡半醒之间制造出来的那一批蠢货？好，合法的埃德加，我一定要得到你的土地；父亲欢喜私生子埃德蒙，正像他欢喜他的合法儿子一样。好听的名词，"合法"！好，我的合法的哥哥，要是这封信发生效力，我的计策能够成功，庶出的埃德蒙将要胜过合法的嫡子——我可要扬眉吐气啦。众神啊，替私生子撑腰吧！

葛罗斯特上。

葛罗斯特　肯特就这样被放逐了！法王盛怒而去。王上昨晚又走了！他的权力全部交出，依靠他的女儿过活！这些事情都在匆促中发生！埃德蒙，怎么样！有什么消息？

埃德蒙　　禀父亲，没有什么消息。(藏信)

葛罗斯特　你为什么这样急切地想把那封信藏起来？

埃德蒙　　我不知道有什么消息，父亲。

葛罗斯特　你刚才在读什么信？

埃德蒙　　没有什么，父亲。

葛罗斯特　没有什么？那你为什么慌慌张张地把它塞进口袋？既然没有什么，何必藏起来？来，给我看，要是那上面没有什么话，我也可以不用戴眼镜。

埃德蒙　　父亲，请您原谅我；这是我哥哥写给我的一封信，我还没有读完，照我已经读到的部分看，我认为不适于让您看见。

葛罗斯特　把信给我。

埃德蒙	不给您看或者给您看，我都会得罪您。信的内容，其中部分按我理解，是应受谴责的。
葛罗斯特	给我看，给我看。
埃德蒙	我希望哥哥写这封信是有他的理由的，他不过要试试我的德性。
葛罗斯特	(读信)"这一种尊敬老年人的政策，使我们在最好的年华只尝到世界的苦味。不能由自己处分我们的财产，等到年纪老了，不再能享受它。我开始觉得老年人的专制压迫实在是一种愚蠢的束缚；他们支配我们并非因为他们有权利，而是因为我们容忍他们这样做。到我这里来，听我说说这一个问题吧。要是父亲闭上了眼睛，我不叫醒他他不再起来，你就可以永远享受他的一半的收入，并且为你的哥哥所喜爱。埃德加。"——哼！阴谋！"闭上了眼睛，我不叫醒他他不再起来，你就可以永远享受他的一半的收入。"我的儿子埃德加！他的手会写这信，他的心和脑会构思这样的信吗？这封信是什么时候到你手里的？谁送来的？
埃德蒙	它不是什么人送给我的，父亲，这正是他狡猾的地方；我发现它掷进我房间的窗户。
葛罗斯特	你认识这笔迹是你哥哥的吗？
埃德蒙	父亲，要是写的是好话，我敢发誓这是他的笔迹；可是，既然上面写的是这种话，我但愿不是他写的。
葛罗斯特	这是他的笔迹。
埃德蒙	笔迹确是他的，父亲，可是我希望这种内容不是出于他的真心。
葛罗斯特	他以前从没有用这类话试探过你？
埃德蒙	没有，父亲。可是我常常听见他说，儿子成年以后，父亲要是已经衰老，父亲应该受儿子的监护，由儿子管理他的财产。
葛罗斯特	啊，混蛋！混蛋！正是他在这信里所表示的意见！可恶的混蛋！违反天性的畜生！禽兽不如的东西！去，把他找来；我要依法惩办他。可恶的混蛋！他在哪儿？
埃德蒙	我不大知道，父亲。您的可靠的做法是，在没有得到更好的证据证明哥哥确有这种意思以前，暂时停息您对他的怒气；因为要是您对他采取激烈的手段，误会了他的动机，那不但大大损害您自己名誉，而且会粉碎他对您的顺从之心。我敢拿我的生命为他作保，他写这封信的用意，不过是试探我对您的爱心，并没有其他危险的目的。
葛罗斯特	你以为是这样的吗？
埃德蒙	您要是认为合适的话，让我把您安置在一个可以听到我们两人谈论这件事情的地方，用您自己的耳朵得到一个真凭实据。事不宜迟，今天晚上就可以一试。
葛罗斯特	他不会是这样一个禽兽——
埃德蒙	他断不会是这样的。
葛罗斯特	——对待他的父亲，这样全心全意疼爱他的父亲。天啊，地啊！埃德蒙，找到他，求你取得他的信任，照你自己的意思随机应付。我愿意放弃我的地位和财产，把这一件事情调查明白。

埃德蒙	父亲，我立刻就去找他，想方法办好这件事，并把结果告诉您。
葛罗斯特	最近这些日蚀和月蚀不是好兆；虽然自然哲学可以对它们做这样那样的解释，可是大自然被接踵而来的现象所祸害。爱情冷却，友谊疏远，兄弟分裂；城市发生暴动，国家发生内乱，宫廷发生叛逆，父子关系崩裂。我的这畜生也是属于这种恶兆，这就是儿子反对父亲。王上偏离天性，这就是父亲反对孩子。我们最好的日子已经过去；现在只有阴谋、欺诈、叛逆、纷乱，追随我们不安地走向坟墓。埃德蒙，探明这小畜生！那对你不会有什么损失。要做的小心谨慎。——忠心的肯特又被放逐了！他的过失是诚实！真是怪事！(下)
埃德蒙	这真是现世愚蠢的时尚；当我们命运不佳——常常是自己行为产生恶果时，我们就把灾祸归罪于日月星辰，好像我们做恶人是命运注定，做傻瓜是出于上天的旨意，做无赖、盗贼、叛徒，是由于某个天体上升，做酒鬼、骗子、奸夫好妇是由于一颗什么行星在那儿主持操纵，我们无论干什么罪恶行为，全都是因为有一种超自然的力量在冥冥之中驱策我们。明明自己跟人家通奸，却把他的好色的天性归咎到一颗星的身上，真是令人吃惊的推诿！我的父亲跟我的母亲在巨龙星的尾巴底下交媾，我在大熊星底下出世，所以我就是个粗暴而好色的家伙。呸！即使当我的父母发生婚外关系的时候，有一颗最贞洁的处女星在天空眨眼睛，我也还会是现在这个样子。埃德加——

埃德加上。

埃德蒙	他来的正好，就像旧式喜剧里的结局一样；我的提词教我装出一副奸诈的忧郁，像疯子一般长吁短叹。唉！这些日蚀、月蚀果然预兆着人世的纷争！法——索——拉——咪。
埃德加	啊，埃德蒙兄弟！你在沉思些什么？
埃德蒙	哥哥，我正在想起前天读到的一篇预言，说是在这些日蚀、月蚀之后，将要发生些什么事情。
埃德加	你在忙着想这件事吗？
埃德蒙	我对你说，他所写的预言的事情，果然不幸发生了；什么父子之间违反天性的关系，死亡、饥荒、长久友谊的破灭、国家的分裂、对于国王和贵族的恫吓和咒诅、无谓的猜疑、朋友的放逐、支持者的叛离、婚姻的破裂，还有许许多多我所不知道的事情。
埃德加	你什么时候相信起星象之学来？
埃德蒙	喂，喂，你最后一次看见父亲在什么时候？
埃德加	昨天晚上。
埃德蒙	你跟他说过话没有？
埃德加	嗯，我们谈了两个钟头。
埃德蒙	你们分别的时候，没有闹什么意见吗？你在他的辞色之间，不觉得他对你有点恼怒吗？
埃德加	一点没有。

埃德蒙　想想看你在什么地方得罪了他。听我的劝告，暂时避一避，等他的怒气平息下来再说，现在他正在大发雷霆，恨不得一口咬下你的肉来呢。

埃德加　一定有一个坏东西说了我的坏话。

埃德蒙　我也怕有人是这样。请你千万忍耐一点，等他的火气消一消；现在你还是跟我到我住的地方去，在那里我可以想法让你听到他老人家说话。请你去吧，这是我的钥匙。你要是在外面走动的话，最好身边带些武器。

埃德加　带上武器，弟弟？

埃德蒙　哥哥，我这样劝告你是为了你好；外出带上武器吧，要是有人对你存着好心眼，我就不是个好人。我已经把我所看到、听到的都告诉你了；可是这是说得轻的，远不如实际情形的严重和可怕。请你赶快去吧。

埃德加　我不久就可以听到你的消息吗？

埃德蒙　我在这件事情上确是竭力帮你忙的。(埃德加下)一个轻信的父亲，一个忠厚的哥哥，他的天性不但不会损害别人，而且也不疑心别人算计他；对付他这样老实的傻瓜，我的计策是容易成功的。我把这事在心里盘算好了。出身不行，让我凭智谋得到产业；只要目的达到，一切手段对我全都合适。(下)

第三场　奥本尼公爵府中一室

戈纳瑞及其管家奥斯华德上。

戈纳瑞　我的父亲因为我的侍卫骂了他的弄人，所以动手打他吗？

奥斯华德　是，夫人。

戈纳瑞　他一天到晚欺侮我；每一点钟他都要借端寻事，把我们这儿吵得鸡犬不安。我不能再忍受下去了。他的骑士们一天一天横行不法起来，他自己又在每一件小事上责备我们。等他打猎回来的时候，我不愿意对他说话；就说我病了。你如果懈怠从前的服务，那才是做得好；他要是见怪，都在我身上。

奥斯华德　他来了，夫人，我听见他的声音。(内号角声)

戈纳瑞　你跟你手下的人尽管对他摆出一副不理不睬的态度；我要看看他有些什么话说。要是他恼了，那么让他到我妹妹那儿去吧，我知道我妹妹的心思在这点上跟我一样：不能受人压制的。这老废物已经放弃了权威，却还想管这管那！凭我的生命发誓，年老的傻瓜回复成了婴孩，如果姑息哄骗纵容坏了他的脾气，就得用阻止对付他。记住我的话。

奥斯华德　是，夫人。

戈纳瑞　让他的骑士们也受到你们的冷眼；无论发生什么事情，那没关系；你去通知手下人这样做吧。我要造成一些借口，和他当面说个明白。我还要立刻写信给妹妹，叫她和我采取一致的行动。吩咐他们备饭。(各下)

第四场　奥本尼公爵府中厅堂

肯特化装上。

肯特　我已经完全隐去我的本来面目，要是我能够借旁的口音，掩饰我的语调，那么我的一片苦心也许可以完全达到目的。被放逐的肯特啊，要是你再有机会服侍你所开罪的主人——但愿如此——你所爱的主人会看到你勤劳尽力。

内号角声。李尔、众骑士及侍从等上。

李尔　　我一刻也不能等待，快去叫他们拿出饭来。(一侍从下)啊！你是什么？

肯特　　我是一个人，大爷。

李尔　　你是干什么的？你来见我有什么事？

肯特　　您瞧我是怎么一个人，我就是怎么一个人。谁要是信任我，我愿意尽忠服侍他；谁要是居心正直，我愿意爱他；谁要是聪明而不爱多说话，我愿意跟他来往；我害怕人间和上帝的审判；迫不得已的时候，我也会跟人家打架；我不吃鱼。

李尔　　你究竟是什么人？

肯特　　一个心肠非常正直的汉子，而且像国王一样穷。

李尔　　要是你这做臣民的，也像我这做国王的一样穷，那么你也真够穷的了。你要什么？

肯特　　我要讨一个差使。

李尔　　你想给谁做事？

肯特　　给您。

李尔　　你认识我吗？

肯特　　不，大爷，可是在您的神气之间有一种什么东西，使我愿意叫您主人。

李尔　　是什么东西？

肯特　　权威。

李尔　　你会做些什么事？

肯特　　我会保守正当的秘密，我会骑马，我会跑路，我会把一个复杂的故事讲得明白，而把一个明白的口信传得直截了当；凡是普通人适于做的事情，我都能做，我的最大好处是勤劳。

李尔　　你多大年纪了？

肯特　　大爷，说我年轻，我也不算年轻，我不会为了一个女人会唱几句歌而害相思；说我年老，我也不算年老，我不会糊里糊涂地溺爱一个女人；我已经活过四十八个年头了。

李尔　　跟着我吧，你可以替我做事。要是我在吃过晚饭以后还是这样欢喜你，那么我还不会就把你撵走。喂！饭呢？拿饭来！我的跟班呢？我的弄人呢？你去叫我的弄人来。(一侍从下)

奥斯华德上。

李尔　　喂，喂，我的女儿呢？

奥斯华德　对不起——(下)

李尔　　这家伙怎么说？叫那蠢东西回来。(一骑士下)喂，我的弄人[5]呢？全都睡着了吗？怎么！那狗头呢？

　　骑士重上。

骑士　　陛下，他说您的女儿有病了。

李尔　　我叫他时，那奴才为什么不回来？

骑士　　陛下，他非常放肆，回答我说他不高兴回来。

李尔　　他不高兴回来！

骑士　　陛下，我也不知道为了什么缘故，可是照我看起来，他们对待陛下已经不像往日
　　　　那样殷勤礼貌了；不但一般下人从仆，就是公爵和您的女儿也对您冷淡得多了。

李尔　　嘿！你这样说吗？

骑士　　陛下，要是我弄错了，请您原谅我；可是当我觉得有人对不起陛下时，我责任
　　　　所在，不能闭口不言。

李尔　　你不过提醒我一件我自己已经感觉到的事。我近来也觉得他们对我的态度有点
　　　　冷淡，可是我总以为那是我自己多心，不愿断定是他们有意的怠慢。我要进一
　　　　步观察此事。可是我的弄人呢？这两天来我没有见到过他。

骑士　　陛下，自从小公主到法国去了以后，这弄人消瘦多了。

李尔　　别再提这事了，我也注意到了。你去对我的女儿说，我要跟她说话。(一侍从下)
　　　　你去叫我的弄人到这里来。(另一侍从下)

　　奥斯华德重上。

李尔　　啊！你，你过来。你知道我是什么人？

奥斯华德　我们夫人的父亲。

李尔　　"我们夫人的父亲！"我们大爷的奴才！好大胆的狗！

奥斯华德　大人，请您原谅，我不是狗。

李尔　　你敢跟我当面顶嘴吗，你这混蛋？(打奥斯华德)

奥斯华德　大人，您不能打我。

肯特　　也不能踢你吗，你这踢足球的下贱东西[6]？(自后绊奥斯华德倒地)

李尔　　谢谢你，伙计，你帮了我，我喜欢你。

肯特　　来，朋友，站起来，给我滚吧！我要教训你知道尊卑上下的分别。去！去！你还
　　　　要想用你粗笨的身体丈量地面吗？滚！你难道不懂利害吗？去。(将奥斯华德推出)

李尔　　我的好伙计，谢谢你，这是你替我做事的定金。(以钱给肯特)

　　弄人上。

弄人　　让我也把他雇下来。这儿是我的鸡冠帽。(脱帽授肯特)

李尔　　啊，我的乖乖！你好？

弄人　　喂，你最好还是戴了我的鸡冠帽吧。

肯特　　傻瓜，为什么？

弄人　　为什么？因为你帮了一个失势的人。要是你不会看准风向把你的笑脸迎上去，
　　　　你很快就会着凉的。来，把我的鸡冠帽拿去。嘿，这家伙撵走了两个女儿，却
　　　　赐福于他的第三个女儿，虽然这不是出于他的本意；要是你跟了他，你必须戴
　　　　上我的鸡冠帽。啊，老伯伯！但愿我有两顶鸡冠帽，再有两个女儿！

李尔　　　　为什么，我的孩子？

弄人　　　　要是我把我的家私全给了她们，我自己还可以存下两顶鸡冠帽。我这儿有一顶；
　　　　　　再去向你的女儿们讨一顶戴戴吧。

李尔　　　　嘿，你留心着鞭子。

弄人　　　　真理是一条公狗，它只好躲在狗窝里；公狗必须用鞭子赶出去，而母狗则可以
　　　　　　站在火炉边发臭气。

李尔　　　　简直是揭我的痛疮！

弄人　　　　(向肯特)喂，让我教你一段话。

李尔　　　　你说吧。

弄人　　　　听着，老伯伯：

　　　　　　　　多积财，少摆阔；

　　　　　　　　耳多听，话少说。

　　　　　　　　少放款，多借债；

　　　　　　　　走路不如骑马快，

　　　　　　　　三言之中信一语，

　　　　　　　　多掷骰子少下注。

　　　　　　　　莫饮酒，莫嫖娼；

　　　　　　　　闭门不出最为上。

　　　　　　　　会打算的占便宜，

　　　　　　　　不会打算叹口气。

肯特　　　　傻瓜，这些话一点意思也没有。

弄人　　　　那么正像拿不到讼费的律师说空话一样，你给我的只是个"没有"。老伯伯，你
　　　　　　能够利用"没有"吗？

李尔　　　　啊，不，孩子，没有只能制造出没有。

弄人　　　　(向肯特)请你告诉他，他的土地得的租金最终也只等于没有；弄人嘴里的话他
　　　　　　是不相信的。

李尔　　　　好挖苦的傻瓜！

弄人　　　　我的孩子，你知道苦弄人和甜弄人质检的区别吗？

李尔　　　　不，孩子；告诉我。

弄人　　　　　　哪个爵爷劝告你，

　　　　　　　　　把你的土地全给光；

　　　　　　　　叫你站在我身边，

　　　　　　　　　你自己站这旁：

　　　　　　　　一个傻瓜甜，

　　　　　　　　　一个傻瓜苦；

　　　　　　　　甜的穿彩衣，

　　　　　　　　　苦的丢掉王权无处诉。

李尔	你叫我傻瓜吗，孩子？
弄人	你把其他所有的尊号都送了别人；只有这一个名字是你娘胎里带来的。
肯特	陛下，这倒不全是傻话哩。
弄人	不，老爷大人们都不会答应我的；要是我取得了傻瓜的专利权，他们会要夺去一部分，就是太太小姐们也不会放过；他们不肯让我一个人做傻瓜；他们会抓一把。老伯伯，给我一个蛋，我能给你两顶冠。
李尔	两顶什么冠？
弄人	我把蛋从中间切开，吃完了蛋黄蛋白，就用蛋壳给你做两顶冠。你把你的王冠从中间剖成两半，把两半全都送给人家，这不是背了驴子过泥潭吗？你这光秃秃的头颅里面没有一点脑子，所以才会把一顶金冠送了人。谁先说我这话是傻话，让他挨一顿鞭子。

　　　　　　　　这年头傻瓜已不吃香，

　　　　　　　　　聪明人个个变了蠢猪，

　　　　　　　　顶着个头没有思想，

　　　　　　　　　做起事来稀里糊涂。

李尔	你几时学会了这许多歌儿？
弄人	老伯伯，自从你把你的两个女儿当作了妈，我就常常唱起歌儿来了；因为当你把棒儿给了她们，拉下自己裤子的时候——

　　　　　　　　她们高兴得眼泪盈眶，

　　　　　　　　　我只好唱歌自遣哀愁，

　　　　　　　　可怜你堂堂一国之王，

　　　　　　　　　却跟傻瓜们玩捉迷藏。

　　　　老伯伯，你去请一位先生来，教教你的傻瓜怎样说谎吧，我很想学学说谎。

李尔	要是你说了谎，小子，我们就让你挨鞭子。
弄人	我不知道你跟你的女儿们究竟是什么亲戚：她们因为我说了真话，要用鞭子抽我，而你因为我说谎，又要用鞭子抽我；有时候我闭嘴，却也要挨鞭子。我宁可做一个无论什么东西，也不做傻瓜；可是我不愿意做您，老伯伯，您把您的聪明两边削去，削得中间什么也不剩了。瞧，其中一个削片来了。

　　　戈纳瑞上。

李尔	怎么，女儿！你脸上阴森森的是什么意思？我看你近来老是皱着眉头。
弄人	从前你是个好汉，用不着管她皱不皱眉头；现在你是孤单单的一个零。现在你还不比上我；我是个弄人，你什么都不是。(向戈纳瑞)好，好，我闭嘴就是啦；虽然你没有说话，我从你的脸色上知道你的意思。

　　　　　　　　闭嘴，闭嘴，

　　　　　　　　你不知道积谷防饥，

　　　　　　　　啃不到面包不要追悔。

　　　　　　　　那是一根剥剩的豌豆荚。(指李尔)

戈纳瑞	父亲，不但您这个肆无忌惮的弄人，还有您那些无礼的卫士，都在时时刻刻寻事吵架，种种暴乱行为，叫人忍无可忍。父亲，我本来以为让您充分知道这种情形，就会找到补救的办法；可是照您最近所说的话和所做的事看来，我怕您是在保护这种行为，有意加以纵容。要是您果然这样做那不能逃脱责备，补救措施也不能拖延；我们为了维护健全的政局，也许做法会使您难堪，感到丢脸，可是这样的步骤确实必要，而且是审慎的。
弄人	你看，老伯伯——

那篱雀养大了杜鹃鸟，

自己的头也给它吃掉。

蜡烛熄了，我们眼前只有一片黑暗。

李尔	你是我的女儿吗？
戈纳瑞	您不是一个不懂道理的人，我希望您明智一些，除去近来使您改变常态的那些脾气。
弄人	驴子能否知道什么时候马儿颠倒被车子拖着走？"呼，加格！我爱你。"
李尔	这儿有谁认识我吗？这不是李尔。李尔是这样走路，这样说话的吗？他的眼睛哪里去了？他的知觉衰退，要么他的神志麻木了。嘿！他醒着吗？没有的事。谁能够告诉我我是什么人？
弄人	李尔的影子。
李尔	我要弄清这一点。因为从权力、知识和理性的标记来看，我都不能相信我是个有女儿的人。
弄人	那些女儿会叫你做一个顺从的父亲。
李尔	太太，请教您的芳名？
戈纳瑞	父亲，这种假痴假呆和您其他一些新的胡闹是同样性质的。我请您正确理解我的目的：既然您是一个有年纪的老人家，应该明智一些。您在这儿养了一百个骑士，全是些胡闹放荡、胆大妄为的家伙，我们的宫廷给他们骚扰得像一个喧嚣的客店；他们成天吃喝玩女人，把这里弄成了酒馆妓院，哪里还是一座庄严的宫殿。这种可耻现象本身要求立刻加以纠正，所以请您俯从我的要求，酌量减少您的扈从的人数，只留下一些适合于您的年龄，知道自处而熟悉您的人跟随您；要是您不答应，那么我没有法子，只好勉强执行了。
李尔	黑暗和魔鬼啊！备起我的马来；召集我的侍从。堕落的贱人！我不要麻烦你，我还有一个女儿哩。
戈纳瑞	你打我的用人，你那一班捣乱的流氓把他们上面的人像奴仆一样呼来叱去。

　　　奥本尼上。

李尔	唉！现在懊悔也来不及了。(向奥本尼)啊！你也来了吗？这是不是你的意思？你说。——替我备马。忘恩负义，你这铁石心肠的鬼怪，当你出现在儿女身上，真比海怪还要丑恶。
奥本尼	陛下，请您忍耐一下。

李尔　　　(向戈纳瑞)枭獍不如的东西！你在说谎！我的卫士都是最有品行的人，懂得一切的礼仪，他们的一举一动都不愧骑士之名。啊！科迪利娅不过犯了最小的一点错误，怎么在我的眼睛里却会变得这样丑恶！它像一具刑架，扭曲了我的天性，抽干了我心里的慈爱，增加了苦胆，哦，李尔！李尔！李尔！对准这一扇放进愚蠢和放出智慧的门，着力痛打吧！(自击其头)走吧，走吧，我手下的人。

奥本尼　　陛下，我是无辜的，我不知道是什么东西使您这样激动。

李尔　　　也许是这样的，公爵。——听着，亲爱的大自然女神，听我的呼诉！要是你想使这畜生生男育女，请你改变你的意旨吧！取消她的生育能力，干涸她的繁殖的器官，让她的堕落的身体里永远生不出一个孩子！要是她必须生产，让她生下一个仇恨的孩子，活下来使她受忤逆的、违反人性的折磨！让她年轻的额角上很早就印上皱纹，流下的眼泪在她的面颊上磨成一道道沟渠；她作为母亲的鞠育的辛劳，只换到冷笑和蔑视；让她感觉到一个不知感谢的孩子比毒蛇的牙齿还要尖利，走吧，走吧！(下)

奥本尼　　凭着我们敬奉的神明，这是怎么一回事？

戈纳瑞　　你不用知道原因而自苦，他老糊涂了，让他去使性子吧。

　　　　李尔重上。

李尔　　　什么！我在这儿不过住了半个月，就把我的卫士一下子裁撤了五十名吗？

奥本尼　　什么事，陛下？

李尔　　　我以后告诉你。(向戈纳瑞)凭生和死起誓！我真惭愧让你有权力使我失去大丈夫的气概，让我的热泪为了你这样的人而禁不住滚滚流出。愿毒风和恶雾袭击你！愿一个父亲的咒诅刺透你的五官，留下深不可探测的疮痍！痴愚的老眼，要是你们再为此而流泪，我要把你们挖出来，同你们流的泪一起，和泥土相搅拌！哼！竟到了这等地步？让它去吧，我还有另一个女儿，我相信她是仁慈温存的；她听见你这样对待我，一定会用指爪抓破你的豺狼一样的面孔。你以为我一辈子也不能恢复我原来的威风了吗？好，你瞧着吧。(李尔、肯特及侍从等下)

戈纳瑞　　你听见没有？

奥本尼　　戈纳瑞，虽然我十分爱你，可是我不能让它使我这样偏心——

戈纳瑞　　请你别说了。喂，奥斯华德！(向弄人)你这七分奸刁三分傻的东西，跟你的主人去吧。

弄人　　　李尔老伯伯，李尔老伯伯！等一等，带弄人跟你一块儿去。

　　　　　　捉狐狸，杀狐狸；

　　　　　　这样的女儿也是狐狸，

　　　　　　一定杀掉毋迟疑。

　　　　　　可惜我这顶帽子，

　　　　　　换不到一条绳子；

　　　　　　追上去，你这傻子。(下)

戈纳瑞　　不知道是什么人给他出的好主意。一百个骑士！让他带一百个全副武装的卫士，真是万全之计；只要他做了一个梦，听了一句谣言，转了一个念头，或者心里有什么不高兴、不舒服，就可以借他们的力量维护他的老朽，危害我们的生命。喂，奥斯华德！

奥本尼　　也许你太过虑了。

戈纳瑞　　过虑总比大意好些。与其时刻提心吊胆，怕人暗算，宁可除去我所怕的威胁。我知道他的心思。他所说的话，我已经写信去告诉二妹了；我已经指出不妥之处，要是她仍旧支持他和他的一百个骑士——

　　　　奥斯华德重上。

戈纳瑞　　怎么样，奥斯华德！我叫你写给二妹的信，你写好了没有？

奥斯华德　写好了，夫人。

戈纳瑞　　带几个人跟着你，赶快上马出发；把我所担心的事完全告诉她，再加上一些你所自己想到的理由，加以支持。去吧，早点回来。(奥斯华德下)不，不，夫君，你做人太仁善厚道了，虽然我不怪你，可是恕我说一句话，只有人批评你糊涂，却没有什么人称赞你温厚。

奥本尼　　我不知道你的眼光能够看到多远，可是过分操切[7]也会误事的。

戈纳瑞　　咦，那么——

奥本尼　　好，好，但看结果如何。(同下)

第五场　奥本尼公爵府外院

　　　　李尔、肯特及弄人上。

李尔　　　你带了这封信，先到葛罗斯特去。我的女儿看了我的信，倘然有什么话问你，你就照你所知道的回答她，此外不要多说。要是你在路上不勤快，我会比你先到的。

肯特　　　陛下，我在没有把您的信送到以前，决不打一次瞌睡。(下)

弄人　　　要是一个人的脑子生在脚跟上，岂不是有生冻疮的危险？

李尔　　　是，孩子。

弄人　　　那么你放心吧，你的脑子不多，用不到穿拖鞋来保护它的冻疮。

李尔　　　哈哈哈！

弄人　　　你将看到你那另外一个女儿会待你多么好；因为虽然她跟这一个就像野苹果跟家苹果一样相像，可是我可以告诉你我所知道的事情。

李尔　　　你可以告诉我什么，孩子？

弄人　　　你一尝到她的滋味，就会知道她跟这一个完全相同，正像两只野苹果一般没有分别。你能够告诉我为什么一个人的鼻子生在脸中央吗？

李尔　　　不能。

弄人　　　为了鼻子两旁可以安放眼睛；鼻子嗅不出来的，眼睛可以瞧见。

李尔　　　我对不起她——

弄人　　　你知道牡蛎怎样造它的壳吗？

李尔	不知道。
弄人	我也不知道,可是我知道蜗牛为什么背着一个屋子。
李尔	为什么?
弄人	因为可以把它的头缩在里面;它不会把屋子送给它的女儿,害得它的触角没地方安顿。
李尔	我要忘掉我的天性了。这样仁慈的父亲!我的马备好了吗?
弄人	你的驴子们正在给你预备呢。七星座为什么只有七颗星,其中有一个绝妙的理由。
李尔	因为它们没有第八颗吗?
弄人	正是,一点不错;你可以做一个很好的弄人。
李尔	用武力夺回来!忘恩负义的畜生!
弄人	假如你是我的弄人,老伯伯,我就要打你,因为你不到时候就老了。
李尔	那是什么意思?
弄人	你应该先懂得些世故再老呀。
李尔	啊!不要让我发疯,不要发疯,天哪,制住我的怒气,我不想发疯!

　　　　侍臣上。

李尔	怎么!马备好了吗?
侍臣	备好了,陛下。
李尔	来,孩子。(同下)

【注释】

[1] 牵累:羁绊,纠缠。

[2] 生番:野蛮人。是对文明发展程度较低的人的侮称。

[3] 龙的逆鳞:龙脖子下的鳞片,据说那个地方是龙的软肋。喻指不允许别人知道的秘密,或不允许别人在自己面前作出的行为。

[4] 鲁莽:做事草率粗疏急躁。

[5] 弄人:弄臣,古代宫廷中以诙谐幽默的插科打诨为君王消烦解闷的侏儒、小丑类人物,其中也不乏能人异士。

[6] 踢皮球的下贱东西:踢足球当时只是下层市民的娱乐。

[7] 操切:做事过于急躁。

【阅读提示】

　　莎士比亚被马克思誉为与埃斯库罗斯比肩的"人类最伟大的戏剧天才"。莎翁四大悲剧之一《李尔王》是其成熟期的作品,被誉为"最完美的戏剧诗的样本",而且被认为是莎翁"最伟大的作品、他戏剧中最好的一部",其重要性毋庸置疑。

　　故事有两条线索。一是年老昏聩的不列颠国王李尔,宠爱阴险狡诈的大女儿戈纳瑞、二女儿里甘,却觉得真正爱他的小女儿科迪利娅碍眼碍事。他让法兰西国王娶走小女儿,之后又把国家的实权全部交给长女和次女。一无所有的李尔被大女儿和二女儿赶到荒郊野外。法兰西皇后科迪利娅率军救父,父女相见;但英法两军交战,法军战败,小女儿被俘并绞死,李尔王也伤心地死在她身旁。二是大臣葛罗斯特伯爵听信庶子埃德蒙的谗言，放逐了长子埃德加。埃德蒙继承爵位后和戈纳瑞、里甘二人勾搭成奸；二人争风吃醋互相残杀，里甘被毒死，戈纳瑞阴谋败露后自杀。回来复仇的埃德加和埃德蒙决斗，杀死了埃德蒙。

《李尔王》故事来源于英国 8 世纪左右的一个古老传说。该故事也被改编成许多戏剧；莎翁的改编是最为成功的。艺术巅峰时期的莎士比亚，将一个宫廷内斗的故事，变成了一个观察人性和生命的窗口，充满了道德关怀，具有高度的哲理思辨性。

【思考和讨论】

1. 剧中的"弄人"起什么作用？

2. 在第一幕里，李尔是一个具有什么性格特征的国王？他的这种性格特征导致了什么后果？

浮士德(节选)

歌德

【题解】

约翰·沃尔夫冈·冯·歌德(1749—1832)，18 世纪中叶到 19 世纪初德国和欧洲最重要的剧作家、诗人、思想家。歌德除了诗歌、戏剧、小说之外，在文艺理论、哲学、历史学、造型设计等方面，都取得了卓越的成就。歌德是德国狂飙突进运动的主将。他的作品充满了狂飙突进运动的反叛精神，主要作品有剧本《葛兹·冯·伯里欣根》、中篇小说《少年维特之烦恼》、未完成的诗剧《普罗米修斯》和诗剧《浮士德》的雏形，此外还写了许多抒情诗和评论文章。

【文献来源】

歌德. 浮士德[M]. 樊修章，译. 南京：译林出版社，1993：1-12.

天上序幕[1]

上帝。天上诸神。梅非斯托后上。三天使长[2]向前

拉斐尔	加百列
太阳伴着兄弟的群星，	壮丽的地球四向回旋，
依古调奏出竞赛的歌声[3]；	速度迅疾得难以言传；
用它震响如雷的运转	深沉的夜色昏昏惨惨
走完已经规定的行程。	与天上的明光长相递嬗；
奥秘难明的宏伟巨制，	大海涌动，气势壮猛，
景象的壮丽振奋天使，	从礁岩深处激荡翻腾，
像太初一样赫赫炀炀，	礁岩和大海随同天体
谁能够对它加以诠释！	永远迅疾地一起运行。

米歇尔

一阵阵暴风相竞咆哮，
反复地登陆又翻回海道，
凶暴地结成一条链子
极为深广地撼动周遭。
肆虐的电光霍霍飞进，
照一条天路给予雷霆。
主啊，您的天使在敬礼，
敬礼白昼的缓缓运行。

三　人

您的一切宏伟的巨制，
景象的壮丽振奋天使，
像太初一样赫赫炀炀，
谁能够对您加以诠释！

梅非斯托[4]

上帝您啦，又承您接见，
问我们一切可如心愿；
您老一向都乐意见我，
我也就随侍从来到跟前。
原谅我不肯高谈阔论，
纵然会受到众神的轻慢；
您老若还有讥嘲的习惯，
准得笑我感愤的言谈。
我不会说什么世界、太阳，
只看见人类在遭逢苦难。
人世的小神[5]还那副光景，
像创世初期一般怪诞。
他们会过得稍为优胜，
您老要不给天光的虚影——
他们叫"理性"而据为己有，
只落得比兽性更为兽性。
仁慈的上帝，恕我放肆，
我看他们像长腿促织，
蹦蹦跳跳的老是没完，
在草里哼着过时的曲子，
常钻在草里也还罢了，
鼻子朝粪堆还乱拱乱支。

上　帝

再没有别的向我陈述？
你跑来还总是专门叫苦？
据你看人间就一无是处？

梅非斯托

就是，在那里我照样心烦，
人类的苦日子使我遗憾，
可悲得连我都不想糟践。

上　帝

认识浮士德吗？

梅非斯托

那博士？

上　帝

我的臣仆！

梅非斯托

真格的，他对您别有用途！
那怪人不食人间五谷，
乱梦撺着他想入非非，
他也自知有几分怪处：
天上他探索明星的煌煌，
地上他追求绝顶的欢畅，
无论是远方还是近处
都难满足他狂热的心肠。

上　帝

如今他对我纵感到迷惘，
我很快会使他心明眼亮。
幼苗一泛绿园丁就晓得，
花果会点缀日后的年光。

梅非斯托

只要您答应我不用匆促
去把他引上我的道路，
您准失去他！打个什么赌？

上　帝

只要他依然活在下土
你就可行事不受拘束。
人求上进，不免迷途！

梅非斯托

谢谢您老！拥抱死尸
从来我就没那份兴致。
我最爱脸蛋儿鲜嫩丰腴，
弄死尸我还真没本事；
我此去如同猫玩耗子。

上　帝

那好吧，这事就由你摆布！
去引他的心从本源逸出，
只要你能够将他制服，
就引他滑向你的道路。
可你会羞得只好认输：
善良人就在迷惘里挣扎，
也终会悟出一条正路。

梅非斯托

太好了！费不了多少工夫，
我打这个赌满不在乎。
假如我一旦达到目的，
请您允许我尽意欢呼。
叫他去吃土吃个痛快，
像那条名蛇——我的姑姑[6]。

上　帝

到那时你来也尽可轻松，
我并不嫌憎你的同种；
我眼中一切否定的精灵，
你这个小丑最无足轻重。
人们的活动很容易松弛，
一来就贪恋绝对的安适，
因此我送去做伴的恶魔，
去诱惑挑逗，做些坏事。
而你们天神嫡亲的儿辈，
应当赏悦这生动的丰美！
孕育的一切长动长生，
将你们圈进仁爱的温馨，
并将一切飘忽的事象
用长存的观念使之固定[7]。

天界闭，天使长散去

梅非斯托

有时见见这老伯也高兴，
得防着和他把关系闹崩，
这伟大的天主着实友好，
跟恶魔讲话也透着人情。

【注释】

[1] 作于 1880 年。据学者考证，其中重要部分 1797 年 6 月歌德决定重写《浮士德》时就写下了。

[2] 按基督教的说法，天使长是天上最高、最接近上帝的天使。即下文的拉斐尔、加百列、米歇尔。

[3] 据古希腊毕达哥拉斯学派的想象，太阳、月亮等星球在相似的轨道上绕着一个"中心火团"旋转，在运行中按各自的速度和轨道的大小而各自有特定的声音，这些声音就组合成空间的和声；不过，这种和声世人是听不见的。

[4] 全称为梅非斯托非勒斯(Mephistopheles)，简称为梅非斯托(Mephisto)，是有关浮士德的民间故事书中原有的。据学者考证，或称源于希伯来文，意为破坏者——骗子，或称源于希腊文，意为不爱光的人，不爱浮士德的人。

[5] 指人。

[6] 蛇引诱亚当和夏娃去吃上帝的禁果，上帝诅咒蛇："你将肚子贴着地行走，终生吃土。"见《旧约·创世记》第三章第十四节。蛇被认为与魔鬼有亲缘关系。

[7] 这里表达的是柏拉图的观点：现象世界是永恒变动的。只有理性才能认识持续不变的东西，只有借助观念或理念才能把握住稍纵即逝的个别现象。

【阅读提示】

《浮士德》这部伟大的悲剧，歌德从二十一岁开始写，直到八十二岁才完成，用了六十余年，可以说融入了他毕生的心血和智慧。正因此，该作也成了世界文学史上高耸的丰碑。

"浮士德"，拉丁文 Faustus 含有"幸福的"意思。据传一个魔术师叫约翰尼斯·浮士德，想借助恶魔在威尼斯进行空中飞行，但因坠落而受伤。还有一位占星师盖奥尔克·浮士德也曾与魔鬼订约而遭致悲惨结局。之后在欧洲历史上关于浮士德的传说就一直流传下来，被各种作家编成小说或戏剧。1588 年英国"大学才子派"的代表作家克利斯托弗·马洛在前人的基础上编成剧本《浮士德博士的悲剧》，剧中浮士德的形象有了很大的改变和提升，变成了一个文艺复兴时期巨人式的人物，他认识到知识是最伟大的力量，有了知识才能征服自然，获得财富，建成理想社会。但马洛的浮士德结局依然是悲惨的，他的灵魂最终被恶魔劫入地狱。

歌德的"浮士德"有马洛作品主人公的影子，但形象内涵更为丰富深刻，结局也迥然不同。在歌德的笔下，浮士德博士为寻求人生的意义，不惜以灵魂为抵押换得恶魔梅非斯托的帮助，去追寻和完成他的目标。他经历了爱情世界、官场生活、追逐自由美和回归古典等阶段，依然不能消除对生命价值的渴望。最后，他转向自然，去征服大海，开垦荒地，在与自然斗争中，在为人民造福的事业中，浮士德领悟了人生的目的，不由自主地叫喊"逗留一下吧，你是那样美！"而这句话触碰到了他和恶魔的约定，恶魔要收取他的灵魂。但最终上帝派来天使，将浮士德带到了天上，"凡自强不息者，终会得到拯救"，这一主题于是得以凸现和完成。

诗剧长达 12111 行，第一部二十五场，不分幕。第二部分五幕，二十七场。在第一部之前，还有一篇《献词》、一篇《舞台序剧》，以及该诗剧的开端，即《天上序幕》。

【思考与讨论】

1. 俄国文学理论家别林斯基说，歌德的《浮士德》是歌德当时所处的德国社会全部生活的充分反映。如何理解这句话？

2. 有人认为，歌德的《浮士德》是诗化的哲学，请谈谈你的理解。

共产党宣言(节选)

马克思 恩格斯

【题解】

卡尔·马克思(1818—1883)，德国思想家、政治学家、哲学家、经济学家、革命理论家、历史学家和社会学家，马克思主义的创始人之一，第一国际的组织者和领导者，马克思主义政党的缔造者之一，全世界无产阶级和劳动人民的革命导师，无产阶级的精神领袖，国际共产主义运动的开创者。主要著作有《资本论》《共产党宣言》等。

弗里德里希·恩格斯(1820—1895)，德国思想家、哲学家、革命家、教育家、军事理论家，是全世界无产阶级和劳动人民的伟大导师和领袖，马克思主义创始人之一。恩格斯是马克思的亲密战友，和马克思共同撰写了《共产党宣言》，共同创立了科学共产主义理论；参加了第一国际的领导工作。马克思逝世后，他承担整理和出版《资本论》遗稿(第二、三卷)的工作，还肩负领导国际工人运动的重担。他另有《自然辩证法》《家庭、私有制和国家的起源》《反杜林论》等著作。

【文献来源】

马克思，恩格斯. 马克思恩格斯选集(第一卷)[M]. 北京：人民出版社，1972：250-264.

一个幽灵，共产主义的幽灵，在欧洲游荡。为了对这个幽灵进行神圣的围剿，旧欧洲的一切势力，教皇和沙皇、梅特涅和基佐、法国的激进派和德国的警察，都联合起来了。

有哪一个反对党不被它的当政的敌人骂为共产党呢？又有哪一个反对党不拿共产主义这个罪名去回敬更进步的反对党人和自己的反动敌人呢？

从这一事实中可以得出两个结论：

共产主义已经被欧洲的一切势力公认为一种势力；

现在是共产党人向全世界公开说明自己的观点、自己的目的、自己的意图并且拿党自己的宣言来反驳关于共产主义幽灵的神话的时候了。

为了这个目的，各国共产党人集会于伦敦，拟定了如下的宣言，用英文、法文、德文、意大利文、弗拉芒文和丹麦文公布于世。

一、资产者和无产者

至今一切社会的历史[1]都是阶级斗争的历史。

自由民和奴隶、贵族和平民、领主和农奴、行会师傅和帮工，一句话，压迫者和被压迫者，始终处于相互对立的地位，进行不断的、有时隐蔽有时公开的斗争，而每一次斗争的结局都是整个社会受到革命改造或者斗争的各阶级同归于尽。

在过去的各个历史时代，我们几乎到处都可以看到社会完全划分为各个不同的等级，看到社会地位分成多种多样的层次。在古罗马，有贵族、骑士、平民、奴隶，在中世纪，有封建主、臣仆、行会师傅、帮工、农奴，而且几乎在每一个阶级内部又有一些特殊的阶层。

从封建社会的灭亡中产生出来的现代资产阶级社会并没有消灭阶级对立。它只是用新的阶级、新的压迫条件、新的斗争形式代替了旧的。

但是，我们的时代，资产阶级时代，却有一个特点：它使阶级对立简单化了。整个社会日益分裂为两大敌对的阵营，分裂为两大相互直接对立的阶级：资产阶级和无产阶级。

从中世纪的农奴中产生了初期城市的城关市民；从这个市民等级中发展出最初的资产阶级分子。

美洲的发现、绕过非洲的航行，给新兴的资产阶级开辟了新天地。东印度和中国的市场、美洲的殖民化、对殖民地的贸易、交换手段和一般商品的增加，使商业、航海业和工业空前高涨，因而使正在崩溃的封建社会内部的革命因素迅速发展。

以前那种封建的或行会的工业经营方式已经不能满足随着新市场的出现而增加的需求了。工场手工业代替了这种经营方式。行会师傅被工业的中间等级排挤掉了；各种行业组织之间的分工随着各个作坊内部的分工的出现而消失了。

但是，市场总是在扩大，需求总是在增加。甚至工场手工业也不再能满足需要了。于是，蒸汽和机器引起了工业生产的革命。现代大工业代替了工场手工业；工业中的百万富翁，一支一支产业大军的首领，现代资产者，代替了工业的中间等级。

大工业建立了由美洲的发现所准备好的世界市场。世界市场使商业、航海业和陆路交通得到了巨大的发展。这种发展又反过来促进了工业的扩展。同时，随着工业、商业、航海业和铁路的扩展，资产阶级也在同一程度上得到发展，增加自己的资本，把中世纪遗留下来的一切阶级排挤到后面去。

由此可见，现代资产阶级本身是一个长期发展过程的产物，是生产方式和交换方式的一系列变革的产物。

资产阶级的这种发展的每一个阶段，都伴随着相应的政治上的进展。它在封建主统治下是被压迫的等级，在公社里是武装的和自治的团体，在一些地方组成独立的城市共和国，在另一些地方组成君主国中的纳税的第三等级；后来，在工场手工业时期，它是等级君主国或专制君主国中同贵族抗衡的势力，而且是大君主国的主要基础；最后，从大工业和世界市场建立的时候起，它在现代的代议制国家里夺得了独占的政治统治。现代的国家政权不过是管理整个资产阶级的共同事务的委员会罢了。

资产阶级在历史上曾经起过非常革命的作用。

资产阶级在它已经取得了统治的地方把一切封建的、宗法的和田园般的关系都破坏了。它无情地斩断了把人们束缚于天然尊长的形形色色的封建羁绊，它使人和人之间除了赤裸裸的利害关系，除了冷酷无情的"现金交易"，就再也没有任何别的联系了。它把宗教虔诚、骑士热忱、小市民伤感这些情感的神圣发作，淹没在利己主义打算的冰水之中。它把人的尊严变成了交换价值，用一种没有良心的贸易自由代替了无数特许的和自力挣得的自由。总而言之，它用公开的、无耻的、直接的、露骨的剥削代替了由宗教幻想和政治幻想掩盖着的剥削。

资产阶级抹去了一切向来受人尊崇和令人敬畏的职业的神圣光环。它把医生、律师、教士、诗人和学者变成了它出钱招雇的雇佣劳动者。

资产阶级撕下了罩在家庭关系上的温情脉脉的面纱，把这种关系变成了纯粹的金钱关系。

资产阶级揭示了，在中世纪深受反动派称许的那种人力的野蛮使用，是以极端怠惰作为相应补充的。它第一个证明了，人的活动能够取得什么样的成就。它创造了完全不同于埃及金字塔、罗马水道和哥特式教堂的奇迹；它完成了完全不同于民族大迁徙和十字军征讨的远征。

资产阶级除非对生产工具，从而对生产关系，从而对全部社会关系不断地进行革命，否则就不能生存下去。反之，原封不动地保持旧的生产方式，却是过去的一切工业阶级生存的首要条件。生产的不断变革，一切社会状况不停的动荡，永远的不安定和变动，这就是资产阶级时代不同于过去一切时代的地方。一切固定的僵化的关系以及与之相适应的素被尊崇的观念和见解都被消除了，一切新形成的关系等不到固定下来就陈旧了。一切等级的和固定的东西都烟消云散了，一切神圣的东西都被亵渎了。人们终于不得不用冷静的眼光来看他们的生活地位、他们的相互关系。

不断扩大产品销路的需要，驱使资产阶级奔走于全球各地。它必须到处落户，到处开发，到处建立联系。

资产阶级，由于开拓了世界市场，使一切国家的生产和消费都成为世界性的了。使反动派大为惋惜的是，资产阶级挖掉了工业脚下的民族基础。古老的民族工业被消灭了，并且每天都还在被消灭。它们被新的工业排挤掉了，新的工业的建立已经成为一切文明民族的生命攸关的问题；这些工业所加工的，已经不是本地的原料，而是来自极其遥远的地区的原料；它们的产品不仅供本国消费，而且同时供世界各地消费。旧的、靠本国产品来满足的需要，被新的、要靠极其遥远的国家和地带的产品来满足的需要所代替了。过去那种地方的和民族的自给自足和闭关自守状态，被各民族的各方面的互相往来和各方面的互相依赖所代替了。物质的生产是如此，精神的生产也是如此。各民族的精神产品成了公共的财产。民族的片面性和局限性日益成为不可能，于是由许多种民族的和地方的文学形成了一种世界的文学[2]。

资产阶级，由于一切生产工具的迅速改进，由于交通的极其便利，把一切民族甚至最野蛮的民族都卷到文明中来了。它的商品的低廉价格，是它用来摧毁一切万里长城、征服野蛮人最顽强的仇外心理的重炮。它迫使一切民族——如果它们不想灭亡的话——采用资产阶级的生产方式；它迫使它们在自己那里推行所谓的文明，即变成资产者。一句话，它按照自己的面貌为自己创造出一个世界。

资产阶级使农村屈服于城市的统治。它创立了巨大的城市，使城市人口比农村人口大大增加起来，因而使很大一部分居民脱离了农村生活的愚昧状态。正像它使农村从属于城市一样，它使未开化和半开化的国家从属于文明的国家，使农民的民族从属于资产阶级的民族，使东方从属于西方。

资产阶级日甚一日地消灭生产资料、财产和人口的分散状态。它使人口密集起来，使生产资料集中起来，使财产聚集在少数人的手里。由此必然产生的结果就是政治的集中。各自独立的、几乎只有同盟关系的、各有不同利益、不同法律、不同政府、不同关税的各个地区，现在已经结合为一个拥有统一的政府、统一的法律、统一的民族阶级利益和统一的关税的统一的民族。

资产阶级在它的不到一百年的阶级统治中所创造的生产力，比过去一切世代创造的全部生产力还要多，还要大。自然力的征服，机器的采用，化学在工业和农业中的应用，轮船的行驶，铁路的通行，电报的使用，整个整个大陆的开垦，河川的通航，仿佛用法术从地下呼唤出来的大量人口，——过去哪一个世纪料想到在社会劳动里蕴藏有这样的生产力呢？

由此可见，资产阶级赖以形成的生产资料和交换手段，是在封建社会里造成的。在这些生产资料和交换手段发展的一定阶段上，封建社会的生产和交换在其中进行的关系，封建的农业和工场手工业组织，一句话，封建的所有制关系，就不再适应已经发展的生产力了。这种关系已经在阻碍生产而不是促进生产了。它变成了束缚生产的桎梏。它必须被炸毁，它已经被炸毁了。

起而代之的是自由竞争以及与自由竞争相适应的社会制度和政治制度、资产阶级的经济统治和政治统治。

现在，我们眼前又进行着类似的运动。资产阶级的生产关系和交换关系，资产阶级的所有制关系，这个曾经仿佛用法术创造了如此庞大的生产资料和交换手段的现代资产阶级社会，现在像一个魔法师一样不能再支配自己用法术呼唤出来的魔鬼了。几十年来的工业和商业的历史，只不过是现代生产力反抗现代生产关系、反抗作为资产阶级及其统治的存在条件的所有制关系的历史。只要指出在周期性的重复中越来越危及整个资产阶级社会生存的商业危机就够了。在商业危机期间，总是不仅有很大一部分制成的产品被毁灭掉，而且有很大一部分已经造成的生产力被毁灭掉。在危机期间，发生一种在过去一切时代看来都好像是荒唐现象的社会瘟疫，即生产过剩的瘟疫。社会突然发现自己回到了一时的野蛮状态；仿佛是一次饥荒、一场普遍的毁灭性战争，使社会失去了全部生活资料；仿佛是工业和商业全被毁灭了，——这是什么缘故呢？因为社会上文明过度，生活资料太多，工业和商业太发达。社会所拥有的生产力已经不能再促进资产阶级文明和资产阶级所有制关系的发展；相反，生产力已经强大到这种关系所不能适应的地步，它已经受到这种关系的阻碍；而它一着手克服这种障碍，就使整个资产阶级社会陷入混乱，就使资产阶级所有制的存在受到威胁。资产阶级的关系已经太狭窄了，再容纳不了它本身所造成的财富了。——资产阶级用什么办法来克服这种危机呢？一方面不得不消灭大量生产力，另一方面夺取新的市场，更加彻底地利用旧的市场。这究竟是怎样的一种办法呢？这不过是资产阶级准备更全面更猛烈的危机的办法，不过是使防止危机的手段越来越少的办法。

资产阶级用来推翻封建制度的武器，现在却对准资产阶级自己了。

但是，资产阶级不仅锻造了置自身于死地的武器；它还产生了将要运用这种武器的人——现代的工人，即无产者。

随着资产阶级即资本的发展，无产阶级即现代工人阶级也在同一程度上得到发展；现代的工人只有当他们找到工作的时候才能生存，而且只有当他们的劳动增殖资本的时候才能找到工作。这些不得不把自己零星出卖的工人，像其他任何货物一样，也是一种商品，所以他们同样地受到竞争的一切变化、市场的一切波动的影响。

由于推广机器和分工，无产者的劳动已经失去了任何独立的性质，因而对工人也失去了任何吸引力。工人变成了机器的单纯的附属品，要求他做的只是极其简单、极其单调和极容易学会的操作。因此，花在工人身上的费用，几乎只限于维持工人生活和延续工人后代所必需的生活资料。但是，商品的价格，从而劳动的价格，是同它的生产费用相等的。因此，劳动越使人感到厌恶，工资也就越少。不仅如此，机器越推广，分工越细致，劳动量出就越增加，这或者是由于工作时间的延长，或者是由于在一定时间内所要求的劳动的增加，机器运转的加速，等等。

现代工业已经把家长式的师傅的小作坊变成了工业资本家的大工厂。挤在工厂里的工人群众就像士兵一样被组织起来。他们是产业军的普通士兵，受着各级军士和军官的层层监视。他们不仅仅是资产阶级的、资产阶级国家的奴隶，他们每日每时都受机器、受监工、首先是受各个经营工厂的资产者本人的奴役。这种专制制度越是公开地把营利宣布为自己的最终目的，它就越是可鄙、可恨和可恶。

手的操作所要求的技巧和气力越少，换句话说，现代工业越发达，男工也就越受到女工和童工的排挤。对工人阶级来说，性别和年龄的差别再没有什么社会意义了。他们都只是劳动工具，不过因为年龄和性别的不同而需要不同的费用罢了。

当厂主对工人的剥削告一段落，工人领到了用现钱支付的工资的时候，马上就有资产阶级中的另一部分人——房东、小店主、当铺老板等等向他们扑来。

以前的中间等级的下层，即小工业家、小商人和小食利者，手工业者和农民——所有这些阶级都降落到无产阶级的队伍里来了，有的是因为他们的小资本不足以经营大工业，经不起较大的资本家的竞争；有的是因为他们的手艺已经被新的生产方法弄得不值钱了。无产阶级就是这样从居民的所有阶级中得到补充的。

无产阶级经历了各个不同的发展阶段。它反对资产阶级的斗争是和它的存在同时开始的。

最初是单个的工人，然后是某一工厂的工人，然后是某一地方的某一劳动部门的工人，同直接剥削他们的单个资产者作斗争。他们不仅仅攻击资产阶级的生产关系，而且攻击生产工具本身；他们毁坏那些来竞争的外国商品，捣毁机器，烧毁工厂，力图恢复已经失去的中世纪工人的地位。

在这个阶段上，工人是分散在全国各地并为竞争所分裂的群众。工人的大规模集结，还不是他们自己联合的结果，而是资产阶级联合的结果，当时资产阶级为了达到自己的政治目的必须而且暂时还能够把整个无产阶级发动起来。因此，在这个阶段上，无产者不是同自己的敌人作斗争，而是同自己的敌人的敌人作斗争，即同专制君主制的残余、地主、非工业资产者和小资产者作斗争。因此，整个历史运动都集中在资产阶级手里；在这种条件下取得的每一个胜利都是资产阶级的胜利。

但是，随着工业的发展，无产阶级不仅人数增加了，而且它结合成更大的集体，它的力量日益增长，它越来越感觉到自己的力量。机器使劳动的差别越来越小，使工资几乎到处都降到同样低的水平，因而无产阶级内部的利益、生活状况也越来越趋于一致。资产者彼此间日益加剧的竞争以及由此引起的商业危机，使工人的工资越来越不稳定；机器的日益迅速的和继续不断的改良，使工人的整个生活地位越来越没有保障；单个工人和单个资产者之间的冲突越来越具有两个阶级的冲突的性质。工人开始成立反对资产者的同盟；他们联合起来保卫自己的工资。他们甚至建立了经常性的团体，以便为可能发生的反抗准备食品。有些地方，斗争爆发为起义。

工人有时也得到胜利，但这种胜利只是暂时的。他们斗争的真正成果并不是直接取得的成功，而是工人的越来越扩大的联合。这种联合由于大工业所造成的日益发达的交通工具而得到发展，这种交通工具把各地的工人彼此联系起来。只要有了这种联系，就能把许多性质相同的地方性的斗争汇合成全国性的斗争，汇合成阶级斗争。而一切阶级斗争都是政治斗争。中世纪的市民靠乡间小道需要几百年才能达到的联合，现代的无产者利用铁路只要几年就可以达到了。

无产者组织成为阶级，从而组织成为政党这件事，不断地由于工人的自相竞争而受到破坏。但是，这种组织总是重新产生，并且一次比一次更强大，更坚固，更有力。它利用资产阶级内部的分裂，迫使他们用法律形式承认工人的个别利益。英国的十小时工作日法案就是一个例子。

旧社会内部的所有冲突在许多方面都促进了无产阶级的发展。资产阶级处于不断的斗争中：最初反对贵族；后来反对同工业进步有利害冲突的那部分资产阶级；经常反对一切外国的资产阶级。在这一切斗争中，资产阶级都不得不向无产阶级呼吁，要求无产阶级援助，这样就把无产阶级卷进了政治运动。于是，资产阶级自己就把自己的教育因素即反对自身的武器给予了无产阶级。

其次，我们已经看到，工业的进步把统治阶级的整批成员抛到无产阶级队伍里去，或者至少也使他们的生活条件受到威胁。他们也给无产阶级带来了大量的教育因素。

最后，在阶级斗争接近决战的时期，统治阶级内部的、整个旧社会内部的瓦解过程，就达到非常强烈、非常尖锐的程度，甚至使得统治阶级中的一小部分人脱离统治阶级而归附于革命的阶级，即掌握着未来的阶级。所以，正像过去贵族中有一部分人转到资产阶级方面一样，现在资产阶级中也有一部分人，特别是已经提高到从理论上认识整个历史运动这一水平的一部分资产阶级思想家，转到无产阶级方面来了。

在当前同资产阶级对立的一切阶级中，只有无产阶级是真正革命的阶级。其余的阶级都随着大工业的发展而日趋没落和灭亡，无产阶级却是大工业本身的产物。

中间等级，即小工业家、小商人、手工业者、农民，他们同资产阶级作斗争，都是为了维护他们这种中间等级的生存，以免于灭亡。所以，他们不是革命的，而是保守的。不仅如此，他们甚至是反动的，因为他们力图使历史的车轮倒转。如果说他们是革命的，那是鉴于他们行将转入无产阶级的队伍，这样，他们就不是维护他们目前的利益，而是维护他们将来的利益，他们就离开自己原来的立场，而站到无产阶级的立场上来。

流氓无产阶级是旧社会最下层中消极的腐化的部分，他们在一些地方也被无产阶级革命卷到运动里来，但是，由于他们的整个生活状况，他们更甘心于被人收买，去干反动的勾当。

在无产阶级的生活条件中，旧社会的生活条件已经被消灭了。无产者是没有财产的；他们和妻子儿女的关系同资产阶级的家庭关系再没有任何共同之处了；现代的工业劳动，现代的资本压迫，无论在英国或法国，无论在美国或德国，都有是一样的，都使无产者失去了任何民族性。法律、道德、宗教在他们看来全都是资产阶级偏见，隐藏在这些偏见后面的全都是资产阶级利益。

过去一切阶级在争得统治之后，总是使整个社会服从于它们发财致富的条件，企图以此来巩固它们已获得的生活地位。无产者只有废除自己的现存的占有方式，从而废除全部现存的占有方式，才能取得社会生产力。无产者没有什么自己的东西必须加以保护，他们必须摧毁至今保护和保障私有财产的一切。

过去的一切运动都是少数人的或者为少数人谋利益的运动。无产阶级的运动是绝大多数人的、为绝大多数人谋利益的独立的运动。无产阶级，现今社会的最下层，如果不炸毁构成官方社会的整个上层，就不能抬起头来，挺起胸来。

如果不就内容而就形式来说，无产阶级反对资产阶级的斗争首先是一国范围内的斗争。每一个国家的无产阶级当然首先应该打倒本国的资产阶级。

在叙述无产阶级发展的最一般的阶段的时候，我们循序探讨了现存社会内部或多或少隐蔽着的国内战争，直到这个战争爆发为公开的革命，无产阶级用暴力推翻资产阶级而建立自己的统治。

我们已经看到，至今的一切社会都是建立在压迫阶级和被压迫阶级的对立之上的。但是，为了有可能压迫一个阶级，就必须保证这个阶级至少有能够勉强维持它的奴隶般的生存的条件。农奴曾经在农奴制度下挣扎到公社成员的地位，小资产者曾经在封建专制制度的束缚下挣扎到资产者的地位。现代的工人却相反，他们并不是随着工业的进步而上升，而是越来越降到本阶级的生存条件以下。工人变成赤贫者，贫困比人口和财富增长得还要快。由此可以明显地看出，资产阶级再不能做社会的统治阶级了，再不能把自己阶级的生存条件当作支配一切的规律强加于社会了。资产阶级不能统治下去了，因为它甚至不能保证自己的奴隶维持奴隶的生活，因为它不得不让自己的奴隶落到不能养活它反而要它来养活的地步。社会再不能在它统治下生存下去了，就是说，它的生存不再同社会相容了。

资产阶级生存和统治的根本条件，是财富在私人手里的积累，是资本的形成和增殖；资本的条件是雇佣劳动。雇佣劳动完全是建立在工人的自相竞争之上的。资产阶级无意中造成而又无力抵抗的工业进步，使工人通过结社而达到的革命联合代替了他们由于竞争而造成的分散状态。于是，随着大工业的发展，资产阶级赖以生产和占有产品的基础本身也就从它的脚下被挖掉了。它首先生产的是它自身的掘墓人。资产阶级的灭亡和无产阶级的胜利是同样不可避免的。

【注释】

[1] 确切地说，这是指有文字记载的历史。——恩格斯加的注。

[2] 这句话中的"文学"，指的是包括科学、艺术、哲学等方面的书面著作。——原编者注。

【阅读提示】

自 1848 年马克思和恩格斯共同撰写和发表《共产党宣言》(以下简称《宣言》)以来，《宣言》成为传播最广、影响最大的人文社会科学著作。迄今为止，《宣言》已经有 200 多种文字的译本，2000 多个版本，传遍世界各个国家。《宣言》中文译本 1920 年问世，由陈望道翻译。目前，至少有 12 种独立完整的《宣言》中文译本。

《宣言》是人类思想发展史上的一座丰碑。它透彻地阐述了崭新而科学的世界观——唯物史观，揭示了决定人类历史运动和发展的基本规律。

《宣言》确立了科学社会主义的基本原则，使社会主义从空想向科学转变，促成了科学社会主义从理论到实践的飞跃。

《宣言》告诉我们，人类社会是不断进步的社会，由资本主义发展到社会主义、共产主义是历史的必然；工人阶级是历史上的先进的革命的阶级，是实现社会主义和共产主义的阶级力量，工人阶级和人民大众需要进行长期艰苦的斗争才能实现社会主义和共产主义；工人阶级政党即共产党是社会主义和共产主义事业的领导力量；共产主义的最终目标是消灭私有制、消灭剥削、消灭阶级，实现人类解放和人的自由全面的发展。科学社会主义理论如同一盏明灯，照亮了资本主义社会中被压迫被剥削的工人阶级和人民大众争取自由解放、实现美好生活、建立美好社会的道路。

在中国，《宣言》极大地影响了中国工人阶级和一大批革命者，成为他们接受马克思主义的启蒙读物或入门老师。正是在《宣言》的指引下，中国共产党成立，中国革命、建设和改革取得巨大成功。

作为全世界第一个共产党人的纲领性文件，《宣言》规定了共产党的本质特征：它从一开始就是为最广大人民群众谋幸福的政党，而且是以马克思主义理论为指导的政党。《宣言》无疑是培育共产主义远大理想和中国特色社会主义共同理想的经典教材。

认真阅读深入理解《宣言》，不仅是每一个共产党员真正从思想上入党的必须，而且对于每一个中国人也是如此，因为马克思主义从本质上是与中国文化思想相通的。

【思考与讨论】

1. 回顾《宣言》诞生以来的世界历史，结合当下现实，谈谈你对"在人类思想史上，没有一种思想理论像马克思主义那样对人类产生了如此广泛而深刻的影响"这个论断的认识和理解。

2. 结合高校学生的实际，谈谈如何提高当代青年的马克思主义思想素养。

高老头(节选)

巴尔扎克

【题解】

奥诺雷·德·巴尔扎克(1799—1850),法国小说家,被称为"现代法国小说之父",生于法国中部图尔城一个中产者家庭。1816年入法律学校学习,毕业后不顾父母反对,毅然走上文学创作道路。1829年,他发表长篇小说《朱安党人》,迈出了现实主义创作的第一步,1831年出版的《驴皮记》使他声名大振。1834年,完成对《高老头》的著作,这也是巴尔扎克最优秀的作品之一。19世纪30至40年代,巴尔扎克以惊人的毅力创作了大量作品,一生创作甚丰,写出了91部小说,塑造了2472栩栩如生的人物形象,合称《人间喜剧》。《人间喜剧》被誉为"资本主义社会的百科全书"。

【文献来源】

巴尔扎克. 高老头[M]. 王振孙,译. 上海:上海译文出版社,2006:351-367.

将近中午,邮差到先贤祠地区送信时,欧也纳收到一封信,信封精致,上面盖有德·鲍赛昂家族的纹章。信里有一张请柬,邀请德·纽沁根夫妇参加在一个月前已宣布了的在子爵夫人府邸举办的盛大宴会,另外还附有一张给欧也纳的便笺,上面写着:

我想,先生,您一定会很乐意代我向德·纽沁根夫人致意。现特意附上您要求的请柬,我将很高兴认识德·雷斯托夫人的妹妹。请把这个美人带来吧,希望别让她占有了您的全部感情,在这方面,您还欠我很多呢。

德·鲍赛昂子爵夫人

欧也纳把便笺又读了一遍,心想:"德·鲍赛昂夫人的意思很明确,她不欢迎德·纽沁根男爵。"他急匆匆地赶到苔尔费娜家,很高兴能把这件喜事告诉她,也许还会得到酬报呢。德·纽沁根夫人正在洗澡。拉斯蒂涅克在小客厅里等,一个热情奔放、急于想得到他已等待了两年之久的情妇的年轻人自然等得很焦急。这种冲动在年轻人的一生中不会有第二次了。男人对于他所爱的第一个真正的女人,也就是符合巴黎社会条件的、光彩照人的女人,是决不会三心二意的。巴黎的爱情和其他地方的爱情是完全不同的。不论是男人还是女人,为了体面都会对自己所谓的无私的爱情在公开场合说些冠冕堂皇的话,但谁也不会相信。在这个地方,一个女人不仅应该满足男人心灵和肉体的需要,还必须懂得她还有更大的义务,要满足男人的无穷无尽的虚荣心,这也是生活的一个组成部分。所以说,巴黎的爱情实质上就是吹捧、无耻、挥霍、哄骗和摆阔。在路易十四的宫廷中,所有的贵妇人都嫉羡德·拉瓦利埃尔小姐[1],因为她的魅力,使那位伟大的国王忘记了他的副袖饰要值六千法郎,把它们撕碎了以吸引德·凡尔芒图瓦公爵[2]来到人生的舞台上。君王尚且如此,我们对其他人还有什么可说的呢?您必须年轻、富有、有爵位,只要您能够,财富越多,地位越显赫越好;如果您有一个崇拜的偶像,您在这个偶像前烧香越多,它就越宠爱您。爱情也是一种宗教,信奉这种宗教比信奉别的宗教代价要高得多。而且爱情稍纵即逝,在消失时像一个边走边淘气的顽童,走过的地方都留下了被损坏的痕迹。

感情是奢侈品，唯有住在阁楼上的穷小子才会向往这种感情。没有这笔财富，爱情会变成什么样子呢？如果巴黎社会那部严格的法典有什么例外，那只能在孤独的生活中，在某些不受社会伦理道德约束的人的心灵中能找到；这些心灵似乎生活在清澈、流动而又源源不断的泉水旁边，他们守着绿荫，乐于倾听天外之音，在他们看来，这种语言在身心内外都可听到。他们一面怨叹人世的枷锁，一边耐心等待着自己能超凡脱俗。可是，拉斯蒂涅克却像多数年轻人一样，已经过早地尝到了权势的滋味，打算全副武装，闯进上流社会的格斗场。他已经染上了社会的狂热，也许还觉得有能力控制社会，但既不知实现这种野心的办法，也不明白实现这种野心的目的。他缺少充实生命的纯洁而神圣的爱情，于是对权势的渴望便成了美好的向往；只要能放弃一切个人利益，以国家的光荣为追求的目标就可以了。可是大学生还没有达到审视人生并加以评判的程度。在外省长大的孩子往往有一些清新美妙的思想，像树荫一样笼罩着他们的青春，直到此时，拉斯蒂涅克还对那些想法有所留恋。他总是犹豫不决，不敢放胆在巴黎作殊死一搏。尽管他有强烈的好奇心，却总是留恋着一个真正的贵族老爷在城堡里过的那种舒适的生活。然而，当他头天夜里置身在他的新套房里的时候，他最后一点顾虑也打消了。前一段时间，他已经享受到了出身给他带来的好处，如今又享受到了财富带来的物质生活：他脱下了外省人的躯壳，渐渐适应了一种新的社会地位，看到了一个美妙的前程。因此，当他懒洋洋地坐在这间似乎是属于他的小客厅里等候苔尔费娜时，他发现自己同去年刚到巴黎时的那个拉斯蒂涅克已大不相同；他扪心自问他前后是不是同个人。

“夫人在卧室里等您，”泰雷兹前来向他通报，吓了他一跳。

苔尔费娜躺在火炉旁的双人沙发上，气色鲜艳，神采飞扬。看到她半卧在锦缎绫罗中的模样，他不由得想起了印度那些在花中结果的植物。

“啊！我们又见面了，”她激动地嚷道。

“猜猜我给您带什么来了，”欧也纳说，一边在她身旁坐下，提起她的胳膊吻她的手。

纽沁根夫人读着请柬，做了一个高兴的动作。她含情脉脉地注视着欧也纳；她的虚荣心得到了满足，在极度兴奋之下，她勾住他的脖子，把他拉进了自己的怀里。

“是您(应该称‘你’，她凑在他的耳边说，‘泰雷兹在盥洗室里，我们要小心些！’)，是您给了我这个幸福，我敢于把这件事称作幸福。从您那儿得到请柬，这不仅仅是满足了我的自尊心，不是吗？没有人肯把我引进那个社会。也许您此刻会觉得我渺小、轻浮、虚荣，像个巴黎女子；可是，您想想，我的朋友，我随时准备为您牺牲一切。我之所以格外急切地想踏进圣日耳曼区，那是因为您在那里呀。”

“您有没有想到，德·鲍赛昂夫人似乎在暗示我们，她不打算在舞会上见德·纽沁根男爵？”

“想到了，”男爵夫人说着把信还给欧也纳，“这些女人天生就是这么放肆无礼。不过，不管它，我还是要去的。我的姐姐也要去，我知道她正在准备一套华丽的服装，”她又放低声音对他说，“告诉您，欧也纳，她是为了消除那些对她的可怕的猜疑才去的。您不知道最近关于她的一些流言蜚语吗？纽沁根今天早上告诉我，昨天俱乐部里在公开议论她。天哪！女人的名誉，家庭的名誉，真是太脆弱了！可怜的姐姐受到侮辱，我也感到屈辱和伤害。据说德·特拉意先生签在外面的十万法郎的借票快要到期了，他要被起诉了。姐姐迫不得已把她的钻石卖给了一个犹太人，那些美丽的钻石您一定见她戴过，那是她婆婆德·雷斯托夫人传下来的。总之，这两天大家全在议论这件事。因此，我猜想，阿纳斯塔西一定会定做一件用金银箔片点缀的衣裙，戴着她的钻石首饰，到德·鲍赛昂夫人府上去出风头。我可不愿意被她比下去，她老是想压倒我，从来没有善待过我；而我却帮过她很多忙，在她手头不宽裕时，我总是替她设法周转。好啦，别说别人的闲话啦，我今天要玩个痛快。"

一直到午夜一点，拉斯蒂涅克还待在德·纽沁根夫人的家里没有走，在她依依不舍地和他道别时，话中还暗示着以后的无尽的欢乐。她不无伤感地对他说：

"我很担心，也很迷信；不管您怎么说，我总是心惊胆战，唯恐我享受不到这种福气，要招来什么飞来横祸。您说我这种预感是怎么回事？"

"是孩子气，"欧也纳说道。

"啊，今晚我成了孩子了。"她笑着说道。

欧也纳回伏盖公寓，想到明天一定能搬走，回味着刚才幸福的时刻，一路上始终沉醉在美梦之中。

"怎么样？"高老头在拉斯蒂涅克经过他房门时问道。

"嗯，"欧也纳答道，"明天我全部告诉您。"

"全部是吗？"老头儿大声嚷道，"去睡吧。明天我们要过快活日子了。"

第二天，高里奥和拉斯蒂涅克只等着搬运夫来，就可以离开伏盖公寓了。不料到了正午时分，新圣热诺维埃夫街上传来了马车声，马车停在伏盖公寓的门口。德·纽沁根夫人从车上下来，询问她的父亲是否在公寓里。听到西勒维肯定的答复以后，她便飞快地上了楼。欧也纳在自己的房间里，他的邻居们并不知道。吃午饭时，他请高老头代他搬走行李，约定午后四点钟在阿尔图瓦街会面。但是，当老头儿去寻找搬运夫时，欧也纳已经迅速地去学校报了到，然后悄悄地回到公寓与伏盖太太结账。他不愿意这件事让高老头代劳，怕他在兴头上会替自己支付膳宿费；可是女房东出去了，欧也纳上楼回到自己房里想看看还遗留下什么东西。他很高兴自己有了这个想法，因为他看见在桌子的抽屉里有一张当初给伏脱冷的没有具名的空白借据，是他清偿债务那天无意中扔在那里的。房间里没有生火，他正想把这张借据撕成碎片时，忽然听见苔尔费娜的声音，便不想再弄出任何声响，停下来静听，心想她不该再对他隐瞒什么了。刚听了几句，便听出他们父女之间的谈话事关重大，便用心地听了下去。

"啊！父亲，"她说，"老天爷怎么没有早一点让您想到追究我的财产，弄得我现在要破产了！我在这里说话没有关系吧？"

"说吧，屋子里没有人，"高老头声音异常地说。

"您怎么啦，父亲？"德·纽沁根太太问。

"您刚才给了我当头一棒，"老头说道，"愿上帝宽恕你，我的孩子！你不知道我有多么爱你，如果你知道，就不会突然告诉我这样的事情，再说事情也没有到无可挽回的地步。再过会儿，我们就要到阿尔图瓦街会面了，有什么紧要的事非要现在亲自到这里来找我？"

"啊，父亲，在大难临头时，还管得了自己在干什么吗？我都要急疯了！您的代理人提前发觉了那个迟早要发觉的危险。您做生意的老经验马上就有用了：因此我赶来找你，就像一个落水的人，要抓住一根树枝一样。台维勒先生看到纽沁根处处刁难他，就威胁说要起诉他，并对他说，法庭庭长很快便会同意分割财产。今天早上，纽沁根到我房里来，问我是否愿意同他一起破产。我对他说，这些事情我完全不懂，我只知道我有一份财产，应当由我自己掌管，一切与此有关的纠纷可去向我的代理人，我本人一概不知，也不能谈出些什么来。您不是叮嘱我要这么说的么？"

"是的，"高老头答道。

"唉！"苔尔费娜接着说道，"他把他生意上的事全告诉了我。据他说，他把他和我所有的资产全都投进了一个刚刚开张的企业里，为了那个产业，还要在外面投放大宗款子。要是我强迫他还我的陪嫁，他就不得不宣告清理破产；而如果我愿再等上一年，他可以名誉担保还我两倍或者三倍的钱。因为他用我的财产做了一笔地产买卖，等那笔买卖结束之后，我就可以自由支配我的所有财产。亲爱的父亲，他说得既真诚又恳切，听得我感到害怕。他请求我原谅他过去的行为，愿意让我自由，允许我想干什么就干什么，条件是让他以我的名义全权管理那些企业。为了证明他的诚意，他答应我，任何时候都可以请台维勒先生来查看他以我的名义制定的关于产权的文件。总之，他自缚手脚把自己交给我了。他还要求再当两年家，求我在他给我的预算之外不再多花钱。他对我说，他所能做的一切完全是为了保全面子。他已把他的舞女打发走了，他要尽量节约开支，一定要把这笔投权生意做成，而且不能损害他的信誉。我跟他闹，装作不相信他的话，把他逼得走投无路，为了多知道一些实情；于是他拿出他的账册给我看，最后他竟然哭了。我从来没有见过一个男人绝望到如此地步，他失去理智了，说要自杀，神志有些迷糊，我真可怜他。"

"你就相信这些花言巧语，"高老头大声说道，"这家伙是在演戏！我做生意时遇见过一些德国人，表面上几乎个个都是那么老实、天真，可是实际上在诈骗和耍手段方面比谁都凶狠。你的丈夫在愚弄你，他觉得你逼他无路可走了，就装死；他希望用你的名义办事，这样可以更自由些。他想利用这点规避一些生意上的风险。他既狡猾又阴险，是个坏东西。不，不，我看见两个女儿一无所有是不愿意进拉雪兹神父公墓的。我多少也懂得些生意经。照他的说法，他把资金全投进企业里了，那好！他的股份总得有证券、票据和合同吧！叫他拿出来，作为夫妻共有财产分账。我们可以挑最有利的投机生意去做，让我们也来碰碰运气。我们要拿到追认文书，写明苔尔费娜·高里奥·纽沁根男爵夫人，夫妻财产分开。这家伙把我们当成傻瓜了吗？他以为我看到你一文不名，没有饭吃，还能够忍受两天吗？如果真要如此，我也活不下去的。什么！我辛辛苦苦地劳累了四十年，扛过沉重的面粉袋，冒着大风大雨，一生为了你们两个天使舍不得吃，舍不得穿；我只要看见你们，我所有的辛苦和重担都会变得轻松了；而如今我的财产、我的一生都要像云雾一样化为乌有了。真是气死我了！我以天地间一切神灵起誓，我要把这些事都弄个明白，把账目、库存和企业全都查清！我可以不睡觉，不上床，不吃东西，一定要让他向我证实你的一份财产是分开的；你有台维勒先生做你的代理人，幸而他是个规矩人。上帝作证！你一定要保住你那百万家财和五万法郎的年金，直到你生命的最后一天，要不然我会把巴黎闹得满城风雨的。啊！啊！如果法院不公正，我要向议院申诉。只有知道了你在财产方面太平无事，我的痛苦才会减轻，忧愁才会消除。金钱就是生命，有了钱就有了一切。这个阿尔萨斯死胖子对我们胡扯些什么呀？苔尔费娜，对这头肥猪，我们一个子儿也不能让；过去他给你套上了锁链，折磨得你这么苦。现在他需要你了，我们就抽他一顿，叫他老实点。我的上帝啊，我的脑袋在冒火，里面好像有什么东西烧起来了。怎么，我的苔尔费娜躺在草垫子上了！哦！我的小宝贝，见鬼！我的手套呢？我们走！走吧，我要看到一切，账本、合同、银箱、往来信件，马上就要看。只有亲眼看到你的财产不再有风险，我才会放心。"

"亲爱的父亲！您可要小心啊。如果您在这件事上流露出一点点报复情绪，要和他作对，那我就完了。他了解您，认为我不放心我那份财产，全是您的意思。我敢打赌，他不但现在死抓住这笔财产，而且还想继续抓下去。这个恶棍还会席卷所有财产一走了之，丢下我们不管的。他很清楚，我不肯为追究他而丢了自己的脸。这家伙既狠毒又虚伪，我早已经看透了。如果把他逼得无路可走，我也会破产的。"

"难道他是个骗子？"

"嗯，是的，父亲，"她说着倒在一把椅子上哭了起来，"我以前一向不愿意对您说，免得您因为把我嫁给了这样的人而伤心！他的良心、思想、灵魂和肉体，在他身上都是搭配好了的！真可怕啊！我既恨他又瞧不起他。是的，自从这个下流的纽沁根对我说了这一切之后，我怎么还能尊重他？一个在生意上不择手段的男人是没有羞耻之心的，由于我看透了他的本质，我才感到害怕。他，我的丈夫，明确地对我说给我自由，您懂得这是什么意思吗？就是说在他倒霉的时候，我要愿意做他手中的工具，做他的替罪羊。"

"可是还有法律呢！对于这一类女婿，不是还有可以处死他们的格莱夫广场吗？"高老头大声叫道，"要是没有刽子手，我就亲自动手砍下他的脑袋。"

"不，父亲，没有什么法律能对付这种人的。撇开他的花言巧语，听听他的真实想法吧：'要不就一切完蛋，您将身无分文，彻底破产，因为除了您，我不会找别的同伙的；要不您就让我搞下去，把生意做成。'这还不清楚么？他还是要拖住我。他相信我是个正派女人，知道我不想得到他的财产，只要有自己的一份就够了。为了避免破产，我不得不与他合伙做这种偷偷摸摸的骗人生意。他收买我的良心，代价是让我与欧也纳自由来往。'我允许你有过失，但也请你允许我犯点罪，让那些可怜虫去破产吧。'这些话说得够明白了吧？您知道他所说的办企业是怎么回事？他用自己的名义购进空地，然后在这块土地上为一些傀儡建造房子。这些家伙与承包商签订分期付款的合同，另一方面把房子低价卖给我丈夫，他就成了房主，随后他们就宣告破产，把未付的款子赖掉。纽沁根家族的姓氏骗了可怜的建筑承包商，这一点我心里明白。我也懂得，为了证明自己支付过大宗款项，他已把巨额证券寄到了阿姆斯特丹、伦敦、那不勒斯和维也纳。我们又怎么能追回来呢？"

这时，欧也纳听到高老头膝盖撞地的沉重的撞击声，他大概是跌倒在房间里的石板地上了。

"我的上帝！我什么地方冒犯你了，我的女儿竟然落到这个恶棍手里，由他随意摆布。原谅我吧，孩子！"老人叫道。

"嗯，如果我今天陷入深渊，也许有您的过错，"苔尔费娜说，"我们出嫁时是没有头脑的！社会，买卖，男人，品德，我们懂吗？做父来的应该为我们着想。亲爱的父亲，我一点也不责怪您，请原谅我说了这些话。一切都是我的错。好了，别哭了，爸爸，"她说着吻了吻父亲的额头。

"你也别哭了，我的小苔尔费娜。把头凑过来，让我吻吻你的眼睛，抹去你的泪水。好吧！我会想出办法，把你丈夫搅得一团糟的事情理出个头绪来。"

"不，还是让我自己解决，我知道如何对付他。他还爱着我呢，那我就利用对他的影响让他把部分资金马上投到房地产上去。也许我还会让他以纽沁根夫人的名义在阿尔萨斯买些田产，他有点乡土观念。不过明天您要来查一查他的账本和生意上的业务。台维勒先生对生意经一窍不通。不，明天别来了，我不想搞得头昏脑涨的。德•鲍赛昂夫人家的舞会后天举行，我要调养好身体，打扮得漂漂亮亮，精神饱满地出现在舞会上，为我的欧也纳挣点面子！来，现在我们去看看他的房间吧。"

这时，一辆马车在新圣热纳维埃夫街上停下，楼梯上传来德•雷斯托夫人的声音，她对西勒维说："我的父亲在家么？"她的来到帮欧也纳摆脱了困境，他正想跳上床假装睡觉呢。

苔尔费娜听出是她姐姐的声音，说道："啊！父亲，有人向您提到过阿纳斯塔西吗？似乎她家里出了什么事呢。"

"什么！"高老头说，"真是我的末日到了。我可怜的脑袋可经受不住双重打击。"

伯爵夫人走进来说道："您好，父亲，哦！你也在这儿，苔尔费娜。"

德•雷斯托夫人没有想到她的妹妹也在，显得有些尴尬。

"你好，纳西，"男爵夫人说，"你看见我在这儿感到奇怪吗？其实我每天都来看望父亲的。"

"从什么时候开始的？"

"如果你也来，就知道了。"

"别嘲弄我了，苔尔费娜，"伯爵夫人哭丧着脸说，"我太不幸了，完了，可怜的父亲！哦！这一次我肯定完了！"

"怎么啦，纳西？"高老头大声问道，"把一切都告诉我吧，孩子，瞧，她的脸也发白了。苔尔费娜，快扶住地，关心她一下吧，我会更喜欢你的，如果我还能更喜欢你的话。"

"我可怜的纳西，"德•纽沁根夫人扶着她的姐姐坐下，说道，"讲吧，你瞧，世界上只有父亲和我两人是永远爱你的。我们会原谅你的一切。瞧，骨肉情是最可靠的。"她让姐姐嗅了嗅盐，伯爵夫人才清醒了些。

"我真要憋死了，"高老头说，一边把炉火拨旺，"你们俩都过来，我觉得冷。纳西，究竟出了什么事？快说吧，真要把我急死了……"

"好吧，我说！"可怜的女人说道，"我丈夫全知道了。您想想，我的父亲，您还记得不久以前马克西姆的那张借据吗？嗨！这可不是第一张，我已经替他还过不少了。一月初，我发现他忧心忡忡，可是对我什么也不说。可是对爱人的心思最容易猜透，有一点儿小事就可以了，何况还有预感呢。那个时候他变得更加多情，更加温柔，我也比以前更加幸福了。可怜的马克西姆！他告诉我曾经有过和我诀别的念头；他想自杀。我苦苦哀求，逼他说出来，我在他面前跪了整整两个小时。他终于对我说他欠了十万法郎的债！啊！爸爸，十万法郎！我急疯了。您拿不出这笔钱的，我的钱也早已花光了……"

"是的，"高老头说，"除非去偷，我是拿不出来的。不过，如果需要，纳西，我是会去偷的。"

姐妹俩听见这句话都不作声了，这句凄凉的话就像一个濒死的人的一声喘息，反映出一个做父亲的无能为力的痛苦绝望的心情。这声绝望的哀鸣，就像投入深渊的一颗石子，可以从它的回声中测出其深度，天下还有哪一个自私自利的人听了会无动于衷呢？

"因此，父亲，我动用了不属于我的那份财产，筹到了那笔款子，"伯爵夫人哭着说。

苔尔费娜被感动了，她把头靠在姐姐的脖子上哭了起来。

"那么外面传的话都是真的了？"她说。

阿纳斯塔西垂下了脑袋，德·纽沁根夫人抱着她轻轻地吻她，把她紧紧地搂在自己的胸前，对她说道："在我心里，我对你只有爱，没有责备。"

"我的两个小天使啊，"高里奥有气无力地说，"为什么你俩只有在患难时才肯和好呢？"

伯爵夫人受到亲人的热情的鼓励，接着说道："为了救马克西姆的命，也为了挽救我们的幸福，我把德·雷斯托先生视为生命的钻石，他的，我的，全都卖掉了，卖给了你们也认识的那个放高利贷的高布赛克先生，这个人心狠手辣，像是在地狱里长大的。卖掉了！懂了吗？他得救了！可我呢，却活不成了。雷斯托全都知道了。"

"是谁说的，怎么知道的？我要去把这个人杀了！"高老头叫道。

"昨天，他把我叫到他的房里去，我去了……他对我说(只要听到他的声音，我就全猜到了)：'阿纳斯塔西，您的钻石到哪里去了？''在我房里。''不，'他瞅着我说，'都在这里，在我的柜子上。'说着，他指了指那只他用手帕盖着的首饰盒，'您当然知道这些钻石是从哪儿来的吧？'他说。我跪倒在他面前……我哭了，问他要我怎么死。"

"哎哟，你说这样的话！"高老头大声说道，"我向上帝起誓，只要我还活着，我一定要把害你们俩的人，用文火烤！对，我要把他撕成碎片，像……"

高老头忽然不说下去了，话到了嘴边又咽下去了。

"总之，亲爱的，他要我做的事比死还难办。但愿上帝保佑，别让任何女人听到这些话！"

"我要杀了这家伙，"高老头平静地说道，"不过他只有一条命，却欠了我两条命。后来他又说了些什么啊！"高老头望着阿纳斯塔西问。

伯爵夫人稍停刻后接着说道："嗯！他瞅着我说：'阿纳斯塔西，我会悄悄地把事情处理好的，我们还要生活在一起，我们有孩子啊。我不会打死德·特拉意先生，因为我可能打不中他；如果用别的办法摆脱他，也许会触犯法律。如果把他杀死在您怀里，那要丢孩子的脸。为了不伤害您的孩子，他们的父亲和我，我要您答应我两个条件。请您回答我：孩子中有我生的吗？'我说：'有。'他又问："哪一个？'我说：'大儿子爱尔耐期特。'他又说：'那好，现在您要发誓，今后您要服从我一件事。(我起了誓。)无论什么时候只要我要求您，您就得在您的产业的卖契上签字。'"

"不能签字！"高老头大声叫道，"永远也别在这种字据上签字！哼！雷斯托先生，您不能使女人幸福，她只能自己去找，而您软弱无能，反倒要惩罚她？……哼！有我在这里！他以后会碰上我的。纳西，放心吧。啊！他还关心他的继承人呢！好，好！我会掐死他的儿子的，天哪！他可是我的外孙啊。这个小家伙，我能见到他吗？我把他放到家乡去，我会照料他的，放心吧。我会逼这个恶魔投降的，对他说：'我们俩来拼一下吧！如果您想要您的儿子，那就把我女儿的财产还给她，让她自由。'"

"我的父亲！"

"是啊，你的父亲！啊！我是一个真正的父亲。别让这个混账的大财主来伤害我的女儿。天杀的！我不知道我有多生气。我的血像猛虎一样在沸腾，我要一口吞掉这两个男人。啊！孩子们！你们过的难道就是这样的生活？可这是要我的命呢！如果我死了，你们俩又怎么办呢？做父亲的应该和自己的孩子活得一样长。上帝啊！你造成的世界有多混乱啊！听人说你圣父也有个圣子呢，所以你不该让我们为我们的孩子而受苦。我亲爱的小天使啊！怎么！只有在你们受苦时我才能见到你们吗，只有你们落泪时才让我看到你们吗？唉，是啊，你们俩爱我，这我知道。来吧，来我这儿哭诉吧！我的心胸宽大，能包容一切。对啊，你们尽管刺穿我的心，即使撕成碎片，还是片片都是父亲的心。我恨不得能代你们受苦，受累。啊！你们俩小时候是多么幸福啊……"

"也只有在那时候我们才是幸福的，"苔尔费娜说，"我们在大谷仓里的面粉袋上滚来滚去的日子到哪里去了呢？"

"父亲，事情还不止这些呢，"阿纳斯塔西凑到高里奥的耳边说，把老人吓了一跳，"钻石没有卖到十万法郎，马克西姆被人告了，我们还要付一万二千法郎。他答应我以后要安分守己，不再赌了。我在世界上除了爱情之外已一无所有，我为他的爱情付出的代价太大了。如果他丢下我，我会死的。我为他牺牲了财产、名誉、安宁和孩子。啊！请想想办法吧，至少别让马克西姆去坐牢，丢尽颜面；好让他在社会上混出点名堂来。现在不仅我的幸福要靠他，连我们一文不名的孩子的幸福也要靠他。一旦他进了圣彼拉季债务监狱，一切都完了。"

"我没有这笔钱呀，纳西。没有了，什么也没有了！世界末日到了，这是肯定无疑的。你们快走吧，逃命去吧。啊！我还有些银搭扣，六套银餐具，是我当年第一批买的。最后，我还有一千法郎的年金……"

"那你的长期存款到哪里去了？"

"已经卖掉了，只留下这一小笔生活费。我需要一万二千法郎替我的小宝贝苔尔费娜布置一个小套间。"

"在你家里吗，苔尔费娜？"德·雷斯托夫人问她的妹妹。

"嗯！问这有什么用？"高老头说，"一万二千法郎已经花掉了。"

"我猜到了，"伯爵夫人说，"是为了德·拉斯蒂涅克先生吧。哦！我可怜的苔尔费娜，你就帮帮我吧，看看我现在的处境。"

"亲爱的，德·拉斯蒂涅克先生是不会让自己的情妇破产的。"

"谢谢你，苔尔费娜；我现在处境危难，想得到你的帮助，而你竟然这样对待我。是啊，可见你从来没有爱过我。"

"爱的，她爱你的，纳西，"高老头大声说，"她刚才还跟我谈到你，说你真美，说她自己只是漂亮而已。"

伯爵夫人接口说："她么！她是一个冷冰冰的美人。"

"就算是吧，"苔尔费娜红着脸说，"可你又是怎样对待我的呢？你不认我这个妹妹，我想去走动的人家，你都断了我的路。总之，你从不放过任何一个中伤我的机会。而我呢，我有没有像你一样，每次来都一千法郎、一千法郎地搜刮这个可怜的父亲的财产，把他弄到今天这样的地步？姐姐，这都是你的功劳。我嘛，只要有可能，就来看望父亲，我没有把他赶出门外；我也没有在需要他时来舔他的手。我根本不知道他为我花了一万二千法郎。我从来不乱花钱，这你是知道的。即使爸爸送东西给我，也是他愿意，我可从来没有向他伸手要过。"

"你比我幸福多了。德·马尔塞先生有钱，你心里明白。你向来爱财如命。再见吧，我没有妹妹，也没有……"

"住嘴，纳西！"高老头大声喝道。

"只有像你这样的姐姐才会跟着别人说这些话，但这些话连外人也不相信，你这个魔鬼！"苔尔费娜对她说。

"孩子们，孩子们，都别说了，要不我就死在你们俩面前。"

"好啦，纳西，我原谅你，"德·纽沁根夫人接着说道，"你很不幸，我不过是稍许比你好些。你对我说这些话时，我正在想帮助你，看看能为你做些什么，我甚至想走进我丈夫的房间里去求他，这种事是我从来也不愿意干的，不论是为了我自己还是为了……这总对得起你九年来对我的伤害吧。"

"孩子们，孩子们，你们拥抱吧！"父亲说道，"你们是一对天使呀。"

"不，放开我，"伯爵夫人大声说道，她挣脱父亲的手臂不让他拥抱，"她对我比我的丈夫还狠心，居然还有人说她贤惠呢！"

"要我承认特拉意先生花了我二十万法郎，我还不如人家说我欠德·马尔塞的钱呢，"德·纽沁根夫人答道。

"苔尔费娜！"伯爵夫人走上一步喝道。

"你是在诬蔑我，而我对你说的是实话，"男爵夫人冷冷地回答。

"苔尔费娜，你是一个……"

高老头冲上去拉住伯爵夫人，用手捂住她的嘴，不让她说出来。

"天哪！父亲，你的手今天碰过什么东西了？"阿纳斯塔西问他。

"嗯，是啊，是我不好，"可怜的父亲说着把双手在裤子上擦了擦，"不过，我不知道你们会来，我正在搬家呢。"

他很高兴能引火烧身，把女儿的怒火转移到自己身上。

"啊！"他边坐下边说，"你们伤透了我的心。我要死了，孩子们！我脑子里像有一团火在烧。你们要和和气气，相亲相爱。要不你们真是要我的命了。苔尔费娜，纳西，来吧，你们俩有对也有错，"他又泪汪汪地望着男爵夫人说，"瞧，苔苔尔，她需要一万二千法郎，让我们来想想办法吧，别这样你瞪我，我瞪你呀！"他跪倒在苔尔费娜面前，附在她的耳边说："向她赔个不是，让我高兴高兴，她现在是最不幸的人了，不是吗？"

苔尔费娜被父亲脸上的近乎疯狂的痛苦表情吓坏了，连忙说道："可怜的纳西，是我错了，拥抱我吧……"

"啊！你这样做才让我心里好受些，"高老头大声说，"可是往哪儿去找那一万二千法郎呢？我是不是可以去代人服兵役拿些钱呢？"

"啊！父亲，不行！不行！"两个女儿围着他同声叫道。

"您这片心意，上帝会补偿您的，我们这辈子可报不了这个恩啦，是吗，纳西？"苔尔费娜说。

"再说，可怜的父亲，服兵役可拿到的这点儿钱也是杯水车薪，无济于事的，"伯爵夫人说道。

"可是，我这条命就一点用处也没有吗？"高老头绝望地叫道，"纳西！谁能救你，我就去为谁卖命。我可以去为他杀人。我愿意像伏脱冷一样去蹲监狱！我……"他突然停住不说了，像遭到了雷劈一样。他接着又扯着自己的头发说道："什么都没有了！如果我知道上哪儿去偷就好了，而且要找到可以偷的东西就更不容易了。要说抢银行，也缺少人手和时间。算了吧，死了算了，也只有死。是啊，我没有用了，我也不再是父亲了！不是了！她需要钱才来求我！而我呢，我这个混蛋，竟然连一个子儿也没有。啊！老不死的，你把钱存了终身年金，竟然忘了还有两个女儿！难道你不爱她们吗？该死，像狗一样的去死吧！是的，我连一条狗也不如，狗也不至于干出这种事来的！啊！我的脑袋要炸开啦！"

"啊！爸爸！"两个女儿同声惊叫，拦住他不让他用头撞墙，"冷静些吧。"

他在呜呜地哭。欧也纳吓坏了，拿起当初给伙脱冷的借据，上面的印花本来就超过原来借款的数目，他把数目改成了一万二千法郎，抬头写上高里奥的名字，然后走进老人的房间。

"夫人，这是您需要的钱，"他把借据递过去说道，"我正在睡觉，你们的谈话把我吵醒了，我这才知道我欠着高里奥先生这笔钱。这是一张借据，您可以拿去周转，我到时候一定还清。"

伯爵夫人接过借据，纹丝不动；她脸色发白，怒火中烧，气得浑身发抖，说道："苔尔费娜，我什么都可以原谅你，上帝可以为我作证。可是，这是怎么回事！你明知这位先生在这里！你真卑鄙，让我把自己的秘密、我的私生活、我孩子的生活，我的耻辱和荣誉，全都交在他手里，以此来报复我！你走吧，你与我已没有什么关系，我恨你，我要尽可能来伤害你，我……"她气得话也说不出来，连嗓子也干了。

【注释】

[1] 德•拉瓦利埃尔小姐是路易十四的情妇。

[2] 德•凡尔芒图瓦公爵是路易十四和德•拉瓦利埃尔的私生子。

【阅读提示】

《高老头》的故事梗概是：高老头(高里奥)从法国大革命时期即开始经营面粉生意，挣了很多钱。中年丧偶后他没有续弦，而把整个身心都倾注在两个女儿身上。他让她们过着贵族一般的优渥生活，享受良好的教育，目的是让她们能挤进上流社会。两个女儿长大后，大女儿嫁给贵族成了伯爵夫人，小女儿嫁给银行家，成为资产阶级阔太太。他都给了她们巨额的陪嫁，自己则搬进了伏盖公寓。两个女儿过上了骄奢淫逸的贵族生活，还继续向父亲要钱。高老头的钱一点一点地被彻底榨干了。两个女儿于是不再来伏盖公寓，在他生病期间和临终之前也不来看望父亲，甚至出葬时也没有她们的身影。

本文节选自《高老头》第五章，讲的是两个女儿因为与各自的丈夫以及情人之间的纠葛，又来向父亲要钱。她们当着父亲的面争吵指责。但父亲彻底没有钱了，还被她们的事而急出病来，患上了脑溢血。

小说通过高老头的口说出了资本主义社会的本质："钱是性命，有了钱就有了一切。"金钱是这个社会唯一的纽带，人与人之间最真实的关系就是金钱关系。高老头说出这样的话，说明他的头脑是极其清醒的，对这个社会的认识非常深刻；然而他又是糊涂至极的，他让"亲情"蒙蔽了眼睛——他对两个女儿最无私的爱，导致了他悲凉凄惨的结局。

马克思主义经典作家极其重视巴尔扎克这位伟大作家。马克思在《资本论》第1卷曾谈到巴尔扎克和他的《高老头》这部小说："例如巴尔扎克曾对各色各样的贪婪作了透彻的研究。那个开始用积累商品的办法来贮藏货币的老高利贷者高布赛克，在他笔下已经是一个老糊涂虫了。"恩格斯则在《致玛·哈克奈斯》信中，称巴尔扎克为"是比过去、现在和未来一切左拉都要伟大得多的现实主义大师"。恩格斯认为，"巴尔扎克在《人间喜剧》里给我们提供了一部法国'社会'特别是巴黎'上流社会'的卓越的现实主义历史，他用编年史的方式几乎逐年地把上升的资产阶级在 1816 年至 1848 年这一时期对贵族社会日甚一日的冲击描写出来。"在《致劳拉·拉法格》的信里，恩格斯说到："这里有 1815 年到 1848 年的法国历史，比所有沃拉贝尔、卡普菲格、路易·勃朗之流的作品中所包含的多得多。"针对的也是巴尔扎克的作品。

要认识资本主义，理解西方世界，不可不读巴尔扎克的小说。

【思考与讨论】

1. 恩格斯曾感叹，巴尔扎克的小说"在他的富有诗意的裁判中有多么了不起的革命辩证法"。请谈谈你对恩格斯这句话的理解。

2. 结合巴尔扎克的小说，理解批判现实主义文学的特征。

复活(节选)

列夫·托尔斯泰

【题解】

列夫·托尔斯泰(1828—1910)，十九世纪中期俄国批判现实主义作家、思想家、哲学家，和屠格涅夫、陀思妥耶夫斯基并称"俄国文学三巨头"，被列宁称为"俄国十月革命的镜子"，具有"清醒的现实主义"的"天才艺术家"。代表作品有长篇小说《战争与和平》《安娜·卡列尼娜》《复活》等。

【文献来源】

列夫·托尔斯泰. 复活[M]. 草婴，译. 长春：时代文艺出版社，2019：5-11.

第 一 部

01　玛丝洛娃被押出庭受审

《马太福音》第十八章第二十一节至第二十二节："那时彼得进前来，对耶稣说：'主啊，我弟兄得罪我，我当饶恕他几次呢？到七次可以吗？'耶稣说：'我对你说，不是到七次，乃是到七十个七次'。"

《马太福音》第七章第三节："为什么看见你弟兄眼中有刺，却不想自己眼中有梁木呢？"

《约翰福音》第八章第七节："……你们中间谁是没有罪的，谁就可以先拿石头打她。"

《路加福音》第六章第四十节："学生不能高过先生，凡学成了的不过和先生一样。"

尽管好几十万人聚居在一小块地方，竭力把土地糟蹋得面目全非，尽管他们肆意把石头砸进地里，不让花草树木生长，尽管他们除尽刚出土的小草，把煤炭和石油烧得烟雾腾腾，尽管他们滥伐树木，驱逐鸟兽，在城市里，春天毕竟还是春天。阳光和煦，青草又到处生长，不仅在林荫道上，而且在石板缝里。凡是青草没有锄尽的地方，都一片翠绿，生意盎然。桦树、杨树和稠李纷纷抽出芬芳的粘稠嫩叶，菩提树上鼓起一个个胀裂的新芽。寒鸦、麻雀和鸽子感到春天已经来临，都在欢乐地筑巢。就连苍蝇都被阳光照暖，夜墙脚下嘤嘤嗡嗡地骚动。花草树木也好，鸟雀昆虫也好，儿童也好，全都欢欢喜喜，生气蓬勃。唯独人，唯独成年人，却一直在自欺欺人，折磨自己，也折磨别人。他们认为神圣而重要的，不是这春色迷人的早晨，不是上帝为造福众生所创造的人间的美，那种使万物趋向和平、协调、互爱的美；他们认为神圣而重要的，是他们自己发明的统治别人的种种手段。

就因为这个缘故，省监狱办公室官员认为神圣而重要的，不是飞禽走兽和男女老幼都在享受的春色和欢乐，他们认为神圣而重要的，是昨天接到的那份编号盖印、写明案由的公文。公文指定今天，四月二十八日，上午九时以前把三名受过侦讯的在押犯，一男两女，解送法院受审。其中一名女的是主犯，须单独押解送审。由于接到这张传票，今晨八时监狱看守长走进又暗又臭的女监走廊。他后面跟着一个面容憔悴、鬓发花白的女人，身穿袖口镶金绦的制服，腰束一根蓝边带子。这是女看守。

"您是要玛丝洛娃吧？"她同值班的看守来到一间直通走廊的牢房门口，问看守长说。

值班的看守"哐啷"一声开了铁锁，打开牢门，一股比走廊里更难闻的恶臭立即从里面冲了出来。看守吆喝道："玛丝洛娃，过堂去！"随即又带上牢门，等待着。

监狱院子里，空气就比较新鲜爽快些，那是从田野上吹来的。但监狱走廊里却弥漫着令人作呕的污浊空气，里面充满伤寒菌以及粪便、煤焦油和霉烂物品的臭味，不论谁一进来都会感到郁闷和沮丧。女看守虽已闻惯这种污浊空气，但从院子里一进来，也免不了有这样的感觉。她一进走廊，就觉得浑身无力，昏昏欲睡。

牢房里传出女人的说话声和光脚板的走路声。

"喂，玛丝洛娃，快点儿，别磨磨蹭蹭的，听见没有！"看守长对着牢门喝道。

过了两分钟光景，一个个儿不高、胸部丰满的年轻女人，身穿白衣白裙，外面套着一件灰色囚袍，大踏步走出牢房，敏捷地转过身子，在看守长旁边站住。这个女人脚穿麻布袜，外套囚犯穿的棉鞋，头上扎着一块白头巾，显然有意让几绺乌黑的鬓发从头巾里露出来。她的脸色异常苍白，仿佛储存在地窖里的土豆的新芽。那是长期坐牢的人的通病。她那双短而阔的手和从囚袍宽大领口里露出来的丰满脖子，也是那样苍白。她那双眼睛，在苍白无光的脸庞衬托下，显得格外乌黑发亮，虽然有点浮肿，但十分灵活。其中一只眼睛稍微有点斜视。她挺直身子站着，丰满的胸部高高地隆起。她来到走廊里，微微仰起头，盯住看守长的眼睛，现出一副唯命是从的样子。看守长刚要关门，一个没戴头巾的白发老太婆，从牢房里探出她那张严厉、苍白而满是皱纹的脸来。老太婆对玛丝洛娃说了几句话。看守长就对着老太婆的脑袋推上牢门，把她们隔开了。牢房里响起了女人的哄笑声。玛丝洛娃也微微一笑，向牢门上装有铁栅的小窗洞转过脸去。老太婆在里面凑近窗洞，哑着嗓子说："千万别跟他们多啰嗦，咬定了别改口，就行了。"

"只要有个结局就行，不会比现在更糟的。"玛丝洛娃晃了晃脑袋，说。

"结局当然只有一个，不会有两个。"看守长煞有介事地摆出长官的架势说，显然自以为说得很俏皮，"跟我来，走！"

老太婆的眼睛从窗洞里消失了。玛丝洛娃来到走廊中间，跟在看守长后面，急步走着。他们走下石楼梯，经过比女监更臭更闹、每个窗洞里都有眼睛盯着他们的男监，走进办公室。办公室里已有两个持枪的押送兵等着。坐在那里的文书把一份烟味很重的公文交给一个押送兵，说："把她带去！"

那押送兵是下城的一个农民，红脸，有麻子，他把公文掖在军大衣翻袖里，目光对着那女犯，笑嘻嘻地向颧骨很高的楚瓦什同伴挤挤眼。这两个士兵押着女犯走下台阶，向大门口走去。

大门上的一扇便门开了，两个士兵押着女犯穿过这道门走到院子里，再走出围墙，来到石子铺成的大街上。

马车夫、小店老板、厨娘、工人、官吏纷纷站住，好奇地打量着女犯。有人摇摇头，心里想："瞧，不像我们那样规规矩矩做人，就会弄到这个下场！"孩子们恐惧地望着这个女强盗，唯一可以放心的是她被士兵押着，不然再干坏事了。一个乡下人卖掉了煤炭，在茶馆里喝够了茶，走到她身边，画了个十字，送给她一个戈比。女犯脸红了，低下头，嘴里喃喃地说了句什么。

女犯察觉向她射来的一道道目光，并不转过头，却悄悄地斜睨着那些向她注视的人。大家在注意她，她觉得高兴。这里的空气比牢房里清爽些，带有春天的气息，这也使她高兴。不过，她好久没有在石子路上行走，这会儿又穿着笨重的囚鞋，她的脚感到疼痛。她瞧瞧自己的双脚，竭力走得轻一点。他们经过一家面粉店，店门前有许多鸽子，摇摇摆摆地走来走去，没有人来打扰它们。女犯的脚差点儿碰到一只瓦灰鸽。那只鸽子拍拍翅膀飞起来，从女犯耳边飞过，给她送来一阵清风。女犯微微一笑，接着想到自己的处境，不禁长叹了一声——

02　玛丝洛娃的身世

女犯玛丝洛娃的身世极其平凡。她是一个未婚的女农奴的私生子。这女农奴跟着饲养牲口的母亲一起，在两个地主老姑娘的庄院里干活。这个没有结过婚的女人年年都生一个孩子，并且按照乡下习惯，总是给孩子行洗礼，然后做母亲的不再给这个违背她的心愿来到人间的孩子喂奶，因为这会影响她干活。于是，孩子不久就饿死了。

就这样死了五个孩子。个个都行了洗礼，个个都没有吃奶，个个都死掉了。第六个孩子是跟一个过路的吉卜赛人生的，是个女孩。她的命运本来也不会有什么两样，可是那两个老姑娘中有一个凑巧来到牲口棚，斥责饲养员做的奶油有牛骚气。当时产妇和她那个白白胖胖的娃娃正躺在牲口棚里。那老姑娘因为奶油做得不好吃，又因为把产妇放进牲口棚里，大骂了一通，骂完正要走，忽然看见那娃娃，觉得很惹人爱怜，就自愿做她的教母。她给女孩行了洗礼，又因怜悯这个教女，常给做母亲的送点牛奶和钱。这样，女孩就活了下来。两个老姑娘从此就叫她"再生儿"。

孩子三岁那年，她母亲害病死了。饲养牲口的外婆觉得外孙女是个累赘，两个老姑娘就把女孩领到身边抚养。这个眼睛乌溜溜的小女孩长得非常活泼可爱，两个老姑娘就常常拿她消遣解闷。

这两个老姑娘中，妹妹索菲雅·伊凡诺夫娜心地比较善良，给女孩行洗礼的就是她；姐姐玛丽雅·伊凡诺夫娜脾气比较急躁。索菲雅把这娃娃打扮得漂漂亮亮，还教她念书，一心想把她培养成自己的养女。玛丽雅却要把她训练成一名出色的侍女，因此对她很严格，遇到自己情绪不好，就罚她甚至打她。由于两个老姑娘持不同的态度，小姑娘长大成人后，便一半成了个侍女，一半成了个养女。她的名字也不上不下，叫卡秋莎，而不叫卡吉卡，也不叫卡金卡[1]。她缝补衣服，收拾房间，擦拭圣像，煮茶烧菜，磨咖啡豆，煮咖啡，洗零星衣物，有时还坐下来给两个老姑娘读书解闷。

有人来给她说媒，她一概谢绝，觉得嫁给卖力气过活的男人，日子一定很苦。她已经过惯了地主家的舒适生活。

她就这样一直生活到十六岁。在满十六岁那年，两个老姑娘的侄儿，一个在大学念书的阔绰的公爵少爷来到她们家。卡秋莎暗暗爱上了他，却不敢向他表白，连自己都不敢承认产生了这种感情。两年后，这位侄少爷出发远征，途经姑妈家，又待了四天。临行前夜，他引诱了卡秋莎，动身那天塞给她一张一百卢布钞票。他走了五个月后，她才断定自己怀孕了。

从那时起，她变得性情烦躁，一味想着怎样才能避免即将临头的羞辱。她服侍两个老姑娘，不仅敷衍塞责，而且连自己都没想到，竟发起脾气来。她顶撞老姑娘，对她们说了不少粗话，事后又觉得懊悔，就要求辞工。

两个老姑娘对她也很不满意，就放她走了。她从她们家里出来，到警察局长家做侍女，但只做了三个月，因为那局长虽然年已半百，还是对她纠缠不清。有一次，他逼得特别厉害，她发起火来，骂他混蛋和老鬼，狠狠地把他推开，他竟被推倒在地。她因此被解雇了。她再找工作已不可能，因为快要分娩，就寄居到乡下一个给人接生兼贩私酒的寡妇家里。分娩很顺利，可是那接生婆刚给一个有病的乡下女人接过生，便把产褥热传染给了卡秋莎。男孩一生下来就被送到育婴堂。据送去的老太婆说，婴儿一到那里就死了。

卡秋莎住到接生婆家里的时候，身上总共有一百二十七卢布：二十七卢布是她自己挣的，一百卢布是引诱她的公爵少爷送的。等她从接生婆家里出来，手头只剩下六个卢布。她不懂得省吃俭用，很会花钱，待人又厚道，总是有求必应。接生婆向她要了四十卢布，作为两个月的伙食费和茶点钱，又要了二十五卢布，算是把婴儿送到育婴堂的费用。另外，接生婆又向她借了四十卢布买牛。剩下的二十几个卢布，卡秋莎自己买衣服，送礼，零星花掉了。这样，当卡秋莎身体复元时，她已身无分文，不得不重新找工作。她到林务官家干活。林务官虽然已有老婆，但也跟警察局长一样，从第一天起就缠住卡秋莎不放。卡秋莎讨厌他，竭力回避他。但他比卡秋莎狡猾老练，主要因为他是东家，可以任意支使她，终于找到了一个机会，把她占有了。做妻子的知道了这件事，有一次看到丈夫同卡秋莎单独待在房间里，就扑过去打她。卡秋莎不甘示弱，两人厮打起来。结果卡秋莎被撵了出来，连工资都没有拿到。此后卡秋莎来到城里，住在姨妈家。姨父是个装订工，原先日子过得不错，后来主顾越来越少，他就借酒解愁，把家里的东西都变卖喝掉了。

姨妈开了一家小洗衣店，借以养活儿女，供养潦倒的丈夫。姨妈要玛丝洛娃进她的洗衣店干活。但玛丝洛娃看到洗衣店里女工的艰苦生活，犹豫不决，就到荐头行找工作，给人家当女仆。她找到了一户人家，有一位太太和两个念中学的男孩。进去才一星期，那个念中学六年级的留小胡子的大儿子就丢下功课，缠住玛丝洛娃，不让她安宁。做母亲的却一味责怪玛丝洛娃，把她解雇了。玛丝洛娃没有找到新的工作，但在荐头行里无意中遇到一位手上戴满戒指、肥胖的光胳膊上戴着手镯的太太。这位太太知道了玛丝洛娃的处境，就留下地址，请玛丝洛娃到她家去。玛丝洛娃去找她。这位太太亲热地招待她，请她吃馅饼和甜酒，同时打发侍女送一封信到什么地方去。傍晚就有一个须发花白的高个子来到这屋里。这老头子一来就挨着玛丝洛娃坐下，眼睛闪闪发亮，笑嘻嘻地打量着她，同她说笑。女主人把他叫到另一个房间，玛丝洛娃但听得女主人说："刚从乡下来的，新鲜得很呐！"然后女主人把玛丝洛娃叫去，对她说他是作家，钱多得要命，只要她能如他的意，他是不会舍不得花钱的。她果然如了他的意，他就给了她二十五卢布，还答应常常同她相会。她付清了姨妈家的生活费，买了新衣服、帽子和缎带，很快就把钱花光了。过了几天，作家又来请她去。她去了。他又给了她二十五卢布，叫她搬到一个独门独户的寓所去住。

玛丝洛娃住在作家替她租下的寓所里，却爱上了同院一个快乐的店员。她主动把这事告诉作家，然后又搬到一个更小的独户寓所里去住。那个店员起初答应同她结婚，后来竟不辞而别，到下城去，显然是把她抛弃了。这样，玛丝洛娃又剩下孤零零一个人。她本想独个儿继续住在那个寓所里，可是人家不答应。派出所所长对她说，她要领到黄色执照[2]，接受医生检查，才能单独居住。于是，她又回到姨妈家。姨妈见她穿戴着时尚的衣服、披肩和帽子，客客气气地接待她，再也不敢要她做洗衣妇，认为她现在的身价高了。而对玛丝洛娃来说，她根本不考虑做洗衣妇的问题。她瞧着前面几个屋子里的洗衣妇，对她们充满怜悯。她们脸色苍白，胳膊干瘦，有的已得了痨病，过着苦役犯一般的生活。那里不论冬夏，窗子一直敞开着，她们就在三十度[3]高温的肥皂蒸汽里洗熨衣服。玛丝洛娃一想到她也可能服这样的苦役，不禁感到恐惧。

就在玛丝洛娃没有任何依靠，生活无着的时候，一个为妓院物色姑娘的牙婆找到了她。

玛丝洛娃早就抽上香烟，而在她同店员姘居的后期和被他抛弃以后，就越来越离不开酒瓶。她之所以离不开酒瓶，不仅因为酒味醇美，更因为酒能使她忘记身受的一切痛苦，暂时解脱烦闷，增强自尊心。而这样的精神状态不喝酒是无法维持的。她不喝酒就觉得意气消沉，羞耻难当。

牙婆招待姨妈吃饭，把玛丝洛娃灌醉，要她到城里一家最高级的妓院去做生意，又向她列举干这个营生的种种好处。玛丝洛娃面临着一场选择：或者低声下气去当女仆，但这样就逃避不了男人的纠缠，不得不同人临时秘密通奸；或者取得生活安定而又合法的地位，就是进行法律所容许而又报酬丰厚的长期的公开通奸。她选择了后一种生活。此外，她想用这种方式来报复诱奸她的年轻公爵、店员和一切欺侮过她的男人。同时还有一个条件诱惑她，使她最后打定主意，那就是牙婆答应她，她喜爱什么衣服，就可以做什么衣服，丝绒的，法伊绉[4]的，绸缎的，袒胸露臂的舞衫，等等，任凭挑选。玛丝洛娃想象着自己穿上一件袒胸黑丝绒滚边的鹅黄连衣裙的情景，再也经不住诱惑，就交出身份证去换取黄色执照。当天晚上，牙婆雇来一辆马车，把她带到著名的基塔耶娃妓院里。

从此以后，玛丝洛娃就经常违背上帝的诫命和人类道德，过起犯罪的生活来。千百万妇女过着这种生活，不仅获得关心公民福利的政府的许可，而且受到它的保护。最后，这类妇女十个倒有九个受着恶疾的折磨，未老先衰，过早夭折。

夜间纵酒作乐，白天昏睡不醒。下午两三点钟，她们才懒洋洋地从肮脏的床上爬起来，喝矿泉水醒酒，或者喝咖啡，身上穿着罩衫、短上衣或者长睡衣，没精打采地在几个房间里走来走去，隔着窗帘望望窗外，有气无力地对骂几句。接着是梳洗，擦油，往身上和头发上洒香水，试衣服，为服饰同老鸨吵嘴，反复照镜子，涂脂抹粉，画眉毛，吃油腻的甜点心；最后穿上袒露肉体的鲜艳绸衫，来到灯火辉煌的华丽大厅里。客人陆续到来，奏乐，跳舞，吃糖，喝酒，吸烟，通奸。客人中间有年轻的，有中年的，有半大孩子，有龙钟的老头，有单身的，有成家的，有商人，有店员，有亚美尼亚人，有犹太人，有鞑靼人，有富裕的，有贫穷的，有强壮的，有病弱的，有喝醉的，有清醒的，有粗野的，有温柔的，有军人，有文官，有大学生，有中学生。总之，各种不同身分，不同年龄，不同性格的男人，应有尽有。又是喧闹又是调笑，又是打架又是音乐，吸烟喝酒，喝酒吸烟，音乐从黄昏一直响到天明。直到早晨，她们才得脱身和睡觉。天天如此，个个星期都是这样。每到周末，她们乘车去到政府机关——警察分局，那里坐着官员和医生，都是男人。他们的态度有时严肃认真，有时轻浮粗野，蹂躏了不仅为人类所赋有、甚至连禽兽都具备的那种足以防止犯罪的羞耻心，给这些女人检查身体，发给她们许可证，使她们可以和同谋者再干上一星期同类罪行。下一个星期还是这样。天天如此，不分冬夏，没有假期。

玛丝洛娃就这样过了七年。在这期间，她换过两家妓院，住过一次医院。在她进妓院的第七年，也是她初次失身后的第八年，那时她才二十六岁，不料出了一件事，使她进了监狱。她在牢里同杀人犯和盗贼一起生活了六个月，今天被押解到法院受审。

【注释】

[1] 她的本名叫卡吉琳娜，卡吉卡是粗俗的叫法，卡金卡是高雅的称呼，而卡秋莎则是普通的小名。

[2] 帝俄政府发的妓女执照。

[3] 指列氏温度。列氏温度计把冰点作 0 度，沸点作 80 度，列氏 30 度等于摄氏 37.5 度。

[4] 正反两面都有横条纹的丝织品或毛织品。

【阅读提示】

《复活》是托尔斯泰历经 10 年，几易其稿，最终在 70 岁时完成的作品。小说题材来源于托尔斯泰的检察官朋友柯尼，向他讲述的一个有关道德与精神"复活"的真实案子：一个任陪审员的贵族青年认出了被审判的女犯人罗扎莉娅，是曾被他引诱而失节的姑娘。正是他的无耻行为，导致了她从一个纯洁无瑕的姑娘，堕落成为妓女。该青年良心受到谴责，认识到自己的过错并力图弥补。他要救出罗扎莉娅，并向她求婚。罗扎莉娅虽然也接受了他的悔过和求婚，却因染上伤寒死在了监狱里。之后青年也不知所踪，多年后柯尼才了解到他当上了一个省的副省长。

《复活》这部小说中，女犯人变成了玛丝洛娃，贵族青年则是聂赫留朵夫。法庭上聂赫留朵夫认出了玛丝洛娃就是他当年引诱过的姑妈家的女仆。他想起往事，深感罪过。为寻求精神解脱，弥补过错，他全力为玛丝洛娃的冤案奔走；但最终上诉失败，玛丝洛娃仅仅被从服苦役改为流放。他也向玛丝洛娃求婚；玛丝洛娃虽然被他感动，重新唤起了对他的爱，但为了他的名誉和地位，她还是拒绝了聂赫留朵夫，而与一个革命者结了婚。最终，聂赫留朵夫放弃了土地，放弃了贵族生活，陪玛丝洛娃一起流放西伯利亚。男女主人公都在精神上得到了救赎，走向了"新生"。

小说充分体现了托尔斯泰式的道德上的自我完善和勿以暴力抗恶的观点。这种观点虽然难于为所有人接受，但就小说揭露和批判的广度和深度来说，《复活》在世界文学之林中还是难有匹敌的。有研究者认为，《复活》是托尔斯泰世界观发生剧变后，呕心沥血写出的最后一部长篇巨著，公认是托尔斯泰创作的顶峰，是他一生思想和艺术的总结。这是文学界和学术界对托尔斯泰的恰当评价。

列宁把托尔斯泰誉为"俄国革命的一面镜子"。列宁指出，托尔斯泰在《复活》中通过卡秋莎和她的不幸遭遇，反映了"一直到最深的底层都在汹涌激荡的伟大的人民的海洋"，新的时代必然在这种汹涌激荡的海洋中喷薄而出。

【思考与讨论】

1. 在节选的小说开场部分，女主人公玛丝洛娃是一个什么样的形象？

2. 在《复活》这部伟大的小说中，托尔斯泰对人性问题进行了深入的探究和深刻的解剖。请课后阅读小说，体会这一点。

第七章

应用文概述

第一节　应用文的含义

应用文在我国有着悠久的历史，基本上是随着文字的诞生而诞生的，它成为人们处理日常事务、交流思想感情、传递信息的重要手段和工具。

由此我们可以得出应用文的概念：应用文是人民群众和社会组织在日常活动中，为直接处理各种事务而形成的具有特定效用和惯用格式的文章。

从这个概念我们可以明确看到，人是不可能孤立地生活在社会里面的，必然会因为这样那样的事情和其他人员或组织、机构等发生联系，在这个过程中，很多时候都不可避免地要用上相应的应用文来处理相关的事项。所以，我们每个人都有可能成为应用文的作者，或者不可避免地与应用文发生联系。但是应用文与我们从小到大所写作的记叙文、议论文以及所熟悉的文学作品有着不同的特点及写作要求，要真正写作出合格的和规范的应用文，并不是一件轻而易举的事情。

在学习应用文写作知识的时候，要注意摒弃人们思想认识方面所存在的两个较为典型的错误认知，一是"专业至上"，总觉得自己是学习什么专业的或者是从事什么工作的，又不是秘书、作家等行业的，所以写文章这个事情就与自己无关；另一个是"骄傲自大"，自以为从小到大都学了十二年的语文课、写了十二年的作文了，要写作应用文，那不就是很简单的事情嘛。如果用这两个错误观念来指导自己的写作活动的话，结果就是不能掌握应用文的写作要求，自以为是，用自己平常的写作习惯来写作应用文，往往就容易引发严重的后果，尤其是用在处理相关工作事项时，其后果就是轻则丢单位的脸出单位的丑，影响单位的声誉，重则会带来直接的经济损失或其他方面难以预料的损失。

因此，我们必须要了解及掌握应用文的特点及写作要求，以此来指导自己的写作活动、规范自己的写作行为，这样才能发挥出应用文处理事务、解决问题的作用。

第二节　应用文的特点

应用文具备其他文章写作共有的特点，但因其重点在于处理事务解决问题方面，所以有着其较为突出的特点，主要表现为以下三个方面。

一、突出的真实性

真实性是文章的生命，但与文学作品可以在真实性的基础上进行艺术加工不一样，应用文对于真实性有着极为严格的要求，因为客观事实就是应用文的写作题材及成文依据，而客观存在的事实恰好是容不得丝毫的虚假，所以只有以实事求是的态度来指导应用文写作，才有可能保证最大程度的真实性。要做到这一点，就应该做到以下两个要求。

(一) 内容要做到准确、全面、客观

人们通常容易简单地将内容准确的要求理解为不弄虚作假、不胡编乱造就行了，但在应用文的写作环境下，这只是最基本的要求。因为任何一件事情，从构成的角度来看是由不同的因素所组成的，从形成的过程来看又有发生、发展、高潮、结局的不同阶段。所以，要想把客观事实真实地反映出来，就必须做到如下三点。

(1) 准确。包括以下方面：

① 以客观发生的事实为基础，但要注意不要一看见情况就先入为主，匆忙下结论，"眼见为实"未必是真实，在表达时必须要做到认真的调查核实，在客观存在的事实上加以调查核实，才有可能最大程度地保证事实的准确性。

② 对于工作中涉及的有关重要事项，要懂得技巧性的表达。在处理日常工作事项的时候，内容题材必然会涉及相关的工作事项，如果这些事项涉及本单位的重要情况，就不能机械地如实表达，而应尽可能用诸如"因业务需要""因教学需要"等大家容易理解但又不违背真实性要求的习惯用语来作技巧性的表述。

(2) 全面。包括以下方面：

① 在具体表达时，要处理好事情局部与整体的关系，要对事情的来龙去脉、前因后果等作全面的考虑，避免出现断章取义、以偏概全的问题。

② 要对事情的性质作全面的考虑，在表达时要准确地界定出事情所涉及的范围、性质、程度。

(3) 客观。人们都会有着趋利避害的心理，在反映情况时容易出现报喜不报忧的心态。但是，在应用文表达方面，我们要本着实事求是的原则，有好说好，有坏说坏。

(二) 表达手法要恰当

应用文的表达手法是比较单一的，基本上是以叙述、说明为主，必要时加上议论。过分追求文采和写作技巧，往往容易造成内容的失实。所以在写作过程中，不要刻意追求形象生动，不要卖弄文采，只需就事论事，将事情交代清楚即可。

二、特定的专业性

应用文是以处理各种事项为主，以解决问题为根本目的，其本身就带有极为明显的工作色彩，所以在文章的整个写作环节中，与其他文章有着明显的区别，主要表现在如下三点。

(1) 内容方面，以日常生活、工作中的具体事务、实际情况、具体问题为主要题材。

(2) 形式方面，除以文字表达外，常用图表、数字、数据等形式来具体说明有关情况。

(3) 语言方面，使用规范的书面语言，同时多运用专业术语来说明相关事务。

三、稳定的程序性

为了提高应用文写作及处理的效率，经过漫长的历史演变，现在各种应用文基本都形成了固定的写作格式，有的甚至上升到国家标准的高度来进行规范。这些完全有别于其他文章结构写法的要求，是我们在进行应用文写作时必须遵守的规定，绝不能按自己的习惯来随心所欲地自由发挥。

这种固定的格式写法，主要反映在以下两个方面。

(1) 结构构成相对固定。一篇应用文的文章通常由标题、正文、落款三大部分组成，而正文通常也由前言(或称导语、开头、引据)、主体、尾部三部分组成。

(2) 内容安排相对固定。在写作应用文时，先写什么，再写什么，在什么地方写什么，怎么写，如何行文，如何排版，通常都有着明确的规定，不能随意乱写。

第三节 应用文的写作要素

应用文的写作通常是由主题、结构、材料、语言这四个基本要素所组成，在运用这四个基本要素进行具体的写作行为时，一定要以应用文的特点为指导，遵循文章写作的规律，以便写出内容完整、格式规范的应用文。

一、主题

应用文的主题，就是作者通过文章内容所表现出来的基本思想、基本观点或要说明的问题，是作者对客观事物的评价和态度，是贯穿于全文的主要意图或目的，是客观事物、社会生活与作者主观思想相结合的产物。

通常人们习惯把文章的主题称作文章的灵魂或统帅，对于文章主题的要求基本上是要做到正确、鲜明、深刻、集中、新颖等。在应用文的写作中，都应该遵守这些要求，但因应用文的特点所制约，在遵守文章写作共有的要求的同时，比较注重以下两个要求。

(1) 单一集中，一文一事。应用文的写作题材是客观存在的基本事实，而一件完整的事实通常是由不同的要素、不同的方面等所构成的，应用文在反映这些事实的时候，是不能像文学作品那样去构思的。文学作品为了更加深刻全面地表现主题，可以安排丰富的人物、情节等，从不同方面、不同角度去深入描述。但应用文的写作目的是解决问题，而解决问题需要的是效率，所以，大多数应用文都不可能面面俱到、长篇大论地去说明问题，对内容的要求比较注重的是凝练。因此，在具体写作中，应用文要求围绕着文章的主题，对材料进行分析、整理、提炼概括，将工作中所涉及的有关事情，按主题的要求融合为一个整体，达到单一集中、一文一事的效果。

(2) 鲜明。应用文的写作目的是解决问题，因此必须把作者对于事情的态度明确无误地表现出来，是同意还是反对，是赞成还是否决，留给读者理解的只能是一个单一的意思及明确的态度，绝不允许模棱两可、含糊不清。

二、结构

应用文的结构是指文章的组织形式和内部构造，是文章总体构思和框架的具体反映和外显形式。与其他文章在结构上"法无定法"即开放式的构成不同，应用文的结构构成相对比较固定，主要由标题、正文和落款三大部分组成。

(一) 标题

不同于其他文章标题的写法，应用文的标题要求尽可能用一句话将全文的主要内容总结出来，让读者仅看标题就能对全文内容有一个大致的了解，其基本写法是"发文机关+事由+文种名称"，如《国务院关于取消和下放一批行政审批项目的决定》《××市 2017 年葡萄酒市场调研报告》等。

(二) 正文

应用文的正文通常由前言、主体、尾部三个部分组成。

1. 前言

前言(或称导语、开头、引据)，就是文章的开头部分，往往是用一句话或一段话或几段话来概述有关情况，以此说明发文的目的、理由、依据等问题，多为介词词组带出情况概述，再加上过渡句组成。

2. 主体

主体，是全文的核心部分，主要运用有关的事实或数据，对有关情况进行具体的说明和交待，通常由层次与段落、过渡与照应组成。

3. 尾部

尾部，即文章最后一个部分，但与一般文章最后一个层次即为文章的结尾不一样，应用文的结尾部分还有很多内容要处理。

(1) 结尾，应用文的结尾部分，有以下两种基本的写法。

① 习惯用语式。用习惯用语来结束全文，是不少应用文书的常用写法，如"此致敬礼""特此通知""特此报告""请批准""请指示"等。

② 段落式。用一个或若干个段落来结束全文，或总结或发号召或提要求等。

(2) 附件说明，指随文报送的有关文件、物品，有的话要写清其名称和份数。

(三) 落款

(1) 作者署名，写上制作单位名称并加盖公章，如为私人事项的话，有时候视情况需加按手印。

(2) 成文日期，一般要用汉字书写(党政机关公文是用阿拉伯数字书写)，如二〇二二年五月一日。

三、材料

应用文的材料是指为了某一写作目的而收集、分析、提炼后需要写在应用文中的事实，包括时间、地点、人物、事件、背景、原因、结果、目的、相关数据等。在写作应用文时，对于材料的运用要处理好以下问题。

(1) 材料的收集。俗话说，"巧妇难为无米之炊"，文章所有的内容都是依靠相应的材料来支撑的。所以，在写作时，应注意围绕相关的情况，全面收集有关材料。

(2) 材料的提炼。围绕主题收集材料是最基本的要求。但与一般文章不同，应用文的主题强调的是一文一事，所以在使用材料时，对材料的提炼就非常关键了，不能出现为了追求面面俱到而一文多事的情况。

(3) 材料的选择。由于工作性质的关系，我们的工作范围和工作事项基本上是固定的，今天做的事情与昨天做的以及明天要做的没有什么区别，今年做的事与去年做过的事以及明年要做的事也不会有多大的差异。所以，写作时应尽可能选择新颖的材料，以工作中的新问题、新情况、新做法作为切入点，而不要"炒旧饭"，把以往的文章翻出来，换一个时间等内容就用来应付了事。

(4) 材料的使用。从构成的角度来说，材料是有不同的性质的，在使用时，应按其性质进行分类归纳，将相同性质的材料归在一起，分成不同的方面，再依据其性质的主次轻重，用分条表述的形式先后分别进行表述。在从不同方面、不同层次安排材料时，应用文较为普遍使用序数号来明确相应的层次内容，因此应养成规范的表达习惯，要按"一、(一)、1、(1)、①"的顺序安排段落层次。

四、语言

语言是一种思维工具和交际工具，是思维的载体和表现的形式。语言又是一个符号系统，是以语音为外壳、以语义为内容的音义结合的词汇和语法所组织构成的体系。语言还是一种社会现象，是人类最重要的交际工具，是人类进行思维和传递信息的工具，是人类保存认识成果的载体。应用文的语言也是如此。

由于应用文多用来处理日常工作的具体事项，任何一个细小的差错都有可能会给工作带来直接的影响，甚至会带来巨大的损失。而在文章写作中，再深刻的主题、再丰富的材料、再精妙的构思，最终都是通过笔下的每一个文字加以表现的。因此，在写作应用文时，当使用语言文字来表达有关内容时，必须要做到严谨周密、简明精练、庄重得体。

(一) 严谨周密

写文章都要求语言准确，但很多人都会把准确理解为没有错别字、文从字顺就可以了。应用文固然不允许有错别字，要语义准确，但要做到严谨周密，则更强调要做到以下两点。

1. 要符合逻辑

符合逻辑是指文中出现的概念应当明确，判断必须恰当，推理要具有逻辑性，论证要有说服力。具体地说，文中出现的概念，其内涵和外延必须确定而不得自相矛盾。

这是因为我们所说或写的每一句话，都是由一个一个的字或词所组成的，每一个字或词就是一个概念，都有其特定的内涵，是用来表达相应的意思的，当这些概念组合成为一个个完整的句子时，就能完整的表达出相应的内容。

所谓的要符合逻辑，就是要求我们在写作文章时，必须要考虑到所用的每一个字(概念)，在表达有关内容时，是否能把所要表达的意思明白无误地表达出来，是否把这个意思所涉及的范围的大小、性质的轻重等问题明确的界定出来。只有读者对你所表达的意思得出一个明确的、单一的理解，这才有可能保证最大程度的概念准确。如"人民""公民""居民"这三个概念，在内涵构成方面有许多相似的内容，但其涉及的范围却有着极大的区别，所以不能随意混淆；又如"饮酒驾驶"与"醉酒驾驶"，两者的行为是相似的，都是喝了酒以后驾驶车辆，但其性质的严重程度却截然不同，处理的手段也各不相同。所以，在处理类似事项时，找到一个最为准确的概念来反映出客观存在的事实，这就是对用词准确性的最基本的要求。

2. 符合应用文的特殊表达方式

符合应用文的特殊表达方式是指文中出现的时间、数字、名称等，应严格执行国家关于正式出版物及党政机关公文处理的各项规定。出于习惯，人们在处理这三个问题时很容易出现很多不规范的写法，如滥用简称、随意缩写等。由于应用文的性质所决定，在写作时遇到这三个要素，一定要遵守以下要求。

(1) 时间方面。年份应使用准确的公元纪年，并以四位数标出，如：2022 年；尽可能不要使用"今年""去年""一个月""一年"等记述方式；表达日期时，应做到年月日三个要素齐全，如"2022 年 8 月 8 日"，而不能写成"8 月 8 日"；同时应尽可能用具体的时间天数来作为时间单位，如"一个月内"这种表达就很容易出问题，须知每个月的天数是不一样的，此时就应该视情况分别用"30 天内"或"×天内"或"×个工作日内"等方式来表达。

(2) 数字方面。在书写数字时，通常会有两个写法，一是汉字书写，一是阿拉伯数字书写。但什么时候用哪种方式书写，平时人们还是多以自己的习惯来处理，容易出现不规范的情况。但应用文不允许这样，在什么方面该用哪种形式书写，都有明确的要求，一般来说，除特殊要求外，应尽量使用阿拉伯数字。如，"我校今年招生 10000 人"不能写成"我校今年招生一万人"，"我省今年经济增幅达 8.5%"不能写成"我省今年经济增幅达百分之八点五"等。这些特殊要求主要集中在以下几个方面。

① 人名。在人名里面，有的人的名字会有数字，如张老三、阮小七等，此时须用汉字书写。

② 地名。地名也会带有数字，如五里亭、中华路一支路等，此时须用汉字书写。

③ 书名。书名也会出现数字，如《三国演义》《七侠五义》等，此时须用汉字书写。

④ 汉语成语。汉语成语里面也有带上数字的，如"三顾茅庐""七上八下""三令五申""十全十美"等，此时须用汉字书写。

⑤ 单位名称。有的单位名称里面也会有出现数字，如"九三学社""武警一支队""八一女排"等，此时须用汉字书写。

⑥ 特定的序数名称。在表达某些特定的序数名称时，如"一等奖""第一名""二十大"等，要用汉字书写。

⑦ 金额。有的应用文在书写金额时，除用阿拉伯数字书写外，还需加上汉字书写，如"总金额：人民币 31000 元整(叁万壹仟圆整)"。

⑧ 非公历纪年。干支纪年、农历月日、历史朝代纪年及其他传统上采用汉字形式的非公历纪年等，应采用汉字书写，如"丙寅年十月十五日""正月初五""秦文公四十四年"等。

⑨ 概数。数字连用表示的概数、含"几"的概数，应采用汉字书写，如"三四个月""一二十个""四十五六岁""几万分之一"等。

(3) 名称方面。在表达有关地名、单位名称、专业名称或其他名称时，人们很喜欢使用缩写或简称，如"五讲四美三热爱""北大""清华""珠三角地区""成渝地区""二广高速""农发专业"等。这些简称，有的是在全国范围通用的，尚可理解，但有的恐怕只有局内人才能深知其意，有多少人会知道"二广高速"是从哪里到哪里的高速公路？又有谁能够确说出"农发专业"的专业名称到底是什么？一个人事部门的工作人员，当看到应聘者简历上说他毕业于"华师大"时，能够知道他是哪所"华师大"毕业的吗？所以，如果我们在这方面习惯于滥用简称，不注意养成一个规范的写作习惯的话，就会给人们的生活或工作带来不便，甚至会带来意想不到的危害。因此，在表达地名、单位名称、专业名称或其他名称时，应尽可能用全称来写作。

(二) 简明精练

简练的语言，是应用文的基本特性所要求的。为了加快写作和处理的速度，提高工作效率，应用文必须提高信息的含量和精度，使受文者在较短的时间内就能够深刻领会应用文的基本用意。为此，应用文语言要力争做到直接叙述、词约事丰和字斟句酌。

(1) 直接叙述。是指应用文的语言应当简洁明了地表达发文意图，开宗明义、直截了当，尽量避免出现"穿靴戴帽"和过分渲染、卖弄技巧的现象。应用文的基本表达方式是叙述和说明，必要时加上议论，所以应用文不需要追求华丽的辞藻，不必要卖弄文采，少说废话、大话、套话，就事论事，把事情交代清楚即可。

(2) 词约事丰。是指应用文的语言表达应力求概括凝练、言简意赅。在具体写作中，应做到能用一个字表达清楚的，就不要用两个字，能用一句话表达清楚的，就不要用两句话。同时，应充分利用一些程式化的应用文专用词语以及附件、表格等文章成分来压缩文章篇幅，提高应用文内容的信息含量。如在表达"已经"的意思时，可视情况分别使用"经""业经""兹经"等词语来表达，既可反映出共同的意思，同时又能把各自内容的侧重点明确的表现出来；另外在表达引叙的意思时，"前接""近接""顷接""顷奉""顷据""奉"等就能简练而明确地表达出相应的内容。

(3) 字斟句酌。是指应用文语言需要经过反复锤炼和修改，以杜绝任何可能影响内容准确表达的情况出现。在文章写作整个过程中，应该以精益求精、精雕细琢的态度来对待笔下的每一个字、每一个概念、每一处的表达。

由于现在处在一个信息化的时代，很多人在写作时容易受到网络文化的影响，只追求速度和时效性，而忽视了文字和内容在准确性与真实性方面的要求，认为文章写出来就万事大吉，而不去做认真检查和修改，以这种写作态度来进行写作，其后果是十分危险的。

因为应用文广泛运用在社会活动的方方面面，尤其是代表着单位行政管理或业务事项等方面的文书，其涉及的内容要么代表着单位、组织机构甚至是政府的形象，要么就涉及具体的经济行为，而很多经济行为的结果最终都是以金钱来结束的。所以，从这个角度来说，我们笔下的每一个字，都代表着单位的形象，而每一处细小的差错，都会给工作带来严重的后果。

因此，这就要求我们一定要养成一个严谨科学的写作习惯，在每一个具体的写作环节里，都要做到严肃认真，杜绝任何错误的形成，绝不能把带有任何差错的文章带到具体的工作中。

(三) 庄重得体

应用文语言的庄重得体，是指应用文中的用语必须符合作者的身份、地位和发文目的，并做到通俗、庄严、郑重。

(1) 符合作者的身份和地位。指应用文语言要准确地反映发文者与受文者之间的社会关系及工作关系。这种身份及关系主要有以下两个。

① 等级身份。在写作一般文章时，作者是不需要考虑与读者的关系的，作者如何写，写什么，都是由作者按照表现主题的要求来处理的。但应用文不一样，在应用文的写作环境中，发文者与受文者之间的社会关系及工作关系是必须首先要考虑的问题。这是因为应用文是用来处理社会活动的具体事项的，其作者的身份可以是私人身份，也可以是公务身份，但不管是哪一种身份，都不可避免地与受文者构成相应的社会关系及工作关系。这种关系最终反映出来，于私来说，就是我们所熟悉的辈分等，于公来讲，就是常见的上下级关系及同级或不相隶属关系。

很明显，这种关系直接决定了应用文写作过程中所涉及的处理事情的方式、方法、手段、态度及最终的语言表达，如向长辈说话时，态度及用语就与和一般朋友说话时有明显的区别，与亲人说话的态度和语气跟与陌生人说话时肯定会截然不同；同样，上级机关发文给下级机关，语气可以带上命令式、限定式的口吻，而下级机关报送给上级机关的有关文书，其口吻就应该以陈述性的、汇报性的、请示性的语气为主，要恭敬有礼。

② 公务身份。多数应用文是以处理公务事项为主，多为代表单位或部门发文，其作者的公务身份色彩较为明显，这就要求我们在写作应用文的时候，决不能公私不分，不能用平常的写作习惯来随心所欲地写作。而在语言方面，则应该用规范的书面文字来进行写作。

(2) 符合发文目的。指应用文的用语必须与发文的意图及文种相吻合。应用文写作的目的就是处理事务，解决问题，所以说，解决问题就是写作的终极目的，如果达不到这个要求的话，那么写出来的文章就是废纸一张，甚至还会危及工作的正常进行。因此，在组织材料表现文章主题的时候，就要认真地去推敲所用的每一个字、每一句话，对照主题的要求来看看它们是否准确无误地把事情交待清楚了，以避免各种失实、失当、失礼、失策等错误的发生，从而保证事项的顺利完成。

第四节　例文导读

【例文 7-1】

国务院关于取消和调整一批罚款事项的决定[1]

国发〔2022〕15 号

各省、自治区、直辖市人民政府，国务院各部委、各直属机构：

为进一步推进"放管服"改革、优化营商环境，国务院开展了清理行政法规和规章中不合理罚款规定工作。经清理，决定取消公安、交通运输、市场监管领域 29 个罚款事项，调整交通运输、市场监管领域 24 个罚款事项。

国务院有关部门要自本决定印发之日起 60 日内向国务院报送有关行政法规修改草案送审稿，并完成有关部门规章修改和废止工作，部门规章需要根据修改后的行政法规调整的，要在相关行政法规公布后 60 日内完成修改和废止工作。罚款事项取消后，确需制定替代监管措施的，有关部门要依法认真研究，严格落实监管责任，创新和完善监管方法，规范监管程序，提高监管的科学性和精准性，进一步提升监管效能，为推动高质量发展提供有力支撑。

附件：国务院决定取消和调整的罚款事项目录

国务院

2022 年 7 月 30 日

【简析】

例文 7-1 在标题里准确地总结出文章的主要事项："取消和调整一批罚款事项"；在前言部分交待出布置此项工作的目的和依据，明确了工作的指导思想；主体部分对工作内容进行具体的安排。全文格式规范，内容完整，具有极强的指导作用。

【例文 7-2】

国务院关于国家公园空间布局方案的批复[2]

国函〔2022〕101 号

财政部、自然资源部、生态环境部、国家林草局（国家公园局）：

自然资源部关于报送《国家公园空间布局方案》的请示收悉。现批复如下：

一、原则同意《国家公园空间布局方案》（以下简称《方案》），请国家林草局（国家公园局）联合财政部、自然资源部、生态环境部等部门印发，并认真组织实施。

二、《方案》实施要以习近平新时代中国特色社会主义思想为指导，深入贯彻习近平生态文明思想，认真落实党中央、国务院决策部署，坚持山水林田湖草沙一体化保护和系统治理，坚持生态保护第一、国家代表性、全民公益性的国家公园理念，逐步把我国自然生态系统最重要、自然景观最独特、自然遗产最精华、生物多样性最富集的区域纳入国家公园体系，加强自然生态系统原真性、完整性保护。建立动态开放的国家公园体系管理机制，科学合理确定国家公园建设数量和规模，完善设立标准和程序，严把创建质量关，科学划定国家公园范围和分区，妥善调处各类矛盾冲突，防范化解风险隐患，成熟一个、设立一个。健全国家公园运行管理体制机制，强化政策支持和监督管理，探索生态产品价值实现机制，引导社会各界参与自然生态保护，科学有序推进国家公园建设各项任务，构建中国特色的以国家公园为主体的自然保护地体系，为维护国家生态安全、建设生态文明和美丽中国提供支撑保障。

三、各省、自治区、直辖市人民政府要加强组织领导，明确责任分工，健全工作机制，完善政策措施，按照《方案》要求，结合当地实际高水平创建国家公园。积极支持国家公园建设，承担国家公园范围内的经济发展、社会管理、公共服务、防灾减灾、市场监管等职责，正确处理生态保护与原住居民生产生活的关系，探索企业、社会组织和公众共同参与国家公园保护管理的有效模式，促进人与自然和谐共生、永续发展，实现生态保护、绿色发展、民生改善相统一。

四、国务院各有关部门要根据职责分工，强化协调配合，细化配套措施，按照国家有关规定在规划编制、政策制定、资金投入、项目建设等方面给予指导支持。国家林草局（国家公园局）要加强统筹协调，会同有关方面做好指导服务、审核评估和监督管理，高质量推进国家公园体系建设，及时研究协调解决《方案》实施中遇到的问题；要严格把关，积极稳妥推进，按程序报批设立国家公园，指导编制和审批国家公园总体规划并监督实施；要密切跟踪《方案》实施情况，适时组织评估考核，建立健全督促整改和退出机制，重大情况及时向国务院报告。

国务院

2022 年 9 月 17 日

【简析】

例文 7-2 在标题里准确地概括出本文的事由："批复国家公园空间布局方案"；在前言部分引述来文的内容"自然资源部关于报送《国家公园空间布局方案》的请示收悉"，交代发文的目的；主体部分从四个方面对工作内容进行具体的安排。全文格式规范，内容完整，对于具体工作具有极强的指导作用。

【注释】

[1] 资料来源：中国政府网. 国务院关于取消和调整一批罚款事项的决定[EB/OL]. http://www.gov.cn/zhengce/content/2022-08/12/content_5705137.htm

[2] 资料来源：中国政府网. 国务院关于国家公园空间布局方案的批复[EB/OL]. http://www.gov.cn/zhengce/content/2022-11/08/content_5725340.htm

【思考与练习】

一、某日，张君与友人逛街时，看到一人站在一栋大楼顶部的栏杆外面，久久不动，而楼下有不少市民在围观。张君见此情形，即联想到以往媒体所报道的类似事件，马上以"农民工为讨还血汗钱，要跳楼自杀"为内容，在自己的微信朋友圈里发文。请问，张君这种做法，有无违反真实性的原则？如果是你遇到这种情况的话，又会如何发文？

二、这是某公司的一则招聘启事："因本公司地理位置偏僻，财物贵重。现急招保安两名，可立即上班。"这则启事最突出的问题是什么？

三、填空题。

(一) _____ 省人民政府领导同志的指示，_____将国务院办公厅《关于公文处理等几个具体问题的通知》_____ 给你们。

(二) 以上请示，望予_____，并列入 2022 招生计划。

(三) 随函附送《 ××××情况统计资料》一份，请 _____ 。

(四) _____ 进一步提高我省企业管理干部的管理素质，决定对在岗企业管理干部有计划地进行培训。

（五）《××××办法》_____ 厂务委员会讨论通过，现发给你们，望结合本单位具体情况_____ 执行。

（六）贵局《关于××××的函》_____，关于××××一事，我部完全同意贵局的意见。

四、改写下面的句子，使之更为简练。

（一）千万不要。

（二）换发领取。

（三）这次"三下乡"活动我们到过的地方。

（四）经过我们认真检查核实发现没有差错。

（五）刚刚接到你们公司的来信。

第八章

计 划

第一节 计划概述

一、计划的含义

计划是指在进行某项工作前，根据党和国家的方针政策、上级的指示精神及本部门、本单位的实际情况，对所要做的工作提出具体要求，规定明确目标，制定相应措施。将这些内容形成书面的形式，就是一份计划。

计划是一个统称，在日常工作中，不能什么事情都用计划作为名称，要结合工作事项所涉及的时间长短或内容的多少来分别用不同的名称作表达，常用的计划名称有以下六种。

(1) 计划：指单位、部门或个人预计在一定时间内的工作、学习或生产等方面的打算或安排，内容较为全面，时间短则 1~2 个月，最长多为 5 年。

(2) 方案：进行某项工作前所作的打算或安排，内容为某项具体的工作。

(3) 安排：适用于时间较短、内容较具体的工作。

(4) 设想：适用于初步的非正式的计划，内容较为概括。

(5) 意见：多用于上级对下级布置工作任务，提出完成任务的方法。

(6) 规划：跨越年代较长、涉及范围较广、内容较为完整的计划。

二、计划的特点

计划主要有以下四个特点。

(1) 目的性。制订计划就是为了在一定时期、一定规定内完成某项任务，达到某个目的，因而目的性在计划中是十分明确的。它在每份计划中，好比是灵魂，制约着一切，决定着一切。一份计划如果没有一个明确的目的，就失去了制订的意义。

(2) 预见性。计划是针对未来的工作而制订的，因而每一份合格的计划中都包含着一定的科学的预见性。预见性建立在充分的调查研究、充分掌握全局和局部的历史及现实的各种准确资料与数据的基础上。有了预见性，结合本部门、本单位的实际情况，所制订出的就是有积极意义的目标和切实可行的行动计划。

(3) 可行性。计划是用来指导实践的，主要是要解决将来"做什么""怎样做"等问题，可操作性很强。这主要体现在计划的目标任务等的预见都是来源于实践，同时又能指导实践。制订计划时要充分考虑各项措施、方法、步骤必须是合理的、力所能及的，在预想的客观条件正常出现的情况下，计划是可以付诸实施的，并能很好地完成任务。

(4) 约束性。计划都是本单位、本部门制订的，也是经过一定的程序通过或批准的。一经正式颁布，就对所管辖的范围产生了约束力，成为工作、生产和学习的目标和准则，也成为检查工作进度、完成情况、奖励惩罚的依据。

第二节 计划的结构与写作要求

一、计划的结构

(一) 标题

计划的标题一般由四个要素组成：单位名称、计划期限、内容范围和文种，如《××公司2022年经营管理工作计划》。

在构成标题的四个要素中，内容范围和文种是最基本的，不能省略；单位名称和计划期限，可以根据需要决定取舍，如《××大学迎接本科评估工作计划》《招生计划》。

如果计划尚不成熟，只是一个初稿或是讨论稿，一般要将计划的成熟度在标题之后用括号加以说明，标以"(初稿)""(讨论稿)""(征求意见稿)"等注明。

(二) 正文

这是计划的主要内容，由开头、主体、结尾组成。

(1) 开头，开头一般写制订计划的依据，回答"为什么做"的问题。制订计划的依据，一般包括制订计划的指导思想、基本情况、总的目的要求，可以使人们了解执行计划的必要性，以增强计划执行中的自觉性。

(2) 主体，这是计划的核心部分。这部分解决"做什么""怎么做""何时完成"等问题，一般包括以下两个方面。

① 目标和任务：目标是计划产生的先导因素，也是计划的奋斗方向。没有目标，计划也就失去了基本意义，没有制订的必要。因此，首先要明确无误地写清楚"做什么""做到什么程度"，提出完成任务的具体指标、具体要求，使执行者在事先就知道工作的未来结果会是怎样的。

② 措施和步骤：这是针对计划预期的目标和任务制订的。措施是指完成任务的具体方法，步骤是指完成任务时在时间方面所作的安排，措施和步骤是完成任务的保证。因此，在写作时，应明确"怎么做"：有什么措施，采取什么步骤，先做什么工作，在什么时候把工作做到什么程度。措施和步骤应尽可能考虑周到、全面、具体，制订得切实可行，确保计划的具体实施。

(3) 结尾，可以根据计划内容需要选择使用。内容可以包括：对计划的重要性进行强调；提出要求或希望；为保证计划的实施而采用的奖惩办法等。

（三）落款

在正文的右下方写明制订计划的日期，若标题中没有出现计划单位名称，还要在计划日期的上一行标明计划单位的名称。

二、计划的写作要求

计划的写作要求主要有以下三点。

(1) 要以党和国家的方针、政策为依据。制订计划首先要解决计划的指导思想问题。在我国，计划的指导思想应该是：如何在本单位具体贯彻落实党和国家的方针、政策和上级机关的指示精神。因此，只有以党和国家的方针、政策为依据，树立全局观点，以局部利益服从全局利益，正确处理好国家、集体和个人的利益关系，才能制订出指导思想明确的计划，这是计划制订者应把握的总体方向。

(2) 要实事求是，一切从实际出发。实事求是，一切从本单位、本部门的实际出发，拟订计划的各项内容，这是制订计划最基本的要求。计划目标要定得适中，经过努力可以实现，才有利于调动群众的积极性。计划的总目标和具体指标，既要注意它的先进性，又要考虑各种因素的影响，留有余地。

(3) 要明确具体，切实可行。计划要能够指导实践，它的内容就要具体明确，切实可行。计划的任务、目标、方法、步骤都必须写得十分具体清楚，使计划既便于实行又便于检查，以保证计划的顺利实施。

第三节 例文导读

【例文 8-1】

全民健身计划[1]

(2021—2025 年)

"十三五"时期，在党中央、国务院坚强领导下，全民健身国家战略深入实施，全民健身公共服务水平显著提升，全民健身场地设施逐步增多，人民群众通过健身促进健康的热情日益高涨，经常参加体育锻炼人数比例达到 37.2%，健康中国和体育强国建设迈出新步伐。同时，全民健身区域发展不平衡、公共服务供给不充分等问题仍然存在。为促进全民健身更高水平发展，更好满足人民群众的健身和健康需求，依据《全民健身条例》，制定本计划。

一、总体要求

（一）指导思想。以习近平新时代中国特色社会主义思想为指导，贯彻落实党的十九大和十九届二中、三中、四中、五中全会精神，坚持以人民为中心，坚持新发展理念，深入实施健康中国战略和全民健身国家战略，加快体育强国建设，构建更高水平的全民健身公共服务体系，充分发挥全民健身在提高人民健康水平、促进人的全面发展、推动经济社会发展、展示国家文化软实力等方面的综合价值与多元功能。

(二)发展目标。到 2025 年，全民健身公共服务体系更加完善，人民群众体育健身更加便利，健身热情进一步提高，各运动项目参与人数持续提升，经常参加体育锻炼人数比例达到 38.5%，县(市、区)、乡镇(街道)、行政村(社区)三级公共健身设施和社区 15 分钟健身圈实现全覆盖，每千人拥有社会体育指导员 2.16 名，带动全国体育产业总规模达到 5 万亿元。

二、主要任务

(三)加大全民健身场地设施供给。(正文略)

(四)广泛开展全民健身赛事活动。(正文略)

(五)提升科学健身指导服务水平。(正文略)

(六)激发体育社会组织活力。(正文略)。

(七)促进重点人群健身活动开展。(正文略)

(八)推动体育产业高质量发展。(正文略)

(九)推进全民健身融合发展。(正文略)

(十)营造全民健身社会氛围。(正文略)

三、保障措施

(十一)加强组织领导。(正文略)

(十二)壮大全民健身人才队伍。(正文略)

(十三)加强全民健身安全保障。(正文略)

(十四)提供全民健身智慧化服务。(正文略)。

2021 年 7 月 18 日

【简析】

例文 8-1 是由国务院就"全民健身"这一工作做出的工作安排，是针对一项具体的工作做出的安排，时间为五年多，时间较长，所以使用计划作为文种名称。全文内容非常全面，分别从"总体要求""主要任务""保障措施"三个方面对工作做出具体的安排，有明确的工作任务目标和具体的工作措施，便于各部门对照相应的要求来贯彻实施。

【例文 8-2】

国务院 2022 年度立法工作计划[2]

2022 年是进入全面建设社会主义现代化国家、向第二个百年奋斗目标进军新征程的重要一年，我们党将召开第二十次全国代表大会。国务院 2022 年度立法工作的总体要求是：在以习近平同志为核心的党中央坚强领导下，高举中国特色社会主义伟大旗帜，坚持以习近平新时代中国特色社会主义思想为指导，深入学习贯彻习近平法治思想，全面贯彻落实党的十九大和十九届历次全会精神，弘扬伟大建党精神，深刻认识"两个确立"的决定性意义，增强"四个意识"、坚定"四个自信"、做到"两个维护"，坚定不移走中国特色社会主义法治道路，坚持党的领导、人民当家作主、依法治国有机统一，坚持稳中求进工作总基调，把握新发展阶段、贯彻新发展理念、构建新发展格局、推动高质量发展，加强重点领域、新兴领域、涉外领域立法，不断提高立法质量和效率，以高质量立法保障高质量发展，加快完善中国特色社会主义法律体系，为推进国家治理体系和治理能力现代化、全面建设社会主义现代化国家提供有力的法治保障，以实际行动迎接党的二十大胜利召开。

一、深入学习贯彻党的十九届六中全会精神，以习近平法治思想为指导做好新时代立法工作

(正文略)

二、科学合理安排立法项目，更好服务保障党和国家重大决策部署

(正文略)

三、健全完善立法工作机制，以良法促进发展、保障善治

(正文略)

四、切实加强组织领导，确保高质高效完成立法工作任务

(正文略)

附件：《国务院 2022 年度立法工作计划》明确的立法项目及负责起草的单位

2022 年 7 月 5 日

【简析】

这份文件是国务院就 2022 年度立法工作这项具体的工作做出的安排。全文内容非常具体、全面，围绕着"深入学习贯彻党的十九届六中全会精神，以习近平法治思想为指导做好新时代立法工作""科学合理安排立法项目，更好服务保障党和国家重大决策部署""健全完善立法工作机制，以良法促进发展、保障善治""切实加强组织领导，确保高质高效完成立法工作任务"等方面，对本项工作做出明确的安排。全文内容完整，条理清晰，便于各有关部门遵照执行。

【注释】

[1] 资料来源：中国政府网. 国务院关于印发全民健身计划(2021—2025 年)的通知[EB/OL]. http://www.gov.cn/zhengce/content/2021-08/03/content_5629218.htm

[2] 资料来源：中国政府网. 国务院办公厅关于印发国务院 2022 年度立法工作计划的通知[EB/OL]. http://www.gov.cn/zhengce/content/2022-07/14/content_5700974.htm.

【思考与练习】

泰国某客商将于 2023 年 1 月 12 日乘坐民航班机抵达南宁，就购买泰国大米一事与某公司进行洽谈，请就此事代该公司制作一份接待方案，公司名称自拟。

第九章

总 结

第一节　总结概述

一、总结的含义

总结是对前一段工作加以回顾、反思、分析研究，找出成绩与问题、经验与教训，用来指导今后工作的一种事务性应用文。

二、总结的特点

总结有以下三个特点。

(1) 真实性。总结要原原本本地反映客观事实，在引用各种数据材料时，必须认真核对，不可以有任何差错。在分析评价时，应该实事求是地、辨证地看问题，既要肯定成绩，又要指出缺点和不足，防止片面化和绝对化，这样的总结才能起到它应有的作用。

(2) 指导性。总结是将人们在工作实践中的感性探索上升到理性认识的高度，只有完成了这样的认识，才有可能指导今后的工作。总结中对成绩与问题的认识也必须基于对事实的正确分析和研究，应当从过去的工作中推断出相应的结论，因此，写总结应当是说理性很强的工作，应当摆事实，讲道理。

(3) 针对性。总结是写本单位、本部门或本人自身的实践活动，形式上以第一人称出现。因此，在总结时，要善于抓住特点，抓住那些在实践活动中最突出、最具有个性、最能反映客观事物的本质和规律的材料，从中得出具有指导实践意义的新经验。

第二节 总结的结构与写作要求

一、总结的结构

(一) 标题

总结的标题通常有下面两种写法。

(1) 公文式标题。完整的公文式标题由单位名称、时限、内容和文种四个方面的因素构成，如《××公司2021年××工作总结》。根据需要构成标题的四个方面因素可以有所取舍，但内容、文种是基本要素，不能省略，如《祖国在我心中演讲比赛工作总结》省略了时间和单位名称。

(2) 文章式标题。文章式标题分为单标题和双标题两种。

① 单标题。标题或揭示观点，或概括内容，使用比较灵活，如《我们是怎样做到不忘初心，牢记使命的》《加强中华优秀传统文化教育是提升大学生人文素养的有效手段》。

② 双标题。双标题即正副标题结合使用，副标题作为对正标题的补充、说明、完善，如《严守政治纪律，坚持政治正确——我们是怎样建设"民心工程"的》《售后服务是企业的命根子——××集团技术服务中心2021年工作总结》。

(二) 正文

总结的正文部分由开头、主体、落款三部分组成。

1. 开头

开头部分一般是对基本情况最简要的概述，如工作的时间、地点、背景、经过等，使得读者对有关情况有一个整体的了解。通常可以从以下几个方面入手。

(1) 概括单位的基本情况。多在公开发表或向外单位介绍经验时用这种开头。

(2) 交代总结涉及的客观背景、主观条件。

(3) 说明总结的目的和主要内容。

(4) 引用一些具体数据来说明取得的成绩。

(5) 以设问开头，以引起读者的兴趣和思考。

2. 主体

主体部分主要介绍其主要内容和结构方式。

(1) 主要内容。主体部分是总结的核心，具体叙述工作情况和主要的成绩、经验和体会、问题和教训、今后打算和努力方向等，可以按照主题的需要从以下两个方面进行总结。

① 主要经验教训。主要总结成绩收获，并分析其原因，从而得出经验；主要总结经验教训，并分析其原因，从而引以为戒。

② 问题和今后努力的方向。对待工作，应该抱着实事求是的态度，以一分为二的观点来看待工作，既要总结成绩，同时对于工作中所存在的问题或不足，也要及时发现、及时解决、及时总结。

(2) 结构方式。主体的内容比较复杂，因此一定要安排好层次结构。总结常有以下三个结构方式。

① 纵式结构(叙述式结构)。按照事物发展的全过程来安排结构,从指导思想→方法措施→成功经验→问题教训等顺序中,根据总结的目的和要求,引出经验教训加以论述。

② 横式结构(评述式结构)。先概括介绍有关情况,然后把上升到理性高度的认识概括成若干个方面的内容,逐一进行叙写。

③ 条文式结构。按工作内容将材料分为若干个条款分别进行表述,这个形式比较适合于内容比较简单的"小结"式的总结写法。

3. 落款

落款由单位署名与日期构成。标题中如已出现了单位名称,或标题下已署名,则注明日期即可。

总的来说,在写作总结时,可以用这个基本思路来考虑:在什么环境下(包括政治、自然、社会、工作等)做了什么工作?这个工作是用什么方法、措施来完成的?用什么方法来做这些工作给我们什么样的体会?将好的方法提炼成经验,不当之处总结则作为教训。

一份完整的总结,应该具备以下基本内容:①成绩和做法;②经验和体会;③问题和教训;④今后的打算。

二、总结的写作要求

总结的写作要求主要有以下三点。

(1) 实事求是,杜绝虚假。写作总结的基本目的是总结经验教训,为今后的工作提供参考。同时,总结的写作题材是工作中所存在的客观事实,因此,写作总结时,必须坚持实事求是的原则,有一说一,有二说二,有好说好,有坏说坏,既要看到成绩,又要发现不足,既不能粉饰太平,更不能弄虚作假。

(2) 突出特点,写出新意。由于工作性质的关系,很多时候不同时期的工作内容基本上是相似的,那么在写作总结时,必须要结合每个时期的工作特点,力求找出各个时期在完成同样工作任务时的差异,如完成任务时所处的工作环境、社会形势的不同,完成同一任务时所用的方式方法的不一样,力求写出新意。

(3) 点面结合,叙议相间。写总结,最怕像记流水账般面面俱到地罗列事实,而应该抓住工作当中的主要做法、主要经验、主要教训作为重点,既要有典型的、有代表性的事例,亦要有具体的事实,要用典型的事例来带出基本的情况。同时,不能只是机械地介绍情况,要善于对有关情况进行分析提炼,从中提炼出经验教训,以作为今后工作的指导。

第三节 例文导读

【例文 9-1】

××市 2021 年政府信息公开工作总结[1]

2021 年,我市坚持"以公开为常态、不公开为例外",充分履职尽责,不断扩大公开内容、拓展公开渠道、加强制度和平台建设,充分保障群众的知情权、监督权。全年全市公开政府信息 76335 条，其中，重点领域公开 6756 条。在市本级公开平台公开政府信息 314 条，规范性文件 142 条。市本级受理公开申请 57 件，全部按时办结，且未引起投诉、行政复议或诉讼。现将一年来的工作总结如下。

一、领导高度重视

市政府领导高度重视信息公开工作，并多次作出重要指示。市政府信息公开协调小组具体负责各项工作的落实，多次组织召开专题会议，明确工作思路，对政府信息公开工作进行专题调度。全市各级各部门均成立了由本单位主要负责同志为组长的政府信息公开工作领导机构，明确科室和人员负责此项工作。

二、完善各项制度及流程

修改完善了××市政府信息公开六项配套制度，即主动公开制度、依申请公开制度、年度报告制度、社会评议制度、监督检查制度、保密审查制度，将"五公开"要求落实到公文办理程序，随文件一同报批，要求各项工作均严格按制度规定进行办理。制发了《××市人民政府办公室关于进一步加强政府信息依申请公开工作的通知》(×政办字〔2021〕21 号)文件，规范了依申请政府信息公开流程。建立了会商制度，邀请法院专家、政府法律顾问、市政府法制办相关科室及相关单位业务工作人员对重大疑难依申请问题进行联合会商，不断提高信息公开专业化、法制化水平。

三、进一步加大政府信息公开力度

(一) 做好主动公开政府信息的更新和规范工作。及时、全面、准确地公开与群众利益密切相关的各类政府信息；针对政府信息公开专栏中存在的发布不规范等问题，书面或电话约谈相关单位负责人，并督促整改。

(二) 加大政策解读力度，积极回应社会关切。按照××市政府办公室《重要政策文件解读工作规程》(×政办字〔2020〕2 号)要求，在政府信息公开专栏首页醒目位置新增"政策解读"栏目，对市政府出台的涉及全市经济社会发展和民生等重要政策的政府规章、与人民群众生产生活和经济社会活动密切相关的重要政策性文件等进行解读。2017 年解读文件 5 个，涉及促进投资、道路运输、房地产、科研、文化等领域。同时，充分利用广播、电视、报纸等传统新闻媒体，对重要政务舆情、重大突发事件和社会关切热点等问题，通过开设专栏、召开新闻发布会等方式进行回应和多角度正面舆论引导。

(三) 增设载体，方便群众知晓。在政府网站增设了政府公报专栏，并刊登了政府公报，同时按时向图书馆、档案馆进行资料移交，方便群众查阅。

(四) 加大重点领域政府信息公开力度。将重点领域信息公开任务细化分解，围绕推进"放管服"、财政资金信息公开、公共资源配置信息公开、建设项目信息公开、公共服务信息公开、国有企业信息公开、环境保护信息公开、市场监管部门信息公开，及时通过政府网站、微博、微信等平台公开相关信息，充分保障群众的知情权、参与权、监督权。

四、加强业务培训

2021 年 11 月，我市组织召开了由各县(市、区)政府(管委会)、市政府各部门及相关单位分管负责同志、科室负责人及具体工作人员参加的全市政府信息公开工作培训，全面详细讲解了依申请公开、政策解读等工作流程及注意事项，并编印依申请公开政府信息专题培训资料，聘请市中级人民法院行政庭庭长就依申请信息行政诉讼方面的知识进行了讲解，强化培训效果，极大地提高了全市依申请公开工作规范化、法制化水平。

五、加强督导检查

不定期召开全市政府信息公开工作推进会、座谈会，听取各县(市、区)各部门公开工作的落实情况和市级牵头部门对牵头工作推进落实情况的汇报，对工作落实进度慢的单位进行督导。召集相关部门对社会关注、群众关心的住房、教育、医疗、社会保障、房屋征收等热点工作多次进行专题调研，制定改进措施。联合市委保密局、公安网监等部门开展敏感信息审查制度，定期浏览各行政机关网站，检查主动公开情况。

六、存在问题及下一步工作措施

存在问题主要是：各县(市、区)政府信息公开工作机构建设不到位，专职人员少，相关制度有待进一步健全；政府信息公开的及时性和全面性需要加强；部分行政机关对政策解读工作重视程度还需要进一步提高。

2022年，××市政府信息公开办将紧紧围绕省委、省政府统一部署和市委、市政府中心工作，从服务全市中心工作的大局出发，不断解放思想，积极探索推进政府信息公开工作的新思路、新方法，强化监督考核，加强培训指导，不断提高全市政府信息公开工作队伍的业务素质和工作水平，为全面推进政府信息公开作出新的更大的贡献。

××市政府信息公开办公室

二〇二一年一月二十七日

【简析】

例文9-1 这份总结采取横式结构的方式，以"总—分—总"的写法，先在前言部分对工作的有关情况作简要的概述，在正文部分围绕所完成的工作分别从六个方面进行总结，每个方面的内容各用一个小标题来总结出其内容要点，尾部再次总结全文，提出今后努力的方向。全文内容比较完整，条理也比较清晰。

【例文9-2】

××镇2017年安全生产工作总结[2]

2017年，在镇党委、镇政府和区安监局的领导下，在各村(居)的积极配合下，我镇始终把人民群众生产安全放在第一位，精心部署，狠抓落实，较好地完成了各项安全生产工作任务。现将2017年安全生产工作完成情况总结如下。

一、加强组织领导，狠抓责任落实

镇党委、镇政府高度重视辖区安全生产工作，成立了以镇长为组长的"××镇安全生产工作行动领导小组"，同时各村成立相应工作小组。2017年7月，针对镇安全生产委员会原部分成员工作变动的情况，及时对镇安全生产委员会成员进行调整，同时研究成立了由镇长为组长，各分管副镇长为副组长，各科室负责人、各村(居)主任，分管副主任的"××镇安全生产大检查行动领导小组"，要求各村成立相应工作小组，及时召开大检查专题动员会。在工作中认真落实"党政同责""一岗双责",把工作分解,责任到人,特别是在今年汛期和党的十九大会议召开期间,认真开展好隐患排查和安全风险管控工作,确保辖区生产形势安全稳定。

按照区政府、区安委办相关要求,我镇及时下发了《关于印发〈××镇 2017 年安全生产大检查实施方案〉的通知》《××镇关于调整镇安全生产委员会成员的通知》《关于认真做好 2017 年国庆、中秋和党的十九大期间安全生产工作的通知》《××镇 2017 年今冬明春消防安全大检查工作方案》等文件,并要求各村(居)、各部门认真抓好贯彻落实。

2017 年年初,我县安监站与各村(居)签订 2017 年安全生产目标责任书、消防工作目标责任书共 56 份,各村(居)与辖区重点单位、企业、加工厂、门面签订安全生产责任书 700 余份。配合区市场监管局对我镇辖区内电梯使用单位与维修单位签订了《云岩区电梯安全管理责任书》,共签订 30 余家。

二、狠抓重点时段安全工作,严防事故发生

(一) 做好汛期安全生产工作

进入汛期,我镇多地出现地质灾害隐患,为此,我镇成立镇安全防汛救灾工作专班,对沿山涉水高偏坡、陡坡、低洼或雨季会带来一定影响的村(居)民房屋和企业、学校、养老机构进行排查,制定了《××镇公共隐患点信息统计表》《××镇地质灾害隐患点排查治理表》《××镇危险化学品排查登记表》《××镇危房信息统计表共登记表》对各隐患点进行排查登记。在检查中,我镇镇财政下拨各村安全、防汛抢险经费 96 万元。下拨专项治理偏坡村堰塞湖 20 万元,三桥村抢险 25 万元,东山村狮子山地质灾害点群众避险 10 万元,排除东山村公共安全险情 7 万元。到目前镇财政投入安全经费 150 万余元。解决辖区内的隐患,确实保障了村民的人身财产安全,确保群众实现"安居"。

(二) 积极开展安全生产大检查

为切实做好会议期间安全生产工作,我镇成立了安全生产、消防安全大检查工作小组,对全镇企业、工地及生产经营单位进行全面检查。对重大隐患立即上报区政府和区安委办,及时协调相关区职部门对隐患进行治理。特别是十九大期间,我镇对全镇企业、工地及生产经营单位进行全面检查,特别是对加油站、燃气站、学校、养老院、危房、网吧、浴室、大中型超市、宾馆等单位(企业)开展消防、用电等安全检查。我镇共组织镇、村两级检查组开展安全检查 600 余次,检查人员 1000 余人次,检查单位(企业)1000 余家次,排查出一般隐患 128 条,现场要求整改 128 条,主要涉及灭火器未按照要求安放、部分灭火器材过期、消防通道堵塞等问题,都在现场及时进行了整改。

为确保安全生产工作落到实处,我镇专门下发《关于对全镇安全生产工作开展情况进行督导巡查的通知》,成立了两个专项检查组,从国庆以来,到十九大结束这一段时间,对各村(居)的安全检查工作履职情况进行督查,对工作落实不到位或资料上报不及时的单位提出通报批评。同时还对辖区重点单位开展巡查,一旦发现问题,要求村(居)督促其立即整改,并将整改情况及时上报。

针对国庆、中秋特别是党的十九大会议期间安全生产工作任务重等情况,我镇财政专门拨付各村(居)安全生产工作经费合计 7.5 万元,主要用于安全生产隐患排查、应急救援以及宣传资料印发等方面,强有力地保障了近期安全生产工作的开展。

同时，在区安委办专家组的指导和帮助下，我镇对 2017 年辖区内的安全风险和安全隐患进行梳理，对已消除安全风险隐患的案件实行办结销案处理，其中原有安全风险 52 条，已办结 19 条，其中安全隐患 42 条，已办结 9 条，剩余的风险和隐患正在加紧处理中。

(三) 继续做好安全宣传教育工作

我镇地处城郊结合部，流动人口多，人流量大，且普遍安全观念淡薄，因此我镇在开展工作的同时，非常重视安全及消防知识宣传工作，积极组织开展安全生产月、消防日、交通安全日、职业病防治周等宣传活动，将宣传工作做到人人参与、家喻户晓。特别针对一些重要时间节点，制作安全生产、防火安全、道路交通、危险废物等宣传资料、展板，向辖区居民开展安全知识宣传。仅十九大期间就发放了宣传材料 2000 余份。通过宣传教育，让消防安全意识不仅内化于心，更要外化于行。

三、下一步工作打算

一是继续做好今冬明春的安全生产大排查工作。加强隐患排查、应急值守工作，特别是即将进入冬季，用火用电、道路安全问题又是一大考验，因此必须保持警醒，提前做好筹划和安排，坚决杜绝发生重大安全事故。二是做好农村危房的处置工作，根据区政府相关要求，对辖区农房情况再次开展摸底调查，研究制定危房处置相关方案，彻底消除危房隐患。三是进一步加强安全生产宣传工作。根据工作特点，我们要求各村(居)在今后入户走访工作中要加强安全知识的宣传，提高群众安全意识，同时动员群众主动开展隐患排查，参与到安全生产大检查工作中来。

××镇人民政府

2018 年 1 月 17 日

【简析】

例文 9-2 是一份专题工作总结，主要针对××镇在 2017 年安全生产工作方面的情况做具体的总结。全文围绕"安全生产工作"这一主题，分别从"加强组织领导，狠抓责任落实"和"狠抓重点时段安全工作，严防事故发生"两个方面总结出主要的工作做法，并以此为依据对下一步的工作打算做出具体的部署。全文内容完整，条理清晰。

【注释】

[1] 编者收集整理。

[2] 编者收集整理。

【思考与练习】

以"我是如何学习大学语文与写作这门课程的"为题，写作一份总结，要求内容完整，格式规范。

第十章

求 职 信

第一节　求职信概述

一、求职信的含义

求职信是指求职者根据自身条件和就业意向，向用人单位自荐以求录用的专用书信。

二、求职信的特点

求职信具有以下特点。

(1) 针对性。一是针对求职者本人的专业、特长等情况；二是针对招聘单位的用人需求。

(2) 自荐性。即所谓的"自我推销"。在双方互不了解的情况下，阐明用人单位所急需正是自己所擅长，说服对方录用自己。

第二节　求职信的结构与写作要求

一、求职信的结构

(一) 标题

一般以"求职信"作标题，位于首页上方居中。

(二) 称谓

标题下另起一行顶格书写呈送的单位名称，也可笼统地写上"尊敬的领导""厂长先生"等。

(三) 正文

(1) 开头。求职信的开头要写明求职的缘由和目的，即要申请的职位以及从何渠道得知该招聘信息的。

(2) 主体。

① 求职者的自我介绍，包括姓名、性别、年龄、民族、籍贯、政治面貌、学历、职务、职称、健康状况等。

② 叙述求职者的特长、优点和业绩，尤其是与用人单位有关的业绩、科研成果、论文、著作及工作经验、获奖情况等。这部分应重点叙述，详细介绍。

③ 求职的目标及应聘条件。应明确提出自己对用人单位或工作岗位的认识。

(四) 结语

一般会表明求职者想得到该项工作的愿望，希望早日得到明确的答复等。

(五) 落款

写上求职者的姓名和时间。

(六) 附件

附件是附在信末用以证明自己具体情况的书面材料。它可以包括个人简历、在校主干课程成绩表、各种获奖证书或等级认证书、发表的论文、专家或单位提供的推荐信或证明材料等。

二、求职信的写作要求

求职信的写作要求主要有以下两点。

(1) 准确定位。明确自身基本条件，切忌好高骛远。

(2) 实事求是。向用人单位介绍自己的能力时，应准确客观地表述，不能弄虚作假。

第三节　例文导读

求　职　信[1]

尊敬的领导：

您好！

感谢您在百忙之中抽出宝贵的时间垂阅我的自荐信，为一位满腔热情的大学生开启一扇希望之门。

我是××农业大学科学技术学院人力资源管理专业的一名即将毕业的学生。在大学期间，我学习努力，成绩优秀，连续三年均获学院级一、二等奖学金，并获得国家大学英语六级、计算机二级等级证书。除此之外，我还能熟练使用 Windows 操作系统、Office 系列办公软件等常用软件。

大学期间的学习、生活使我培养了责任心和吃苦耐劳的精神，同时在团队合作方面有了很大的提高。积极参加社会实践工作，锻炼了自身的心理素质和人际交往能力。

我十分珍惜求学生涯的学习机会，四年里本着严谨的求学态度，对专业知识有了系统地掌握。在校期间积极参加各项活动，在四年的大学生活中，严格要求自己，不断进取。在生活方面，热情待人，受到老师、同学好评。能够吃苦耐劳、诚实、自信、敬业。具有较强的责任心，并且脚踏实地地做好每一件事。

诚然，缺乏经验是我的不足，但我拥有饱满的热情以及"干一行爱一行"的敬业精神。在这个竞争日益激烈的时代，人才济济，我不一定是最优秀的，但我仍然坚信"天行健，君子以自强不息"！

热切期待您的回音！

敬祝：贵单位事业蒸蒸日上！

求职人：×××
20××年××月××日

【简析】

这是一份大学毕业生的求职信，内容完整，分层次、有重点地介绍了自己的专业特长和综合素质，体现了自己具有符合职业要求的知识和能力，最后表达希望能被用人单位录用的愿望。用词得体，言辞恳切。

【注释】

[1] 编者收集整理。

【思考与练习】

一、判断题

1. 求职信要突出自己的优势，可适当夸大个人能力。　　　　　　　　（　　）

2. 求职信中的个人工作经历最好有翔实的事实和数据来佐证。　　　　（　　）

3. 求职信是寻求职业岗位的人向用人单位写的自荐书。　　　　　　　（　　）

4. 针对性和个性化能够让你的求职信"脱颖而出"。　　　　　　　　（　　）

二、写作题

请根据自己所学专业和意向，拟写一份求职信。

第十一章

学 术 论 文

第一节　学术论文概述

一、学术论文的含义

学术论文是某一学术课题在实验性、理论性或观测性上具有新的科学研究成果或创新见解和知识的科学记录；或是某种已知原理应用于实际中取得新进展的科学总结，用以提供学术会议上宣读、交流或讨论；或在学术刊物上发表；或作其他用途的书面文件。

学术论文反映学科领域最新、最前沿的科学技术水平和发展动向，对科学技术事业的发展起着重要的推动作用。

二、学术论文的特点

学术论文有以下四个特点。

(1) 创新性。即选题新、方法新、角度新、成果新。

(2) 学术性。即具有专门性和系统性，所探讨的问题对于本学科的研究是有所推进、有所启发的。

(3) 理论性。即具有一定的理论价值，不能只是简单地罗列材料，要揭示事物的本质，反映客观规律。

(4) 规范性。即具有统一的书写格式和语言规范。

第二节　学术论文的结构与写作要求

一、学术论文的结构

根据国家标准 GB7713-87《科学技术报告、学位论文和学术论文的编写格式》的要求，学术论文应当由标题、署名、摘要、关键词、正文、注释、参考文献等部分组成。

(一) 标题

标题要求用最简明恰当的词语反映论文的特定内容，是论文的高度概括。一般字数以不超过 20 字为宜。

(二) 署名

在标题的下方居中写上论文作者的姓名和单位。

(三) 摘要

摘要是论文的内容不加注释和评论的简短陈述。一般要能提示论文的基本观点、对象、成果、意义等内容，最好不超过 300 字。

(四) 关键词

关键词又称主题词，是为了检索的需要，从论文中选出的最具代表论文中心内容的名词和术语。一般以 3～8 个为宜。

(五) 正文

正文包括引言、本论、结论三部分。

(1) 引言。也称绪论、导语。主要介绍研究工作的目的、范围、相关领域的前人工作和知识空白、理论基础和分析、研究设想、研究方法和实验设计、预期结果和意义等。引言要言简意赅，引人入胜。

(2) 本论。这是学术论文的主体部分，它是作者学术理论水平和创造才能的集中体现，决定着论文的成败和论文质量的高低。在这一部分要求作者分析问题，阐明观点，运用各种方法进行详细周密地论证。

由于研究工作涉及的学科、选题、研究方法、工作进程、结果表达方式等有很大的差异，对内容不能作统一的规定。但是，必须实事求是，客观真切，准确完备，合乎逻辑，层次分明，简练可读。

(3) 结论。这是学术论文的收束部分。它是最终的、总体的结论，不是各段的小结的简单重复。结论应该准确、完整、明确、精练。如果无法导出应有的结论，也可以没有结论而进行必要的讨论。

(六) 注释

注释是对正文某些内容的解释，多用尾注，一般是用序码表示。序码标识在引文最后一个字的右上方。注释部分的序码应与被注释处的序码保持一致。注释引文出处的一般顺序是：作者、书名或篇名、出版社地址、出版社名称、出版年份、页码等。

(七) 参考文献

它的目的是说明著述的科学依据，便于读者查找，同时也体现对他人科研成果的尊重。所列参考文献必须是作者在写作时参考了的或引用了的他人成果，一般只列出公开出版的文献。

二、学术论文的写作要求

学术论文的写作要求主要有以下四点。

(1) 选题恰当。选题是至关重要的一步，选题恰当则可能事半功倍。可以选择前人从未涉足或较少研究过的问题。也可以选择前人已有研究，但不完善、不充分，仍有深入探讨余地的问题。

(2) 搜集材料。"巧妇难为无米之炊"，充分翔实的材料是写好论文的必要前提。所以要围绕课题，全面、客观地占有资料。

(3) 拟定提纲。提纲是论文的总体设计蓝图，它为撰写论文提供基础。提纲包括文章标题、中心论点、各层面分论点、论据与相关材料的梳理等。

(4) 修改定稿。学术论文要经过反复修改才能定稿，要从观点、结构、材料、语言等各方面找出错误和缺陷，尽力求精。

第三节　例文导读

南京市共享快递盒市场调查[1]

林小莹　周旖旎　任荣霞　王诗佳

(南京审计大学)

摘要：共享快递盒自 2017 年推出以来，在响应国家邮政总局《推进快递业绿色包装工作实施方案》号召的同时，也在寻求一条合适的发展道路。经过 2017—2018 年的发展，电商苏宁易购和顺丰快递这两个企业在探索共享快递盒这一新兴事物发展方向的道路上持续前进，但共享快递盒这一名词在广大消费者脑海里仍是一个模糊的概念。本文旨在对共享快递盒发展过程的研究中，通过掌握目前发展态势与分析其存在的问题，展望未来共享快递盒发展形势，并提出有效方案，以促进共享快递盒的发展。

关键词：共享快递盒；绿色物流；共享经济

一、共享快递盒概述

"共享"这一词，大家已经都不陌生了，它以其独特的魅力吸引着愈来愈多的创业者和投资者将目光转移到"共享+"这一领域。"共享快递盒"，顾名思义，便是旨在实现快递盒的有效利用而诞生的共享经济大背景下的新产品，是绿色物流与"共享+"的结合。

共享快递盒实际上就是一种可折叠的方形塑料箱，签收后快递小哥就会将它折叠起来，变成一块塑料板，带回仓库重复使用。一个共享快递盒的成本为 25 元，平均每周可循环 6 次，预计单个快递盒使用寿命可达 1000 次以上，单次使用成本 0.025 元。有人估算，如果电商行业都用共享快递盒，那一年可省下近 46.3 个小兴安岭的树木。

国内最早开始推广共享快递盒的公司是苏宁物流，苏宁从 2017 年 4 月起就实施了"漂流箱行动"，推出共享快递盒，由快递员在"最后一公里"投递并回收，截至 2017 年 10 月，苏宁投放的 5 万个漂流箱已累计节约 650 万个快递包装箱。除了苏宁以外，菜鸟网络宣布在全球启用 20 个"绿仓",京东也相继开展"青流"计划……

共享快递盒的问世绝非偶然,体现在以下几点:

首先,共享经济浪潮的推动是首要原因。共享经济自 2010 年伴随 Uber、Airbnb 等实物共享平台的出现而诞生后,便快速地发展起来并改变着人们传统的生活方式。如今,中国共享经济涵盖了交通、餐饮、住宿、物流、知识技能、金融、生活服务等各领域。国家信息中心分享经济研究中心预测:未来几年,共享经济将保持年均 40%左右的速度增长,到 2020 年交易规模将占 GDP 比重的 10%以上。共享经济已经从一个新鲜事物,逐渐变成了我们生活当中的一部分,而共享经济相关的产业,已然成为经济发展的新热点。

其次,电商行业的快速发展推动快递业务规模的扩大,绿色包装是趋势。近年来,电子商务已成为人们日常生活中不可或缺的一部分。根据商务部 2018 年 5 月发布的《中国电子商务报告(2017)》,2017 年全国电子商务交易额达 29.16 万亿元,网络购物用户规模达 5.33 亿元。电商的快速发展带来了巨大的物流运输和配送需求:全国快递服务企业业务量累计超过 200 亿件,2016 年突破 300 亿件,2017 年更是突破 400 亿件达到 400.6 亿件,同比增长 28.07%。但同快递业务发展随之而来的便是其包装所带来的环境问题,巨大的包装消耗量背后是资源的极度浪费,这显然与我国可持续发展的要求相背,快递这个"污染大户"在未来也必然会走向绿色化。

最后,便是国家政策的推动。十九大报告明确指出:"加快建设制造强国,在中高端消费、创新引领、绿色低碳、共享经济、现代供应链、人力资本服务等领域培育新增长点、形成新动能。"报告体现出提高供给侧质量,需要支持传统产业的优化升级,加快发展现代服务平台,加强基础设施建设和产业资源整合,而关于供给侧结构性改革中提到的"共享经济"和"绿色低碳"的重要性也将更加凸显。除此之外,2016 年 8 月,国家邮政局出台了《推进快递业绿色包装工作实施方案》。《方案》提出要在绿色化、减量化、可循环取得明显效果。"十三五"期间,力争在重点企业、重点地区的快递业包装绿色发展上取得突破。到 2020 年,基本淘汰有毒有害物质超标的包装物料,基本建成社会化的快件包装物回收体系。

二、共享快递盒发展中的问题

在共享经济发展的热潮中,一些企业通过推出"共享快递盒",来解决由于电商和快递行业的崛起带来的数量巨大的快递盒垃圾的问题。尽管社会上绿色环保的呼声越来越多,共享快递盒在一定的机遇优势下也面临着层出不穷的问题:

(一)共享快递盒成本高无人愿意承担。显而易见,共享快递盒面临的第一大难题就是成本问题。数据显示,在快递企业总部和基层网点问卷调查中,超过 95%的受访者表示,环保包装成本压力难以承受。苏宁推出的"zero box",每个成本 25 元,而相同大小的纸盒子成本为 3元左右,8 倍甚至更多的价差让商人选择了后者。如果使用了共享快递盒,成本是由谁承担呢?快递公司、商家、还是消费者?对此问题,我们对流量大的学校快递站进行了调查。三通一达寄件使用的快递盒都是利用回收的二手纸盒,因为收到快递的量远远大于寄出的数量,所以学校三通一达的寄件快递完全不需要盒子成本。顺丰快递定位于高品质的服务,所有的快递盒都必须用顺丰的专用快递盒,这种顺丰自制的快递盒小的成本 2 元大的 10 元,而这笔费用的最终承担者是消费者。在我们调查中显示了 73.6%的顾客不愿承担这笔额外费用。作为快递盒使用的主力军,超过 64%的电商卖家也认为,推广快递绿色包装的关键是把成本降下来。因此,共享快递盒想要进一步发展，首先要解决的就是成本问题。

（二）共享快递盒回收困难。一方面现在的快递一部分是通过蜂巢、近邻宝等电子快递柜接收，一部分是通过骚站或者门卫代收，消费者无法当面取件导致了共享快递盒的回收出现了问题；另一方面即使消费者能够当面签收，由于购买的物品涉及隐私问题而不愿把商品立即拿出归还盒子。据统计，如果共享快递盒全面投入使用，消费者最担心的就是个人信息的清除——有的顾客为了避免信息泄露可能会先把盒子带回家。现在的快递单大多是电子单，利用特殊的黏贴技术可以使得撕毁快递单时方便快捷，但是仍然会出现撕毁不干净的情况，盒子循环使用难免会对消费者使用出现困扰。同时，快递盒上可能会被印上广告涂鸦等难以清除的印记。对于物流公司来说，盒子代表了一个企业独特的文化，如若撕毁信息时有遗留物流公司的 LOGO，其他公司就不能使用这个盒子了。倘若使用了带有其他公司信息的盒子寄件，总部会对寄件快递站进行罚款。从这个角度来说，共享快递盒的回收分类很容易混乱，给快递员的工作增加了很大的负担。

（三）共享快递盒是否能够做到安全。在共享快递盒的循环使用中，我们无法得知盒子上次使用状况。如果上次包裹是农药、污染物、有害物质等，怎么保证上次是否有遗留是否对本次的使用有无影响?另外，共享快递盒使用胶带包装封口会很难撕毁清理，苏宁设计的特别卡扣可以避免胶带包装，但用户对这种设计的安全性还是持有怀疑态度。

三、共享快递盒未来发展展望

前不久颁布的《电子商务法》中明确提出快递物流业务提供者应当按照规定使用环保包装材料实现包装材料的减量化和再利用，支持推动绿色包装，仓储运输，促进电子商务绿色发展。虽然目前的法律法规并未强制商家一定要使用绿色材料的包装盒，比如许多电商卖家提供的包装盒仍是纸质材料，但相关部门并未进行处罚，但许多大电商大多各自研发了属于自己的共享快递盒并进行使用，这也表示了共享快递盒的发展前景是比较明朗的。

（一）电商对共享快递盒的使用。随着经济的发展，绿色环保逐渐成为经济发展中越来越重要的一部分，大电商如苏宁易购、京东等，他们有足够的雄厚的资金来进行共享快递盒的研发并使用，但如淘宝各种小店家他们并没有足够的资金可以自己研发一种共享快递盒，所以对于这些小店家他们应该是最后使用共享快递盒的一批电商，等几年后共享快递会逐渐发展成熟，政府也将出台相关的政策强烈要求各大小电商必须使用共享快递盒。当然政府相关部门也将做出与政策相关的各种协助工作，比如对于那些淘宝上的各种小电商，政府应该联系一个制造商向他们提供已经制成的共享快递盒并以相当的价格批发给他们。

（二）消费者对共享快递盒的使用。共享快递盒，除了在投入生产这一块较难以外最难的还是共享快递盒的回收，共享快递盒价格本身比普通的纸盒要贵，各大电商使用共享快递盒的目的一是为了响应政府法律法规，第二点自然是因为投入共享快递和可能给他们带来成本的节省，共享快递盒虽然初始投资较大，但是进行多次循环使用后一个共享快递盒的成本才 0.25 元，而普通快递盒的成本需要 2~3 元，那么它将节约近 4~6 倍的成本。而这种节约是建立在共享快递盒能够成功循环回收的基础上，在共享快递和回收这一块儿，较难配合的是快递收件者，大部分人不愿意将共享快递盒进行回收的原因是因为麻烦和可能泄露隐私。目前已有的共享快递盒的标签可以很好地拆卸，所以在隐私这一块可以通过技术解决。在如何解决人们意愿性这一块还是需要政府相关法律法规的帮助,比如政府可以出台相关电子商务平台消费者消费必须使用快递盒押金,如果消费者拿到快递盒后,将快递盒还回回收处,那么相应的押金就会一直存在他的账户,如果他没有将快递盒放回回收处,那么就扣除其押金作为该共享快递盒的赔偿。

(三) 快递物流行业对共享快递盒的使用。在调研过程中了解到,在快递物流行业中只有顺丰速运有共享快递盒,其他的中通、申通、圆通和韵达等公司并没有使用共享快递盒的意愿。因为他们提供服务的性质有所不同。三通一达的市场定位是以低价获取市场份额,他们不倡导提高快递的运输速度,而是节约过程中所需费用。顺丰的市场定位是提供极短的运输时间钱全的包装以获取高额的快递费用。这样就导致了顺丰速运需要的快递包装盒要远远多于三通一达,所以其就有必要自己进行生产快递盒,而不是像三通一达一样,只需要在使用时购买快递盒而不需要联系厂商进行大肆生产以分发到各个客户点去。所以像三通一达这种物流公司,应该和最后一批小电商们同时进行使用共享快递盒。他们也应该像小电商们一样,从政府所指定的共享快递盒制造商手中购买共享快递盒,并分发到各个分支点处,同样的在进行邮寄的时候,需要向消费者收取押金,并在消费者返还快递盒过后退回其押金。

四、共享快递盒发展建议

(一) 按照共享快递盒的新旧程度收费。把共享快递盒按照新旧程度分成全新、八成新、五成新和三成新,再按照不同的新旧程度来收取不同的费用,快递盒越新,费用越高;反之,则越低。消费者可以根据自己要邮寄的物品自主选择使用几成新的快递盒。如:消费者要邮寄的是奢侈品,也愿意承担更高的快递费,那么该消费者则可以选择使用全新的快递盒;相反,如果消费者要邮寄的是熏制的肉,那么该消费者则可以选择五成新或三成新的快递盒。

(二) 完善共享快递盒的回收。在居民小区和学校的快递柜里面装上能计时的感应器,消费者取包裹时只能拆开快递盒把里面的物品带走,如果感应器在连续 10 分钟内不能感应到快递盒,就会自动发出报警声,并把该包裹收件人的信息反馈到快递公司。对于一些比较隐秘的物品,可以在寄快递时用黑色不透明的塑料膜进行包装。对于当面签收包裹的消费者,如果实在想带走快递盒,快递公司相关人员可以收取一定的押金,在消费者把快递盒还回来时退还其押金。

(三) 加强各快递公司共享快递盒的区别。为了便于管理,不同快递公司的共享快递盒在设计生产时可以在颜色上有显著的区别,也可以在共享快递盒上印上公司独特的 LOGO。各公司的共享快递盒仅限于在本公司内循环使用。这样会减少共享快递盒的混乱使用给快递公司带来管理上的麻烦。

(四) 提高共享快递盒的安全性。共享快递盒上粘贴的有关收件人的个人信息,各快递公司统一使用便于撕掉的贴纸。快递公司内部或者外包,定期对共享快递盒进行清洁消毒处理,这样不仅能使共享快递盒的卫生问题有保障,还能在一定程度上延长共享快递盒的使用寿命。各快递公司对自己的共享快递盒也要进行分类,可分为食品类共享快递盒、服饰类共享快递盒、办公用品及文具类共享快递盒以及化工品类共享快递盒等等。不同的物品必须使用相应的共享快递盒,这样能有效提高共享快递盒使用过程中的安全性。

(五) 快递公司采用积分制度。快递公司采用"积分认领共享快递盒制度",即快递公司规定消费者在本公司用共享快递盒寄一次快递可以获得一定的积分,当积分累计达到一定额度,就可以认领一个属于自己的共享快递盒，以后在本公司寄快递不仅能有专属的快递盒，还能减免快递盒的费用。这样能在共享快递盒投入市场初期鼓励消费者使用共享快递盒，起到一定的推广作用。

（六）加强人们的环保意识。制定一个与"世界环境日""消费者权益保护日"类似的节日，对有关绿色环保的知识进行宣传，各地区举行大型的主题活动，让大家参与其中，切身感受到绿色环保的重要性，呼吁大家使用共享快递盒，营造出"使用共享快递盒，人人有责"的氛围。同时，政府出台相关政策，加强对物流业的管制。

【参考文献】

［1］张影. 共享经济并不是简单的概念套用[N]. 光明日报，2017.5.23.

［2］共享快递盒亮相，苏宁宣布双十一大量使用[EB/OL]. 万联网，2017.10.17.

［3］汪昌莲. 领跑"绿色革命"，快递须更有担当[N]. 民主与法制时报，2018.9.22.

［4］但雯首，昌彦汝，王梦，钟之. 绿色经济下共享快递盒的研究——以苏宁易购为例[J]. 现代商业，2018(29).

［5］陆俊月. 消费者使用共享快递盒的意愿研究[J]. 市场周刊，2018(11).

【简析】

这是一篇调研型的学术论文。文章开头分析了"共享快递盒"出现的原因，随后指出"共享快递盒"在推广使用过程中遇到的问题并展望未来的发展，最后针对所出现的问题提出行之有效的解决方案。作者从全局的角度，通过调查研究取得了第一手资料，用大量事实和相关数据说明"共享快递盒"业务的现状和今后的发展方向。全文观点鲜明，事实确凿，分析合理，提出的对策有建设性。

【注释】

［1］林小莹，周旖旎，任荣霞，王诗佳. 南京市共享快递盒市场调查[J]. 合作经济与科技，2019(8)：79-81.

【思考与练习】

一、判断题

1. 经得起实践检验是学术论文价值的具体体现。　　　　　　　　　　（　　）

2. 占有资料要多多益善，所以可以漫无边际。　　　　　　　　　　（　　）

3. 学术论文的写作过程，可以参考有关文献，照搬别人的观点和写法。（　　）

4. 学术论文可以用于交流科研成果，促进科技进步。　　　　　　　（　　）

5. 确定论文选题时，要充分了解与选题相关的研究热点。　　　　　（　　）

6. 学术论文应提供新的科技信息，其内容应有所发现、有所创造、有所前进。（　　）

二、写作题

根据自己的专业知识，确定一个比较有价值的论题，写一篇学术论文。(不少于3000字)

第十二章

申 论

第一节　申论概述

一、申论的含义

申论是国家公务员考试的一种形式，是测查从事机关工作应当具备的基本能力的考试科目。"申论"一词，出自《论语》的"申而论之"。在《现代汉语词典》中，"申"的意思是说明、申述，"论"是分析和说明事理，又指分析和说明事理的话或文章。

二、申论的特点

申论主要有以下三个特点。

(1) 广泛性。申论考试的目的是选拔国家公务员，因此非常注重对考生的分析、判断、解决问题的能力等综合素质的测评。出于这个需要，申论考试所给定的资料范围极其广泛，涵盖了政治、经济、法律、教育等诸多方面。

(2) 科学性。作为一种选拔人才的测试方式，申论的命题非常准确、科学，它是在充分吸收策论、基础写作和公文写作优点的基础上而发展起来的一种以考查考生实际能力为目标的科学测评方式。

(3) 针对性。申论考试的针对性很强，主要考查考生阅读、分析、概括、解决问题的能力。体现在题目中主要是分析、概括两个方面，然后还需要在此基础上进行论述，这主要是考查考生的思辨能力。在应考时，考生要仔细阅读材料，厘清其间的逻辑关系，在充分把握资料本质内容的基础上，有的放矢地回答和论证问题。

第二节 申论的结构与写作要求

一、申论的结构

申论作文是申论考试科目的重要组成部分，它主要测查考生的阅读理解能力、综合分析能力、提出和解决问题的能力、文字表达能力。作文分数在整个试卷中约占一半，写好作文部分，对获取高分至关重要。

申论作文一般包括四个部分。

(一) 标题

国家进行公务员考试的目的是选拔政府部门工作人员，这就决定了申论提供的资料必然是和政府工作有关的问题。因此，申论作文的标题应该确定资料主题，表述中心论点。

(二) 开头

作为申论作文的开头部分，应该完成两大任务：一是开篇点题，直接点明要论述的问题是什么，并亮出观点，这一点与一般议论文相似；二是阐述所要论述的问题和观点产生的依据。这部分应该引用材料进行说明，使人感觉到这些问题和观点是建立在事实或数据基础上的。引述的材料既可以是个人平时记忆积累中的材料，也可以引用试卷所提供的材料。恰当采用试卷所提供的资料是最为明智的，当然所选用的资料要经过整合。

(三) 主体

申论作文的主体部分是全文重点论述部分，一般要求在这部分提出解决问题的对策或方案(也有的要求从其他方面进行论述)，而且要求提出的对策或方案要有针对性和实效性。这要求必须对问题产生的原因进行分析才能对症下药。因此，主体部分实际上主要包括两方面的内容：原因分析和对策方案。

首先，问题产生的原因分析一定要结合所提供的资料，切忌抛开材料而主观臆断，因为问题产生的主要原因都隐含在材料中，只是比较分散，需要应试者抓住关键的词语或句子做出恰当的提取和整合。一个问题的产生，其原因往往是多方面的，既有体制上的原因，也有人的主观方面的原因，只有系统全面分析原因，找出问题多方面的症结，提出的对策才具有针对性和可操作性。

其次，申论作文最终总是要解决资料所涉及的主要问题的，当全面系统找出问题产生的原因后，就要针对每一条原因分析，提出对策或解决问题的方案并加以论证。这是全文的重点，一篇申论作文写作水平的高低和社会价值如何，这部分是关键。

这个部分还有一个调节、符合规定字数要求的重要功能。如果你的文章字数不足，就应该在这个部分里加大论述力度，最终确保字数符合要求。

(四) 结尾

文章的结尾呼应论点，得出结论，并上升到政策和理论的高度。

二、申论的写作要求

申论的写作要求主要有以下三点。

(1) 关注社情民意。申论的命题多以国家大政方针、政策文件和关系民生的社会热点为题材，所以考生平时要及时学习领会党和国家的方针政策，掌握社情民意，特别要关注领导讲话或重要会议精神。培养对社会热点的敏感性，尤其要对热点问题的现状、根源和应对措施加以思考。

(2) 明确中心论点。申论作文属于议论文，因此考生在写作申论作文时，一定要首先明确中心论点，然后围绕这个论点从不同角度、不同侧面展开论述。切忌多头论述，逻辑混乱。

(3) 规范语言表达。文字表达能力也是申论要测查的能力之一。申论作为一种应用文体，用于模仿公务员身份来开展工作，其语言表达应符合工作任务的需要。所以考生在备考时应广泛阅读主流媒体的评论文章和优秀报刊中的社论，积累经典素材。

第三节　例文导读

一、给定资料[1]

资料 1

"四面荷花三面柳，一城山色半城湖。"这是古代诗人对城市景色的描述，读之令人心向往之。对一座城市来说，有水，才会更有灵气。水系建设不仅是城市建设的重要组成部分，更是城市生态、形象和功能提升的重要途径。而充分发掘城市的水环境之美，则是人居环境发展的大趋势和城市未来的发展方向。

S 市城市水系长 120 公里，水域面积 630 万平方米，水系两岸绿地面积 1220 万平方米。水系不仅是市民休闲观光、健身娱乐的重要场所，也是 S 市城市景观的重要组成部分。

为认真落实市委、市政府"城市建设上水平、出品位"的整体要求，城市水系管理处将以建设"美丽水系"为总目标，努力打造优美环境。

城市水系的美，不仅体现在水上，也体现在两岸的绿色中。经过多年的建设和维护，S 市城市水系整体绿化效果不错。但部分河道仍存在绿量不足、缺少色彩、管护水平较低等问题。

城市水系管理处负责人表示，今年，将在加强水系绿化管护的同时，重点对连心河两岸绿化水平进行提升。

对连心河沿线的重要部位，将进行高标准绿化整治，增加乔木数量；对河两岸的一般绿地，将以种植灌木、彩叶树及野花组合的方式，丰富绿化色彩，增加整个连心河绿地靓度。

水是影响植物生长的第一要素。考虑到 S 市干旱缺水的实际，为提升连心河沿线绿地管护质量，确保绿地浇灌到位，将在连心河沿线有条件的地方铺设管道 24 万米，实施喷灌浇水。

为进一步提升水系绿化管护水平，水系管理部门将由粗放管理向精细化管护转变，通过奖优罚劣、末位淘汰等措施强化管护，着力打造"水系形象"。

由于缺少路灯等必要的照明设施，连心河晚上缺少了景观效果，附近居民休闲、散步也很不方便。同时在社会治安方面，也存在着一定的隐患。

　　"虽然岸边有路灯设施，但以前基本没亮过。"近日，记者来到连心河东岸时，小区居民对记者说，"到了晚上黑漆漆一片，根本不敢往河边走。"

　　经城市水系管理处调查，连心河两岸共长 102 公里，目前只有 10 公里路段上的路灯能正常使用；5 公里路段上的路灯，因多年失修不能使用；另有 87 公里的路段上，没有安装路灯。

　　据了解，随着城市的发展，沿线小区如雨后春笋般出现，过去一些相对"偏僻"的地段也成了繁华区域，两岸群众对连心河夜间照明提出了更高要求。

　　针对群众需求，水系管理部门决定让连心河沿线亮起来，对不能使用的照明设施进行维修，在需要照明设施的地段安装路灯。

　　城市水系管理处有关人士表示，此次亮化工程，将重点解决周边生活区较多、但缺少照明设施地段的照明问题。同时，为使照明设施成为连心河的一景，在节点部位选用一些艺术灯具，使之与水系景观相协调。

　　"太平河北岸应该多建几个停车场。"市民吴先生说。城市水系管理处负责人表示，在便民提质工程中，将结合水系实际，紧紧围绕解决市民反映的重点、热点问题，大力完善服务设施建设。

　　针对太平河、环城水系等距离市中心区较远的情况，为方便更多的市民前往游览，在现有公交线路的基础上，城市水系管理处将积极协调相关部门，继续增加公交线路。

　　为满足市民健身与观光的需要，将对太平河原有的 15 公里绿道进行完善。到 7 月底，自体育大街到植物园新开辟的 35 公里绿道全部投入使用。同时，在确保安全的前提下，在连心河、太平河沿线选择合适地点，设立垂钓区；在两岸规划修建公共厕所、停车场等，满足游人需求。

　　水系管理部门没有执法权，成为当前城市水系管理工作中的一块"短板"。由于缺少必要的执法权限，水系管理人员即使发现占绿、毁绿行为，也只能劝说、教育，而没有有效手段进行制止和处罚。

　　"如果人家听，还好一些，如果人家不听，我们也没有更好的办法。"一位水系基层管理人员感到很无奈。由于一些违法行为不能及时得到制止和处理，水系执法陷入了"管不了、管不住"的尴尬局面。

　　为解决这一难题，今年，S 市成立了城市水系巡查大队，对侵占绿地、烧烤、破坏设施设备、私自下河游泳、河道排污等不法、不文明行为加大执法力度。

　　尽管水系管理部门不断通过各种举措加强安全管理，但仍无法完全阻止人们下河野游的行为，而随之发生的那些溺亡事故则让人揪心。

　　对此，S 市水系管理部门大力强化安全体系建设，在水系河道易出现私自游泳等情况的不安全地段加装防护栏，并进一步加强安全管理。目前，已加装防护栏的河道达到 15 公里。

　　日前，记者在太平河城市广场南岸看到，岸边已安装了一排绿色防护栏。城市水系管理处监察安保科科长对记者说，这一段河道长 3.5 公里，现已全部完成护栏安装，装了护栏后，在这里游泳的人明显减少了。

　　今年秋季，水系管理部门还将在连心河等易下河游泳地段，加栽绿篱、灌木等植物 1.1 万米，并安装监控，及时发现、制止游泳行为。

　　在加装防护栏的同时，水系管理部门还在水系河道沿线安装 800 块警示牌、悬挂 700 条警示标语，提示严禁游泳；并配备 100 名保安，维护水系河道安全秩序，保护群众生命安全。

资料 2

某代表团考察国外城市水系建设情况，以下是代表团团长所做的考察笔记：

- 纵观世界范围内的一些著名河流，大多数经历了"先污染，后治理""先开发，后保护"的曲折历程。人们在遭受大自然的报复后，开始更加审慎地思考对河流水系的管理，并在不断实践及摸索过程中，逐步形成较为先进的河流水系规划理念及成熟的管理经验，值得我们借鉴。

- 英法两国的水管理体制不尽一致，但还是有许多共同之处，值得我们学习。英法两国都建立了比较完备的水事法律法规体系，社会各界都能够严格遵守，一切水事活动都依法办事。法律明确规定国家、地方等各级管理机构的责任、权利和义务；同时把参与水事活动的各政府机关、部门、企业的职责明确分开，各自在法律赋予的权限范围之内充分发挥作用。两国都对违规排污等违法事件进行严管重治。

- 英法两国在长期的工业化过程中，针对供水和水污染问题，通过立法不断改进水资源的取水许可权属管理和水资源的开发利用与保护工作，逐步完善管理体制，现已由过去的多头分散管理基本上统一到以流域为单元的综合性集中管理。一切与水有关的活动均由流域水管部门统一管理，具体可再按政、事、企分工合作，互相配合。

- 从 20 世纪 70 年代起，一些城市化程度很高的欧美发达国家，开始重视对城市河流湿地的保护，并着手对部分已经被破坏的城市河流湿地进行回归自然的修复，广泛采用"多自然型河流"的理念建设城市生态河堤，构筑近、亲水的城市滨水空间景观等，在确保防洪安全的基础上，恢复城市河流湿地的自然生态和环境功能。20 世纪 70 年代中期，德国进行了关于自然的保护与创造的尝试，在全国范围内开始拆除被混凝土渠道化了的河道，将河流恢复到接近自然的状态。

- 早在 1903 年，美国著名设计师葛里芬在澳大利亚新首都堪培拉设计方案中，提出了一个人与自然融合一体的城市规划方案：在位于市中心的地带开凿一个人工湖，它将首都一分为二。湖的东、西两端各有一座横跨湖面的大桥，又将全城连成一体。这座人工湖为堪培拉城市整体空间的优美格局奠定了基础。

- "人水共存"理念改变了传统的把洪水逐出城市的抗洪策略，提出城市水系应结合城市土地利用规划和楼宇结构技术，通过不断提高区域水面率，调整雨水径流的下渗和蒸发比例，逐步恢复水系自然循环之路。在维持水体生态平衡的同时，允许部分低洼地区作为洪水期的滞洪区，把洪水纳入城市景观的重要组成部分，强调了人水之间的和谐共存。

- "健康工作河流"理念既强调了保护河流生态系统的重要性，也承认人们适度开发水资源的合理性，力图在河流保护与开发利用之间取得平衡。其关键点是，确保被管理的河流既处在一种合适的工作水平上，又处在一种合适的健康状态中。"健康工作河流"理念既强调保护和恢复河流生态系统的重要性，也承认了人类社会适度开发水资源的合理性；既划清了与主张恢复河流原始自然状态、反对任何工程建设的绝对环保主义之间的界线，也扭转了"改造自然"、过度开发水资源的盲目行为，力图寻求开发与保护的共同准则。

- "动态河流管理"是从区域河流水系角度把流域作为一个系统进行考虑、分析。动态河流管理吸取河道水系建设管理中以往的经验教训，在管理过程中依据河流生态、公众反馈和新的信息，不断改进、调整管理方法。

- 在流域管理过程中，一些国家的合作分为两个层次，即国家之间的合作和地区之间的合作。协作机制包括信息的交流，定期的会晤、协调，增加了双方认同和合作的机会。

- 英法两国的河道管理费用除来自防洪保安税、城市居民生活和工厂的污水排放费、特殊工业污染费、罚款收费外，其余全部由政府拨款，为流域河道管理提供了强有力的资金保障。

- 在英法两国，水管理活动不仅仅是政府的职能，也是沿河工厂、企业、农场主和居民共同的利益所在。投资者或投资者集体，在参与计划的实施过程中发挥了重要的作用。各类水务理事会参加重要的决策讨论，充分发表意见，使得决策具有广泛的透明度和可操作性。对污染情况的监督，则主要依靠民众举报。

- 英法两国十分重视建立和健全各种监测网站。沿河的监测点，除了常规的水文监测，更重要的是监测水质变化，并实时公布，供各界查询。完善的监测体系已成为管理部门决策及执法的重要依据。

资料3

汉代许慎《说文解字》中说，"儒，柔也"。一个"柔"字，切中要义，味道全出。宋词专家叶嘉莹先生在一档节目中就特地提到了中国文化的"弱德之美"。她由"儒"字的"柔"这一本义出发，加以阐释，把儒家所代表的中国文化性格多维度地彰显出来了。

"儒"字中含一个"需"字，"需"有"等待"之义。孔子就说过："君子藏器于身，待时而动，何不利之有？"孔子这里说的其实就是"需"的意思，它体现的显然是一种等待的姿态。

华裔英籍女作家韩素音，在描述一位华侨时说："他是个中国人，有极好的耐心，能等待和忍耐。"这的确典型而鲜明地体现了中国人所特有的品性。韩素音在参观走访了中国内地之后，曾经感慨道："我在这里重新发现了中国的弹性——它所固有的柔顺性，这使它不受外界危机的影响，同时也使它克服一次又一次动乱。"因此，我们虽说"儒者柔也"，但并不是说柔就是软弱无力，就是废弃一切作为。老子认为，"天下莫柔弱于水"，但是"攻坚强者莫之能胜"，这正是"天下之至柔，驰骋天下之至坚"的道理所在。俗话说的"水滴石穿"，就是"以柔克刚"的一个十分典型的例子。

其实，我们只有通过"水"的意象，才能最真切地体味到"儒"之"柔"。柔是"水"最为突出的特性。在中国文化中，以水喻道是有其古老传统的。譬如，老子说"上善若水"，他还说"弱者道之用"，此所谓"弱者"指的就是水的柔弱。他又说"水善利万物而不争"，就是说，水善于滋养万物而从不争夺，水中因此蕴含着大道理。管子就认为："水者何也？万物之本原也。"如此等等，不一而足。我们知道，水是不定形的，它被放进怎样的容器中就成为什么样子的形状，但正因为没有一种固定不变的形状，所以才能变成一切可能的形状，这正是"道"的品格。更为重要的是，它以隐喻和象征的方式，透露出中国文化的传统性格。以水来比喻道的高明之处在于，它的意义是双关的：一方面确立了存在论的基本意象，让人们能够由此及彼地去领会"道"的深刻内涵；另一方面又奠定了道德论的基本取向，借助于水的"至柔"性格来凸显道德的品性。

应该说，中国传统文化所采取的等待姿态，与儒家固有的"柔"的性格之间，是有极深的渊源关系的，它在很大程度上影响着中国人同自然界、同他人打交道的方式。

在这里，不妨比较一下古典技术同现代技术在文化性格和文化取向上的分野，我们从中可以更深切地体会出中国古代文化的柔性特点。这种文化取向塑造出来的古典技术，不具有征服自然界的进攻性和侵略性。例如我国古代伟大的水利工程都江堰，就是采取因势利导、巧夺天工的办法，而不是采取逆自然而行的办法，使大自然为人类造福。它可以涝排洪、旱蓄水，通过自然而然的方式来对水加以调节。

资料 4

近日，"秋水长天 水美中国"采访团调研了 G 市的水生态文明建设情况。记者经过走访发现，G 市某些区县的"水生态+扶贫"模式，对欠发达地区在保持青山绿水的同时大力推进脱贫工作，具有很强的借鉴意义。

G 市以山地、丘陵为主，占总面积的 80.98%。全市溪水密布，河流纵横。G 江是 G 市最大的河流，其在市内各地又分布有一级支流两条，二级支流十条。资料显示，20 世纪 80 年代，G 市所辖的三区十四县水土流失面积达到 28.37%。经过 30 多年的治理，部分地区的生态环境有了明显改善，基本实现了从穷山恶水到青山绿水的转变。

周大姐五年前从上河县城回到了园村老家经营农家乐，记者沿河查看水草长势时，她正在岸边洗菜，竹篮里盛满了自家地里产的水灵灵的白萝卜。

"在县城打工时听说家里的河治好了，还建了漂流项目，就回来开个农家乐，现在每年能挣十多万，比打工好多了。"周大姐的脸上带着笑意。

石县大畲村村主任张某更是直言，"治理前这里就是穷山恶水，治理后可以种莲、种烟、种水稻，还能发展旅游业。"

大畲村的"南庐屋"始建于清朝乾隆年间，历经风雨仍巍然屹立，现在还有人居住，是游客体验客家民俗文化的好去处。

在"南庐屋"旁的一棵大树下，几位村民正坐在石凳上聊天，村里的年轻姑娘文文解答了记者关于为何新房子没人住的疑惑，"这是村里统一规划，我们出钱盖的，建好时间不长，有些人家还在装修呢。"

当记者到达宁县还安小流域时，县水保局副局长符某站在种满了脐橙的山坡上介绍了小流域治理的诀窍：山顶戴帽涵养水源，山腰开垦梯田种果，山窝挖塘筑库养鱼和供水抗旱。

据悉，在小流域治理过程中，宁县坚持把水土流失治理和现代农业发展结合起来，把小流域治理同水保科技示范园建设结合起来，按照"整体规划、分步实施、多业并举、滚动发展"的思路，通过项目资金扶持，引导治理大户——绿森现代农业生态科技开发有限公司，租用了1500 多公顷水土流失山地。

绿森公司的现场管理人员赖某，退休后来扶贫点工作，带领乡亲们在保持水土的同时增加收入，黝黑的脸庞见证了这位老人对种植脐橙的热爱。

下山时记者遇到骑着摩托车上山干活的李大哥，他是绿森公司的雇工，年近六旬。他描述了自己的收入情况，"60 到 80 块钱一天，每个月能干 15 到 20 天。将山地租给绿森公司的农户，5 年后还能分到每亩两成的利润。"

"年纪大了，在外面打工挺难的，现在的收入已经很不错了。"李大哥对家门口的工作显得很满意。

石县水土保持科普示范园所在的地方曾经林草稀疏，农田水利设施简陋，土壤贫瘠，沙土流失严重，生态环境脆弱。示范园项目启动后，通过工程措施与生物措施、农业耕作措施相结合，治山与治水相结合，坡面治理与沟壑治理相结合，建成了"名、优、特、新"的经济果木林，实现了生态和经济效益的有机统一。

示范园于 2014 年 10 月启动建设，吸引了大量民间资本及广大群众参与水土流失治理。在建设过程中，采取了政府主导、部门配合、统一规划设计的方式，将示范园区建设与生态旅游有机结合，使水土资源得到了最大程度的保护性开发。

鸿达生态农业开发有限公司参与了这一园区的建设。公司负责人黄某已经投资了约两千万。他告诉记者："自己投资一部分，政府配套一部分。"

黄某在深圳有家贸易公司，生意不错。"本来就是想回家开个农家乐试一试，没想到政府这么重视，就留下来了。"在忙着让记者品尝园区产的葡萄时，他眼神坚定地讲了下一步的打算，"把水留住，把山治好，让乡亲们过上好日子。"

G 市水保局局长对黄某的自学能力赞不绝口："他办公室里讲水保的书比我还多呢。""民营水保大户雇当地的农民参与治理和开发，群众可直接获得和外出务工一样的报酬，也进一步推动了水土流失治理工作。"石县水保局的王某这样解释"水生态+扶贫"的好处。

小陈就是回乡的外出务工人员，在鸿达公司一个月的收入有 4000 多元。"以前在广东打工，离家太远，现在可以骑摩托车上班，还可以照顾到家里。"

"脐橙飘香，水保先行"就是生态优先和民生优先并重的鲜活案例，是水土流失地区百姓对水生态文明建设的充分肯定，也是"水生态+扶贫"模式开花结果的生动写照。

资料 5

《易经》是中国最早的哲学著作之一。易者变也，易经主旨是万物皆变。水变化多端：水无定形，随境而适；水有三态，常温为水，低温结冰，高温化气，云雨雾露霜雪雹皆水之不同形式。水无处不在：土壤中含水，岩石中有结晶水，植物从根到叶皆含水，动物从头到脚皆含水，人体含水量高达 60%以上。无处不在的水千变万化，我们的祖先可能首先从水的变化中悟出万物皆变，这成为千古不易之哲理。

水的形态千变万化，其结构却非常简单。水分子由一个氧原子和两个氢原子构成，是自然界最简单的化合物之一。这阐明一条重要的哲理：宇宙万物千变万化，万变不离其宗，复杂源自于简单。古今中外伟大的哲学家和科学家均深谙此理。老子曰："道生一，一生二，二生三，三生万物。"爱因斯坦说："更简单的理论，涵盖更多不同内容，具有更广阔的应用，这才是更令人信服的理论。"皆此之谓也。

孔子曰："智者乐水，仁者乐山；智者动，仁者静。"师从善动之水可以益智，这种"智者乐水"和"智者动"的说法很容易获得认同。不过，仁者也是乐水的。海纳百川，水与仁者均具有包容性，此其一。孔子曰："仁者人也。"仁者普济众人，水惠及一切生物。每逢大旱，禾苗枯焦，赤地千里，一场甘霖普济众生，此其二。孔子还提倡中庸之道，主张凡事不可走极端。水适度有益，过多则成灾；正如父母关爱子女有利其健康成长，溺爱则反害之。《论语》说："过犹不及。"此乃至理，水的哲学岂能例外？回顾生物进化史，从一个共同祖先不断分化出各种物种，水在每个环节都起到关键作用。对生物起源目前尚无定论，陆地起源说、深海起源说、宇宙起源说……众说纷呈，有待验证。但无论何种起源都离不开水。水是一切生物所必需，无水则无生物。水孕育出一切生物，此乃至仁大爱。明乎此理，仁者怎能不乐水？仁者智者携手悠游于山水之间，既乐山又乐水，仁智兼备相得益彰。

二、作答要求

（一）根据"给定资料1"，概括 S 市为建设美丽水系、打造优美环境实施了哪些主要措施？（10分）

要求：(1)分条归纳概括；(2)表述准确、完整；(3)不超过150字。

（二）假如你是随团秘书，请根据"给定资料2"，把代表团团长的考察笔记，归纳整理为一份《国外城市水系建设考察报告》提纲。（15分）

要求：(1)提炼准确，归纳合理；(2)层次分明，分条表述；(3)不超过350字。

（三）"给定资料3"中有句子写道"我们只有通过'水'的意象，才能最真切地体味到'儒'之'柔'。"这句话内涵丰富。请你根据"给定资料3"，谈谈对这句话的理解。（15分）

要求：(1)准确、全面，逻辑清晰；(2)不超过300字。

（四）"给定资料4"介绍了 G 市某些区县在实施"水生态+扶贫"模式过程中取得的成效等内容。假如你是 G 市人大代表，准备提交一份"关于在全市推广'水生态+扶贫'模式的建议"。请根据"给定资料4"，拟定提出推广"水生态+扶贫"模式的理由和可推广的相关措施。（20分）

要求：(1)紧扣资料，内容具体；(2)理由充分，措施明确；(3)层次分明，有逻辑性；(4)不超过500字。

（五）参考给定资料，以"以水为师"为题，联系实际，写一篇文章。（40分）

要求：(1)见解明确、深刻；(2)参考"给定资料"，但不拘泥于"给定资料"；(3)思路明晰，语言流畅；(4)总字数1000～1200字。

三、参考答案

（一）主要措施

1. 实施全面绿化工程，丰富色彩，提升绿化管护水平和质量。

2. 实施亮化工程，维修安装照明设施。

3. 大力开展便民项目，完善基础设施建设，提高服务水平。

4. 明确执法权限，增加执法强制性，加大执法力度。

5. 大力强化安全体系建设，安装护栏，配备救生设备，安装监控，警示标语，配备保安等。

（二）国外城市建设水系考察报告提纲

英法、澳大利亚等国在总结了河流开发的教训后，逐步形成较为先进的河流水系规划理念以及成熟管理经验，值得借鉴。

1. 先进的河流水系规划理念

①人水共存的规划理念，城市水系应结合城市土地规划，维持水体生态平衡；②"多自然

型河流"理念，恢复城市河流湿地的自然生态和环境功能；③"健康河流工作"理念：确保河流同时处于工作水平和健康状态。

2. 成熟的管理经验

①完善法制。建立水事法律法规体系和管理体制，通过立法明确政府、企业的权责。②科学管理。由多头分散管理变为综合性集中管理，落实"动态河流管理"；严管重治违规排污。③资金保障。政府拨款为河道流域管理提供资金保障。④加强合作。加强国与国之间的合作，鼓励社会参与管理。⑤完善基础设施。建立监测网站，为决策执法提供依据。

(三) 1. 含义：①水代表儒家的柔，是弱德之美；②代表等待、耐心、忍耐、弹性、柔顺性的中国文化性格；③但不是软弱无力和废弃一切作为。

2. 原因：①水符合儒家道的品格。柔是水最突出的特性，具有善良、柔弱、滋养万物、不争夺、聚集力量、不定性、善于变化等特性；②水透露出中国文化的传统性格。以水比喻道德既确立了存在论的基本意，让人领会道的内涵，又能奠定了道德论的基本取向，凸显道德品格。

3. 柔的意义：①使中国不受外界危机影响，克服动乱；②影响着中国人与自然界和他人打交道的方式；③影响中国古典技术的文化性格和取向，以柔克刚使其不具有进攻性和侵略性，如都江堰体现了顺其自然的文化取向。

(四) 关于在全市推广"水生态+扶贫"模式的建议

G 市人大：

此前，G 市的水土流失较为严重，林草稀疏、土壤贫瘠，生态环境脆弱；水利设施简陋。而推广"水生态+扶贫"模式后，则实现了从穷山恶水到青山绿水的转变。我们建议在全市推广此模式，理由如下：

1. 有利于实现生态与经济效益的有机统一

第一，保持青山绿水，改善生态环境：①河水治理取得了成效。②利于作物种植，建成了经济果木林。

第二，推进脱贫工作：①开发新的经营项目。②发展旅游业，新建了旅游项目。③增加群众收入，改善群众生活。

2. 建议政府重视，兼顾生态与民生

第一，保持水土，顺应自然规律，合理利用地势资源。

第二，水土治理与现代农业发展、水保科技示范园建设相结合：①依照科学思路，提供项目资金，引导治理大户租用水土流失山地，雇佣群众参与治理开发。②启动示范园项目，吸引民间资本及群众参与治理，与生态旅游有机结合，保护性开发水土资源。

第三，完善配套设施，加强知识学习，争取群众肯定。

建议人：×××

××××年××月××日

(五) 以水为师

水滴石穿，上善若水，仁者乐水……自古以来，水似乎总是和美好联系在一起，她仁爱又包容，她柔弱又坚韧，她向善又变通。尤其是在古老而源远流长的中华民族，我们总是提倡向水学习，以水为师——学习水的力量，学习水的智慧，学习水的德性，学习水的美丽。

以水为师，师水之力。"天下莫柔弱于水，而攻坚强者莫之能胜，以其无以易之"。柔能克刚，我们的祖先早就懂得这个道理：真正成熟的人总是最先低头，保持谦卑的姿态；真正强大的国家总是懂得崇尚和平，和谐发展。对于城市治理更是如此，有的时候柔性治理，人性执法，似乎比命令、禁止的效果更好更长远。难怪我们的执政者开始从管理型转变服务型政府，从大政府转变为小政府，打造现代化治理的软实力。

以水为师，师水之智。水虽柔弱，却不呆板，不拘束，不僵化，不偏执，懂得因时而动，顺势而为，随机应变。君不见，那水夏为雨，冬为雪，化而生汽，凝而成冰；遇圆则圆，逢方则方，直如刻线，曲可盘龙。这种变通性，适应性，变革性，创新性都是一种智慧。城市治理也当如此，如若千城一面，盲目跟风，城市便没有灵魂，没有内涵，唯有打造自身特色，因地制宜，才能有独特的风格和气质。更重要的是，要结合本地的特色与优势发展适合的产业，比如有的地方适合养殖、种植，有的地方适合生态观光，生态旅游，还有不少地方已经实现了生态扶贫。

以水为师，还要师水之德，惠民养民。"君者，舟也；庶人者，水也。水则载舟，水则覆舟"，城市治理的根本的是以人为本，以民为本。人们追求什么？人们追求幸福和获得感，取决于一个城市的经济发展，就业保障，收入增加，食品安全，良好的公共服务和社会保障。这些百姓的福祉应该是城市治理者的终极追求，我们的治理者应该通过服务群众，便民利民，去实现和谐有序，政通人和，的善治、善政。

如果说水是集力量、德性、智慧于一身的君子，她同样是美丽灵秀的女子。水无形之象，融合万物，大音希声，大象无形，是真正的大美！

以水为师，师水之美。水是万物之源，她滋养万物，孕育生灵。如果我们不去热爱她，呵护她，人类便失去了安身立命之本。现在的城市雾霾天气，水被污染，资源消耗，生态破坏……不少城市居民一心想着逃离，干净的空气和水都成了奢求。好在有的城市已经重视水系建设与管理了，让城市水不仅健康、干净，更成为一道独特的风景线。而真正的宜居城市应该是天人合一，下通地上达天，人与自然和谐共生的环境，我们离这个目标似乎还很远。

向水学习就是向自然学习，道法自然。城，所以盛民也；民，乃城之本。随着城市化的推进，城市是人类最主要的容身之地，水为城市难题和矛盾的解决提供了答案，提供了辩证的思维，提供了包容与仁爱的情怀。城市管理者最应该以水为师，以水为鉴，以水为镜，我们期待未来的城市治理走向新的高度，新的境界！

【注释】

[1] 资料来源：公考资讯网. 2017 年国家公务员考试申论真题及答案(副省级)[EB/OL]. (2016-11-28)
[2019-03-12]. http://www.gjgwy.org/201611/314177.html.

【思考与练习】

以下为申论考试资料，时限为 180 分钟。其中，阅读给定资料参考时限为 50 分钟，作答参考时限为 130 分钟。满分为 100 分。

一、给定资料[1]

资料 1

位于 R 市郊西隅的沙坝村，总面积约 10 平方千米，山清水秀，历史悠久。

1980 年前后，家庭联产承包责任制开始在中国广大农村推行。中共中央《关于加快农业发展若干问题的决定》《关于进一步加强和完善农业生产责任制的几个问题》等有关"包产到户""包干到户"的文件一层层传达下来，但沙坝村却没有变革的迹象，人们还在观望。时任大队书记的杨某回忆说："那时候土地、山林还有各种财产都是国家(集体)的，国家的东西，哪个敢随便动！"

到了 1981 年年底，沙坝村把耕地按好、中、差进行了搭配，然后按人口平均发包给村民，完成"分田到户"，第一轮家庭联产承包责任制在沙坝村初步落实。从此，在土地所有权不变的情况下，村民对于承包地有了经营权、使用权。当时的规定是：所有承包地土地，不许出租、买卖；不许在承包地上建房、烧砖瓦等。虽然承包时大队已经确定承包期是 3～5 年，但是，村民中仍有人怀疑分田到户不长久，会不会"今天分下去，明天又收回来"。直到 1984 年的中央一号文件提出"土地承包期一般应在十五年以上"，村民们的忧虑才初步解除。而后中央提出的"为了稳定土地承包关系，鼓励农民增加投入，提高土地的生产率，在原定的耕地承包期到期之后，再延长三十年不变"，算是给农民吃了"定心丸"。为了给农民稳定的土地承包经营预期，党的十九大报告明确提出"保持土地承包关系稳定并长久不变，第二轮土地承包到期后再延长三十年"。

资料 2

L 村位于某省中北部沿海平原区，粮食作物以小麦、玉米为主，冬小麦与夏玉米一年两季轮作，经济作物以苹果为主。L 村的土地分为两类，一是"围庄地"，在村庄周边，有较好的水利条件；二是"洼子地"，离村庄远，水利条件较差。与全国大多数村庄一样，L 村也在 20 世纪 90 年代中后期根据当时的政策完成了"二轮土地承包"。L 村把全村土地分成两份，一份为各户承包的人口地；另一份为机动地。机动地主要用于给新增加的人口增地。

与其他村庄二轮承包普遍执行的"增人不增地，减人不减地"的土地政策不同的是，L 村在机动地上实行"增人增地但减人不减地"的办法。自二轮土地承包以来，L 村的人口增减变化将近百人。L 村给新增加的人口分配土地先从位置、水利条件较好的围庄地开始，围庄地分完之后，新增加的人口就只能分到洼子地了。到了 2014 年，预留的机动地全部分配完了，"增人增地但减人不减地"的办法也就难以为继了。

村民李某在二轮承包时家里只有他们夫妇和未成年的儿子，多年后儿子娶妻生子，都没赶上村里分地，一家 6 个人种着 3 个人的地，收入窘迫。特别是每当看到邻居张某家 2 个人种着 9 个人的地时，颇有怨言："明显不公平，就应收回重分。"但张某对他的话却不完全认同："我家地多人少是事实，可二轮续包的时候就是这样，30 年不变也是国家规定的。"

与李某、张某想要地、想种地不同，L 村还有不想要、不想种地的人。76 岁的万老汉，家里有 6 亩地，儿子和孙子都在外地打工、上学。每年的秋收季节都是万老汉最发愁的时候，繁重的劳动都得雇人帮忙。他想把地流转出去，但因为地比较零散，收益也不高，流转也很困难。村里和万老汉情况差不多的还有二十多人。近几年一直在外地打工的王某说："种地费时费力不说，农忙时回家打理，请假还要被扣工资，不合算。这两年一直是托付亲戚来种地，没什么收益，明年也不想这么干了。"此外，村里还有 10 户完全脱离农业的家庭，因各种原因，他们承包的土地大多撂荒了。

现任村支书告诉记者说，村里二轮承包后一直没进行土地调整，这是因为国家对土地调整有政策，明确提出"小调整、大稳定的前提是稳定"。"小调整"的间隔期最短不得少于5年，而且"小调整"只限于人地矛盾突出的个别农户。2006年因为村民的承包地占用量与家庭人口不均衡，村里曾有过一次调整的打算，村委会研究决定：凡是人口减少以及已经迁往城镇落户的农户，其承包的土地份额一律收回，另行发包给新增人口的农户。村民石某因妻子去世而被收回了2亩地。石某不服，将村委会告上法庭，要求返还被收走的土地。法院经审理认为，2003年实施的《农村土地承包法》确立了"承包土地以户为单位，减人不减地"的原则。根据该法律，家庭承包经营权的主体是农户整体，而不是家庭成员个体。只要承包方的家庭还有人在，土地就是不能收回。只有在承包经营的家庭消亡，或承包方全家迁入设区的市并转为非农户口的情况下，发包方才可以收回承包地。如果承包方自愿放弃承包地，则应提前半年提出申请。最后法院判决村委会返还石某土地。石某这一告，那次土地调整就没往下进行。后来，国家对土地调整的限制越来越严格，多次强调"承包期内，发包方不得调整承包地""现有土地承包关系要保持稳定并长久不变"。

2016年春，李某和一些农户以土地承包量有失公平为由找到了当地政府，要求调整。这一诉求得到了政府的支持。面对这种局面，村支书无奈地说："这样一来，我们的压力很大，看来村里的土地调整也不是一个简单的事。"

资料3

据有关部门统计，到2016年年底，中国大陆城镇常住人口已达7亿9298万，比2015年末增加2182万人，城镇人口占总人口比例为57.35%。随着中国城市化进程的加快，大量农村人口涌入城市。

李奶奶是几年前从农村来到X市的。离开了广袤无垠的田野，住进了层层叠叠、密密麻麻单元楼的瑞丽花园小区。舒适的住所、单调的生活、陌生的邻里，李奶奶过得并不开心，觉得自己被压得"喘不过气来"，她几乎每天都要坐公交车穿过喧闹的街区到城郊的公园里活动活动筋骨，想法子找人说说话。

瑞丽花园小区是X市近年来新开发的商品房小区，位于市区两大主要交通干线的交汇处。因位置临近商业中心，地价昂贵，住宅楼比较密集。为了体现其景观的生态性，小区内有一条人工河道蜿蜒而过，把小区的空地分割成大小不一的碎片。河边花香草绿，绿柳成荫，不少凉亭假山点缀其间。但仔细观察便可发现，小区里可供居民活动健身的空地却十分有限，最大的一块空地，只能容纳30人共同活动。每次看到"芳草青青、留心脚下"的木牌时，李奶奶总免不了要叨唠一句"景有了，可人没了"。事实上，小区内也建有设备完善、宽敞明亮的室内舞蹈室、羽毛球馆及各类文体活动室。但羽毛球馆和健身房是不对社区居民免费开放的，需要居民办理会员卡。舞蹈室在有对外演出活动时用于排练使用，平时都上着锁。其他文体活动室都有一定的开放时限，利用起来并不方便。

离瑞丽花园小区不远的南平巷地区是一个具有完整元代胡同院落肌理、文化资源丰富的棋盘式传统民居区，迄今还有2万多名居民生活在此。

已经在此生活20多年的康阿姨对记者说，当初这里特别清净，没有商业化，更没有这么多的游客。可是到了2006年进行商业开发以后，南平巷变了样子，喧哗的酒吧、随意改建的建筑物、各种小吃店、水果摊占道经营。人流量和车流量骤增，传统的文化气息荡然无存。近两年，因为这里的居住环境条件每况愈下，商品价格攀升，老住户纷纷外迁，老宅成了外来人口的聚集地。

在如何把握历史文化保护、商业发展和居民人居环境三者之间的关系问题上，业内人士认为，彻底停止商业，或者迁走所有居民，都不是良策。因为，X 市的"根"就在这些胡同里，在这里居民的身上。

最近，一则消息让 X 市居民颇为兴奋。一座包含超大的绿地，融合生态、文化、休闲等多种功能的，面积近 2 平方千米的文化公园将在中心城区一块被认为最具开发价值的"潜力板块"破土动工。专业人士认为，公园不只是供市民休闲娱乐的实体，同时也包含丰富的人文意义和文化价值。对一个好的城市公共场所而言，"建设"只是一个基础，其塑造和养成不只在"造景"，更要借此"化人"。随着空间的变化，人们对城市的观感会变，对城市的体验度会变，相应地，城市治理的思路要变。拿出黄金地块做公园，提供的是场所，面向的是全体市民，彰显的是城市价值。每个在这里生活、工作的市民，都能感受到这座城市带给他们的幸福感、归属感和安全感。在强调"共享"发展理念的当下，这意味着城市治理观念的一次重大转变。

资料 4

17 世纪的巴黎，一座桥梁扮演了今天埃菲尔铁塔的角色，这就是新桥。巴黎人，无论贫富，都很快接受了新桥。王公贵族们突破正统的束缚，在桥上纵情欢乐，贫困的巴黎人，也来这里躲避夏日的炎热，不同层次的人在这里交流接触，新桥成为社会平衡器。

新桥就好像是一个"新闻发布中心"。当时的资料显示，只要在新桥张贴消息广告，很快就能聚拢大批人阅览。巴黎人可以在这里了解巴黎发生的大事小事，各种消息都会在人群中迅速传开。此外，一些反映社会现象的歌曲也在此广泛传播，以至于产生了许多"新桥歌手"。作家赛维涅侯爵夫人认为"是新桥创作了这些歌"。而这些歌曲也只是冰山一角。在 17 世纪 30 年代专业剧场诞生之前，新桥还一直是巴黎戏剧的中心。正如一幅 17 世纪 60 年代的绘画所示，演员们在临时搭建的舞台上表演，各行各业的人聚集在周围，甚至凑到舞台底下。露天表演是造成新桥交通拥堵的一个原因，另外一个更重要的原因便是桥上的购物活动，新桥一竣工，街头市场就出现了，各种新奇的东西这里都可以找到。没有人会预料到，这座桥会成为各色人为不同目的而争夺的空间。

在十几年前的圣保罗，经常可以看到富人区被高高的院墙和铁丝网包围、门口警卫森严的景象。其原因是贫富差异过大，富人为了寻求安全导致居住空间分异。贫困区税收锐减，政府提供的警力、学校、医院等公共服务质量下降，这又促使一些中等收入的家庭迁走，公共空间迅速衰败。一些人为了生存针对富人下手，或偷或抢，富人只能选择加强保安防范措施。这样的治安环境，无人敢去投资。于是，政府借助城市设计，恢复城市公共领域的功能，让市民在交往活动中逐渐消解对立情绪，进而吸引投资，重新复原。

近 30 年来，西方国家把大量工业化时代遗存的码头、厂房、矿场改造成为向公众开放的公园和文化广场。在城市中心区，"商业步行街"几乎成为城市更新的"标准选项"；在城市边缘地带，提供大尺度、复合化、向公众开放的商业空间，也成为地方政府和私人开发商最乐意采用的策略之一。这些购物中心、主题公园和广告天地，被设计得优雅、别致、生机勃勃，成为日常生活审美化的最典型不过的展示空间。有研究者说，城市建设与管理的目的如果仅仅是为满足经济或某种美观诉求，显然是片面的，甚至是短视而危险的。

资料5

走进独墅湖月亮湾商务区，你会发现，这里的道路格外平整，找不到一条"马路拉链"，天际线由棱角分明的建筑物和绿树组成，空中也看不到一张"蜘蛛网"。这是因为，这里的自来水管、供电电缆、通信电缆全部"住"到了地下宽敞的"集体宿舍"里。这就是 S 市第一条城市地下公共空间基础设施——月亮湾地下综合管廊。城市地下综合管廊作为地下空间的"生命线"，是城市公共配套建设的重要组成部分。

月亮湾地下综合管廊，自 2011 年 11 月建成投入使用，已平稳运行多年。这是一个全长 920 米、断面 3.4×3 米的 T 形长廊。长廊的一侧是一排长长的钢铁支架，如同"超市货架"，从上到下依次放着消防与监控线路桥架、电力线路桥架、两层通信网络桥架，最下面三层空着的"货架"是为未来管线预留的空间。管廊内另一侧是上下两根直径 70 厘米的集中供冷管道。技术员介绍说："附近商务区的写字楼不用中央空调，夏天由这两根管道集中供冷。"

S 市管线管理所负责人在向记者介绍管廊建设的前期准备情况时说，由市长担任组长的市地下综合管廊工作领导小组起到了关键作用，领导小组成员有 39 人之多，涵盖了辖区各板块、各相关单位主要负责人。专门机构的设立，形成了多元主体的常态化沟通和快速推进机制，有效避免了推诿扯皮、难以协调等问题。在领导小组的组织下，相关部门编制完成了《S 市地下空间专项规划(2008—2020)》《S 市地下空间规划整合(2012—2020)》，今年 6 月又出台了《S 市地下管线管理办法》，统筹加强对地下管廊规划、建设和安全运行的管理。

"地下综合管廊造价和维护可不是一般的昂贵"，管廊开发公司徐总经理给记者算了一笔账，"使用寿命为 50 年及 100 年的地下综合管廊，每公里建设运行成本分别为 1.6 亿元及 2 亿元。即使 S 市经济实力不错，但借力社会资本也是现实的必然选择。"市政府授权 S 市城市建设投资发展有限公司出资组建了 S 市管廊开发公司，其中城建平台占股 45%，水务占股 20%，4 家弱电单位各占股 5%，为供电预留股份 15%。管廊开发公司，专门负责城市地下综合管廊的投资、建设、运营和管理事务，不仅解决了资金问题，也解决了建设主体的问题。

在记者参观的时候，工作人员介绍：S 市地处江南水网区域，地下工程施工难度大，精度要求高。为确保工程的顺利推进和质量安全，S 市在前期调研分析基础上，根据国家《城市综合管廊工程技术规范》，组织专家团队反复论证，最终为项目设计施工提供了充分依据。S 市在综合管廊规划设计阶段，就确立了系统化、标准化、智慧化的目标，在铺设管线时同步建设全面的监控、感知系统，并为信息系统升级留有接入口，方便日后对大面积地下管线实施统一综合管理。建成的综合管廊囊括消防、照明、排水、通风、通讯、供电、监控感知、火灾报警等系统，可以通过一个终端对所有管线进行实时监控和调度管理，并具有自动检测、定位、提醒等多种功能，真正实现了信息化、一体化、智能化管理。

由于综合管廊建设成本高，入廊管线大多具有公益性，且这一新生事物在使用过程中权、责、利还缺乏有效制衡和匹配，导致社会各方的投融资积极性都不高。为此，S 市借鉴国内外经验，特别规定除争取国家试点和省财政支持外，如果项目建成后特许经营期内收费不能实现预期目标，市财政将进行一定补贴，确保股东投资安全且获得基础收益。

根据工程内容、建设成本、运营周期、物价水平等多重因素，制定收费项目和收费标准，明确各单位可以以入廊或租赁的方式获得管线所有权、使用权，让管线需求者根据自身实际情况选择使用方式，调动其入廊积极性，增加管线使用效率和经济收益。

管廊收费之所以困难，很重要的一个原因是缺乏调动入廊单位积极性的有效方式。S 市创新性地以打造利益共同体的方式，吸引电力、给排水、通信等单位成为管廊建设主体——管廊开发公司的股东，让各单位根据自身需求充分参与管廊的规划、设计和建设过程。在合理确定收费标准的基础上，为盘活资产、提高综合收益，这些单位均愿以有偿方式使用管线。

资料 6

月亮湾地下综合管廊建设给人们以很大的启示。那里地上道路平整，天空没有一张"蜘蛛网"，城市公共空间发展的潜力倍增。这让人想到《老子》里的话："凿户牖以为室，当其无，有室之用。故有之以为利，无之以为用。"老子以人们居住的屋子为喻，他说一间屋子，开凿门窗，修建四壁，只有形成虚空部分，它才具有一间屋子的良好功能。据此，老子提出了"有之以为利，无之以为用"的观点，强调"有"与"无"都具有不可忽视的作用。瑞丽花园小区的李奶奶，离开广袤的田野，住进了单元楼，总觉得"喘不过气来"。看来，李奶奶虽不是哲学家，但在感觉上与老子"有""无"之用的理念暗合。

【注释】

[1] 编者收集整理。

二、作答要求

(一) 给定资料 1 和给定资料 2 反映了改革开放以来我国农村土地承包政策的发展过程，请概述这一发展过程。(10 分)

要求：(1)准确、全面、有条理；(2)不超过 200 字。

(二) 给定资料 2 中，L 村村支书面对村民土地调整的要求，发出感慨："这样一来，我们的压力很大，看来村里的土地调整也不是一个简单的事。"请根据给定资料 2，分析他为什么感到压力很大。(10 分)

要求：(1)全面、准确、有条理；(2)不超过 200 字。

(三) 给定资料 4 提到，"城市建设与管理的目的如果仅仅是为满足经济或某种美观诉求，显然是片面的，甚至是短视而危险的。"请根据给定资料 3 和给定资料 4，谈谈你对这句话的理解。(20 分)

要求：(1)观点明确，分析全面，有逻辑性；(2)不超过 300 字。

(四) S 市将举办"城市样板工程展示会"，请你根据给定资料 5，就其中地下管廊建设情况撰写一份讲解稿。(20 分)

要求：(1)紧扣资料，内容全面；(2)逻辑清晰，语言准确；(3)不超过 400 字。

(五) 给定资料 6 中提到了老子关于"有"和"无"的观点。请你围绕给定资料反映的城市建设理念中的问题，联系实际，以"试谈'有'与'无'"为题写一篇文章。(40 分)

要求：(1)自选角度，见解深刻；(2)参考给定资料，但不拘泥于给定资料；(3)思路清晰，语言流畅；(4)总字数 1000 字左右。

第十三章

党政机关公文

第一节 党政机关公文概述

一、党政机关公文的含义

党政机关公文(简称"公文")是党政机关实施领导、履行职能、处理公务的具有特定效力和规范体式的文书，是传达贯彻党和国家方针政策，公布法规和规章，指导、布置和商洽工作，请示和答复问题，报告、通报和交流情况等的重要工具。

二、党政机关公文的特点

党政机关公文具有以下三个特点。

(1) 由法定的作者制成、发送。公文是代表单位在法律赋予的权限内行使职权处理相关的事项，所以，它的作者只能是依法成立的组织机构或法定代表人。一般人是无权制作公文的，任何个人都不得假冒机关的名义制发公文，否则就将受到法律的追究。

(2) 有法定的权威和效力。公文是代表单位在法律赋予的权限内行使职权处理相关的事务的，故其内容不可避免地具有较强的政策性和指导性，对其职权范围内所涉及的人和事，同样具有毋庸置疑的权威性和约束性，任何人都必须遵守相关的要求，并按要求来完成相应的工作事项。

(3) 有特定的格式和处理程序。公文是代表单位在法律赋予的权限内行使职权处理相关的工作的，代表着单位甚至政府的形象，容不得半点随意。为了规范公文的写作及处理，中共中央办公厅与国务院办公厅联合制定了《党政机关公文处理工作条例》(中办发〔2012〕14 号)，并制定了相应的《党政机关公文格式》(GB/9704-2012)，于 2012 年 7 月 1 日起施行。这些要求，就是公文写作及处理时必须要严格遵守的规定，决不允许随意违反。

三、党政机关公文的种类

党政机关公文的种类分法，一般有以下两种形式。

(1) 从内容范围分，一共分为以下 15 种。

① 决议。适用于会议讨论通过的重大决策事项。

② 决定。适用于对重要事项作出决策和部署、奖惩有关单位和人员、变更或者撤销下级机关不适当的决定事项。

③ 命令(令)。适用于公布行政法规和规章、宣布施行重大强制性措施、批准授予和晋升衔级、嘉奖有关单位和人员。

④ 公报。适用于公布重要决定或者重大事项。

⑤ 公告。适用于向国内外宣布重要事项或者法定事项。

⑥ 通告。适用于在一定范围内公布应当遵守或者周知的事项。

⑦ 意见。适用于对重要问题提出见解和处理办法。

⑧ 通知。适用于发布、传达要求下级机关执行和有关单位周知或者执行的事项，批转、转发公文。

⑨ 通报。适用于表彰先进、批评错误、传达重要精神和告知重要情况。

⑩ 报告。适用于向上级机关汇报工作、反映情况，回复上级机关的询问。

⑪ 请示。适用于向上级机关请求指示、批准。

⑫ 批复。适用于答复下级机关请示事项。

⑬ 议案。适用于各级人民政府按照法律程序向同级人民代表大会或者人民代表大会常务委员会提请审议事项。

⑭ 函。适用于不相隶属机关之间商洽工作、询问和答复问题、请求批准和答复审批事项。

⑮ 纪要。适用于记载会议主要情况和议定事项。

(2) 按行文方向分，有上行文、下行文、 平行文三种。

① 上行文，是指下级机关报送给上级机关的有关公文，常用的有报告、请示。

② 下行文，是指上级机关发送给下级机关的有关公文，常用的有通知、通报、批复等。

③ 平行文，是指同级或不相隶属机关之间的互相行文，常用的有函、意见。

第二节　党政机关公文的格式

在写作及处理党政机关公文时，无论是所用的纸张、写作时的排版安排，还是成文后的印发、收文发文的处理，所有的环节都必须按照《党政机关公文处理工作条例》及《党政机关公文格式》的具体规定来进行。

一、用纸、印装格式

(1) 公文用纸采用 GB/T148 中规定的 A4 型纸，其成品幅面尺寸为 210mm×297mm。

(2) 公文页边与版心尺寸如下。

公文用纸天头(上白边)为：37mm±1mm。

公文用纸订口(左白边)为：28mm±1mm。

版面尺寸为：156mm×225mm(不含页码)。

(3) 排版规格。正文用 3 号仿宋体字，一般每面排 22 行，每行排 28 个字。

(4) 装订要求。公文应左边装订，不掉页。

二、发文稿纸

公文的初稿制作完成后，必须要按照相应的程序找相应的人员(领导)来处理，方可印发和传递，这些处理过程都是通过发文稿纸来进行的，按照有关栏目的内容找到对应的人员(领导)签字即可。

×××××发文稿纸				
缓急：		密级：		
签发：		核稿：		
会签：		拟稿：		
		共打印：	文：　　　　份	
标题：			附　件：　　　份	
主送机关：		随文材料：		
抄送：				
发文字号：			年　　月　　日	
打字：	校对：		缮印：	监印：
(正文)				

三、成文格式

按照《党政机关公文格式》的规定，公文的成文格式分为三个板块，分别是版头、主体、版记。版头由份号、密级和保密期限、紧急程度、发文机关标志、发文字号、签发人组成；主体由标题、主送机关、正文、附件说明、发文机关署名、成文日期、公文印章、附注、附件组成；版记由抄送机关、印发机关和印发日期、页码等组成。

(一) 版头

(1) 份号。公文份号是指同一公文印数中的某份公文的序号。每份文件按顺序编一个序号，一般用 6 位 3 号阿拉伯数字，顶格书写在版心左上角第一行。

(2) 密级和保密期限。密级是指公文内容的涉密的程度，一般分为绝密、机密和秘密三种。

① 绝密：是最重要的国家机密，泄露会使国家的安全和利益遭受特别严重的损害。

② 机密：是重要的国家机密，泄露会使国家的安全和利益遭受严重的损害。

③ 秘密：是一般的国家秘密，泄露会使国家的安全和利益遭受损失。

密级一般用 3 号黑体字，顶格编排在版心左上角第二行；保密期限中的数字用阿拉伯数字标注。

如需同时标识密级和保密期限，密级与保密期限之间用"★"号隔开，如"绝密★3 年"。

(3) 紧急程度。公文标明紧急程度是指对公文办理的时限要求，以确保公文得到及时处理。紧急程度分为特急、加急、急件。标识紧急程度，用 3 号黑体字，顶格书写在版心左上角，两字之间空 1 字。如需同时标注份号、密级和保密期限、紧急程度，按照份号、密级和保密期限、紧急程度的顺序自上而下分行排列。

(4) 发文机关标志。由发文机关全称或规范性简称后加"文件"组成，也可以使用发文机关全称或者规范化简称，如"××省人民政府文件"或"××省人民政府"等。

(5) 发文字号。由发文机关代字、年份号和发文顺序号组成。发文机关代字的构成是在单位名称里找出一两个最能代表单位性质的字来组成，年份号是指发文时的年度，要以四位数的年度号用六角中括号标出，发文顺序号是指该份文件在本年度发文的顺序，通常以年度为单位制作，过了本年度后须重新编号。如：桂政发〔2022〕18 号，就是广西壮族自治区人民政府在2022 年制发的第 18 号文件。

(6) 签发人。上报的公文需标识签发人姓名。

(二) 主体

(1) 公文标题。由发文机关名称加事由加上文种名称组成，如：××关于××的××。

(2) 主送机关。主送机关是指负责处理或答复本份公文内容的受文机关。

(3) 公文正文。一般由引据、主体、结尾三个部分组成。

① 引据，就是文章的开头部分，通常是用来交代说明写作本文布置有关工作的目的、理由、依据等。

② 主体，是全文的核心部分，对有关情况做具体的交代、说明。

③ 结尾，一般用习惯用语来结束全文，如"特此报告""请批准""请指示"等。

(4) 附件说明。附件说明是指对随文报送的文件、资料的说明，要写清名称及份数。

(5) 发文机关署名。在正文(或附件说明)下空一行右空二字编排发文机关署名，署名要署发文机关全称或者规范化简称。联合行文时，应当先编排主办机关署名，其余发文机关署名依次向下编排。

(6) 成文日期。成文时间就是公文的生效日期，一般以领导人签发日期为准，联合行文以最后签发机关领导人的签发日期为准，会议通过的决议、决定等以会议通过时间为准，法规性文件以批准之日起为准。成文日期要用阿拉伯数字标全年、月、日，如"2022 年 8 月 15 日"，不能略写。月、日不编虚位(即 1 不编为 01)。成文日期标注在发文机关署名下方，一般右空四字编排。

(7) 公文印章。印章，亦称公章，是公文生效的权威标志。公文中有发文机关署名的，应当加盖印章，并与署名机关相符。有特定发文机关标志的普发性公文和电报可以不加盖印章。盖印章时，要使印章端正、居中下压发文机关署名和成文日期，使发文机关署名和成文日期居印章中心偏下位置，印章顶端应当上距正文(或附件说明)一行之内。

(8) 附注。附注是用以说明在正文中不便说的其他事项，如公文的传阅范围对象或形式、某些专用名词术语的注释、请示件的联系人姓名和联系电话等。附注标识用仿宋字，居左空两字以圆括号标注在成文时间下一行。

(9) 附件。附件应当另面编排，并在版记之前，与公文正文一起装订。"附件"二字及附件顺序号用 3 号黑体字，顶格编排在版心左上角第一行。附件标题居中编排在版心第三行。附件顺序号和附件标题应当与附件说明的表述一致。附件格式要求同正文。

如附件与正文不能一起装订，应当在附件左上角第一行顶格编排公文的发文字号并在其后标注"附件"二字及附件顺序号。

(三) 版记

(1) 版记中的分隔线。版记中的分隔线与版心等宽，首条分隔线和末条分隔线用粗线(推荐高度为 0.35mm)，中间的分隔线用细线(推荐高度为 0.25mm)。首条分隔线位于版记中第一个要素之上，末条分隔线与公文最后一面的版心下边缘重合。

(2) 抄送机关。抄送机关是指除主送机关外需要执行或者知晓公文内容的其他机关。抄送机关根据工作需要或公文内容定。抄送机关名称用全称或规范化简称，同类型机关可用统称。

如有抄送机关，一般用 4 号仿宋体字，在印发机关和印发日期之上一行、左右各空一字编排。"抄送"二字后加全角冒号和抄送机关名称，回行时与冒号后的首字对齐，最后一个抄送机关名称后标句号。

(3) 印发机关和印发时间。印发机关是指公文的送印机关，一般由公文制发机关的办公厅(室)或秘书部门送印。印发时间是指公文送印的日期。印发机关和印发日期一般用 4 号仿宋体字，编排在末条分隔线之上，印发机关左空一字，印发日期右空一字，用阿拉伯数字将年、月、日标全，年份应标全称，月、日不编虚位(即 1 不编为 01)，后加"印发"二字。

版记中如有其他要素，应当将其与印发机关和印发日期用一条细分隔线隔开。

(4) 页码。一般用 4 号半角宋体阿拉伯数字，编排在公文版心下边缘之下，数字左右各放一条一字线；一字线上距版心下边缘 7mm。单页码居右空一字，双页码居左空一字。公文的版记页前有空白页的，空白页和版记页均不编排页码。公文的附件与正文一起装订时，页码应当连续编排。

第三节　通知

一、通知的含义

通知是向特定的受文对象告知有关事项的知照性公文，适用于发布、传达要求下级机关执行和有关单位周知或者执行的事项，批转、转发公文。通知主要用做下行文。

二、通知的特点

通知有以下特点。

(1) 广泛性和频繁性。通知的适用范围没有严格限制，所有机关团体单位都可以根据工作需要制发，是适用范围最广泛的文种；通知涉及的内容可以是政治、经济、文化教育方面的大事，也可以是部门内部具体事务的安排布置，甚至是日常生活事务等。

(2) 指示性和执行性。通知可用于传达上级机关的指示精神、贯彻有关政策、发布相关法规、实施行政管理措施、布置工作任务等，具有指挥、指导的作用。下级机关必须服从，认真贯彻落实，不得推诿敷衍。

(3) 时效性。通知的内容有明确的时间限制，受文后要按规定时间办理。即便是周知性事项，也要在受文后尽快落实。

三、通知的种类

按照通知的使用范围，通常会把通知分为以下五个类型。

(1) 颁转性通知。即发布文件的通知，包括印发文件的通知、批转文件的通知、转发文件的通知三种。如《国务院关于发布〈××××××××处理办法〉的通知》属于印发文件的通知，《国务院批转关于行政审批制度改革工作实施意见的通知》属于批转文件的通知，《国家税务总局转发国务院办公厅关于印发保护知识产权专项行动方案的通知》属于转发文件的通知。

(2) 指示性通知。即上级机关布置工作，要求下级机关办理或执行某些事项的通知。如《国务院关于做好2022年全国普通高等学校招生工作的通知》。

(3) 知照性通知。即需要有关机关和单位周知某些事项的通知。如《××××自治区人民政府办公厅关于调整××××自治区整顿和规范市场经济秩序领导小组成员的通知》。

(4) 任免通知。即上级机关任免下级机关领导人或机关内部任免工作人员的通知。 如《××××省人民政府关于×××、×××等同志任免职的通知》。

(5) 会议通知。即上级机关或发起单位要召开大型或重要会议时，发给与会单位和人员的通知。如《××自治区人民政府关于召开民族团结表彰大会的通知》。

四、通知的结构

通知一般由标题、主送机关、正文和落款四部分构成。

(一) 标题

通知的标题由发文机关名称、事由和文种三个要素构成。它传递的信息是谁发的文，主要内容是什么，用什么文种。如《××大学关于申报 2022 年度教育部人文社会科学研究专项任务项目(高校思想政治工作)的通知》，其中"××大学"是发文机关名称；"申报 2022 年度教育部人文社会科学研究专项任务项目(高校思想政治工作)"是通知的事由，由动宾词组构成，语言简洁，概括准确；"通知"是文种名称。

对多层批转和转发的公文，其标题重复出现的"关于""通知"等字词应删去，使题意表达更为简明，如××省人民政府办公厅收到国务院办公厅下发的《国务院办公厅关于 2022 年部分节假日安排的通知》后，需要将其转发至有关部门时，就不要写成《××省人民政府办公厅关于转发〈国务院办公厅关于2022 年部分节假日安排的通知〉的通知》，而应写成《××省人民政府办公厅转发国务院办公厅关于 2022 年部分节假日安排的通知》。

(二) 主送机关

主送机关在标题之下空一行居左顶格书写，主送机关应写全称或规范化简称，如有多个主送机关排列，要用标点分开。如"各省、自治区、直辖市人民政府，国务院各部委、各直属机构："人民政府与国务院职能部门是不同性质的机构，两者之间用逗号分开，而不能用顿号。

(三) 通知正文

正文一般由缘由、事项和要求三个部分组成。

(1) 通知缘由。主要写制发通知的现状、原因、目的、依据、工作意图。其中现状、原因、依据既可概括事实现象，也可引述相关政策和上级指示精神。工作意图是指决定开展什么工作。接着以"现将有关事项通知如下"或"具体要求如下""具体安排如下"等过渡语转入下文。

(2) 通知事项。就是要求受文机关执行或办理的事情，一般可分条列项，把相关的工作、原则、步骤、措施、方法和要求逐一写清。如事项单一，内容简短，也可用一段话来概括表达。

(3) 执行要求。就是对执行通知事项提出希望和要求。常用"请认真贯彻执行""请遵照执行""请结合本地区本部门的实际做好落实工作"等句式来表达。

(四) 落款

在正文右下方的位置写上制作单位的名称及成文时间。

五、通知的写作要求

(1) 通知事项要清楚明确。通知事项是要求知晓和贯彻实施的具体内容，写作时要注意层次分明，重点突出，具体明确，使受文者知道要做什么，怎样做。不要空泛，以免影响公文意图的落实。

(2) 通知语言要平实准确。通知的语言要平实朴素，陈述事项严谨准确，不要使用有歧义的语言，以免出现因理解偏差而贻误工作。

六、例文导读

【例文 13-1】

中国共产党××县委宣传部文件

×宣〔2022〕12 号[1]

___

中共××县委宣传部关于进一步加强全县党务政务网站、微博、
微信公众号密码管理保护的通知

各乡(镇)党委，县委各部门，县级国家机关各部门党组织，县人武部党委，各人民团体党组织，各驻×单位党组织：

近期媒体报道××、××等地基层官方微博出现微博密码被盗用的情况，造成不良影响。

根据省、市网信办相关要求，请各乡(镇)、各单位切实加强本地、本单位党务政务网站、微博、微信公众号负责人(实际运营人)的保密意识，严格管理并定期更换密码，坚决做到"谁管理、谁负责"，如有泄露密码造成不良影响的，将依法追究有关人员责任。

中共××县委宣传部(印章)

2022 年 2 月 25 日

___

中共××县委宣传部办公室 　　　　　　　　　　　2022 年 2 月 25 日印发

简析：

这份通知，首先在标题里概括出"进一步加强全县党务政务网站、微博、微信公众号密码管理保护"这一事由，让受文者对于要做的工作事项有了直接的了解，然后在正文中首先以"近期媒体报道××、××等地基层官方微博出现微博密码被盗用的情况，造成不良影响"一句话作为前言部分，交代了布置此项工作的背景，亦起到一个引以为戒的警示作用，接着就在主体部分把要做的工作任务作明确的安排。全文重点突出，内容简练，对工作有着明确的指导作用。

【例文 13-2】

中共××××学院纪律检查委员会文件

×纪检〔2022〕9 号

关于举办全校纪检监察干部业务培训班的通知

各部门、各单位：

为深入学习贯彻落实党的二十大会议精神。按今年工作计划，我校纪委决定在××市举办全校纪检监察干部业务培训班，现就有关事项通知如下：

一、时间、地点

(一) 时间：2022 年 10 月 28 日至 30 日，共 3 天。

(二) 地点：××市。

二、培训对象

(一) 学校纪委委员；

(二) 二级党组织纪检委员；

(三) 纪检监察室全体人员。

三、培训内容

(一) 学习贯彻党的二十大会议精神解读；

(二) 高校基层纪委履行监督职责的现状、存在问题及对策；

(三) 强化责任担当，积极践行监督执纪"四种形态"；

(四) 现场教学：参观××廉政教育基地。

四、其他事项

(一) 请各部门、各单位按要求安排同志参加培训，如遇特殊情况不能参加培训的，须将书面请假材料报纪委办公室(××行政办公楼 623 室)。

（二）请各部门、各单位做好报名工作，于 2022 年 10 月 25 日下午下班前将《报名回执表》电子版发送至纪检监察室邮箱××××××@126.com。

（三）本次培训由纪委办公室统一为学员订往返动车票，如有特殊情况，请在回执表的"备注"栏注明。

（四）未尽事宜请与纪委办公室联系，联系人及电话：陈老师，唐老师，电话：××××× ×××。

附件：参加教育活动人员回执单

中共××××学院纪律检查委员会(印章)

2022 年 10 月 25 日

中共××××学院纪律检查委员会　　　　　　　　　2022 年 10 月 25 日印发

【简析】

例文 13-2 是一份会议通知，在标题中首先明确了会议的内容："举办全校纪检监察干部业务培训班"，前言部分交代清楚开会的目的和依据，主体部分分别把会议的时间、地点、内容、与会者及有关注意事项作具体的交代。全文条理清晰，内容完整、格式规范。

【注释】

[1] 编者收集整理。

[2] 编者收集整理。

【思考与练习】

一、阅读下面两则通知，指出其错误并加以改正。

（一）

××县卫生局会议通知

全县各食品加工业：

根据上级要求，对全县食品加工业的卫生状况进行一次大检查，我们拟召开食品加工行业负责人会议，现将有关情况通知如下：

一、会议时间：2021 年 12 月中旬在花都宾馆报到，会期三天。

二、与会人员：全县国有、私营食品加工业及县个体劳协各来一名领导，不准缺席，否则后果自负。

三、食宿等一切费用完全由个人自理。

××县卫生局

2021 年 12 月 9 日

（二）

关于校园停水的通知

(2022)×字发第 22 号

各部门：

因学校施工关闭供水管道，造成部分楼宇停水，现我处已责成有关单位尽快采取措施恢复供水，以免影响师生的正常生活，特此通知。

后勤管理处

2022 年 9 月 21 日

二、根据下面材料制作一份公文，要求格式规范，内容完整。

××大学定于 2022 年 10 月 30 日 14 点 30 分在学院 1 号礼堂召开大会，由学校××副书记作开展二十大精神深度宣讲报告，要求全体中层干部及副高以上职称的教师参加。

第四节　请示

一、请示的含义

请示是一种向特定受文对象请求有关事项的祈请性公文，适用于向上级机关请求指示、批准。请示属于上行文。

二、请示的特点

请示具有以下特点。

(1) 行文内容的请求性。请示具有请求性，无论是请求指示还是请求批准，都必须得到上级的明确答复批准后，才能开展工作。因此，请求性是请示的显著特点。

(2) 行文事项的单一性。《党政机关公文处理工作条例》明确规定，请示事项应一文一事。如同时有几个问题需要请示，应分别行文，以便上级机关分别答复。一文两事或一文多事的请示，不符合规定要求。

(3) 行文关系的隶属性。下级机关的请示，只能向有隶属关系的上级呈报，如无隶属关系，即使是具有事项主管审批权，也不能用请示，而应按规定用函行文。

二、请示的适用范围

凡是超出自身职权范围的事项，都必须使用请示行文。具体有以下几种典型的情况。

(1) 属于主管上级明确规定必须请示批准才能办理的事项。

(2) 对现行方针、政策、法令、规章制度不甚了解，有待上级明确答复才能办理的事项。

(3) 工作出现了新情况，而又无章可循，有待上级明确指示才能办理的事项。

(4) 因情况特殊，难以执行现行规定，有待上级重新指示才能办理的事项。

(5) 因意见分歧，无法统一，难以工作，有待上级裁决才能办理的事项。

(6) 有章可循，有法可依，可以开展工作，但因事由重大，为防止工作失误，需请示上级审核的事项。

(7) 请求上级分配工作任务，或解决自身难以解决的问题。

三、请示的结构

(一) 标题

请示标题一般由发文机关名称、事由和文种三个要素组成。也可根据具体情况省略发文机关名称，但不能省略事由和文种。

(二) 主送机关

主送机关只有一个，不能标注多个主送机关。如属双重领导，也只能是主送一个主管上级，由其负责批复，另一个则以抄送形式报送，使其了解情况。

(三) 正文

请示的正文有引据部分、主体部分、尾部三个部分。

(1) 引据部分：说明请示的理由、依据。在写作时，这个部分是全文的重点所在，要明确地说明提出请求事项的具体理由依据，如果请示的理由依据不充分、不明确的话，后面所提出的请求事项就会缺乏依据，自然也就难以得到上级的核准或指示。

(2) 主体部分：具体、明确地说明请示的具体事项。

(3) 尾部：使用习惯用语，常用"以上意见妥否，请指示""请批示""请批准""请审核批复"等句型。

(四) 落款

即发文机关署名与成文日期。

四、请示与报告的区别

请示与报告同属上行文，但写作目的、内容等都有不同，具有各自的文种职能。因此，在行文时，要注意两者的区别。

(一) 共同点

同为上行文，均按同一格式行文，都要反映情况和陈述意见，客观上都起着下情上达的作用。

(二) 区别

(1) 行文作用和目的不同。报告主要用在完成工作后向上级汇报有关情况，所以更多是起到一个备案性质的作用。而请示是在完成某项工作前，按职权范围所规定，必须要事先得到上级的指示或批准方可进行，其目的是希望得到上级的明确回复以便展开具体的工作，所以具有明显的期复性。

(2) 内容和结构不同。报告以汇报工作、反映情况为主要内容，故内容重点是放在主体部分，将有关的工作情况向上级作汇报。请示的目的是想得到上级的指示或批准，必须明确地交代说明事情的来龙去脉，把理由依据充分地表达出来，以便上级据此作出批复。所以请示的结构看起来像是一个典型的倒三角形形状，其重点放在开头的引据部分，交代说明请示的缘由，而主体部分通常只有一句话，用一句话提出具体的请求事项。

(3) 行文时限和执行要求不同。人们习惯说，"事前请示，事后报告。"由于职权范围所决定，报告所处理的事情多在自身职权范围内，可以展开具体的工作，因此，报告多数是在完成工作后才进行写作，因其多为备案性质，故上级在阅读处理时相对比较灵活。请示所处理的事情是超出自身职权范围的，在处理有关情况时是必须得到上级批复后才能开展工作的，所以请示必须是事前进行，决不能先斩后奏。同样，上级收到下级机关报送上来的请示，一般也是要及时处理回复。

五、请示的写作要求

(1) 行文要求一文一事。请示要一文一事，请示事项过多不符合要求，不利于上级机关批复，影响办事效率。

(2) 不允许多头请示。请示只呈报一个上级机关批复。如有必要则以抄送的形式呈送其他机关。多头请示，对落实请示事项反而不利。同时，请示不能呈送给领导者个人。

(3) 不得越级请示。根据行文规则，公文要逐级行文，不能越级行文，请示也不例外。如有特殊事项确需向上一级机关行文，应先征得本级机关的上级同意方可行文，并同时向其抄送，以免影响上下级关系，贻误工作。

六、例文导读

【例文 13-3】

××市××区人民政府文件

×政报〔2021〕×号　　　　　　　　　　　　签发人：×××

××区人民政府关于××西路未来项目处置有关问题的请示

市人民政府：

为加快辖区内"烂尾楼"项目清理处置工作，维护社会稳定，我区按照"依法依规、解决问题、盘活项目"的总体思路，制定"一楼一策"，专项清理辖区内烂尾楼项目。现特将××西路未来项目处置盘活的有关问题汇报如下，特恳请市政府予以协调解决：

一、基本情况

由××市中达房开公司(以下简称"中达房开公司")实施的××西路未来(香榭丽都住宅小区)项目位于××区头桥××西路，该项目北临××西路，南抵市××与××××路。2019 年 3

月，因项目工程施工，造成邻近的××西路340号(红楼)、352号(白楼)房屋下沉倾斜。经有资质的房屋安全机构鉴定为××级，建议拆除。为确保安全，按照市政府要求，市住房和城乡建设局、××区政府立即组成工作组，将340号楼(红楼)36户住户、352号(白楼)56户住户及7户门面经营户全部搬离疏散。

二、工作开展情况

为消除危房的安全隐患，在我区积极努力下，340号楼(红楼)、352号楼(白楼)共92户住户已与中达房开公司签订房屋搬迁(收购)协议，红楼已兑付2800余万赔偿款(其中约2000余万由我区平台公司贵中公司借款支付)，白楼由区政府借款800余万元支付应急避险费和相关拆除费用，红楼和白楼分别于2019年5月、2020年1月进行拆除。

由于中达房开公司遗留的债务问题非常复杂，以及拆危涉及白楼另外两个业主单位(××市燃料公司和工商银行瑞金支行)，现申请原址原面积重修红楼和白楼。申请理由如下：

(1) 白楼的一楼门面分别属于××市燃料公司和工商银行，两家单位均为国有单位。为保证国有资产的有效保存及防止国有资产流失，两家单位均同意进行原址原面积重建，恢复两家单位的国有资产原状。

(2) 中达房开公司目前债务巨大，债权关系极其复杂，如果将红白楼的指标纳入"×××××城"项目进行建设，将使××公司对中达的债务(2500余万)及区政府对中达的债务(800余万)与中达房开公司的历史债务纠缠在一起，并处于顺位劣势，不利于区政府国有资金的安全和完整。区政府在相当困难的情况下给予了巨大的支持和帮扶，中达房开公司理应严格保证区政府帮扶资金的安全和顺利返还。虽然中达房开公司已经与红白楼的个体业主都达成了收购协议，但产权并未过户，如果重修红白楼，红白楼能形成独立资产，中达房开公司履行重建义务后，除去本属于燃料公司和工行的门面房外，其他房屋均可抵押给区政府或××公司，从而保障区政府对中达公司的债权得到支撑。

三、需市协调解决的问题

一是恳请市政府同意由中达房开公司在18个月之内原址原面积重建红楼、白楼。

二是将已拆除的红楼地块(可纳入用地面积约798m^2)并入未来项目建设规划，在原容积率保持不变的原则下申请调规，由中达房开公司承担土地出让金等费用。

三是恳请市政府协调相关部门开辟绿色通道，办理规划、建设、消防等相关手续，力争白楼的重建早日施工、早日竣工、早日交房，切实维护社会稳定。

当否，请批示。

××区人民政府(印章)

2021年11月14日

【简析】

例文 13-3 在标题里简要地总结出请示的主要事项："××西路未来项目处置有关问题"，前言部分交代出请示的目的和依据，主体部分分别从"基本情况"及"工作开展情况"两个方面把请示的具体缘由作具体的说明，明确了事情的来龙去脉，最后提出具体的请示事项。整篇文章内容完整，事由明确，便于上级机关了解有关情况，从而做出相应的处理安排。

【例文 13-4】

××镇人民政府文件

×政报〔2021〕×号　　　　　　　　　　　　　　　签发人：×××

关于申请提前预拨经费的请示[2]

县财政局：

今年年初以来，我镇党委、政府为完成县委、县政府安排部署的各项重点工作任务，开展了大量工作，开局良好。但因今春气候倒春寒现象严重，持续雨雪灾害天气，造成农民不能及时种地。为帮助农民挖沟排涝、抢种春播及解决特困户种地困难等，占用了一定资金，造成我镇目前办公经费十分紧张。

为保证机关正常运转，更好地完成全年各项工作任务，特申请财政局提前预拨经费 10 万元，解决我镇资金短缺困难。

特此请示，批准为盼。

××镇人民政府(印章)

2021 年 5 月 2 日

××镇人民政府办公室　　　　　　　　　　　　　　2021 年 5 月 2 日印发

【简析】

例文 13-4，虽然篇幅短，但请示的缘由和请求事项两个内容非常明确，主题突出，内容完整，便于上级部门受理处理。

【注释】

[1] 编者收集整理。

[2] 编者收集整理。

【思考与练习】

一、分析下面这则请示，指出其错误并加以改正。

××县市政局文件

市政发〔2021〕5 号　　　　　　　　　　　签发人：×××

关于公交公司欠交税金的请示

县政府：

　　我局所属企业公共交通公司，从 2018 年 1 月至 2021 年 12 月，累计欠交各种税金 60 万元。其中营业税 35 万元，城建税 6 万元，房产税 7 万元，土地税 5 万元，防洪费 3 万元，教育附加费 4 万元。

　　公交公司从 2017 年开始，尽管做了多方面的努力，但由于公交企业的性质所决定(必须考虑社会效益，同时票价由物价部门控制)，加之企业转制前遗留的债务和人员两大包袱过重，剔除财政补贴后，每年仍亏损 25 万元，已累计亏损 125 万。

　　多年来，税务机关考虑到公司企业的性质和企业资金困难状况，已给予了多方面的照顾，所提税金一直挂账未处理。但由于近期税收任务紧迫，已多次催缴，发如不缴纳，将查封公司所有账户和扣缴财政补贴，企业正常运营将受到影响，恳请政府必须帮助解决。

　　妥否，请批复。

　　　　　　　　　　　　　　　　　　　　　　　　　　　　××县市政局
　　　　　　　　　　　　　　　　　　　　　　　　　　　　2021 年 12 月 26 日

××县市政局办公室　　　　　　　　　　　　　2021 年 12 月 26 日印发

二、利用下面材料，写作一份公文，要求：格式正确，结构完整，文字规范。

　　××连锁总店所属的××××分店，地处市区繁华地段，为挖掘经营潜力，提高经济效益，计划将营业结束时间延至零点，为此请示总店。

第五节　函

一、函的含义

　　函是一种向特定受文对象商询请答的多向性公文，适用于不相隶属机关之间商洽工作、询问和答复问题、请求批准和答复审批事项。

二、函的特点

(1) 使用灵活而广泛。既可用于平行机关之间商洽事宜、询问答复问题，也可用于向不相隶属主管部门请求批准事项或用于答复请求事项。行文方向灵活，使用广泛。

(2) 篇幅短小简洁。函多用于解决日常事务中的问题，语言简洁，直截了当。

三、函的结构

函由标题、主送机关、正文、落款四个部分组成。

(一) 标题

函的标题由机关名称、事由和文种三要素构成，也可省去机关名称，只要事由和文种两个要素。如是答复函，文种名称应为"复函"或"函复"。如《国家环保总局关于同意浙江省列为全国生态省建设试点的复函》。

(二) 主送机关

去函和复函的主送机关都是一个，来往相对应。

(三) 正文

去函与复函的写法不尽相同。

(1) 去函。去函正文开头，一般先写发函商洽、请批、询问事项的缘由、依据、目的。理由要充分有说服力，让受文者能理解接受。然后写事项，所请批、商洽和询问的事项要简明扼要，清楚明白。最后写希望用语，如"特此函商，请函复""敬请函复"等。

(2) 复函。复函开头先引叙来函的日期、标题、发文字号等，以表明复函对来函的重视。如"你局×月×日《关于××××××的函》(××发〔2022〕12 号)收悉。"接着以过渡语转入下文，如"经研究，现将有关问题函复如下"等。答复要针对来函所提事项，态度要明确肯定，不能含糊其辞。如不同意函商事项，应表歉意，并委婉说明原因。最后一般以"此复""专此函复"作结。

(四) 落款

即发文机关署名与成文日期。

四、函的写作要求

(1) 一函一事，内容单一。函应以一函一事，不可一函多事。语言简洁明确。

(2) 态度诚恳，用语得体。函是平级机关或不相隶属机关之间的交流，不是领导与被领导的关系。因此，语言讲究诚恳平和得体，有时用谦称和致意性的词语，如"贵校""贵局""敬请"等。不可因求于人，而刻意逢迎。也不能因人求于己而居高临下，以命令的口吻说话。

(3) 直截了当，说事不绕弯。公函不同私函，语言表达方式多是开门见山，直叙原因和事项，以平实为主。

五、例文导读

【例文13-5】

国务院办公厅[1]

国办函〔2014〕12号

────────────────────────────────

国务院办公厅关于同意建立促进广东前海南沙横琴建设部际联席会议制度的函

发展改革委：

你委《关于建立促进广东前海南沙横琴建设部际联席会议制度的请示》(发改地区〔2013〕2688号)收悉。经国务院同意，现函复如下：

国务院同意建立由发展改革委牵头的促进广东前海南沙横琴建设部际联席会议制度。联席会议不刻制印章，不正式行文，请按照国务院有关文件精神，认真组织开展工作。深圳前海深港现代服务业合作区建设部际联席会议同时撤销。

附件：促进广东前海南沙横琴建设部际联席会议制度

国务院办公厅(印章)

2014年1月20日

────────────────────────────────

国务院办公厅	2014年1月20日印发

【简析】

例文13-5是一份复函，是针对来文单位所请示事项作出的答复，文中首先引述来文的内容，接着在主体部分表明发文单位对此事的态度，并提出执行的要求。整篇文章内容精炼，主题明确，态度鲜明，便于受文者理解和执行。

【例文13-6】

关于商请解决我校进修老师住宿问题的函[2]

××大学：

为了培训教师，提高教学水平，我校拟派8名教师于×月×日至×月×日到××大学进修学习，因该校宿舍紧张，无力解决住宿问题，特向贵校联系借宿事宜。若贵校宿舍安排尚有宽余，能否在不影响贵校正常安排的前提下予以帮助解决，有关费用均按贵校标准支付。特此函达，顺致谢意，敬请函复。

(印章)

2022年2月18日

简析：

例文 13-6 是一份形式较为简便的商洽函件，主要是告知对方有关情况，希望能得到对方的帮助解决。全文主题明确，内容完整，条理清晰，用词较为礼貌得体。

【注释】

[1] 资料来源：中国政府网. 国务院办公厅关于同意建立促进广东前海南沙横琴建设部际联席会议制度的函[EB/OL]. (2014-01-28)[2019-03-15]. http://www.gov.cn/zwgk/2014-01/28/content_2577375.htm.

[2] 编者收集整理。

【思考与练习】

一、阅读下列两则函件，指出其错误并加以改正。

（一）

关于商请借聘优秀教师的函

××市英才中学：

为了在全国统一高考中取得好成绩，我校高中毕业班各科都拟高薪聘请优秀教师任教，现其他学科都已聘到，唯缺物理教师一名。闻贵校有多名优秀物理教师，特商请借聘其中一位给我校，我校将不胜感激！开学日近，望速函复。

××市××中学

××××年×月×日

（二）

关于催要所欠我厂货款的函

××市建筑集团二公司：

你公司于××××年 1 月从我厂购买了价值 6 万元的变压器，当时因你公司资金紧张，货款未付，双方讲好了，年内一定给我们。现在已经是××××年 3 月了，我厂早已编制了财务预算，无法结清。为使我们能及时搞好各类款项的清理结账，要求你公司务必将所欠货款于 3 日内归还我厂，切不可一拖再拖，否则后果自负。

××市第一变压器厂

××××年×月×日

二、根据下面的材料，拟写一份公文，要求格式规范、内容完整。

南方市远东国际贸易公司定于 2019 年 1 月 12 日召开本公司第三届职工田径运动会，以增强职工的团结合作精神及集体意识，丰富职工的业余文化生活。由于该公司没有田径运动场地，拟向××大学协商租用，租用时间为一天。请就此事代南方市远东国际贸易公司写一份公文与××大学联系落实场地租用事宜。

附　录

附录一
中国古代文化常识

附录二
中国古代诗词格律常识

附录三
中国历史朝代简表

附录四
党政机关公文处理工作条例

附录五
党政机关公文格式

参 考 文 献

[1] 陈廷湘，敖依昌. 中国文化[M]. 重庆：重庆大学出版社，2007.

[2] 马积高，黄钧. 中国古代文学史[M]. 北京：人民文学出版社，2017.

[3] 郑振铎. 文学大纲——原始卷[M]. 长春：时代文艺出版社，2010.

[4] 蔡英俊. 中国文化新论·文学篇二·意象的流变[M]. 台北：联经出版事业公司，1982.

[5] 孙昌武. 隋唐五代文化史[M]. 北京：东方出版中心，2007.

[6] 袁行霈. 中国文学史(四卷本)[M]. 北京：高等教育出版社，2009.

[7] 章培恒，骆玉明. 中国文学史[M]. 上海：复旦大学出版社，2005.

[8] 游国恩，王起. 中国文学史[M]. 北京：人民文学出版社，2002.

[9] 骆玉明. 简明中国文学史[M]. 上海：复旦大学出版社，2010.

[10] 山海经[M]. 李润英，陈焕良，译注. 长沙：岳麓书社，2016.

[11] 诗经：节选[M]. 李山，解读. 北京：国家图书馆出版社，2017.

[12] 老子[M]. 饶尚宽，译注. 北京：中华书局，2017.

[13] 论语译注[M]. 杨伯峻，译注. 北京：中华书局，2012.

[14] 墨子译注[M]. 梁奇，译注. 上海：上海三联书店，2014.

[15] 庄子[M]. 孙通海，译注. 北京：中华书局，2017.

[16] 楚辞[M]. 林家骊，译注. 北京：中华书局，2016.

[17] 大学·中庸[M]. 李春尧，译注. 长沙：岳麓书社，2016.

[18] 乐府诗选[M]. 余冠英，选注. 北京：中华书局，2017.

[19] 史记[M]. 文天，译注. 北京：中华书局，2017.

[20] 古诗十九首 玉台新咏[M]. 刘玉伟，黄硕，评注. 北京：中华书局，2017.

[21] 陶渊明诗文选[M]. 孟二冬，选注. 北京：中华书局，2017.

[22] 六朝文絜全译[M]. (清)许梿，选编；骆礼刚，译注. 贵阳：贵州人民出版社，2009.

[23] 陈新璋. 唐诗宋词名篇注评[M]. 广州：广东人民出版社，1997.

[24] 萧涤非，等. 唐诗鉴赏辞典[M]. 上海：上海辞书出版社，1983.

[25] 袁行霈，许逸民. 中国文学作品选注(第二卷)[M]. 北京：中华书局，2007.

[26] 李煜. 李煜词集[M]. 王兆鹏，导读. 上海：上海古籍出版社，2009.

[27] 唐圭璋. 唐宋词鉴赏辞典[M]. 江苏：江苏古籍出版社，1986.

[28] 张月中，王钢. 全元曲[M]. 郑州：中州古籍出版社，1996.

[29] 朱东润. 中国历代文学作品选[M]. 上海：上海古籍出版社，2001.

[30] 徐中玉，齐森华. 大学语文. 简编本[M]. 8 版. 上海：华东师范大学出版社，2006.

[31] 朱栋霖，龙泉明. 中国现代文学作品选(1917—2000)[M]. 北京：高等教育出版社，2002.

[32] 朱自清. 朱自清散文集[M]. 北京：西苑出版社，2006.

[33] 阿城. 棋王[M]. 北京：作家出版社，2000.

[34] 阎月君，等. 朦胧诗选[M]. 沈阳：春风文艺出版社，1985.

[35] (英)莎士比亚. 莎士比亚全集[M]. 朱生豪，译. 南京：译林出版社，1998.

[36] (法)巴尔扎克. 高老头[M]. 王振孙，译. 上海：上海译文出版社，2006.

[37] (德)歌德. 浮士德[M]. 樊修章，译. 南京：译林出版社，1993.